ADERS / HELD · JAGDGESCHWADER 51 ›MÖLDERS‹

GEBHARD ADERS / WERNER HELD

JAGDGESCHWADER 51
›MÖLDERS‹

Eine Chronik
Berichte · Erlebnisse · Dokumente

MOTORBUCH VERLAG STUTTGART

Einbandgestaltung: Siegfried Horn, unter Verwendung von Zeichnungen von Carlo Demand.

ISBN 3-613-01045-3

2. Auflage 1993
Copyright © by Motorbuch Verlag, Postfach 10 37 43, 70032 Stuttgart.
Ein Unternehmen der Paul Pietsch Verlage GmbH & Co.
Sämtliche Rechte der Speicherung, Vervielfältigung und Verbreitung sind vorbehalten.
Satz und Druck: Maisch + Queck, 70839 Gerlingen.
Bindung: K. Dieringer, 70839 Gerlingen.
Printed in Germany.

Inhalt

Vorwort	7
Einleitung	9
Die Entwicklung der Jagdfliegerwaffe im Ersten Weltkrieg	11
Die verbotene Luftwaffe (1919 bis 1933)	15
Der Wiederaufbau der Luftwaffe und die Entstehung der Jagdwaffe	18
Die Jagdwaffe nach der Enttarnung	20
Die Gruppen des späteren JG 51 bis zum Ausbruch des Zweiten Weltkriegs	28
Bis zum Beginn des Westfeldzugs	42
Der Westfeldzug	51
Der neue Kommodore	60
Die Luftschlacht um England	63
Das JG 51 während der Sommeroffensive in Rußland 1941	86
Operation ›Taifun‹ und der Vorstoß auf Moskau (Herbst 1941)	97
Das JG 51 in den Abwehrschlachten 1942/1943	107
Die II. Gruppe in Afrika und Italien 1942/1943	126
Das JG 51 bei der Schlacht um Kursk und in den folgenden Abwehrschlachten	133
Die II. Gruppe 1943–1945: Einsatz in der Reichsverteidigung, in Italien und auf dem Balkan	142
Der Endkampf im Mittelabschnitt der Ostfront April 1944 – Mai 1945	149
Ein Nachspiel	185
Das JG 74 »Mölders« der Bundeswehr	188
Verzeichnis der Abkürzungen	191
Anhang	201
Nachwort	275
Literatur- und Quellenverzeichnis	276

Vorwort

Mit großer Freude habe ich in diesen Tagen erfahren können, daß die Geschichte des ehemaligen Jagdgeschwaders 51 »Mölders« fertiggeschrieben wurde. Als Inspekteur der Luftwaffe, der am 22. November 1973 dem Kommodore des Jagdgeschwaders 74, Oberst Erlemann, das erste Ärmelband »Geschwader Mölders« überreicht hat, ist mir angetragen worden, das Vorwort für diese Geschwadergeschichte zu schreiben.

Ich habe als ehemaliger Jagdflieger im Jagdgeschwader 52 von 1941 bis 1944 – ebenfalls an der Ostfront eingesetzt – Höhen und Tiefen des Jagdgeschwaders 51, dem nach dem Tode von Oberst Werner Mölders im Jahre 1941 sein Name verliehen wurde, miterlebt. Das Jagdgeschwader 51 ist von hervorragenden Kommodores, Kommandeuren und Staffelkapitänen geführt worden. Aus seinen Reihen gingen viele erfolgreiche Jagdflieger hervor. Die Männer des Bodenpersonals haben unter schwierigsten und ungewöhnlichsten Verhältnissen ihre Pflicht erfüllt und die Voraussetzungen für die Einsätze der Flugzeugführer geschaffen. Neben überragenden Erfolgen im Luftkampf und wirkungsvollen Einsätzen zur Unterstützung des Heeres, hat dieses Geschwader einen ungeheuren Blutzoll leisten müssen. Mehr als 600 Flugzeugführer sind vor dem Feind geblieben. Der Geist von Werner Mölders, dieses untadeligen Offiziers, hat dieses Geschwader bis zu seiner Auflösung im Mai 1945 beseelt.

Das Buch zeichnet den Weg des Geschwaders sachlich und ohne Pathos auf. Die Chronik dieses Verbandes ist ein Teil der Luftkriegsgeschichte des Zweiten Weltkrieges, und sie ist gleichzeitig ein Ruf an jene Generation, die im Rahmen des ihr erteilten Verteidigungsauftrages unser Recht und unsere Freiheit zu schützen hat, damit sich niemals das wiederholt, was wir durchzustehen hatten.

(Günther Rall; 1984)

Geleitwort zur 2. Auflage

Der Motorbuch Verlag hat mich als letzten Kommodore des Jagdgeschwaders 51 »Mölders« gebeten, zu dieser Neuauflage der 1985 erschienenen Chronik ein Vorwort zu schreiben. Ich tue das gern und danke dem Verlag dafür, daß er mit dieser Veröffentlichung vielen Interessenten, vor allem auch in den neuen Bundes- und den östlichen Nachbarländern, die Möglichkeit gibt, sich mit der Geschichte des Geschwaders, das den Namen seines unvergessenen Kommodore Werner Mölders trug, zu befassen. Dies war seit dem Ausverkauf der 1. Auflage nur begrenzt möglich durch Schriftwechsel mit den Verfassern und den naturgemäß weniger werdenden Zeitzeugen. Die rege Korrespondenz zeigte nicht nur ein weltweites Interesse von Historikern und jungen Menschen, sondern brachte uns darüber hinaus wertvolle neue Erkenntnisse, die der Autor Gebhard Aders soweit möglich in der Neuauflage, insbesondere im umfangreichen Anhang berücksichtigt hat. Die Chronik erscheint, wie schon vor kurzem der Bildband von Obermaier/Held »Jagdflieger Oberst Werner Mölders«, in einem »richtigen Mölders-Jahr«: 1993 wäre Werner Mölders 80 Jahre alt geworden; seiner wurde am erneuerten Grab auf dem Berliner Invalidenfriedhof und in Neuburg gedacht. Seine Witwe, Frau Luise Petzolt-Mölders, beging in beneidenswerter Frische ihren 80. Geburtstag. Am 22. November ist es 20 Jahre her, daß dem JG 74 der Bundes-Luftwaffe der Traditionsname »Mölders« verliehen wurde. Und das »10. Große Mölders-Treffen« vereinigte in Neuburg, wie alle zwei Jahre, Alt- und Jung-Mölderianer mit Angehörigen und Freunden aus dem In- und Ausland zur harmonischen Begegnung über Grenzen und Altersschranken hinweg. Die Chronik ist also nicht nur der Rückschau gewidmet, sondern weist auch einer »sauberen Tradition« eine Zukunft. Gerade diesen Aspekt hat der Präsident der Gemeinschaft der Jagdflieger e.V., Anton Weiler, stets betont. Ohne seine unermüdliche Unterstützung wäre die Chronik des JG 51 wohl nie zustande gekommen. Ihm und Johannes Mohn, dem Redakteur des Jägerblatts, gebührt unser Dank. Seit der 1. Auflage dieses Buches hat die Welt sich in ungeahnter Weise verändert. Da ist es wohl angebracht, dem Jagdgeschwader 74 »Mölders« viel Glück zu wünschen mit dem alten Fliegergruß

»Hals- und Beinbruch«

Heinz Lange
(Dr. Heinz Lange)

Einleitung

Bald 40 Jahre nach Kriegsende die Geschichte eines Jagdgeschwaders schreiben zu wollen, das 1945 nicht einmal sechs Jahre existiert hatte, ist kein leichtes Unterfangen. Die Schwierigkeiten des Verfassers erstrecken sich sowohl auf die Quellenbeschaffung als auch auf die Rechtfertigung seines Vorhabens.

Die große Zeit der Regimentsgeschichten – ein Geschwader ist ja einem Heeresregiment gleichzustellen – waren das letzte Viertel des 19. Jahrhunderts und die Jahre nach dem Ersten Weltkrieg. Die in den ersten Phasen durchweg von aktiven Offizieren verfaßten Veröffentlichungen dienten vorwiegend der Traditionspflege sowie – wie seinerzeit auf dem Untertitel vermerkt – der »Bildung und Belehrung« der Regimentsangehörigen. In den Jahren nach 1920 stand die Erlebnisschilderung des Ersten Weltkriegs im Vordergrund, die sich an die ehemaligen Angehörigen der meist aufgelösten Regimenter des kaiserlichen Heeres richtete. Gemeinsam ist den Publikationen beider Phasen, daß sich die Autoren auf nahezu lückenloses amtliches Material stützen konnten und ihnen außerdem dichtes Material von Zeitzeugen vorlag.

Eine Truppengeschichte, die 1985 veröffentlicht wird, muß zwangsläufig etwas anderes darstellen. Sie kann nicht der Traditionspflege im engeren Sinne dienen, auch wenn es heute wieder ein Jagdgeschwader »Mölders« gibt, denn das eigentliche Jagdgeschwader »Mölders« um das es hier geht, hörte 1945 auf zu bestehen. Sie kann auch nicht der »Belehrung« für die Truppe dienen. Und sie will auch nicht in erster Linie ein Erinnerungsbuch für die immer mehr dahinschwindende Zahl der ehemaligen Geschwaderangehörigen sein, so wie es noch die 1956 erschienene Chronik des Jagdgeschwaders 26 war. Als Grund entfällt heute auch das Rechtfertigungsbedürfnis der Soldaten gegenüber der Verfolgung durch ehemalige Gegner und der Abwehr politischer Verunglimpfung durch die eigenen Landsleute. Der Verfasser will dieses Buch als Beitrag zur Organisationsgeschichte der Luftwaffe, zur Luftkriegs- und Technikgeschichte sowie als Leistungsbericht über den Einsatz der Männer in den fliegenden Teilen und Bodeneinheiten des Geschwaders in Frieden und Krieg verstanden wissen. Und schließlich hat eine Geschwadergeschichte eine Besonderheit: Bildeten bei einem Infanterieregiment, ja selbst bei einem Panzerregiment, die Waffenträger den Hauptbestandteil der Truppe, so ist es in einem fliegenden Verband umgekehrt. Ein Geschwader – bestehend aus drei Gruppen – mit einer Sollstärke von 1808 Offizieren, Beamten, Unteroffizieren und Mannschaften hatte sollmäßig nur 124 Männer fliegendes Personal (Kriegsstärkenachweisung vom August 1943). Das heißt, daß auf einen Flugzeugführer 14 Soldaten des Bodenpersonals entfielen.

Nahmen natürlich alle Männer des Geschwaders am Kriegseinsatz teil, die eigentlichen Träger des Kampfes waren in der Regel nur die Flugzeugführer. Sie erlitten die höchsten Verluste; sie errangen die nennenswerten Luftsiege. Wen wundert es, daß es ihre Namen sind, die damals genannt wurden und auch hier immer wieder genannt werden? Das bedeutet hingegen keine Abwertung des Bodenpersonals, denn es war und ist jedem klar, daß ein Flugzeugführer nur dann in den Kampf gehen konnte, wenn eine Vielzahl von Männern (gegen Kriegsende teilweise auch Frauen) den Einsatz vorbereiteten.

Ein weiterer wesentlicher Unterschied zur Truppengeschichte »alter Art« ist durch die schlechte Quellenlage begründet. Das amtliche Schriftgut der Luftwaffe, sowohl das bei den höchsten Führungsstellen wie das bei der Truppe, ist bei Kriegsende vernichtet worden. Kein einziges Kriegstagebuch des Jagdgeschwaders 51 ist erhalten geblieben; nur eine bis Ende 1941 reichende Gefechtsstandskladde ist vorhanden. Es blieb so gut wie nichts von Organisationsbefehlen, Aufstellungsverfügungen, Verlegungsbefehlen, Einsatzberichten oder Tagesabschlußmeldungen erhalten. Im Jahre 1953 begann der erste Geschwaderkommodore, Generalleutnant a.D. Theo Osterkamp, mit der Materialsammlung zu einer Geschwadergeschichte, die aber mangels Masse in den Anfängen steckenblieb. Dr. Heinz Lange, der Kommodore im letzten Kriegsmonat, Hans Ring und Anton Weiler, derzeit Präsident der Gemeinschaft der Jagdflieger, setzten die Dokumentationssammlung fort. Diesen Herren sowie Herrn Winfried Bock habe ich vornehmlich für die Überlassung der Sammlung zu danken und für ihre jahrelange Unterstützung, und dann natürlich den ehemaligen Geschwaderangehörigen, die mir Rede und Antwort standen und auf meine Fragebögen geantwortet haben, Unterlagen überließen und Bilder schickten. Schließlich danke ich auch den Angehörigen der Verstorbenen, die mir mit Überlassung der Nachlässe geholfen haben.

Trotz des im Laufe der Jahre eingegangenen Materials blieben viele Lücken bestehen, was sich natürlich in der Darstellung niederschlägt. Und zu manchen Ereignissen sind von den ehemaligen Geschwaderangehörigen sehr unterschiedliche Darstellungen und Wertungen geliefert worden, die einfach nicht auf einen Nenner zu bringen waren. Ich habe mich um objektive Schilderung bemüht, was nicht ausschließt, daß der eine oder andere auch heute noch anderer Auffassung sein mag.

Die Entwicklung der Jagdfliegerwaffe im Ersten Weltkrieg

In den Ersten Weltkrieg gingen die Großmächte mit unbewaffneten Flugzeugen, die – wie die leichte Kavallerie – zur Aufklärung eingesetzt wurden. Während des Bewegungskriegs im Westen (August/September 1914) fanden Luftkämpfe nicht statt. Verluste aus dieser Zeit beruhten auf Motorschäden, ungünstigen Witterungsbedingungen, Bruchlandungen nach Verlust der Orientierung und auf Erdbeschuß.
Der erste bekanntgewordene Abschuß einer Rumpler-»Taube« durch ein französisches Flugzeug ereignete sich am 5. Oktober 1914, der nächste am 10. Januar 1915. Die französischen Maschinen erwiesen sich den deutschen (übrigens auch den englischen) als erheblich überlegen; sie waren schneller, wendiger, vor allem waren sie gut bewaffnet. Zunächst mit Schnellfeuergewehren oder MGs, die vom Beobachter bedient wurden, dann mit Waffen, die auf den oberen Tragflächen befestigt waren. Im April 1915 machte Lt. Garros von sich reden, der einen Morane »Monocoque« flog, der mit einem MG ausgerüstet war, das durch den Propellerkreis schoß. Allerdings war die Feuergeschwindigkeit der Waffe nicht mit der Umdrehung des Propellers synchronisiert, so daß die Geschosse immer wieder die Propellerblätter trafen. Die Luftschraube war daher an den Auftreffstellen der Geschosse gepanzert. Garros gelangen binnen weniger Tage drei Abschüsse deutscher Doppelsitzer. Doch schon am 19. April 1915 mußte er auf deutschem Gebiet notlanden. Sein unbeschädigtes Flugzeug wurde erprobt, doch konnte das Waffensystem nicht nutzbar gemacht werden, weil die deutschen Stahlkerngeschosse alle Propellerpanzerungen durchschlugen.
Im April und Mai errangen französische Flieger weitere vier Luftsiege. Derartige Luftkampferfolge des Gegners waren zwar für die deutsche Seite bitter, konnten jedoch die Luftaufklärung nicht unterbinden. Die deutsche Antwort war aber nicht die Entwicklung eines Jagdflugzeugs. Vielmehr sollten die Aufklärungsflugzeuge in die Lage versetzt werden, ihre Aufträge mit besserem Erfolg und geringerem Risiko durchzuführen. Das Ergebnis waren die sogenannten C-Flugzeuge, die ebenso schnell waren wie die französischen Maschinen, aber höher und besser steigen und sich wirkungsvoll zur Wehr setzen konnten. Sie kamen Mitte 1915 an die Front.
Zur selben Zeit erhielten die deutschen Luftstreitkräfte auch ein in geringer Stückzahl gefertigtes Einsitzerflugzeug, den von dem Holländer Anthony Fokker entwickelten Jagdeindecker, der mit zwei durch den Propellerkreis

feuernden Maschinengewehren ausgerüstet war, die mit dem Propeller synchronisiert waren. Die Feldfliegerabteilungen, die aus sechs C-Flugzeugen bestanden, erhielten einen zusätzlichen Fokker-Eindecker. Die Aufgabe ihrer Piloten war es, die feindlichen Aufklärer, Artillerieflieger und bombentragenden Flugzeuge anzugreifen, abzuschießen oder wenigstens abzudrängen. Daß dies den deutschen Piloten mit Erfolg gelang, dafür stehen die Namen Immelmann, Boelcke, Buddecke, Leffers, v. Althaus, Wintgens und Höhndorf.

Hatte Deutschland im Frühjahr 1916 auf technischem Gebiet mit den Franzosen gleichgezogen, errangen diese wieder durch den taktisch besseren Einsatz der Jagdflugzeuge erneut einen Vorsprung. Sie verfügten zu diesem Zeitpunkt über 16 selbständige Jagdeinsitzerverbände, die Escadrilles de Chasse. Als die deutsche Armee im Februar 1916 versuchte, das französische Stellungssystem bei der Festung Verdun zu durchbrechen, zogen die Franzosen die Hälfte der oben erwähnten Jagdverbände im Raum Verdun zusammen und unterstellten sie einem einheitlichen Kommando. Unter dieser Führung erzielten die Franzosen ganz erhebliche Erfolge gegen die deutschen Artillerieflieger. Auf deutscher Seite war man noch nicht so weit. Man hatte lediglich Kampfeinsitzer-Kommandos gebildet, unselbständige, stets wechselnde Zusammenschlüsse mehrerer Fokker-Eindecker, ohne einheitliche Führung. Hauptmann Boelcke, der als erfolgreicher Jagdflieger zwar über persönliches Ansehen verfügte, aber keine Befehlsbefugnisse besaß, schlug zwar in mehreren Denkschriften den Einsatz geschlossener Jagdstaffeln vor, doch fanden diese Vorschläge kaum Beachtung.

Eine organisatorische Änderung trat erst nach Beginn der Somme-Schlacht im Sommer 1916 ein, als ab Mitte August bei sämtlichen Armeen an der Westfront und in Mazedonien (weil hier englische Jagdeinheiten als Gegner auftraten. An der Ostfront war die Aufstellung von Jagdstaffeln nicht notwendig) mit dem Aufbau von Jagdstaffeln als selbständigen Einheiten begonnen wurde; bis April 1917 standen an der Westfront 35 Jagdstaffeln (Jasta) einsatzbereit. Ausgerüstet waren die Jasta vornehmlich mit den Typen Albatros D I, II, III und V, später kamen noch die Pfalz-Doppeldecker D III und III a hinzu.

Ihre erste Bewährungsprobe bestanden die deutschen Jagdstaffeln in der Somme-Schlacht. Die hier eingesetzten Jasta, an der Spitze Boelckes Jasta 2, fügten den alliierten Fliegerverbänden schwerste Verluste zu und brachen damit die feindliche Luftüberlegenheit. Daß den deutschen Truppen im Frühjahr 1917 ein geordneter Rückzug in die »Siegfried-Stellung« gelang, ist nicht zuletzt ein Verdienst der deutschen Jagdstaffeln, die – allen voran Richthofens Jasta 11 – nicht weniger als zwei Drittel der englischen

Luftstreitkräfte in diesem Kampfabschnitt abschossen. In der Endphase der Schlacht bei Arras wagte es die britische Infanterie nicht mehr, ihre vordersten Stellungen durch Auslegen von Tüchern den eigenen Artilleriefliegern anzuzeigen, weil die über ihnen kreisenden Flugzeuge meist deutsche waren.

Ähnlich große Erfolge hatten die deutschen Jagdflieger bei den Sommerschlachten am Chemin des Dames, bei Verdun und bei der Herbstschlacht in Flandern, wo nicht weniger als 26 Jasta zusammengezogen wurden. Die Jagdstaffeln unterstanden einsatzmäßig dem Kommandeur der Flieger (Kofl) einer Armee; die Armeekorps (-Gruppen) verfügten über keine Jagdeinheiten.

Im Herbst 1917 hatte der Gegner gewaltig aufgeholt; seine Flugzeuge waren mittlerweile den deutschen wieder zahlenmäßig überlegen, auch die Organisation war besser, so hatten beispielsweise die Franzosen im Herbst 1917 fünf Groupes de Combat (Jagdgeschwader) im Einsatz, als gerade das erste deutsche Jagdgeschwader unter Führung v. Richthofens aufgestellt wurde.

Im Frühjahr 1918 wurde die Zahl der deutschen Jagdstaffeln auf 81 aufgestockt. Doch mangelte es an gut ausgebildetem Flugzeugführernachwuchs, an qualifizierten Staffelführern und – bis Juni 1918 – an einem den gegnerischen Maschinen zumindest ebenbürtigen Jagdflugzeug. Erst dann kam der Fokker D VII an die Front, wohl das beste Jagdflugzeug des Ersten Weltkriegs. Diese Maschine versetzte die Jagdstaffeln in die Lage, sich mit großem Erfolg der alliierten Übermacht zu stellen. Mehr noch: Die Masse der alliierten Jäger war in der Schlußphase des Krieges gezwungen, ihre Bomberverbände gegen die Angriffe der deutschen Fokker zu schützen, doch war es kein Einzelfall, daß die Hälfte der gestarteten Bomber nicht zurückkehrte. Die Verluste der alliierten Luftstreitkräfte im September 1918 waren höher als die des gesamten Jahres 1916!

Umgekehrt gelangen den Engländern mehrfach erfolgreiche »raids« (Angriffe) gegen deutsche Flugplätze, wobei sie – bei geringen Eigenverlusten – mehr deutsche Flugzeuge durch Zerstörung am Boden ausschalteten als in Luftkämpfen.

1918 wurden die Jagdstaffeln der Armeen zu Jagdgruppen zusammengefaßt, doch wechselte die Stärke, entsprechend der Lage im Armeeabschnitt. Erst gegen Kriegsende läßt sich eine gewisse Stetigkeit im Bestand nachweisen. Man war von einer Gliederung in Geschwader, Gruppen und Staffeln, wie sie in den dreißiger Jahren eingeführt wurde, noch weit entfernt.

Nicht unerwähnt darf bleiben, daß im rückwärtigen Gebiet, vor allem in West- und Südwestdeutschland, neun Objektschutzstaffeln aufgestellt wurden, die Kampfeinsitzerstaffeln (Kesta), die im Oktober 1918 in Jasta 82–90 umbenannt wurden. Ihr Flugzeugmaterial war aber so schlecht oder veraltet, daß diese Einheiten vor kaum lösbaren Aufgaben standen. Sie konnten daher nicht verhindern, daß im Mai und Juni 1918 französische und englische Bomber Köln und Bonn angriffen.

Wenn man heute weiß, welche Bedeutung die Jagdfliegerwaffe im Ersten Weltkrieg gewonnen hatte, erscheint es eigenartig, daß man 15 Jahre später dieser Waffe keine größere Stärke zubilligte, vielmehr den Schwerpunkt auf Verbände und Flugzeugtypen legte, die zur unmittelbaren Heeresunterstützung geeignet waren.

Die verbotene Luftwaffe (1919 bis 1933)

Am 21. Januar 1919 wurden sämtliche Verbände der Flieger-, Flak- und Luftschiffereinheiten durch Tagesbefehl des Kommandierenden Generals der Luftstreitkräfte aufgelöst. Am 28. Juni 1919 mußte das Reich den Vertrag von Versailles unterzeichnen, dessen Artikel 198 betonte, daß Deutschland keine Luftstreitkräfte als Teile des Heerwesens unterhalten dürfe. Weitere Artikel bestimmten die Auslieferung oder Zerstörung allen militärischen Luftfahrtgerätes, die Herstellung oder Einfuhr von Flugzeugen für sechs Monate und die Einschränkung der Lufthoheit. Später folgten das Verbot von Polizeiflugzeugen und die sogenannten »Begriffsbestimmungen«, die der deutschen Flugzeugentwicklung enge Schranken setzten. Dieses war, so sollte man meinen, das endgültige Ende für die deutsche Militärfliegerei. Und wenn man die nach 1933 erschienene offizielle oder offiziöse Literatur, die 1934 erschienene Geschichte der deutschen Luftwaffe von Bülow zu Rate zieht, wird darin der Eindruck erweckt, daß Deutschland sich tatenlos dem »Schanddiktat« von Versailles gebeugt hatte und erst nach 1933 eine Luftwaffe aus dem Nichts durch Hitler und Göring geschaffen worden ist.

Dem war nicht so. Weder die Regierung noch die Reichswehr noch die Industrie gaben sich geschlagen. Die Industrie richtete beispielsweise Zweigwerke im Ausland ein und entwickelte dort militärisch nutzbare Flugzeuge. Die Reichsregierung schloß 1922 mit der Sowjetunion ein Zusatzabkommen zum Vertrag von Rapallo ab, demzufolge Deutschland in der UdSSR eine Fliegerausbildungs- und Flugzeugserprobungsstelle errichten durfte.

Die Reichswehr selber hatte in ihren höchsten militärischen Stellen, dem Truppenamt, ein »Luftschutzreferat« eingerichtet, dessen ureigenste, aber natürlich geheime Aufgabe war, eine kleine Kaderluftwaffe zu schaffen. Auf verschiedenen Sportfliegerschulen wurden Reichswehroffizire zu Piloten ausgebildet, vor allem aber zwischen 1925 und 1933 in Lipezk in der Sowjetunion. Auf diesem Platz, der etwa 230 Kilometer östlich von Orel lag, erhielten bis 1933 etwa 120 Jagdflieger und 100 Beobachter ihre Ausbildung. Die Ausbilder waren ehemalige Militärflugzeugführer des Ersten Weltkriegs, aber auch zivile Fluglehrer, unter ihnen der spätere Kommandeur der IV. Gruppe des JG 51, Johannes Janke. Außerdem wurden dort verschiedene Flugzeugmuster, die von der Industrie auf Anforderungen der Reichswehr gebaut worden waren, auf ihre militärische Tauglichkeit erprobt.

120 ausgebildete Jagdflieger in acht Jahren sind wahrlich keine überwältigende Zahl, doch reichte sie später aus, um in den ersten Jagdstaffeln und in den Jagdschulen die wichtigsten Dienststellungen zu besetzen. Gleichwohl konnte die Schule Lipezk den Bedarf für eine neue große Luftwaffe nicht decken, und darum wurde 1932 die Deutsche Verkehrsfliegerschule in Braunschweig mit vier Zweigstellen gegründet, in der junge Männer zu Flugzeugführern und Beobachtern ausgebildet wurden, die erst später als Soldaten in die Reichswehr eintreten sollten. Von 1926 an hatte die Reichswehr – immer gut getarnt und unter strengster Geheimhaltung – Entwicklungsaufträge an die Industrie für die Herstellung von Jägern, Aufklärern und mittleren Bombern erteilt. Alles unter dem Gesichtspunkt, daß es für Deutschland inmitten hochgerüsteter Nachbarstaaten unerläßlich sei, Verteidigungsluftstreitkräfte aufzubauen, verknüpft mit der Hoffnung, daß es auf internationalen Konferenzen gelänge, Lockerungen des Versailler Vertrages zu erreichen. Das ermöglichte zwar der Industrie, relativ brauchbare Prototypen zu entwickeln, aber eine Serienfertigung und erst recht die für den Aufbau einer Luftwaffe notwendige Lagerhaltung waren unmöglich.

Um 1930 setzte ein Wandel in der Auffassung der führenden, für die Militärfliegerei verantwortlichen Offiziere ein, an ihrer Spitze Oberstleutnant Felmy. Man ging vom reinen Defensivdenken ab und wandte sich dem Standpunkt »Angriff ist die beste Verteidigung« zu. Ausgelöst wurde das sicherlich von der Vorstellung vom künftigen Luftkrieg, die der italienische General Giulio Douhet propagierte: Der Staat, der einen künftigen Krieg gewinnen wolle, könne dieses nur mit Hilfe einer großen Flotte schwerster Bomber erreichen, die binnen kurzem die Wirtschaft, Rüstung, Verkehrseinrichtungen, Aufmarschplätze und Nachschubwege des Gegners zerschlagen könne, vor allem aber dessen Luftwaffe auf ihren Flugplätzen. Unter den Nachbarstaaten begann zuerst Frankreich Bomberstaffeln aufzustellen, die mit viermotorigen Fernbombern ausgerüstet werden sollten. Sicher, verglichen mit der nur fünf Jahre später von Boeing in den USA entwickelten »Fliegenden Festung« B-17 waren das ungefüge Drachen, aber für die damalige Zeit eine ungeheure Bedrohung darstellend: Reichweite 2000 km, 1000 kg Bombenlast, Abwehrbewaffnung aus neun MG bestehend. Nach dem damaligen Stand der Technik glaubte man nicht, daß ein Jäger eine solche Waffenplattform abschießen könne, es sei denn, man würde die Jägerstreitkräfte vervielfachen, so daß man drei bis vier Jagdflugzeuge auf einen solchen Bomber ansetzen könne. Wenn man die Jagdstreitkräfte an der Peripherie des Reiches aufstelle, könnten die angreifenden Bomber dennoch eine Lücke finden, und die Jäger hätten beim Aufsteigen und Verfolgen schon einen großen Teil ihres Treibstoffes verbraucht, so daß sie bald den Kampf abbrechen müßten. Konzentriere man hingegen die Jäger in der Mitte des Reiches, könne sich die angreifende Feindmacht bis in die Tiefe des Reiches hinein ihre Ziele ungefährdet aussuchen. Fazit: Der Jäger sei zum Objektschutz nur bedingt geeignet, im Grenzgebiet könne das Jagdflugzeug wie im Ersten Weltkrieg nur dem Aufklärer und dem Schlachtflugzeug Geleitschutz geben. Besitze man aber auf der eigenen Seite genügend schwere Bomber, könne man in Spannungszeiten kurz vor Ausbruch der Feindtätigkeiten durch einen Präventivschlag die feindliche Bomberflotte auf ihren Flugplätzen ausschalten.

Diese geänderte Auffassung vom künftigen Luftkrieg spiegelt sich in den Aufrüstungsplänen des Reichswehrministeriums deutlich wider. Hatte man 1930 noch geplant, bis 1937 dreizehn Aufklärungs-, sechs Jagd- und drei Nachtkampfstaffeln aufzustellen, so sah in der Planung von Januar 1932 das Bild bereits ganz anders aus: Sechs Fernaufklärerstaffeln, sechs Nahaufklärerstaffeln, sechs Jagdgeschwader mit 162 Flugzeugen, aber 14 Bombergeschwader mit 378 Flugzeugen, die man bis 1938 aufzustellen gedachte.

Zielte Oberstleutnant Felmys »1000-Flugzeuge-Programm« noch auf eine operativ oder strategisch einzusetzende Luftwaffe ab, so konnte hingegen das Truppenamt sich die Luftstreitkräfte nur als unmittelbare Unterstützungswaffe für das Heer vorstellen, sozusagen als eine weitere Waffengattung zur Infanterie, Artillerie oder Panzerwaffe. Auch wenn in Denkschriften vom operativen Einsatz oder mittelbarer Heeresunterstützung die Rede war, so konnte man sich doch nicht dazu durchringen, die fliegenden Verbände so einzusetzen, daß ihre Erfolge zwar erst nach geraumer Zeit, aber dazu um so nachdrücklicher auf die Erfolge der Heeresoperationen durchschlagen würden. Das wäre z. B. das Niederringen der Jagdabwehr des Gegners durch eigene Jäger gewesen, dadurch Gewinnung der Luftherrschaft über dem Frontgebiet wie in der Tiefe des Raumes, was den weitgehend ungestörten Einsatz der Bomber zur Zerschlagung von Rüstung, Energiewirtschaft und Nachschubzentren ermöglicht hätte.

Das Jahr 1932 brachte auch in technischer Hinsicht einen Sprung nach vorne. Doch ist es wieder symptomatisch für die generelle Einstellung des Reichswehrministeriums, daß von Jagdflugzeugen weniger revolutionäre Entwicklungen gefordert wurden als von den Bombern: Als Jäger-Prototyp flog die Heinkel He 49 als Vorläufer für die He 51; ARADO hatte das Muster Ar 68 in Entwicklung, beides waren fortschrittlichere Flugzeuge als die bisher benutzten Entwicklungen; es waren hingegen nur Doppeldecker, die zwar wendig, aber groß und langsam waren. Dornier hatte 1932 das Projekt Do 17 begonnen, einen zweimotorigen, aerodynamisch hochwertigen Eindecker in Ganzmetallbauweise, der schneller sein sollte als alle in- und ausländischen Jäger.

Der Wiederaufbau der Luftwaffe und die Entstehung der Jagdwaffe

Drei Tage nach seiner Ernennung zum Reichskanzler am 30. Januar 1933 schuf Hitler für seinen alten Parteigenossen Hermann Göring, der seit 1931 Inspekteur für das Flugwesen der NSDAP war, die Dienststelle eines Reichskommissars für die Luftfahrt. Das war ein glatter Affront gegen den alten und neuen Reichspost- und Verkehrsminister Freiherr von Eltz-Rübenach, dem bislang das Reichsamt für Flug- und Kraftfahrzeugwesen unterstand. Hitler wagte es in jenen Tagen noch nicht, wie Göring es wünschte, ein Reichsluftfahrtministerium einzurichten, um seinen Vizekanzler von Papen, der mit Eltz-Rübenach verwandt war, nicht zu verprellen. Doch war es nur noch eine Frage der Zeit, bis Göring sich durchsetzen konnte und Eltz-Rübenach nachgeben mußte. Jedenfalls unterstand von Anfang an Göring und seinem Staatssekretär Erhard Milch die gesamte zivile Luftfahrt, dazu der Luftschutz und der Deutsche Luftsportverband unter seinem Präsidenten Bruno Loerzer, der auf breiter Basis die Schulung künftiger Militärflieger vornahm. In der sicheren Erwartung, daß in nächster Zeit ein Luftfahrtministerium eingerichtet und das Reich eine Luftwaffe aufbauen würde, begann Milch mit den Planungen. Zugleich fühlte sich aber auch der Reichswehrminister zuständig für die Vorbereitungen zum Aufbau einer Luftwaffe und stellte im Februar 1933 einen zentralen Fliegerführungsstab auf.
Im April 1933 hatte sich Göring durchgesetzt: Ein neues Reichsluftfahrtministerium sollte allein zuständig für das gesamte Flugwesen sein. Am 27. April wurde Göring zum Minister ernannt, und am 15. Mai versetzte das Reichswehrministerium den Fliegerführungsstab mit 250 Offizieren in das RLM. Dieses Datum ist das Geburtsdatum der neuen Luftwaffe.
Zwei Tage später erklärte Hitler vor dem Reichstag im Hinblick auf die seit Februar laufenden Abrüstungsgespräche in Genf, er werde sich jeder Abrüstungsbeschränkung unterwerfen, unter der Voraussetzung der Gleichberechtigung der Staaten. England hatte in der Tat einen Plan ausgearbeitet, nach dem in fünf Jahren die europäischen Staaten auf den deutschen Stand abrüsten sollten. Dem stimmte das Reich allerdings nur sehr bedingt zu; Frankreich lehnte ab.
Damit sah sich Hitler gerechtfertigt, vorerst noch insgeheim, eine starke Aufrüstung zu betreiben. Dazu gehörte auch die Aufstellung einer Luftwaffe. Die Pläne dafür waren anfangs recht bescheiden. Im Mai 1933 ging

Milch noch von einem Beschaffungsprogramm von 1000 Flugzeugen aus; im Juli hatten die deutschen Vertreter auf der Genfer Abrüstungskonferenz die Beschaffung von 500 Jagd- und Aufklärungsflugzeugen vorgeschlagen, was abgelehnt wurde.

Die Programme für den Aufbau der getarnten Friedensluftwaffe begannen sich zu überschlagen. Sie sind von einer merkwürdigen Uneinheitlichkeit, ständig schwankend zwischen utopischen personellen und materiellen Rüstungszahlen und wiederum Reduzierungen auf das Machbare.

Vor allem wechselten die Programme hinsichtlich der Beurteilung der Wirkungsmöglichkeit der Jäger. Es setzte sich schließlich die Auffassung durch, daß vom Jäger keine Abschreckung ausgehe, wohl aber von einer großen Anzahl Bomber, die bei einem möglichen Angriff auf das Reich zum Gegenschlag ausholen könnten. Die Fortsetzung dieser Vorstellung war, daß die Bomber entweder so schwer bewaffnet sein sollten, daß sie ihren Weg freikämpfen oder aber sich durch überlegene Geschwindigkeit der Angriffe von Feindjägern entziehen könnten. Die Entwicklung eines einmotorigen Langstreckenbegleitjägers wurde gar nicht erst in Betracht gezogen.

Die laufenden Änderungen im Beschaffungsprogramm der Luftwaffe und die schwankende Beurteilung über die Verwendungsmöglichkeiten des Jagdflugzeuges der Zukunft führten zu erheblichen Verzögerungen bei der Aufstellung von Jagdverbänden.

Am 12. Juli 1933 wurde die Aufstellung von zwei leichten Jagdgeschwadern, jedes aus drei Staffeln bestehend, befohlen. Es war geplant, zu ihrer Ausrüstung italienische Jäger Fiat CR 30 zu importieren. Italien untersagte die Ausfuhr seines modernsten Jagdflugzeuges, und so mußte der Aufstellungsbefehl am 24. August dahin geändert werden, daß vorerst nur ein Jagdgeschwader aufgestellt werden sollte. Dessen Aufstellung verzögerte sich aus Mangel an brauchbarem Gerät um mehrere Monate.

Am 1. April 1934 wurde in Döberitz-Elsgrund das erste – natürlich noch getarnte – Jagdgeschwader mit der Bezeichnung »Jagdgeschwader (Einsitzer) 132« aufgestellt. Diese Bezeichnung blieb vorerst streng geheim; im internen Schriftverkehr führte der Verband die Bezeichnung »Fliegergruppe Döberitz«, für die Öffentlichkeit war er die »Reklamefliegerstaffel Mitteldeutschland des Deutschen Luftsportverbands«.

Der erste Kommandeur war Robert Ritter von Greim, der spätere Generalfeldmarschall und letzte Oberbefehlshaber der Luftwaffe.

Die Jagdwaffe nach der Enttarnung

Im Fühjahr 1935 konnte die Reichsregierung nicht mehr länger die Tarnung ihrer Luftstreitkräfte aufrechterhalten. Sie wollte es auch nicht, denn mittlerweile hatte die geheime »Luftwaffe einen Stand erreicht, der sie als Faktor in der Außenpolitik wertvoll machen konnte«. Am 26. 2. 1935 wurde der »Erlaß über die Reichsluftwaffe« unterzeichnet, am 1. März wurden die als Soldaten zu übernehmenden Angehörigen des Luftsportverbandes verpflichtet und damit die Luftwaffe als dritter Wehrmachtsteil offiziell neben Heer und Marine gestellt. Die Uniformen des Luftsportverbandes erhielten die im Reichsheer gebräuchlichen Schulterstücke und -klappen, auf die Kragen kamen neue Spiegel in den Waffenfarben: Fliegertruppe gelbe, Flak rote, Luftnachrichtentruppe braune, Luftwaffenpioniere schwarze Spiegel.
Für die fliegenden Verbände war der Erlaß vom 27. 2. 1935 bedeutsam, der die Gliederung und Stärke neu regelte: Der taktische Verband war das Geschwader (= Regiment), aus drei Gruppen bestehend; die Gruppe (= Bataillon) bestand aus drei Staffeln, die Staffel (= Kompanie) aus drei Ketten. Demzufolge hatte die Döberitzer Jagdgruppe die Bezeichnung I./JG 132. Ihr, dem Zellkern des ersten Jagdgeschwaders der neuen Luftwaffe, wurde im März 1935 der Traditionsname »Jagdgeschwader Richthofen« verliehen. Im gleichen Jahr entstand durch Teilung der I. Gruppe die II./JG 132 unter Major Johann Raithel in Jüterbog-Damm.
Nach Fortfall der Tarnbestimmungen konnte sich die Luftwaffe wesentlich schneller entfalten als zuvor. 1936 erhielt das JG 132 seinen Geschwaderstab. Und im Luftkreis 4 (Münster) wurde das JG 134 – es erhielt den Namen »Horst Wessel«, weil seine Flugzeuge teilweise aus SA-Spenden finanziert worden waren – mit drei Gruppen aufgestellt. Im selben Jahr entstand im Luftkreis 2, und zwar in Bernburg, als Stammzelle eines neuen Jagdgeschwaders die I./JG 232.
Zum 1. April 1937 kamen als 4. und vorgezogene Teile der 5. Aufstellungswelle ein Geschwaderstab und sechs Gruppenstäbe mit 18 Staffeln hinzu. Unter diesen ist vor allem die I./JG 135 zu erwähnen, die spätere I./JG 51, die Major Max Ibel in Bad Aibling aufstellte.
Somit waren im Herbst 1937 drei Geschwaderstäbe, 13 Gruppenstäbe und 39 Jagdstaffeln vorhanden, darunter eine Gruppe mit der Bezeichnung J/88 in Spanien bei der »Legion Condor«; das bedeutete eine 13fache Vermehrung der Jagdwaffe in zweieinhalb Jahren.

So beeindruckend diese Zahl auch ist, man darf sich heute davon nicht mehr derart berauschen lassen, wie es die damalige Luftwaffenführung getan hatte. Dieser schnelle Aufbau brachte reichlich Probleme mit sich.
Der Personalbedarf wurde gedeckt durch Reaktivierung von älteren Offizieren des Ersten Weltkriegs, durch Übernahme und Umschulung von Heeres-, weniger Marinepersonal und durch verkürzte Ausbildungszeiten des fliegerischen Nachwuchses; auch die Ausbildung der Offizieranwärter wurde von drei auf zwei Jahre verkürzt. Die hohe Zahl der Staffeln wurde durch das »Zellteilungsverfahren« erreicht: Ein »Mutterverband« gab zur Aufstellung eines »Tochterverbandes« das notwendige Kaderpersonal ab, wie Gruppenkommandeure, Stabspersonal, Staffelkapitäne, Flugzeugführer im Offizier- und Unteroffizierrang, Techniker und Funktionspersonal. Beim Mutterverband wurden die freigewordenen Stellen in der Regel aus den eigenen Reihen besetzt, »unten« füllte der Nachwuchs die Lücken.
Nach wenigen Monaten gaben die neuaufgestellten Tochterverbände, aber auch schon länger bestehende Gruppen und Staffeln, erneut Personal für Neuaufstellungen ab.
Das Verfahren hatte nur den einen Vorteil, daß auf dem Papier tatsächlich in kurzer Zeit neue Einheiten und Verbände »standen«. Es konnte aber durch den laufenden Personalwechsel keine Konsolidierung eintreten.
Probleme bildete die Besetzung der Gruppenstäbe, besonders kritisch stand es um die Geschwaderstäbe. Die Planstellen für die Gruppenkommandeure (Major) konnten in der Regel mit hervorragenden Persönlichkeiten besetzt werden, wenn auch vielfach nur mit Hauptleuten. In der Mitte der 30er Jahre handelte es sich hierbei ausschließlich um ehemalige Reichswehroffiziere, sicher durchweg Führerpersönlichkeiten, aber eben kaum »Flieger«. Die Planstellen für die Stabsoffiziere bei den Gruppen – Adjutant, Nachrichtenoffizier (NO), Technischer Offizier (TO) – wurden durchweg von jüngeren Flugzeugführern besetzt, die von »Papierkrieg«, Flugzeug- und Nachrichtentechnik und Nachschubfragen nicht mehr verstanden, als was sie auf der Kriegsschule gelernt hatten. Im günstigsten Fall hatten sie eine persönliche Neigung für diese Sachgebiete, meist aber waren sie zur Wahrnehmung dieses Aufgabenbereichs befohlen worden und versahen diesen Dienst ohne sonderliche Begeisterung, drängten vielmehr darauf, in eine Staffel zu kommen. Eine besondere Ausbildung für Technische Offiziere und NO's kannte die Luftwaffe nicht. Erst während des Krieges wurden als NO ausgebildete Offiziere der Luftnachrichtentruppe verwendet.
Es fällt auf, daß 1937 auf 13 Gruppenstäbe nur drei Geschwaderstäbe kamen, – vier hätten es schon sein müssen. 1938 kamen neun weitere Gruppenstäbe hinzu, aber kein Geschwaderstab! Über die Gründe, warum die Geschwaderstäbe bei Jägern (aber auch bei den Aufklärern und Sturz-

kampffliegern) im Gegensatz zu denen der Kampffliegerverbände nur schleppend etatisiert wurden, gibt es kein verläßliches Quellenmaterial; man kann aus verschiedenen Anzeichen nur Schlüsse ziehen.

Als erstes ist wieder das Personalproblem zu nennen. Der Kommodore eines Geschwaders sollte den Rang eines Oberst haben, konnte also keineswegs ein Mann unter 40 Jahren sein, und er mußte der Vorkämpfer seines Geschwaders sein, also in der Luft führen. Das ging bei den Kampffliegern durchaus, da der Kommandant einer Ju 86, Do 17 und He 111 seinerzeit nicht der Pilot, sondern der Beobachter war; die körperliche Beanspruchung war also weitaus geringer, zumal der Flug in einem Horizontalbomber ein relativ gemütliches »Kutschieren« war. Ganz anders sah es für die Kommodore der Jagd- und Sturzkampfflieger aus; selbst für alte Jagdflieger des Ersten Weltkrieges wie v. Greim, v. Schleich, Loerzer, die sich aus Passion wieder als Jagdflieger hatten reaktivieren lassen, war der Flugbetrieb der Friedensjahre schon anstrengend. Das Umsteigen auf einen modernen Jäger, wie die Bf 109, mußte sie einfach an die Grenze der physischen Leistungsfähigkeit bringen, erst recht unter den ungleich härteren Kriegsbedingungen. Ein Mann wie Theo Osterkamp, der erste Kommodore des JG 51, war da noch eine Ausnahme!

Mit anderen Worten: Die Personalreserve für geeignete Jagdfliegerkommodores war um 1938 denkbar ungünstig. Für die Besetzung der Offiziersstellen bei den Geschwaderstäben galt das gleiche wie für die Gruppenstäbe, allerdings in noch stärkerem Maße, da es kaum Männer im Hauptmanns- oder Majorsrang gab, die sowohl die Stabsarbeit als I a, Major beim Stabe, NO und TO beherrschten, als auch zusammen mit dem Kommodore im Stabsschwarm Einsätze fliegen konnten. Durchweg waren diese Männer reaktivierte Offiziere, die gewisse Erfahrungen in der Wirtschaft oder Verwaltung besaßen, aber eben nicht gelernt hatten, »luftwaffenspezifisch« zu denken, erst recht nicht mit der Jagdfliegerwaffe verwachsen waren.

Offensichtlich hatte die Luftwaffenführung geglaubt, aufgrund der künftigen taktischen Aufgaben der Jäger weitgehend auf die Aufstellung von Geschwaderstäben verzichten oder deren Aufstellung mit geringem Vorrang behandeln zu können. Denn anders als die Bombergeschwader, die im Krieg möglichst als geschlossener Verband einzusetzen waren, sollten die Jäger eben nicht geschwaderweise, sondern bestenfalls gruppenweise zum Objektschutz oder zur Frontüberwachung verwendet werden. Bei Defensivaufgaben übernahm dabei das Luftkreiskommando oder ein Luftverteidigungskommando die Bodenführung und Koordination mit der Flakartillerie. Bei offensiver Kriegsführung war die Zuweisung leichter Jagdkräfte an die Heeresgruppen unter der Führung eines höheren Fliegerführers vorgesehen. Bei beiden Verwendungsarten war nicht an den geschlossenen

Einsatz von Jagdgeschwadern gedacht. So konnte man es 1937–1939 bei der truppendienstlichen Unterstellung von Jagdgruppen unter andere Geschwader oder direkt unter die Luftkreiskommandos oder deren Nachfolgeorganisationen bewenden lassen.

Zum 4. Februar 1938 wurden die sieben Luftkreiskommandos in drei Luftwaffengruppenkommandos (Ost mit Sitz in Berlin, West mit Sitz in Braunschweig, Süd mit Sitz in München) und die beiden Luftwaffenkommandos Ostpreußen (Königsberg) und See (Kiel) umgewandelt. Entsprechend erhielten die Verbände neue Nummern. Die Endziffern lauteten von nun an 1, 2, 3; nur die Küstenfliegerjagdgruppe 186 behielt ihre Bezeichnung. Nach dem »Anschluß« Österreichs an das Reich wurde das Luftwaffenkommando Österreich gebildet. Die dort stationierten Verbände erhielten die Endziffer 8, so die Wiener Jagdgruppe in Aspern, die jetzt I./JG 138 hieß.

Unter dem Eindruck der außenpolitischen Krisen des Jahres 1938 und der von Hitler weiterhin erhobenen Territorialforderungen wurde im Frühjahr 1939 die Luftwaffe neugegliedert, um die Friedenskommandostruktur an die Kriegsspitzengliederung anzugleichen. Dazu gehörte die Umwandlung der Luftwaffengruppenkommandos in Luftflottenkommandos 1–3, das Luftwaffenkommando Österreich wurde unter Einbeziehung Schlesiens Luftflotte 4. Die Luftflotten waren für die offensive Luftkriegsführung zuständig. Führungsstäbe der Luftverteidigung, denen Flakartillerie und leichte Jagdverbände unterstanden, waren nunmehr die 10 Luftgaukommandos. Im Zuge der Neugliederung erhielten die fliegenden Verbände neue Geschwadernummern: den Geschwadern der Luftflotte 1 wurden die Nummern 1 bis 25, den Geschwadern der Luftflotte 2 die Nummern 26–50, denen der Luftflotte 3 die Nummern 51–75, denen der Luftflotte 4 die Nummern 76–100 zugewiesen. Innerhalb der Verbandsarten wurde von 1 an laufend durchnumeriert, so daß es gleichzeitig Kampf-, Sturzkampf- und Jagdgeschwader mit der gleichen Nummer gab.

Im Sommer 1939 gab es die vier Geschwaderstäbe der JG 2, 3, 26, 53. An einsatzbereiten Jagdgruppen waren vorhanden: I./JG 1, I./JG 2, I./JG 3, I. und II./JG 26, I./JG 51, I./JG 52, I. und II./JG 53, I./JG 76, I. und II./JG 77, I./LG 2. Zu diesen leichten Jagdverbänden waren mittlerweile schwere Jagdverbände, die Zerstörer, mit insgesamt neun Gruppen hinzugekommen.

Aus dieser Auflistung kann man ersehen, daß im Sommer 1939 kein einziges Jagdgeschwader die Sollstärke von drei Gruppen erreicht hatte. Im Zuge der Mobilmachungsmaßnahmen für den beabsichtigten Krieg gegen Polen wurden im Juli/August 1939 fünf weitere Gruppen sowie zusätzliche Staffeln aufgestellt. Anstatt aber die bestehenden Geschwader zu verstärken, bildete man Kernzellen für neue Geschwader: I./JG 54, I./JG 20, I./ JG 21, II./JG 71, Flugzeugträgerstaffel 6/186, 11. (Nachtjagd)/LG 2, 1. und 2./JG 70, 1. und 2./JG 71, 10. (Nachtjagd) und 11. (Nachtjagd)/JG 72. Kurzum, die große Zahl von Verbandsnummern täuschte eine nicht vorhandene Stärke vor, zumal den Staffeln im August 1939 etwa 17% der Sollstärke an Flugzeugführern fehlte. Zwar standen mit den vier Lufkriegsschulen und den 12 A/B-Schulen genügend Einrichtungen für die Anfängerschulung zur Verfügung, doch reichte die eine Jagdfliegerschule nicht aus, um den Bedarf an Nachwuchs zu decken, zumal die Schule in Schleißheim 1936 geschlossen und erst 1937 in Werneuchen eine neue Jagdfliegerschule unter Oberst Osterkamp aufgestellt wurde, die aber schon am 1. 7. 1938 einen Großteil des Lehrpersonals zur Aufstellung der IV./JG 132 (spätere IV./JG 51) abgeben mußte. Erst im Frühjahr 1939 öffnete die Schule in Schleißheim wieder ihre Tore. Viele Flugzeugführer mußten daher direkt bei den Staffeln zum Jagdflieger ausgebildet werden, was durchaus Vorteile hatte, weil die Ausbildung sehr praxisbezogen war. Trotzdem reichte dies gerade aus, bis zum Herbst 1939 die Staffeln auf 80% ihrer Sollstärke aufzufüllen, keinesfalls aber zur Bildung einer jagdfliegerisch geschulten, zahlenmäßig starken Reserve, obwohl schon 1936 der Generalstab der Luftwaffe mit einem monatlichen Personalverlust von 25–30% in einem künftigen Krieg gerechnet hatte.

Daß die Ausbildung von Anbeginn an ein Stiefkind der Luftwaffe war und blieb, belegte nach dem Krieg der letzte Generalstabschef der Luftwaffe, General Koller: »Es wurde nur nach der Breite und nie nach der Tiefe gearbeitet. Verbandszahlen mußten steigen (Zahlenrausch), daher Verwässerung der Leistung, und dahinter keine Reserven!«

Einen gewissen Vorteil hatte die deutsche Luftwaffe im Sommer 1939 gegenüber den Luftstreitkräften der Nachbarstaaten: Etwa 126 Offiziere und 200 Unteroffizierdienstgrade der Jagdwaffe hatten in der J/88 der »Legion Condor« am Spanischen Bürgerkrieg teilgenommen, dort Kampferfahrung gesammelt, die sie an die anderen Jagdflieger weitergeben konnten.

Man hat nach dem Krieg mehrfach in anglo-amerikanischer Literatur zu belegen versucht, daß die Erfolge der deutschen Jäger wie der Luftwaffe überhaupt in den Jahren 1939–1941 vorwiegend auf den spanischen Kampferfahrungen beruhten und das – in Bezug auf die Jäger – mit zwei »Milchmädchenrechnungen« zu untermauern versucht: Etwa 320 Jagdflieger haben in Spanien Einsätze geflogen, was bedeute, daß bei einer Stärke von etwa 700 Jagdfliegern in den Einsatzverbänden im Mai 1939 beinahe jeder zweite in Spanien gekämpft habe. Zweitens: Von den 320 Jägern der »Legion Condor« haben im Zweiten Weltkrieg 39 das Ritterkreuz und

höhere Stufen erhalten, also mehr als jeder Zehnte. Von den 30 000 deutschen Jägern während des Krieges haben aber nur 568 diese Auszeichnung bekommen, also jeder 34.!
Auf dieses Zahlenspiel ist zu entgegnen: Die 126 Offiziere und 200 Unteroffizierdienstgrade, die als Jagdflieger nach Spanien entsandt wurden, sind ja nicht auf einen Schlag den Verbänden in Deutschland entnommen worden, sondern ihre Kommandierung erfolgte in ständigem Wechsel über zweieinhalb Jahre hinweg. In diesem Zeitraum haben weit mehr als 700 Jagdflieger in den Gruppen und Staffeln geflogen. Hinzu kommen die Jagdlehrer, dann die, die in höhere Stäbe versetzt wurden, die Waffengattung wechselten, die als Reservisten ausschieden, schließlich auch die tödlich Verunglückten. Von den »Spaniern« muß man andererseits die Gefallenen und Verunglückten abziehen; und so kommt man zu dem Ergebnis, daß kurz vor Kriegsausbruch bestenfalls jeder achte Jagdflieger bei der »Legion Condor« gewesen sein kann.
Und man darf nicht übersehen, daß nur solche Männer nach Spanien kamen, die vor ihrer Kommandierung als hervorragend beurteilt worden waren. So liegt es auf der Hand, daß Männer, die bereits in Friedenszeiten zu den Besten gerechnet wurden, auch in den folgenden Kriegseinsätzen Überragendes leisteten.
Noch zwei weitere Legenden sind auf die nüchterne Wahrheit zu bringen: Große Abschußerfolge bestimmter Piloten oder Mißerfolge in Spanien besagen nichts Generelles über die Fortsetzung der Luftsiege im nachfolgenden Weltkrieg. Sicher, einige setzten die Erfolgsserie im Zweiten Weltkrieg fort, wie Mölders, Trautloft, Schellmann, Harder, Ihlefeld, Oesau, andere, wie Grabmann oder Handrick, eben nicht. Adolf Galland kehrte ohne Abschuß nach Deutschland zurück (er hatte allerdings vorwiegend Schlachtfliegereinsätze geflogen), auch Jagdflieger, die später das Ritterkreuz erhielten, wie Wilcke, Wandel, Roedel, Resch und Losigkeit, hatten in Spanien höchstens einen Abschuß erzielt.
Sicher dürften alle Jagdflieger in Spanien an persönlicher Erfahrung gewonnen haben; taktische Erfahrungen aber, die für den kommenden Luftkrieg verwendbar waren, dürften vielleicht 100 Jäger erworben haben, eben die, die seit Anfang 1938 in Spanien waren. Erst im letzten Jahr des Spanischen Bürgerkriegs hatten die Jäger die richtungsweisende, aufgelockerte Gefechtsformation zur Vollendung entwickelt, in der die Rotten, Schwärme und Staffeln mit großen Zwischenräumen und Höhenstufungen flogen. Die Flugzeugführer brauchten sich dabei weniger um das Einhalten einer Position zu kümmern, sondern konnten sich ungestört auf den Feind, also auf dessen Entdeckung und Bekämpfung, konzentrieren.
Eine wichtige Erkenntnis war, daß Bomber nicht ohne Begleitschutz durch

Jäger im feindlichen Hinterland operieren konnten. Das führte 1938 zu einer wesentlichen Verstärkung der Jägerwaffe in Deutschland, aber auch zu einer Festlegung auf den Aufgabenbereich einer Begleitwaffe für Bomber und Sturzkampfflugzeuge.

Mindestens 18 spätere Angehörige des JG 51 waren in Spanien im Einsatz gewesen: Lt. Ehrig, Uffz. Leyerer, Lt. Fözo (3 Luftsiege), Lt. Losigkeit, Hptm. Mölders (14 LS), Oblt. Oesau (9 LS), Oblt. Pitcairn, Oblt. Priebe (1 LS), Oblt. Resch (1 LS), Oblt. Schumann, Oblt. Tietzen (7 LS), Hptm. Trautloft (5 LS), Uffz. Borchers, Uffz. Grosse, Uffz. Kolbow, Fw. Schweikart, Uffz. Terry (2 LS) und Fw. Tornow (2 LS).

Um noch einmal auf die fliegerische Ausbildung zurückzukommen: Sie litt nicht zuletzt an einem technischen Problem. Die Flugschüler auf den A/B-Schulen lernten zwar eine Vielzahl von leichten und mittleren Maschinen beherrschen. Es fehlte aber ein Schulflugzeug, das leistungsmäßig den im Lauf der nächsten Jahre immer stärker werdenden Jagdflugzeugen nahe kam. Erst 1944 wurde eine kleine Serie doppelsitziger Bf 109, die G-12, produziert. Allerdings stellte sich das Problem anfangs noch nicht so kraß dar. Einmal war der Sprung von einer Schulmaschine zu den ersten Einsatzmustern, den Doppeldeckern He 51 und Ar 68, noch nicht so groß, und zudem konnte von einem jungen angehenden Jagdflieger, der im Frieden schon rund 100 Stunden auf verschiedenen Typen geflogen hatte, genügend Kaltblütigkeit und Erfahrung beim Umsteigen auf eine Bf 109 erwartet werden.

Man darf aber nicht verkennen, daß weder die Luftwaffe finanziell noch die Industrie von der Kapazität her in der Lage waren, mehrere hundert spezielle Jagdschulmaschinen zu beschaffen bzw. zu liefern. Auch andere Probleme bei der Ausbildung, wie das Luftzielschießen unter realistischen Bedingungen, waren damals, dem Stand der Technik entsprechend einfach, unlösbar.

Die letzten friedensmäßig ausgebildeten Jagdflieger hatten etwa 140 Flugstunden hinter sich, wenn sie zu den Verbänden kamen. Zum Vergleich: Die Jagdflieger der Royal Air Force flogen 1939 in der Ausbildung etwa 200 Stunden, davon 50 auf einem Einsatzmuster. Nach den Sommermanövern 1939, also wenige Wochen vor Kriegsbeginn, wurde die Jagdwaffe in der abschließenden Manöverkritik wenig schmeichelhaft beurteilt: Der Ausbildungsstand insgesamt sei mäßig, die Jagdverbände seien schlecht aufeinander eingespielt, vor allem aber klappe die Zusammenarbeit zwischen Jägern, Kampf- und Sturzkampfverbänden und der Flak nicht.

Die letztgenannten Schwierigkeiten, also Führungs- und Fernmeldeprobleme, sollten während des Krieges nie vollständig beseitigt werden. Es kam immer wieder vor, daß Jagdverbände die zu schützenden Kampf- und

Aufklärerflugzeuge nicht fanden, weil es untereinander keine Funkverbindung gab, und auch die Koordinierung der Bodenführung versagte.

Aber trotz aller Mängel: Die jungen Jagdflieger waren von der Lust am Fliegen beseelt, waren sich ihres Wertes und Könnens bewußt und besaßen ein gesundes Überlegenheitsgefühl und Selbstvertrauen.

Die Gruppen des späteren JG 51 bis zum Ausbruch des Zweiten Weltkriegs

Die Geschwadergeschichte muß als Geschichte der einzelnen Gruppen beginnen, da der Geschwaderstab erst nach Ausbruch des Krieges im Herbst 1939 aufgestellt worden ist. Bis dahin bestand nur die I./JG 51. Die II. Gruppe stieß erst im Herbst 1939 zum Geschwader, im Juli 1940 kam die III. Gruppe hinzu, die IV. erst im November 1940.
Der Aufstellungsplan des Reichsministers der Luftfahrt und Oberbefehlshabers der Luftwaffe vom 14. März 1936 sah unter anderem die Aufstellung der Jagdgruppe I./135 in Bad Aibling zum 1. April 1937 vor. Zu diesem Zeitpunkt liefen bereits die Bauarbeiten an einem mustergültigen Friedensfliegerhorst, der aber noch nicht fertiggestellt war, als am 1. April 1937 die Truppe, an der Spitze der Gruppenkommandeur Major Max Ibel, in Bad Aibling einmarschierte. Man mußte teilweise noch mit Barackenunterkünften vorlieb nehmen, bis im Laufe des Jahres die großzügigen Kasernenunterkünfte bezugsfertig wurden. Gleichwohl begann im Frühjahr 1937 der Flugdienst, und die He 51 mit ihren »bayerisch-blau« bemalten Motorhauben wurden über Oberbayern zu einem vertrauten Anblick.
Im April 1937 führten die 1. Staffel Oblt. Hannes Trautloft, die 2. Staffel Oblt. Wolfgang Schellmann, die 3. Staffel Oblt. Hans Heinrich Brustellin, – bekannte Namen für den, der sich mit der Luftkriegsgeschichte des Zweiten Weltkriegs befaßt. Auch unter den Staffeloffizieren stößt man auf Namen von Männern, die im Lauf des Krieges zu hohen Rängen aufsteigen sollten: Lt. Hrabak (später Kommodore JG 52), Lt. Eduard Neumann (später Kommodore JG 27), Lt. Gerhard Schöpfel (später Kommodore JG 26).
Die I./135 war eine sogenannte selbständige Jagdgruppe. Da sie die einzige im Luftkreis 5 (München) war, unterstand sie unmittelbar dem Luftkreiskommando 5 einsatzmäßig und disziplinar.
Im Oktober 1937 gingen die Staffelkapitäne Trautloft und Schellmann zur »Legion Condor« nach Spanien. Die 1. Staffel übernahm Oblt. Douglas Pitcairn, der bereits in Spanien Einsatzerfahrungen gesammelt hatte; die 2. Staffel führte nun Hptm. Georg Meyer.
Anfang März 1938 trieb die außenpolitische Krise um den Anschluß Österreichs ihrem Höhepunkt entgegen. Am 9. März hatte der österreichische Bundeskanzler Schuschnigg entgegen dem Berchtesgadener Abkommen

bekanntgegeben, daß über den Anschluß an das Deutsche Reich am 13. März in einer Volksabstimmung entschieden werden solle. Daraufhin ordnete Hitler am 10. März den Einmarsch in das Nachbarland an. Die Luftwaffenführung war von diesem Schritt, der am 12. März auszuführen war, völlig überrascht worden. Als einziger Jagdverband sollte die I./JG 135 teilnehmen.

Am 12. März verlegte die 1. Staffel nach Linz, die 2. nach Enzersdorf (wohin die 1./JG 135 am folgenden Tag nachgezogen wurde), die 3. nach Aspern.

In Aspern wurde die 3./JG 135 in die dort liegende österreichische Jagdgruppe, die in I./JG 138 umbenannt wurde, eingegliedert. Als neue 3. Staffel kam eine Einheit der Österreicher unter Oblt. Erich Gerlitz nach Bad Aibling, ausgerüstet mit alten Doppeldeckern Fiat CR 30.

Der Österreicheinsatz hatte die soeben begonnene Umrüstung auf Bf 109 C unterbrochen. Es war geplant gewesen, im Schnellverfahren allen Piloten der Gruppe eine Kurzeinweisung auf die Bf 109 zu geben, doch hatte sich Major Ibel mit Erfolg gegen dieses Risiko gewehrt. Erst nach der Rückkehr, Anfang April, begann die planmäßige Umrüstung und Umschulung. Auf Weisung von Major Ibel wurde den neuen Maschinen das Gruppenwappen, der rückwärtsblickende Gamsbock, auf die Motorhauben gemalt. Soweit bekannt, gehörte somit die I./JG 135 zu den ersten Verbänden der Jagdwaffe mit einem Gruppenwappen auf den Flugzeugen.

Im Laufe des Jahres 1938 wechselte Major Ibel zum Luftgaukommando München als Stabsoffizier für den Jägereinsatz (nur für kurze Zeit, um später das JG 231 als Kommodore zu übernehmen), ihm folgte Major Ernst von Berg als Kommandeur.

Ein Personalzugang vom September 1938 soll nicht unerwähnt bleiben, obwohl damals nur wenige ahnen konnten, was in dem jungen sächsischen Unteroffizier Heinz Bär steckte, der der 1. Staffel als Flugzeugführer der Ju 52 des Gruppenstabes zugewiesen worden war. Bär war als 20jähriger Freiwilliger in die Reichswehr eingetreten, hatte 1935 die Versetzung zu einem Kampfgeschwader erreicht, war aber dort zunächst in die Fliegerhorstkompanie gesteckt worden, dem Alptraum jeden Fliegers, der dort seine Zeit nur mit »Griffe kloppen« und Wachestehen verbringen mußte. Mit der ihm eigenen Zähigkeit erreichte Bär es zunächst, Bordmechaniker, dann Flugschüler zu werden.

Bär kam zur I./JG 135 als Pilot der Transport-Ju 86 der Gruppe. Er schwor auf mehrmotorige Maschinen, die er perfekt beherrschte, und stellte gegenüber den »armen Piloten« einmotoriger Jagdmaschinen eine milde Herablassung zur Schau. Die Überredungsversuche Oblt. Pitcairns und anderer Jagdflieger, sich zum Jagdflieger umschulen zu lassen, hatten zunächst keinen Erfolg. Erst als Bär einmal die Ju 86 so überfordert hatte, daß er mit einem qualmenden Triebwerk landen mußte, ließ er sich – mit äußerster Skepsis – darauf ein, sich an das Steuer einer Bf 109 C zu setzen. Von da an hat ihn niemand mehr am Knüppel einer Mehrmotorigen erlebt.

Zum 1. November 1938 wurden die fliegenden Verbände der Luftwaffe mit neuen Zifferkennungen versehen. Die I./JG 135 hieß jetzt I./JG 233, was zu lesen war als »I. Gruppe des 2. Jagdgeschwaders innerhalb der Luftflotte 3«, eine Tatsache, die manche Gruppenangehörigen als Affront auffaßten, brach doch die Luftwaffe mit ihrer Tradition, ihre Geschwader innerhalb eines Luftgau-/Luftflottenkommandos nach ihrem Aufstellungsdatum durchzunumerieren. Daß jetzt das JG 133 in Wiesbaden (ehemals JG 334) den Vorrang bekam, ist wohl darauf zurückzuführen, daß dieser Verband zur wichtigen Luftverteidigungszone West gehörte, und einen Geschwaderstab sowie zwei Gruppen hatte, während die Gruppe in Bad Aibling an der deutschen Südgrenze vorerst in einer »windstillen« Gegend lag und von minderwichtiger taktischer Bedeutung war.

Im Mai 1939 wurde die alte Rangfolge durch eine neue Ziffernbezeichnung sozusagen wiederhergestellt. Die Geschwader – gleichgültig ob Jagd-, Zerstörer-, Kampf- oder Sturzkampfgeschwader – erhielten innerhalb der Luftflotte 1 die Nummern 1–25, die der Luftflotte 2 die Nummern 26–50, die der Luftflotte 3 die Nummern 51–75, schließlich die Geschwader der Luftflotte 4 die Nummern 76–100. Bei dieser Aktion erhielt die I./JG 233 die Bezeichnung I./JG 51. Im Verlauf des Frühjahrs 1939 wurde der Flugzeugbestand an »Caesars« durch »Emils« (BF 109 E-1) ersetzt und auf volle Stärke mit zusätzlichen vier Reserveflugzeugen gebracht. Anfang August 1939 – die Krise mit Polen steuerte dem Höhepunkt entgegen – trafen die ersten Reservisten ein, die vorwiegend das Stabspersonal und die Werftzüge verstärkten; am 25. August wurde die Mobilmachung befohlen. Dem Mobilmachungsplan entsprechend verlegte die gesamte Gruppe auf den Feldflugplatz Eutingen in Württemberg, wohin auch die weiteren Reservisten einberufen wurden, um die Gruppe auf Kriegsstärke zu bringen. Auch diese vermehrten vorwiegend die Stabskompanie, die erst im Verlauf der Mobilmachung einen Flakzug aufstellte.

Die Vorkriegsgeschichte der späteren II./JG 51 ist recht kurz, aber in mancher Hinsicht bemerkenswert. Am 24. Juni 1939 befahl die Luftwaffe »zu Übungszwecken auf dem Kommandowege« die Aufstellung von acht neuen Jagdstaffeln; von diesen sollten sechs im Bereich der Luftflotte 3 liegen. Darunter waren die 1. und 2./JG 71, der Kern der späteren II. Gruppe des JG 51.

Hinter der verschwommenen Formulierung »zu Übungszwecken« steckten ebenso unklare Vorstellungen über den Verwendungszweck. Global ausgedrückt, wollte man hier eine Art von »Heimatschutzstaffeln« aufstellen, zusammengestellt aus erfahrenem Kaderpersonal, frischgebackenen Flugschülern und einberufenen Reservisten, ausgerüstet mit veralteten Flugzeugen der zweiten Linie. Ebenso unklar war der Führung, ob diese Staffeln unter einem Stab zu Gruppen zusammengefaßt werden, selbständig bleiben oder ob sie später als Reserveverbände in bestehenden Gruppen aufgehen sollten.

Am 10. Juli kam etwas Licht in die Angelegenheit. Die 1. und 2./JG 71 sollten Nachtjagdstaffeln werden und waren der I./JG 51 zu unterstellen. Am 16. Juli trafen in Schleißheim die beiden Staffelkapitäne, die Oberleutnante Heinz Schumann und Josef Fözö ein, am folgenden Tag das übrige Stammpersonal und die »Neuen«. Schumann und Fözö waren Männer mit Spanienerfahrung, desgleichen Fw. Heinz Tornow, der zu »Joschko« Fözös Staffel stieß.

Die nächsten zehn Tage bedeuteten für das Personal Wechsel zwischen Hektik und »Gammeln«. Die Staffeln waren ohne Flugzeuge und Kraftfahrzeuge, es fehlte überhaupt an allem, keiner erklärte sich für zuständig. Am 26. Juli 1939 sollten die Staffeln nach Bad Aibling zur I./JG 51 verlegen – aber womit? Fözö und Schumann gelang es, von mehreren Dienststellen genug Kfz zusammenzupumpen, und so konnten sie den Auftrag durchführen. Der Flugdienst konnte beginnen. Doch dann gab es unter dem fliegenden Personal lange Gesichter, als den Staffeln Doppeldecker der ehemaligen tschechischen Luftwaffe vom Typ Avia B 534 zugeführt wurden, die auf einer Schule in Göppingen nicht gerade pfleglich behandelt worden waren. Dem ehrgeizigen Bodenpersonal gelang es, die Doppeldecker gründlich zu überholen. Schließlich war das kein schlechtes Flugzeug, immerhin war es beim Alpenrundflug 1937 das einzige gewesen, das der Bf 109 ernsthaft Konkurrenz gemacht hatte. Sie war erheblich schneller als die deutschen Jagddoppeldecker He 51 und Ar 68 und hatte eine Dienstgipfelhöhe von 10 000 m. Weil die Avia auch noch bei wenig Fahrt ein gutmütiges Flugzeug blieb, hielt man sie »höheren Orts« für nachtjagdgeeignet, da man davon ausging, daß Nachtbomber langsam flögen. Ob in Bad Aibling tatsächlich Nachtjagdübungen geflogen worden sind, ließ sich nicht mehr ermitteln.

Zusammen mit der I./JG 51 und den Staffeln des JG 71 lag auf dem Platz noch eine Übungsstaffel für Reservejagdflieger. Kursusleiter war Major Kramer, Übungsleiter Oblt. Schumann. In diesem Kursus wurden ältere ehemalige Jagdflieger und Piloten, die auf anderen Flugzeugmustern Erfahrungen gewonnen hatten, zu Jagdfliegern umgeschult. Nach Abschluß des Lehrganges wurde dieser in Reservestaffel JG 71 umbenannt, jedoch nie etatisiert, so daß er nicht in den Stärkemeldungen auftaucht. Die Reservestaffel ist gegenüber anderslautenden Meldungen auch nie in 3./JG 71 umbenannt worden. Führer der Reservestaffel war Lt. Nagler, der im August 1939 tödlich verunglückte, sein Nachfolger wurde für einige Wochen Leutnant Leie.

Am 26. August 1939, dem Tag der Mobilmachung, verlegten die 1., 2. und die Reservestaffel – mittlerweile mit Bf 109 D ausgerüstet – auf den Fliegerhorst Fürstenfeldbruck. Aufgabe der Einheiten war der Schutz Münchens gegen Luftangriffe. Die Führung der drei Einheiten hatte Major Kramer, ohne daß er – sicher auch ein Kuriosum – die Dienststellung eines Gruppenkommandeurs hatte. Denn eine I./JG 71 hat es nie gegeben. Zwei Tage später schied die 1. Staffel aus und ging als 11. (NJ)/JG 72 nach Böblingen. Auch die Vorkriegsgeschichte der späteren III. Gruppe ist sehr kurz. Ihre Aufstellung als I./JG 20 wurde mit derselben Verfügung befohlen, die für die spätere II. Gruppe galt. Aufstellungsort war Döberitz. Mit der Wahrnehmung der Geschäfte eines Gruppenkommandeurs wurde Obstlt. Lehmann beauftragt, bislang Kommandeur der Jagdfliegervorschule Stolp-Reitz. Adjutant wurde Oblt. Reifferscheidt, Nachrichtenoffizier Lt. Wehnelt. Die 1. Staffel übernahm Oblt. Oesau, die 2. Oblt. Freiherr von Minnigerode. Auch diese Gruppe wurde als Nachtjagdgruppe bezeichnet. In der Tat wurde unter Leitung von Hptm. Blumensaat Nachtjagdübungen geflogen.

Der Leerlauf bei diesen Staffeln war in den ersten Wochen noch größer als bei den Schleißheimer Staffeln, denn noch am 8. August hatten sie keine Einsatzflugzeuge. Mit den neuen Bf 109E sollten zunächst die bereits bestehenden Jagdverbände ausgerüstet werden. Deren alte Bf 109 C gingen aber zuerst zur Generalüberholung an die Industrie zurück, bevor sie an die I./JG 20 abgegeben werden konnten.

Am Tag der Mobilmachung erhielt der Verband eine Stabskompanie und verlegte nach Straußberg bei Berlin. Beim Kriegsausbruch, am 1. September 1939, wurde die Verlegung der fliegenden Teile nach Sprottau in Niederschlesien befohlen.

Die spätere IV. Gruppe ist nach der I./JG 51 der älteste Verband des Geschwaders. Sie wurde am 1. Juli 1938 aus Teilen des JG 132 »Richthofen« und der Jagdfliegerschule Werneuchen als IV./JG 132 aufgestellt. Gruppenkommandeur war Hptm. Johannes Janke, der technische Offizier (TO) Lt. Nordmann, Nachrichtenoffizier (NO) Lt. Führing; Staffelkapitän der 10./132 war Hptm. Ultsch, der der 11. Staffel Oblt. Neuerburg, Kapitän der 12. Staffel war Oblt. Trautloft.

Der Sudetenkrise wegen verlegte die Gruppe am 1. September 1938 nach Oschatz in Sachsen. Das war die erste einer nicht abreißenden Kette von Verlegungen, die dazu führte, daß sich die Gruppe den Spitznamen »Wanderzirkus Janke« zulegte, und das noch offen durch ihr Gruppenemblem

ben: Am 1. April 1937 bezieht die Jagdgruppe I/135 den Friedensfliegerhorst Bad Aibling. An der pitze der Truppe marschiert der Gruppenkommandeur, Major Max Ibel, in die Stadt und nimmt ort den Vorbeimarsch seiner Männer ab.

echts: Mit gezogenem Fliegerschwert der Kapitän der 3. Staffel, Oblt. Brustellin. Staffeloffizier links inten ist Lt. Gerhard Schöpfel.

nten: Noch im Frühjahr 1937 beginnt der Flugdienst mit der Heinkel He 51. Im Bild die 2. Staffel, ie von Oblt. Schellmann geführt wird.

Die He 51, der schnittige Jagddoppeldecker der Anfangszeit, mit der typischen weißblauen Motorhaube der Bad Aiblinger Jagdgruppe. (I/135)

Am 12. März 1938 nimmt als einzige Jagdgruppe die I/135 am Einmarsch in Österreich teil. Mit fabrikneuen, dunkelgrün gespritzten Messerschmitt-Jagdflugzeugen Bf 109 D landen die 2. und 3. Staffel am 12. März in Linz/Donau, drei Tage später in Wien-Aspern, dem Standort der Wiener Jagdgruppe.

Die 3. Staffel JG 135 bleibt in Aspern und wird dort in die I./JG 138 eingegliedert. Eine österreichische Staffel – unter Oblt. Gerlitz – verlegt mit Fiat CR 30 nach Bad Aibling und wird die neue 1./JG 135. Die Piloten rüsten hier ebenfalls auf Bf109 D um.

Nach der Versetzung von Major Ibel nach München zum Luftgaukommando, als Stabsoffizier für den Jägereinsatz, folgt Major Ernst v. Berg als Zweiter Kommandeur der I./135.

Eine Rotte Bf 109 D der IV./JG 132 »Richthofen«, die später zur I./JG 77 und schließlich IV./JG 51 wurde.

Offiziere der I./JG 77, der späteren IV./JG 51. V. l.: Lt. Göttmann, Lt. Mütherich, Lt. Hahn, Hptm. Trautloft, Lt. Schüller und Lt. Lohoff.

Oberstlt. Lehmann (links), Kommandeur der I./JG 20, und Oblt. von Minnigerode, Staffelkapitän der 2. Staffel. Aus der I./JG 20 wurde später die III./JG 51.

Oberst Theo Osterkamp, Kommodore des neu aufgestellten Jagdgeschwader 51, mit Oblt. Becht (links) und Hptm. Muhs (Mitte) in Münster-Loddenheide im Herbst 1939.

Oktober 1939 – Mannheim/Neu-Ostheim – Hptm. Erwin Aichele (Mitte) mit Oblt. Busch (links) und dem Kapitän der 2./JG 51, Hptm. Georg Meyer. Hptm. Aichele findet im Juli 1940 bei einer Notlandung mit Überschlag den Fliegertod.

Eutingen – Mittagspause bei der 6. Staffel.

Zur Überwachung des Luftraums starten Jäger der II. Gruppe in Eutingen und patrouillieren entlang der deutsch-französischen Grenze. Hier kommt es zu ersten Luftkämpfen mit dem Gegner.

Im Januar 1940 dient die große Zeppelinhalle in Friedrichshafen am Bodensee den Maschinen der II. Gruppe als Unterschlupf.

Major Ernst-Günther Burgaller – Kommandeur der II. Gruppe – stürzt am 2. Februar 1940 bei Immenstaad/Bodensee mit einer Bf 109 ab. In der Zeppelinhalle in Friedrichshafen findet der Trauerappell statt. Die Gruppe übernimmt Hptm. Matthes.

Eine Knochenhand als Symbol auf der Motorverkleidung einer Bf 109 der I. Gruppe.

März 1940 – Liegeplatz der 6. Staffel in Böblingen.

Oblt. Josef Priller (2 v. l.) – Kapitän der 6. Staffel – mit seinen Piloten beim Unterricht in Böblingen.

Musikalischer Wettstreit zwischen Oblt. Priller und einem der »schwarzen Männer«. Rechts im Hintergrund Oblt. Knittel, der seit 28. 10. 1940 nach einem England-Einsatz vermißt wird. Im Herbst 1976 wird seine Maschine bei Dover in 4 Meter Tiefe aus dem Moor geborgen. Der gefallene Oberleutnant saß in der Kabine der Bf 109.

Die Beliebtheit des Geschwaderkommodore, Oberst Osterkamp, wird durch die liebevolle Bezeichnung »Onkel Theo« am besten belegt. Der 48jährige Oberst – Träger des Ordens Pour le Mérite und am 22. 8. 1940 mit dem Ritterkreuz ausgezeichnet – erringt im II. Weltkrieg weitere 6 Westabschüsse.

Hptm. Hannes Trautloft, Kommandeur der III./JG 51, mit seinem Stab während des Westfeldzuges. V. l.: Hptm. Wilhelm Haase, Oblt. Otto Kath, Lt. Werner Pichon-Kalau vom Hofe, Lt. Wehnelt und Hptm. Hannes Trautloft.

Reges Treiben auf dem Flugplatz Vitry (Arras) in Frankreich.

Hptm. Horst Tietzen, Kapitän der 5. JG 51 – mit 7 Luftsiegen bei der ›Legion Condor‹ in Spanien – zählt auch in Frankreich und am Kanal zu den besten Jagdfliegern. Als er am 18. 8. 1940 von einem Feindflug gegen England nicht zurückkehrt, hatte er weitere 20 Gegner bezwungen.

dokumentierte, einen zerschlissenen Wanderschuh, den der Gruppenadjutant, Lt. »Gockel« Hahn entworfen hatte.
Nach dem Einmarsch in das Sudetengebiet erhielt die IV./JG 132 am 5. Oktober den Verlegebefehl nach Karlsbad; am Ende des Monats zog sie weiter nach Mährisch-Trübau. Am 3. November schied sie aus dem Verband JG 132 aus und wurde als I./JG 331 ein neuer »Mutterverband«.
Die Staffeln, mit Bf 109 C-2 ausgerüstet, fielen auf dem Flugplatz Olmütz ein und verlegten am 21. April 1939 nach Breslau zurück. Am 1. Mai erhielt die Gruppe die Bezeichnung I./JG 77 mit gleichzeitiger Unterstellung unter das Luftflottenkommando 4. Weil die I./JG 77 an der Grenze zu Polen lag, wo nach dem Willen Hitlers demnächst der Krieg beginnen sollte, wurde die Gruppe reichlich mit Flugzeugen ausgestattet: Ende August hatte sie 20 Bf 109 E-1 über dem Soll!

Bis zum Beginn des Westfeldzugs

Die Luftwaffenführung und die höheren Kommandobehörden waren durch den Kriegsausbruch überrascht worden, vor allem aber durch die Tatsache, daß England und Frankreich ihre Garantieerklärungen zugunsten Polens einlösten und dem Reich den Krieg erklärten. Sicher war man sich in der Luftwaffenspitze darüber im klaren, daß irgendwann einmal die Luftwaffe als Kriegsinstrument eingesetzt werden würde, aber man hatte sich einfach nicht vorstellen wollen, daß die politische Führung des Reiches die Entwicklung so schnell voranpeitschen würde. Zwar war man in Planspielen wiederholt von der Lage eines Zweifronten-Krieges ausgegangen, doch immer unter der Voraussetzung, daß England neutral bleiben würde. »Überrascht« heißt aber nicht »unvorbereitet«. Es gab perfekt ausgearbeitete Mobilmachungspläne, Feldflugplätze waren vorbereitet und die Flugzeugproduktion gesteigert worden. Aber jetzt, wo der Krieg ausgebrochen war, ein Teil der Luftwaffe offensiv in Polen kämpfte, man mit einem französisch-englischen Vorstoß im Westen rechnen mußte, gab es mit einem Mal eine Menge unvorhergesehener Probleme, die sich noch steigerten, als auf Weisung Hitlers der Feldzug an der Westgrenze noch im Herbst 1939 beginnen sollte. Bezüglich der Jagdverbände und des Jägereinsatzes sollen noch einige dieser Schwierigkeiten erwähnt werden.
Undurchsichtig für die Truppe und ständigen Änderungen unterworfen waren die Unterstellungsverhältnisse und Befehlswege: Für operative Einsätze bei einer Offensive im Westen unterstanden die Jagdverbände den Luftflotten beziehungsweise den Fliegerkorps, wobei, falls nötig, die Flotte unter Umgehung des Korps der Jagdgruppe direkte Anweisung geben konnte. Für Defensivaufgaben waren die Luftgaukommandos zuständig, die diese Aufgaben im Bereich der Luftverteidigungszone West den Luftverteidigungskommandos übertrugen, deren Kommandeure in der Regel Flakoffiziere waren! Den wenigen Geschwaderstäben unterstanden disziplinarisch und mitunter auch taktisch ständig wechselnde Jagdgruppen und Staffeln, wobei einige Gruppen nur disziplinarisch, andere hingegen nur einsatzmäßig unterstellt waren. Dann gab es auch das Kuriosum, daß einem Geschwaderstab ausschließlich Gruppen verschiedener anderer Geschwader unterstellt waren – das JG 51 ist, wie noch zu lesen sein wird, ein Beispiel dafür.
Natürlich hatte es in den vergangenen Jahren Verlegungen, Manöver und Übungen mit anderen fliegenden Verbänden, der Flak und der Luftnachrichten-Truppe gegeben. Man hatte hin und wieder Soldaten aller Rangstufen zu Reserveübungen einberufen, aber die realistischste Übung reichte

nicht im entferntesten an die Realität eines Krieges heran, selbst wenn es zunächst nur – wie man es damals nannte – ein Sitzkrieg war.
Bereits die Verlegung auf die E-Häfen führte zu erheblichen Schwierigkeiten. Die Plätze bestanden aus einer von einem Platzlandwirt gewarteten Start- und Landebahn, einem als Scheune getarnten Flugzeugschuppen, einer Baracke in Platznähe für den Stab und Fernmeldeverbindungen zu den vorgesetzten Dienststellen. Aus Geheimhaltungsgründen hatte man aber höchst selten die Verlegung einer Staffel oder einer Gruppe auf ausgewählte E-Häfen geprobt. Als es nun im Herbst 1939 ernst wurde, waren manche E-Häfen nach wenigen Starts und Landungen zu bösartigen Sturzäckern geworden, in denen die Räder von Flugzeugen und Tankwagen steckenblieben. Die bis dahin in Hallen untergebrachten Flugzeuge mußten nun bei jeder Witterung im Freien stehen. Vor allem die elektrischen Anlagen zeigten jetzt deutliche Schwächen und erforderten von den Wartungsgruppen erhöhte Aufmerksamkeit, zumal man jetzt nicht auf die erfahrenen zivilen Prüfmeister zurückgreifen konnte, die auf den Heimathorsten zurückgeblieben waren. Das Personal mußte anfangs in Zelten oder in Privatquartieren untergebracht werden; später wurden in der Nähe des E-Hafens Baracken aufgeschlagen, auch beschlagnahmte Zirkuswagen, Möbelwagen oder fahrbare Wohnbaracken von Bauunternehmen dienten als Unterkünfte. Die verstreute Unterbringung führte zu ersten Disziplinproblemen, was durch die einberufenen Reservisten verstärkt wurde. Offiziere und Hauptfeldwebel mußten außerdem feststellen, daß die Wehrersatzämter ihnen durchaus nicht immer ausgebildete Luftwaffensoldaten, sondern alle möglichen »Bäckerburschen« zugeführt hatten. Als erschwerend empfanden die Kommandeure, daß ihnen statt des eingespielten zivilen weiblichen Schreibstubenpersonals nun unbeholfene Soldaten zur Verfügung standen – und das bei einer erheblichen Vermehrung des Papierkrieges.
Der Krieg aber war ins Stocken geraten, der Angriffsbeginn im Westen wurde von Monat zu Monat verschoben. Die anfangs knirschende Maschinerie spielte sich ein, man bekam ihre Probleme in den Griff, die Einsatzbereitschaft nahm zu.
Schwerwiegender war es, daß die Koordination der Teilstreitkräfte der Luftwaffe selbst noch erhebliche Mängel aufwies, vor allem die Zusammenarbeit im Flugmeldedienst. Die ersten weitreichenden Funkmeßgeräte vom Typ »Freya« liefen unter einer solchen Geheimhaltungsstufe, daß ihre Existenz bis in die Luftverteidigungskommandos hinauf unbekannt war. Einflugmeldungen dieser Gerätestellungen wurden anfangs daher als »Spinnerei« abgetan, denn es war ja undenkbar, daß Anflüge auf die Reichsgrenze gemeldet wurden, die man werden hören noch sehen konnte. Aber

auch der Meldeweg der Auge/Ohr-Beobachter war zu lang; vielfach starteten Jäger erst, wenn der feindliche Aufklärer hinter der Grenze verschwunden war. »Spitfire«-Aufklärer, die in 9000 m Höhe aus Frankreich bis ins nördliche Rheinland einflogen, wurden so gut wie nie bemerkt. Dafür wurden mitunter eigene Aufklärer gejagt, und die nervöse Flak schoß auf alles, was ihre Flugmelder in den Flaksperrgebieten nicht sofort als eigene Flugzeuge identifizierten.

So war die Lage, als Oberst Theo Osterkamp, der Kommandeur der Jagdfliegerschule Werneuchen, den Befehl erhielt, einen Geschwaderstab aufzubauen.

Osterkamp ist in seinen Erinnerungen möglicherweise einem Irrtum erlegen, wenn er angibt, er sollte den Geschwaderstab JG 51 aufstellen. In den Meldungen über den »Stand der Einsatzbereitschaft der fliegenden Verbände« des Generalstabs Generalquartiermeister wird erstmals am 25. 11. 1939 ein noch nicht besetzter Stab des JG 51 erwähnt, aber seit September 1939 ein im Aufbau befindlicher Stab des JG 77. Es ist möglich, daß Osterkamp dort zunächst tatsächlich den Stab JG 77 aufstellte. Anfang Oktober ist es dann zu einer Teilung gekommen und der Stab JG 77 unter Oberstleutnant v. Manteuffel verlegte nach Neumünster.

Waren in den vorhergegangenen Darstellungen die Schwierigkeiten der Staffeln und Gruppen als sehr erheblich geschildert worden, so hatte Osterkamp nicht minder große Probleme. Er war zwar zum Kommodore ernannt worden, aber in Münster-Loddenheide gab es keinen einzigen Stabsoffizier. Um deren Abstellung, Kommandierung und Einberufung mußte er sich selbst kümmern. Er erreicht die Kommandierung von Hauptmann d. R. H. Muhs als Major beim Stabe, der bis dahin Staatssekretär bei der Reichsstelle für Raumordnung gewesen war. Ein ehemaliger Pilot des Richthofen-Geschwaders des Ersten Wertkriegs, Leutnant d. R. Freiherr von Barnekow, wurde Geschwaderadjutant. In Mannheim sprach Osterkamp mit dem Direktor der Zellstoffwerke Waldhof, Philip Becht, einem Seeflieger des Ersten Weltkriegs und Reserveleutnant, ob er nicht Geschwader-TO werden wolle; Becht sollte in dieser Stellung bis Mai 1944 bleiben. Ende November war dann der Stab aufgestellt, besetzt mit gestandenen Männern, die zwar beileibe keine gelernten Stabsoffiziere waren und sicher dazu neigten, ihre mehr als 20 Jahre alten Kriegserfahrungen auf das Jahr 1939 anzuwenden, die aber aufgrund ihrer hochqualifizierten Friedenstätigkeit im Stande waren, ihre Verwaltungserfahrung in den militärischen Bereich zu übertragen. Heikler war es schon, daß diese Stabsoffiziere auch Einsätze fliegen sollten. Für Osterkamp selbst bedeutete das kein Problem, er beherrschte die Bf 109. Die anderen Herren des Stabes hatten aber seit Jahren nicht mehr »am Knüppel gerührt«. Unter Leitung des Kommodores

flogen sie sich auf den Messerschmitt des Stabsschwarms ein, beherrschten die Flugzeuge zwar leidlich, aber ob sie dadurch vollwertige Jagdflieger waren, darf bezweifelt werden. Der Geschwaderadjutant machte im Dezember einen Totalbruch und wurde von Osterkamp, da nicht mehr voll verwendungsfähig, als Adjutant an den Jagdfliegerführer 2, Oberst von Döring, abgegeben. Dem Geschwaderstab wurde bis Beginn des Westfeldzugs nur eine der bis dahin bestehenden Gruppen des JG 51 unterstellt. Zunächst führte Osterkamp die I./JG 1 (die spätere III./JG 27) und die I./JG 27; als Absprungplätze waren Münster-Handorf und Plantlünne vorgesehen.
Taktisch war der Stab sowohl der Luftflotte 2 (Kesselring) als auch dem Luftgau VI (Schmidt) unterstellt. Für Ausrüstung und Versorgung war das VIII. Fliegerkorps (von Richthofen) zuständig.
Die Einsatzkonzeption und Dislozierung für Stab und Gruppen bereiteten der Führung einiges Kopfzerbrechen. Die Frage war, sollte man die Absprungplätze ins nördliche Münsterland, ins Ruhrgebiet oder an den Niederrhein in Grenznähe legen? Für die ersten Standorte sprach, daß man damit das Ruhrgebiet gegen Feindeinflüge gut sichern konnte. Wenn aber, wie das der geänderte Angriffsplan vorsah, die bevorstehende Offensive sich auch gegen die neutralen Niederlande wenden sollte, mußten Stab und die Hauptteile der fliegenden Verbände in Grenznähe liegen. So also zigeunerte der Stab zunächst herum: Anfang Dezember in Essen, dann nach Dortmund, schließlich im Februar 1940 nach Bönninghardt bei Alpen am Niederrhein. Dort wurden dem Stab die I./JG 20 (Hptm. Trautloft), die I./JG 26 (Maj. Handrick) und die II./JG 27 (Hptm. Andres) unterstellt. Die I./JG 51, die noch in Mannheim dem JG 53 unterstand, gehörte disziplinarisch seit Dezember zum Geschwader. Aber erst im März 1940 verlegte diese Gruppe nach Krefeld und unterstand somit erstmals dem Geschwaderstab in jeder Hinsicht. Am 9. Mai, dem Tag vor dem Angriff im Westen, führte Osterkamp also vier Gruppen.
Während der ersten sieben Kriegsmonate war nur die I./JG 77 (die spätere IV. Gruppe) zum offensiven Einsatz gekommen. Die I./JG 51 und die spätere II. und III. Gruppe lagen im Bereich der Luftverteidigungszone West und hatten, wie die anderen dort stationierten Jäger- und Zerstörerverbände, den Tag für Tag gleichlautenden Kampfauftrag »Überwachung des Luftraumes«. Staffelweise, überwiegend jedoch schwarmweise, patrouillierten die deutschen Jäger entlang der Grenze. Vorstöße auf französisches Hoheitsgebiet blieben die Ausnahmen, nur wenn die deutschen Funkmeßgeräte einen stärkeren Anflug auf die Reichsgrenze meldeten oder wenn es galt, einem deutschen Aufklärer Jagdschutz zu geben, flog man in französisches Gebiet ein. Französische Jäger und Aufklärer, auch

britische Jäger, Bomber und Aufklärer hingegen stießen fast täglich ins Reichsgebiet vor. Die hierbei entstehenden Luftkämpfe hatten sehr unterschiedliche Ausgänge. Die hellblau bemalten »Spitfire« der englischen Aufklärerversuchsgruppe PDU (PDU = Photo Developement Unit, aufgestellt von der Flugzeugfabrik Supermarine, um die Tauglichkeit der »Spitfire« als Höhenaufklärer unter Beweis zu stellen), konnten fast unbehelligt in extremen Höhen spazierenfliegen. Entweder wurden sie überhaupt nicht bemerkt, oder aber die Bf 109 versuchten vergeblich, die Höhe von 10000 m zu erreichen. Einzelne einfliegende »Blenheim«-Bomber hatten dagegen kaum eine Chance, den deutschen Jägern zu entkommen.

Luftkämpfe zwischen französischen oder englischen und deutschen Jägern gab es nur an der Oberrheinfront, über der Pfalz und im Raum Trier. Sie gingen meist unentschieden aus, das heißt, die Luftkämpfe wurden abgebrochen, ohne daß eine Partei zum Abschußerfolg kam. Es ist immerhin erstaunlich, daß während des »Sitzkrieges« die deutschen Jägerverluste etwas höher waren als die der Gegner.

Nun wurden erfolgreiche Luftkämpfe in der Tagespresse groß herausgestellt, so daß bei der Bevölkerung der Eindruck erweckt wurde, daß jeder Luftkampf mit deutschen Luftsiegen endete; ein Eindruck, der sich bis in die Gegenwart hält, da in manchen jüngeren Veröffentlichungen über Jagdflieger fast nur von deren Luftsiegen die Rede ist. Über die zahllosen ohne Feindberührung verlaufenen Frontflüge gab es selten Erzählenswertes zu berichten. Um ein Beispiel für die Zeit von September 1939 bis April 1940 zu nennen: Der erfolgreichste Jagdflieger in diesen Monaten, Hptm. Werner Mölders, Kommandeur der III./JG 53, war zu 91 Frontflügen gestartet; 73 blieben ohne Feindberührung. Bei 18 Luftkämpfen schoß er neun Gegner ab, und das war eine ganz erhebliche Leistung.

Man durfte und darf nicht die Erfolgsaussichten der Jagdflieger überschätzen. Und doch hat sich das »Angriff-ran-Abschießen«-Denken im Lauf des Krieges bei der hohen Führung auf fatale Art und Weise durchgesetzt. So forderte im Januar 1945 der Kommandierende General der Luftflotte 6, Gen. Oberst Ritter von Greim, von seinen Jägern, daß jeder dritte bei einem Einsatz einen Abschuß mitzubringen habe und »jedes Verhältnis, das schlechter als 1:3 sei, sei absolut untragbar«.

Die I./JG 51 hatte, wie berichtet, mit der Mobilmachung nach Eutingen verlegt. Hier ereignete sich ein folgenschwerer Unfall: Ein Werftpilot brauste mit einer Ar 66 im Tiefflug auf eine Schulklasse zu, die in der Nähe des Fliegerhorstes stand, und tötete mehrere Kinder. Dieser Fall von fliegerischer Disziplinlosigkeit führte dazu, daß der Kommandierende General der Luftflotte, General Sperrle, die Versetzung Mj. Bergs zu einer anderen Flotte, und zwar zum JG 26 veranlaßte; sehr zum Bedauern der

Gruppe, die den Kommandeur wegen seiner beispielhaften Toleranz und seines Eintretens bei höheren Stellen für die Belange der Truppe sehr schätzte.

Bergs Nachfolger wurde Hptm. Brustellin, der frühere Kapitän der 3. Staffel. Die Staffeln wurden nun von den Hauptleuten Pitcairn, Meyer und Gerlitz geführt. Die Gruppe verlegte Ende September nach Speyer, die 1. Staffel nur für einen Tag (23. September) nach Freiburg, um sich dann wieder mit der Gruppe zu vereinigen.

Am 25. September kam es zum ersten Luftkampf über dem Elsaß. Gegen 12.00 Uhr war ein feindlicher Anflug gemeldet worden; die 1. Staffel startete mit 6 Maschinen dem Feind entgegen und stieß bald auf eine französische Staffel von neun Curtiss Hawk 75. Es begann ein langwieriger, erbitterter Luftkampf, in dessen Verlauf um 12.30 Uhr Hptm. Pitcairn einen Gegner abschoß, bald darauf Uffz. Bär einen zweiten. Kurz darauf mußten sich die Gegner trennen, da man sich verschossen hatte und der Treibstoff zu Ende ging. Zwei Maschinen der 1./JG 51 hatten schwere Beschußschäden erlitten und ihre Flugzeugführer (Fw. Schmidt und Oglodek) mußten eine Bauchlandung machen. Pitcairn und Bär wurden für ihren Erfolg am 27. September mit dem E.K.II ausgezeichnet. Einen Tag später meldete die Gruppe ihren ersten Verlust: Fw. Pavenzinger war abgeschossen worden und in Gefangenschaft geraten.

Am 1. November verlegte die Gruppe nach Mannheim-Sandhofen mit gleichzeitiger Unterstellung unter das JG 53 (von Massow). Von hier aus wurden Einsätze über der Pfalz und dem Saarland geflogen, wobei noch fünf weitere Abschüsse erzielt wurden; hingegen gerieten zwei Flugzeugführer (Ofw. Kloimüller und Ofw. von Balka) in französische Gefangenschaft.

Im Dezember wurde die I. Gruppe truppendienstlich und disziplinarisch dem Geschwaderstab JG 51 unterstellt, einsatzmäßig unterstand sie weiterhin dem JG 53. Am 3. März konnte Hptm. Meyer, der Kapitän der 2. Staffel, einen Luftsieg über eine Morane-Saulnier 406 erzielen, womit jetzt alle drei Staffelkapitäne einen Gegner abgeschossen hatten. Am 22. März verlegte die I. Gruppe nach Krefeld und wurde nun dem Stab JG 51 auch einsatzmäßig unterstellt.

Um die spätere II./JG 51 war es am Tag des Kriegsausbruches traurig bestellt. In Fürstenfeldbruck lag nur die 2./JG 71 (die 1. Staffel war ja in 11./JG 72) umbenannt worden unter Oblt. Fözö mit 6 Bf 109. Bis Ende des Monats wurde sie voll mit »Doras« ausgerüstet. Anfang Oktober wurde die Staffel in 4./JG 51 umbenannt, und es wurde verfügt, bis zum 1. November die II. Gruppe aufzustellen. Die ehemalige Reservefliegerstaffel, mittlerweile unter Oblt. Tietzen, wurde die neue 5./JG 51, eine 6. Staffel wurde im

November, nachdem der Verband nach Eutingen verlegt hatte, von Oblt. Josef Priller, der bis dahin Nachrichtenoffizier gewesen war, aufgestellt. Erster Kommandeur der Gruppe wurde Mj. Ernst-Günther Burggaller. Im Ersten Weltkrieg war er im Richthofen-Geschwader geflogen. Von 1925 bis 1934 zählte er zu den erfolgreichsten deutschen Privatrennfahrern. Im letzten Jahr dieser Karriere bot die Auto-Union ihm an, einen ihrer gewaltigen 12-Zylinder-Werkswagen zu fahren. Burggaller aber machte kein Hehl daraus, daß er sich mit 38 Jahren für zu alt hielt, um sich erfolgreich auf einen 300-PS-Wagen umzustellen, und ging wieder zur Luftwaffe. Am 2. Februar 1940 stürzte er mit einer Bf 109 bei Immenstaad am Bodensee ab. Vermutliche Unfallursache: Motorschaden durch Überdrehen, wohl infolge einer Fehlbedienung der Propellerverstellung.

Zu erwähnen seien noch die anderen Besetzungen des Gruppenstabes: Adjutant: Hptm. Matthes, Chef der Stabskompanie: Hptm. Elser, Nachrichtenoffizier: Oblt. Appel.

Nachfolger Mj. Burggallers wurde Hptm. Matthes. Am 9. Februar verlegte die Gruppe nach Böblingen und wurde dem JG 52 unterstellt. Von dort aus wurden Grenzüberwachungsflüge an der Oberrheinfront geflogen. Am 13. März 1940 erzielte die Gruppe durch Hptm. Fözö und Fw. Tornow den ersten Abschuß während des Sitzkrieges, einen Fesselballon bei Neubreisach. Am 20. April schoß der soeben zum Hauptmann beförderte Horst Tietzen über den Vogesen einen Aufklärer vom Typ Potez 63 ab, am folgenden Tag Fw. John in großer Höhe bei Großbettlingen eine »Spitfire«.

Die I./JG 20 (die spätere III./JG 51) verlegte am 9. September 1939 von Sprottau in Schlesien über Kreuzbruch nach Brandenburg-Briest zurück zum Schutz Berlins. Am 19. September übernahm Hptm. Hannes Trautloft die Gruppe. Adjutant wurde Lt. Otto Kath, NO Lt. Herbert Wehnelt, TO Lt. Werner Pichon-Kalau vom Hofe. Soweit bekannt, ist dieser Stabsschwarm der einzige, der den Krieg überleben sollte (allerdings in verschiedenen Geschwadern). Anfang November wurde eine dritte Staffel aufgestellt. Zunächst war ein alter Reserveoffizier und Flieger des Ersten Weltkriegs Staffelkapitän, Hptm. Richard Kraut, dann Oblt. Arnold Lignitz. Vom 6. November 1939 bis Februar 1940 war Döberitz der Standort, dann kam der Verlegebefehl nach Bönninghardt bei Alpen am Niederrhein, wo die Gruppe dem Stab JG 51 unterstellt wurde.

Von Bönnighardt aus kam es bald zu Einsätzen gegen englische Aufklärer. Am 22. März 1940 erfaßte das Funkmeßgerät im Reichswald eine in 11000 m Höhe südwärts fliegende »Spitfire«. Lt. Jung und sein Rottenflieger, Uffz. Koslowski, verfolgten den Eindringling. In 9000 m Höhe fiel Koslowski zurück, seine Maschine schaffte die Höhe nicht; auch Leutnant Jung hatte Schwierigkeiten. Mit der Handpumpe mußte er die Treibstofför-

derung unterstützen, aber näher als 400 m kam er nicht an den Engländer heran. Um den Gegner nicht in den holländischen Luftraum entkommen zu lassen, begann Jung auf große Entfernung Dauerfeuer zu schießen. Nun machte der englische Flugzeugführer, F. O. Wheatly, einen verhängnisvollen Fehler: Er versuchte im Sturzflug zu entkommen, aber da war die Bf 109 schneller. In 5000 m Höhe schoß Jung die »Spitfire« in Brand; der englische Flugzeugführer sprang mit dem Fallschirm ab, der sich aber nicht öffnete.
Am 14. April erzielte Oblt. Lignitz einen Sieg über eine »Blenheim«, die auf holländischem Gebiet niederging.
Aber es gab auch Fehleinsätze gegen eigene Flugzeuge. Besonders peinlich war der Angriff auf eine Fw 58 »Weihe«, in der der Jagdfliegerführer Oberst von Döring und sein Adjutant von Barnekow saßen, die beide verwundet wurden.
Die I./JG 77 (spätere IV./JG 51) war einer der wenigen Jagdverbände, die im Polenfeldzug eingesetzt wurden. Von den Einsatzplätzen Juliusburg, Krakau, Krosno (Ostbeskiden) flog der Verband relativ wenige Einsätze, vornehmlich Tiefangriffe, und hielt kurze Zeit Wacht an Bug und San, wo man erstmals russischen Patrouilleflugzeugen begegnete. Die Luftkämpfe gegen die wendigen, aber langsamen polnischen Jäger PZL P-11 waren nicht leicht, eben wegen der Langsamkeit der Gegner, an denen die schnellen Bf 109 sehr leicht vorbeigetragen wurden. Lt. Nordmann, der Gruppen-TO, fuhr bei seinem ersten Luftkampf daher die Landeklappen sowie das Fahrwerk aus, um seine Fahrt dem Gegner anzugleichen. In jenen Wochen erzielte die Gruppe drei Luftsiege.
Nach Ende der Kämpfe verlegte die I./JG 77 wieder zurück nach Breslau-Schöngarten, am 28. September aber ging es nach Ödheim bei Heilbronn, wo die Gruppe dem JG 53 unterstellt wurde und Überwachungsflüge an der Westgrenze durchführte. Der Kapitän der 2. Staffel, Hptm. Trautloft, hatte noch während der Kämpfe in Polen die Staffel verlassen. Sein Nachfolger wurde Oberleutnant Priebe.
Sie verlegte im Oktober von Ödheim zunächst nach Frankfurt auf den Rhein-Main-Flughafen zum Schutz der Zeppelinhalle. Ende Oktober ging es weiter nach Porz-Wahn. Den Jahreswechsel 1939/40 erlebte die Gruppe, in zugigen Baracken und Möbelwagen untergebracht, auf dem E-Hafen Odendorf (Kreis Euskirchen). Als im kalten und schneereichen Winter Starts und Landungen kaum möglich waren, veranlaßte der Kommandeur, Hptm. »Jänki« Janke, den Transport einiger Bf 109 im Landmarsch nach Wahn. Die Tragflächen der Maschinen wurden abmontiert, der Rumpfsporn auf die Pritsche eines LKW gelegt und so das Gespann transportiert. Von Wahn aus gab es einige Alarmstarts gegen eingeflogene Feindflugzeuge, jedoch ohne Feindberührung.

Der »Gammelkrieg« hatte der Gruppe auch Verluste gebracht: Beim Überführungsflug von Breslau nach Ödheim war Lt. Gadow bei Merseburg in eine Ballonsperre geflogen und tödlich abgestürzt; bei einem Übungsflug über der Eifel stürzte die Bf 109 von Lt. Kisker, vermutlich wegen Höhenkrankheit des Piloten, senkrecht zur Erde. Und durch einen Leitwerkschaden kam die Maschine von Lt. Lohoff bei Euskirchen ins Trudeln, doch konnte er sich rechtzeitig mit dem Fallschirm retten und kam, nur leicht verletzt, auf der Erde an.

Während des Sitzkrieges erzielte die Gruppe zwei Luftsiege durch Oblt. Priebe und Ofw. Goltzsche.

Der Westfeldzug

Am Vormittag des 9. Mai 1940 bekamen die Verbände der Luftwaffe und des Heeres das Stichwort »Fall Rot - Alarmübung« durchgegeben. Am frühen Nachmittag waren sämtliche Fliegerhorste von der Alarmübung verständigt, die Horste abgeriegelt und einsatzbereit gemeldet. Um 22.30 Uhr bekamen sämtliche Luftwaffenverbände das endgültige Stichwort »Fall Rot« mitgeteilt, dazu weitere Stichworte, die die Unterstellungsverhältnisse und die Zusammenarbeit mit anderen Luftwaffenverbänden betrafen. Am 10. Mai, kurz nach 5 Uhr, starteten die Luftwaffenverbände in den Kampf jenseits der holländisch-belgisch-französischen Grenze. Der Feldzug im Westen hatte begonnen.
Krieg kann man nur sehr begrenzt in Friedensmanövern üben. Einen Bewegungskrieg auf breiter Front schon gar nicht. Zwischen einem noch so gut durchgearbeiteten Plan und einem klaren Befehl und dessen Durchführung gibt es immer Lücken und wird es immer Lücken geben, was unweigerlich zu Pannen, mitunter auch zu chaotischen Zuständen führen kann. Liest man das Kriegstagebuch der JG 26 und 77 (die einzigen fast vollständigen Jagdgeschwader-KTBs, die den Krieg überdauert haben, vom JG 51 existiert nur eine bis 1941 reichende KTB-Kladde), war das Chaos in den ersten Wochen des Westfeldzuges an der Tagesordnung – um so bewundernswerter ist, wie die Führer der Luftflotten, Geschwader, Gruppen und Staffeln damit fertig wurden.
Die Verwicklungen begannen mit den fast täglich, mitunter sogar stündlich wechselnden Unterstellungsverhältnissen. Gruppen und Staffeln wurden per Funkspruch oder Fernschreiben dem Geschwader unterstellt und wieder abgezogen – oft wurden die betroffenen Verbände unzureichend informiert und erhoben dagegen Einspruch. Das lag daran, daß es einfach noch nicht genügend Geschwaderstäbe gab. Aber auch daran, daß die Flugzeit oder -strecke der Bf 109 zu kurz war. Um bei den wechselnden Frontlagen entsprechende Schwerpunkte bilden zu können, so daß über den Angriffsspitzen des Heeres immer einige Rotten Jagdschutz fliegen konnten, mußten auf engem Raum einem Geschwaderstab bis zu fünf Gruppen unterstellt werden, die dann an anderen Abschnitten der Front fehlten. Wegen der kurzen Flugstrecke der Jagdflugzeuge mußten die Jäger auch schon bald nach Beginn der Offensive nach vorn verlegen. Die rückwärtigen Luftgaukommandos hatten zwar den Jagdverbänden bestimmte E-Häfen in den Niederlanden und Belgien zugewiesen, aber die erwiesen sich oft als

unbrauchbar – entweder zu klein oder zerbombt; und manchmal waren sie noch nicht einmal freigekämpft. Oft wurde der neue Landeplatz den Jägern mitten im Einsatz durch Funkspruch durchgegeben, den sie dann mitunter aber nicht finden konnten und lieber zu bekannten Plätzen im rückwärtigen Kriegsgebiet zurückflogen. Bodenkolonnen, die zu befohlenen, aber eben ungeeigneten E-Häfen unterwegs waren, mußten umdirigiert werden, falls man sie überhaupt rechtzeitig fand. Kommandeure konnten keine Einsätze fliegen, weil sie mit dem Fieseler »Storch« unterwegs waren, um geeignete Landeplätze zu finden. Wurde schließlich ein großer Friedensplatz der belgischen oder französischen Luftwaffe erobert, gerieten sich unweigerlich die Kommandeure der Stukas, Zerstörer und Jagdflieger in die Haare.

Trotz alledem: Die Luftwaffe siegte über ihren Gegner ebenso wie das Heer. Nicht nur wegen der besseren Organisation und Planung oder wegen des besseren Materials, sondern auch wegen des unbändigen Siegeswillens und des wachsenden Selbstvertrauens.

Das Geschwader mit den unterstellten Gruppen (I./JG 51, I./JG 20, I./JG 26 und I./JG 27) flog seine ersten Einsätze über den Niederlanden, die am 15. Mai kapitulierten. Schon am 11. Mai verlor die I./JG 20 den Kapitän der 2. Staffel, Oblt. Frhr. von Minnigerode; er geriet in Gefangenschaft. Sein Nachfolger wurde Oblt. Fritz Stendel, der als Kapitän dieser Staffel der Staffelkapitän mit der längsten Dienstzeit im Geschwader überhaupt werden sollte. Die II. Gruppe hatte den Auftrag, Tiefangriffe im Elsaß zu fliegen und erlitt durch die Flugabwehr ganz erhebliche Materialschäden. Die I./JG 77 kämpfte im Verband ihres Geschwaders den Luftraum in Richtung Lüttich/Dinant frei.

Mitte Mai wurden Stab, I. Gruppe und die I./JG 20 mit weiteren unterstellten Verbänden nach Eindhoven verlegt; weiter ging es nach Antwerpen und Gent.

Dicht hinter den Verbänden der 4. und 6. Armee, die durch Belgien vorstießen, folgten die deutschen Jäger. Am 26. Mai wurde die 6./JG 51 nach Dinant verlegt, die beiden anderen Staffeln der II. Gruppe folgten in den nächsten Tagen nach Emptinne. Um den 28. Mai lagen die meisten Staffeln der Geschwader auf Flugplätzen in Nordfrankreich und Südbelgien, um die Luftherrschaft über den Spitzen der Panzergruppe Kleist zu sichern, die bei Boulogne, westlich von Dünkirchen, den Kanal erreicht hatte.

Bis dahin hatte der Geschwaderstab durch Oberst Osterkamp zwei Luftsiege errungen, die I. Gruppe 27, die II. Gruppe, die praktisch noch nicht zum Einsatz gekommen war, nur 2, die I./JG 20 7 Luftsiege und die I./JG 77 22 Luftsiege. Die erfolgreichsten Flugzeugführer der I. Gruppe waren Fw. Schmidt mit 5 und Oblt. Leppla mit 3 Siegen; bei der I./JG 20

hatte Ofw. Dau 2 Abschüsse zuerkannt bekommen, und bei der I./JG 77 Oblt. Priebe ebenfalls 2.
Am 24. Mai waren das englische Expeditionskorps, Teile der französischen und die Reste der belgischen Armee im Raum Dünkirchen eingeschlossen worden. Die Panzerverbände hatten den bekannten Haltebefehl bekommen, und die Luftwaffe sollte die eingeschlossenen alliierten Truppen aus der Luft vernichten. Zur Evakuierung dieser Truppe hatte das englische Oberkommando die Operation »Dynamo« befohlen. Unter dem Schutz der eigenen Jäger sollte eine Vielzahl von kleinen und großen Schiffen die Truppen nach England überführen, allerdings unter Zurücklassung des Gerätes. Die deutschen Jäger kamen erst vom 28. Mai an zum Einsatz, vorwiegend Jäger des JG 51 und des JG 77. Die Luftschlacht über dem Raum Dünkirchen war die härteste, die bis dahin stattgefunden hatte. Mit einer nie gekannten Verbissenheit stürzten sich die englischen »Spitfires« und »Hurricanes« auf die deutschen Bomber und Sturzkampfflieger und gerieten dabei in das Feuer der deutschen Jäger. Oberst Osterkamp schoß drei Gegner ab. Die I. Gruppe kam kaum zum Einsatz, erzielte keine Erfolge, verlor aber drei Flugzeugführer. Die II. Gruppe konnte 6 Luftsiege melden, drei davon durch Oberleutnant Priller. Die I./JG 20 meldete sogar 16 abgeschossene Gegner, hier waren Oblt. Oesau und Oblt. Lignitz mit je 3 Luftsiegen die erfolgreichsten Flugzeugführer. Die I./JG 77 hingegen war am Vortag aus dem Einsatz herausgezogen worden und nach Döberitz zum Schutz Berlins abgeordnet worden. Bei der I./JG 77 waren zu diesem Zeitpunkt Oblt. Mütherich und Ofw. Goltzsche mit je drei Luftsiegen im Frankreichfeldzug die erfolgreichsten Flugzeugführer.
Noch während der Kämpfe um Dünkirchen gruppierten beide Seiten zur Fortsetzung der Schlacht um Frankreich um. Die Wehrmacht hatte ja bislang nur ein relativ kleines Stück von Frankreich erobert – viel schneller als die kaiserlichen Armeen von 1914 war sie auch nicht gewesen. Die französischen Armeen und Luftstreitkräfte hatten zwar schwere Verluste erlitten, geschlagen waren sie aber noch nicht. Die Maginot-Linie stand noch, an der Somme und südlich der Aisne bauten 68 französische und englische Divisionen ein tiefgestaffeltes Abwehrsystem auf. Die französische Rüstungsproduktion lief noch auf vollen Touren, und die Luftwaffe erhielt vermehrt die Jäger Dewoitine D 520 und Bloch MB 152, die um einiges besser als die Morane-Jäger waren.
Das JG 51 sollte den Vorstoß des rechten Flügels decken – also das Panzerkorps Hoth – und wurde um St. Omer zusammengezogen. Hauptmann Trautlofts I./JG 20 wurde intern schon längst als III. Gruppe bezeichnet, was schon dadurch zum Ausdruck kam, daß die Staffeln die Ziffern 7–9 erhalten hatten.

Am 5. Juni begann die deutsche Offensive, aber sie kam gegen den harten Widerstand der Franzosen zunächst nicht voran. Nur bei Abbeville gelang es Rommels Division, aus dem Brückenkopf auszubrechen. Heftige Luftkämpfe fanden hier zwischen dem 5. und 9. Juni statt, in die auch weiter verstärkt britische Jagdflugzeuge und Bomber eingriffen. Am 10. Juni waren die französischen Reserven aufgebraucht, die Front brach zusammen.

Auch der Widerstand der französischen Luftwaffe kam zum Erliegen. Am 5. Juni wurde durch Fw. Gräf (3./JG 51) der letzte französische Jäger, eine Curtiss »Hawk«, bei Compiègne abgeschossen; am 6. Juni fielen der I./JG 51 vier Bomber vom Typ LeO 45 zum Opfer. Am 13. Juni wurde zum letztenmal ein französischer Bomber, eine Amiot, durch Oblt. Oesau abgeschossen. Alle anderen danach besiegten Luftgegner waren Engländer. Die Staffeln des JG 51 brauchten nicht weiter als bis Versailles und Rouen zu verlegen. In der Nacht zum 17. Juni suchte die französische Regierung um Waffenstillstand nach, der am 22. Juni im Wald von Compiègne geschlossen wurde. Für die I. Gruppe war es auch höchste Zeit, daß die Kämpfe aufhörten, denn ihr Flugzeugbestand hatte sich so sehr verringert, daß sie aus dem Einsatz gezogen und zur Neuausstattung mit Bf 109 nach Jever verlegt werden mußte. In Jever erhielt die Gruppe zwei Bf 109 einer Höhenjägerversion mit leistungsgesteigertem Motor und einer Enteisungsanlage für die Kabinenscheiben. Aber auch mit diesen Flugzeugen konnten die »Spitfire«-Höhenaufklärer nie abgefangen werden.

Die Erfolgs- und Verluststatistik des fliegenden Personals sah für den Zeitraum vom 10. Mai bis 17. Juni 1940 wie folgt aus:

Abschüsse	daran beteiligte Flugzeugführer	Verluste
Stab: 5 (+ 1 Flakzug)	1	–
I.: 35	18	2 Gefallene, 2 Gefangene, 4 Verwundete
II.: 13	8	1 Gefangener
I./20: 29	17	5 Gefallene, 3 Gefangene, 3 Verwundete
I./77: 21	etwa 15	1 Verwundeter
103 (insgesamt)		7 Gefallene, 8 Verwundete, 6 Gefangene (davon kehrten 3 zurück)

Diese Personalverluste besagen, daß in den fünf Wochen des Frankreichfeldzuges rund 13% des fliegenden Personals ausgefallen waren, was einen gerade noch vertretbaren Verlust bedeutete. Die Flugzeugverluste des JG 51 betrugen rund 19% und lagen damit in der gleichen Größenordnung wie die der anderen Geschwader. Doch alle Reserveflugzeuge waren aufgebraucht, und der knappe Nachschub aus der noch nicht voll angelaufenen Produktion konnte die Ausfälle nur knapp decken.

Nach dem Waffenstillstand mit Frankreich gruppierte die Luftwaffe zum Kampf gegen England um. Die Jagdgeschwader verlegten an die Küsten; Zerstörer, Stukas und Bomber zogen nach und lagen weiter im Hinterland. Es gab jedoch zu diesem Zeitpunkt noch keinen Plan zur Invasion Englands. Aber davon wußte die Truppe noch nichts – und auch in England erwartete man ein sofortiges oder wenigstens unmittelbar bevorstehendes Nachstoßen der Deutschen.

Um dieser Gefahr zu begegnen, stießen fast täglich »Spitfires«, »Hurricanes« und »Blenheims« über den Ärmelkanal vor und verwickelten das JG 51 in Luftkämpfe, das Ende Juni als einziges Jagdgeschwader mit den unterstellten Gruppen I./JG 20 und I./LG 2 am Pas de Calais lag. Zunächst waren es reine Defensiveinsätze über dem Kontinent, dann aber verlagerten sich die Kämpfe zunehmend in den Luftraum über der See. Bis Ende Juni meldete das Geschwader weitere 15 Abschüsse.

An dieser Stelle einige Bemerkungen zu den Abschußmeldungen und -zahlen. Die Anerkennung eines Abschusses hing von einer genauen Prüfung ab. Die Staffel hatte zunächst nach den Angaben des Flugzeugführers ein Formblatt auszufüllen.

Dieser Meldung waren Einsatzbericht, Zeugenberichte und Stellungnahme eines Vorgesetzten beizufügen.

Die Meldung wurde bei der Gruppe, beim Geschwader und zuletzt im RLM überprüft. Die Anerkennung ließ oft Wochen, wenn nicht Monate, auf sich warten. Übrigens waren die Sachbearbeiter im RLM, zumindest ab Ende 1940, durchweg Jagdflieger mit Luftkampferfahrung, meist Männer, die wegen schwerer Verwundung nicht mehr fliegen durften.

Leider sind die Unterlagen dieser Dienststellen nicht mehr erhalten, so daß korrigierte oder korrekte Abschußzahlen nicht mehr vorhanden sind. Bis Ende 1941 sind für das JG 51 die in der Geschwaderkladde angegebenen Abschußmeldungen überliefert, die vom Stab abends an die vorgesetzten Stellen gemeldet wurden. Zwar geschah dies nach eingehender Überprüfung durch Kapitäne, Kommandeure und Kommodore, aber es konnten durchaus Abschüsse sein, die später nicht anerkannt wurden, z. B. solche ohne Zeugen. Nur wurde diese Korrektur nie in die KTB-Kladde eingetragen und auch nur selten in die Flugbücher der Piloten. Anerkennung eines Abschusses ohne Zeugen gab es, soweit bekannt, erst ab Sommer 1943 (Schlacht um Kursk), allerdings mit dem Vorbehalt »einer endgültigen Nachprüfung nach Kriegsende«.

Und wenn beispielsweise bei einem Luftkampf über Land auch noch die

Flak den Abschuß desselben Flugzeugs beanspruchte und meldete, oder wenn der Bordschütze eines Bombers glaubte, einen Feindjäger abgeschossen zu haben, obwohl der einer von dem Bordschützen nicht erkannten Bf 109 zum Opfer fiel, dann erschien anderntags diese Doppelmeldung in der Summe der Abschüsse, die der Wehrmachtsbericht veröffentlichte. Aber selbst die Auszählung der in den deutschen wie britischen Archiven vorhandenen Verlustmeldungen führt zu keinem eindeutigen Ergebnis. Eine »Spitfire«, die auf einem Acker in England Bruchlandung machte, wobei sich der Flugzeugführer verletzte, so daß er für etliche Zeit als Kämpfer ausfiel, kann man deutscherseits als Abschuß buchen, für die Engländer war es keiner, sofern die Maschine reparaturfähig war. Und umgekehrt konnte ein englischer Pilot nicht wissen, daß in der Messerschmitt, der er beim Luftkampf einige Treffer zugefügt hatte und die scheinbar intakt nach Frankreich zurückflog, in Wirklichkeit ein schwerverwundeter Mann saß, dessen Flugzeug sich bei der Landung überschlug, wobei er den Tod fand. Waren die deutschen Meldungen sicher zu hoch, so waren die des Gegners ebenso übertrieben, wenn nicht noch mehr. Zum Beispiel verzeichnen die englischen Unterlagen für den Zeitraum vom 10.–31. Juli 1940 231 Abschußmeldungen, demgegenüber betragen die deutschen Verlustmeldungen für den gesamten Juli 1940 148 Flugzeuge, die im Einsatzraum England verlorengegangen oder nach schweren Beschußschäden bruchgelandet waren.

Sicher werden unter den Abschußmeldungen der Engländer die vielen deutschen Flugzeuge sein, deren Piloten bei einem Luftkampf mit überlegenem Gegner plötzlich im Sturzflug nach unten gingen und kurz über dem Boden erst abfingen oder die mit »stinkendem Motor« nach Frankreich zurückgeflogen sind. In dem Bereich dieser objektiv falschen und subjektiv richtigen Meldungen gehören die uns heute unwahrscheinlich anmutenden Beobachtungsmeldungen über die Flugzeugtypen, mit denen die deutschen wie die englischen Piloten gekämpft haben wollten. Da sind zum Beispiel die englischen Berichte über Luftkämpfe mit der – nur in deutschen Propagandazeitschriften auftauchenden – He 113 oder die sich durch alle Monatsberichte des Fighter Command hindurchziehenden Meldungen über ein Air-to-Air-Bombing deutscher Jäger, worunter man den Abwurf von Sprengkörpern gegen andere Flugzeuge verstand. Deutscherseits wurde dann das Auftauchen von veralteten Morane- und Bloch-Jägern gemeldet, von »Spitfires«, die den Tragflächenumriß deutscher Bf 109 unter die Tragflächen gemalt hatten oder die in einer Tragfläche sogar eine 75 mm-Kanone gehabt haben sollen.

Am 30. Juni 1940 hatte Göring eine allgemeine Weisung für den Kampf der Luftwaffe gegen England herausgegeben, in der zunächst Störangriffe befohlen worden waren. Nach beendetem Aufmarsch der Luftwaffe sollte »durch Kampf gegen die feindliche Luftwaffe«, ihre Bodenorganisation und die Luftwaffenindustrie die Voraussetzung geschaffen werden für eine wirksame Kampfführung gegen die feindliche Ausfuhr und Versorgung der Wehrwirtschaft. Außerdem hieß es darin, daß der Einsatz der Luftflotten »... in schärfster Form in Übereinstimmung zu bringen sei«. Die beiden Führer der Luftflotten 2 (Kesselring) und 3 (Sperrle) hatten bereits ihre eigenen Pläne ausgearbeitet, waren aber in grundsätzlichen Fragen, wie der Auswahl der Ziele, Stärke der Angriffsverbände, Einsatzhöhen und Begleitschutz, sehr uneins. Nur Oberst Osterkamp schätzte vor der Luftschlacht um England die Lage realistisch ein: Er berechnete, daß in England ein Gesamtbestand von 550–600 Jägern vorhanden sei und daß seinem Geschwader ein um das vierfache überlegener englischer Gegner gegenüberstände. Da die deutsche Bf 109 der »Hurricane« überlegen und der »Spitfire« gleichwertig seien und der Gegner noch unter einem moralischen Schock aus dem verlorenen Frankreichfeldzug stehe, müsse es das Ziel des Geschwaders sein, unter Verzicht auf Einzelerfolge der Jagdfliegerasse die eigenen Kräfte zusammenzufassen, um schwächere Gegner im massiven Angriff vernichtend zu treffen. Die Durchführung dieser Aufgabe sei, von Ausnahmen abgesehen, in der freien Jagd zu sehen. Jede günstige Gelegenheit, die Gegner auf ihrem eigenen Horst im Tiefangriff zu treffen, sei auszunutzen.

Osterkamp standen Anfang Juli zur Verfügung: Die II./JG 51, die I./JG 20, die am 5. Juli endgültig in III./JG 51 umbenannt wurde, und die I./LG 2, die später gegen die III./JG 3 ausgetauscht wurde. Die I./JG 51, die – wie erwähnt – Mitte Juni nach Jever verlegt hatte, bekam am 26. Juni Leeuwarden als Einsatzplatz zugewiesen. In Luftkämpfen mit einfliegenden »Blenheim«- und »Hudson«-Bombern wurden drei Luftsiege erzielt. Am 12. Juli kehrte die I. Gruppe an den Kanal zurück, und zwar nach Guines.

In diesen Tagen flogen die Jäger des JG 51 freie Jagd über dem Ärmelkanal und im Küstengebiet oder Geleitschutz für die Stukas und Bomber, die englische Schiffskonvois angriffen. Nach englischer Geschichtsschreibung beginnt die »Luftschlacht um England« mit einer solchen Geleitzugsschlacht. Am 10. Juli griffen 25 Do 17 des KG 2 einen Geleitzug an, begleitet von 30 Bf 110 der III./ZG 26 und 20 Bf 109 der III./JG 51. Diesem Angriffsverband schickte die RAF 30 »Hurricane« und »Spitfire« entgegen. In dem Luftkampf wurden 4 Do 17 und 3 Bf 110 abgeschossen, je 2 Bf 110 und Bf 109 beschädigt. Die Engländer verloren 3 Jäger, 7 wurden beschädigt. Und wie sahen die beanspruchten Abschüsse aus? Die RAF erklärte, im Verlauf des 10. Juli 8 Do 17, 7 Bf 110 und 1 Bf 109 abgeschossen zu haben, die Luftwaffe meldete 23 Abschüsse, davon die III./JG 51 10 Luftsiege!

Am 13. Juli erzielte Oberst Osterkamp seinen letzten Luftsieg im Zweiten Weltkrieg, eine »Spitfire« im Raum Dover. Am 19. Juli kam es zu einer neuen Luftschlacht über der See, als eine sorglos durch die Gegend fliegende RAF-Squadron – es war die 141. –, die mit dem Jagdzweisitzer »Defiant« ausgerüstet war, von der III./JG 51 überrascht wurde. Nach deutschen Angaben wurden innerhalb von zehn Minuten 11 dieser Jäger abgeschossen, nach englischen Meldungen waren es nur neun. Erfolgreichster Pilot war Lt. Pichon-Kalau vom Hofe, der zum Stabsschwarm gehörte. Er errang seine ersten drei Luftsiege.

Die Luftkämpfe im Juli hat man später als »Kontaktphase« der Luftschlacht um England bezeichnet, obwohl es vergleichsweise selten zu »Kontakten« der Jäger untereinander kam, da Air Marshal Dowding, der Chef des RAF Fighter Command, seine »Spitfire« und »Hurricane« bewußt zurückhielt. Osterkamps Gruppen drangen fast täglich in den englischen Luftraum ein, flogen geradezu Parade, ohne den Gegner stellen zu können. Zu Gefechten kam es eigentlich nur, wenn deutsche Sturzbomber und Zerstörer englische Schiffsgeleitzüge angriffen, zu deren Schutz britische Jäger aufstiegen, die dann mit den Messerschmitt des JG 51 aneinandergerieten. Der Verschleiß an Flugzeugen war in diesen Wochen erschreckend hoch: Fahrwerkschäden bei Starts, Beschußschäden in der Luft, Defekte an den Bordwaffen (vor allem die 20-mm-MG FF mit ihrer Neigung zu Ladehemmungen und Hülsenreißern brachten wiederholt Ärger), übermäßige Triebwerkverschleiße sowie wiederum Fahrwerkschäden bei der Landung ließen die Einsatzbereitschaft rapide absinken. Am 15. Juli beispielsweise konnte die Gruppe Hauptmann Trautlofts ganze 15 Maschinen in die Luft bringen, also nicht viel mehr als eine verstärkte Staffel. Nebenfolge der fehlenden Flugzeuge war, daß den unerfahrenen Flugzeugführern für die Einsätze keine Flugzeuge zugeteilt werden konnten. Die »Neuen« wurden zu den Frontschleusen und Luftparks geschickt, neue Maschinen zu überführen. Bei den Überführungsflügen gewannen sie zwar an Sicherheit in der Beherrschung der Flugzeuge, an der Front aber bekam ein erfahrener Kamerad den neuen »Dampfer«, und der Anfänger konnte immer noch keine Einsätze fliegen. Aber es gab auch schmerzliche Personalverluste. Die I. Gruppe verlor im Juli drei Flugzeugführer, darunter Hauptmann Aichele vom Gruppenstab, der mit stark zerschossener Maschine am Strand von Wissant eine Notlandung mit ausgefahrenem Fahrwerk versuchte. Die Maschine überschlug sich und brannte aus. Schwerer wogen die Verluste bei der II. Gruppe: drei Gefallene, ein Gefangener, zwei Verwundete – ausnahmslos Piloten, die schon mehrere Luftsiege errungen hatten. Die III. Gruppe verlor vier Mann (drei Gefallene, ein Verwundeter); bis auf Feldwebel Heilmann waren es junge und unerfahrene Flugzeugführer gewesen.

Den Verlusten standen an Abschußmeldungen der einzelnen Gruppen gegenüber: 16 / 42 / 37. Bei der I. Gruppe ragten Oberfeldwebel Karl Schmid heraus (10 Luftsiege) und Oblt. Joppien, bei der II. Gruppe Hauptmann Tietzen und Oberleutnant Priller, bei der III. Gruppe Hauptmann Oesau, Leutnant Kolbow und Oberleutnant Lignitz.

Der neue Kommodore

Der 20. Juli 1940 bedeutete einen wichtigen neuen Abschnitt in der Geschwadergeschichte. Oberst Osterkamp, mit 48 Jahren der älteste Kommodore bei den Jagdgeschwadern, erhielt mit seiner Beförderung zum Generalmajor die Mitteilung, daß er das Geschwader an einen jüngeren Mann zu übergeben hätte, der als erfolgreicher Jagdflieger Vorbild und Ansporn für das Geschwader sein sollte: WERNER MÖLDERS. Der Lebensweg Mölders sei hier nur gestreift; ausführlicher wird er in der Veröffentlichung von Ernst Obermaier und Werner Held »Jagdflieger Oberst Werner Mölders« dargestellt.

Werner Mölders wurde 1913 in Gelsenkirchen geboren. Nachdem sein Vater, Studienrat Viktor Mölders, 1915 als Leutnant in Frankreich gefallen war, siedelte seine Witwe, Annemarie Mölders, mit ihren vier Kindern nach Brandenburg a. d. Havel über. Werner Mölders bestand 1931 sein Abitur und meldete sich als Offizieranwärter zur Reichswehr. Das Auswahlverfahren für den Offiziersnachwuchs des 100 000-Mann-Heeres war außerordentlich schwierig, nur jeder 20. schaffte die Hürde. Mölders gehörte dazu, und im April 1931 trat er beim Infanterieregiment 2 in Allenstein/Ostpreußen ein. Nach Absolvierung der Kriegsschule in Dresden kam er als Fähnrich zur Pionierschule München. Hier meldete er sich zu der im Geheimen entstehenden neuen Luftwaffe. Bei der ersten Tauglichkeitsprüfung fiel er jedoch durch, auch die neuerliche Prüfung bestand er nur mit »bedingt tauglich«. Am 2. Februar 1934 begann seine fliegerische Ausbildung an der Deutschen Verkehrsfliegerschule in Cottbus. Wieder hatte er mit großen körperlichen Schwierigkeiten zu kämpfen. Schwindelgefühle, Übelkeit und Kopfschmerzen plagten ihn, doch Mölders gab nicht auf, im Gegenteil, er wurde sogar Lehrgangsbester. Sein Ausbildungsweg führte ihn weiter über die Kampffliegerschule Tutow zur Jagdfliegerschule Schleißheim. Als Leutnant wurde er formell in die neue Luftwaffe übernommen und kam zur »Fliegergruppe Schwerin«, dem späteren StG 2 »Immelmann«. Im April 1936 wurde Mölders zum Oberleutnant befördert und zum JG 134 versetzt, wo er in der von Major Theo Osterkamp geführten II. Gruppe die Schulstaffel übernahm. Im März 1937 wurde er zum Kapitän der 1./JG 334 in Wiesbaden ernannt und ein Jahr später zur J/88 der »Legion Condor« nach Spanien kommandiert. Hier flog er zunächst in der von Adolf Galland geführten 3. Staffel Tiefangriffe auf der He 51 und übernahm im Mai 1938 diese Staffel, die nun eine wirkliche Jagdstaffel wurde.

In Spanien zeigte sich die Eigenschaft Mölders, die ihn als überragenden Jagdflieger und Verbandsführer auswies. Mölders besaß mit seinen 25 Jahren eine angeborene, wie selbstverständlich wirkende Autorität, der sich auch ältere, sogar widerspenstige Männer willig unterordneten. Der Spitzname »Vati«, der in Spanien aufkam, spricht für sich selbst. Als Flugzeugführer und Jäger war er eine Ausnahmepersönlichkeit, wenngleich er auch nicht ein derartiger »Artist« war, wie später beispielsweise Bär und Marseille. Eine seiner größten Stärken war sein überragendes Sehvermögen. Wer schon einmal in einem Passagierjet oder einem Sportflugzeug miterlebt hat, wenn ein Mitflieger sagte, »da drüben rechts fliegt auch einer«, und wer sich dann vielleicht vergebens bemühte, das angesprochene Objekt ausfindig zu machen, kann sich die Schwierigkeiten, wie auch die Wichtigkeit, bei der Früherkennung und Identifizierung eines Flugzieles ausmalen. Viele an sich gut ausgebildete Jagdflieger mußten nach den ersten Einsätzen diese Waffengattung verlassen, weil sie »nichts sahen«. Mölders aber hatte die Gabe des Sehens in erstaunlich hohem Maße und leitete daraus seine Lehre für seine Jäger ab, die er ihnen immer wiederholte: »Frühes Erkennen, exakter Ansatz, kurzer Anflug, langer, gerader Schießanflug.« Er hielt nichts von Kurvenkämpfen; das Treffen aus einem Kurvenflug erklärte er für unberechenbare Glücks- und Zufälle. Er bevorzugte und propagierte das schnellere Jagdflugzeug, das sich nach Belieben einem – in seinen Augen fruchtlosen – Kurvenkampf entziehen konnte, um sich dann aus überlegener Position wieder auf den Gegner zu stürzen, bevor ein Gegner wie die »Spitfire« seine größere Wendigkeit ausnützte. Aus gleichem Grunde bevorzugte er das Jagdflugzeug mit einer zentralen, am Rumpf angebrachten Bewaffnung – wie die der Bf 109 – und lehnte das Schrotschuß-Prinzip der »Spitfire« ab, das in Mölders Augen im Luftkampf zur »Schluderei« verführte.

In Spanien errang Mölders 14 Luftsiege. Er war dann einige Monate im RLM tätig, übernahm im März 1939 die 3./JG 53 in Wiesbaden und wurde zum 1. Oktober 1939 als Hauptmann Kommandeur der neu aufgestellten III./JG 53. Während des Sitzkrieges errang Mölders in 18 Luftkämpfen neun Siege, erhöhte die Abschußzahl bis zum 27. Mai 1940 auf 20 und wurde dafür als erster Jagdflieger mit dem Ritterkreuz des Eisernen Kreuzes ausgezeichnet.

Am Abend des 5. Juni 1940 wurde Mölders nach seinem 25. Luftsieg im Raume Compiègne von Lt. Pomier Layragues mit einer Dewoitine D 520 abgeschossen, sprang mit dem Fallschirm ab und wurde gefangengenommen. Aus unbekannten Gründen wurde er nicht, wie viele andere Piloten, nach England gebracht, so daß er beim Waffenstillstand nach Deutschland zurückkehren konnte. Am 19. Juni wurde Mölders außer der Reihe zum

Major befördert und am folgenden Tag zum Kommodore des JG 51 ernannt. Am 28. Juli übernahm er das Geschwader, und am nächsten Tag führte er es in den ersten Einsatz im Raum Dover. Zusammen mit seinem Adjutanten und Rottenflieger, Oblt. Kircheis, stieß er auf eine Kette »Spitfire«, schoß eine ab und wurde dann selber angegriffen, angeschossen und verfolgt. Wenn Oblt. Leppla die Mölders verfolgende »Spitfire« nicht abgeschossen hätte, wäre dem Kommodore möglicherweise die Bauchlandung an der Küste nicht mehr geglückt. Mit Schußverletzungen am Bein kam Mölders ins Lazarett, und Generalmajor Osterkamp übernahm zunächst wieder die Führung des Geschwaders.

Die Luftschlacht um England

Am 7. August kam Major Mölders wieder zurück, ohne aber zunächst fliegen zu dürfen. Grund für die frühzeitige Rückkehr war das Stichwort »Adlertag« gewesen. Am 1. August nämlich war Hitlers »Weisung Nr. 17« an die Luftwaffe gegangen. Die operative Zielsetzung für den verschärften Luftkrieg gegen England war die Niederringung der RAF, teils im direkten Kampf, teils durch Angriffe auf Flugplätze, auf Fabriken und auf die Frühwarn-Radar-Stationen an der Küste. Die Luftwaffenführung rechnete sich folgendes aus: Durch den Einsatz der rund 1200 Kampf- und Sturzkampfflugzeuge gegen kriegswichtige Ziele im Großraum London mußten die englischen Jäger endlich aus der Reserve gelockt werden. Und den, wie man schätzte, »knapp 600 englischen Jägern« konnte man 760 Bf 109 und wenigstens 130 Bf 110 entgegenwerfen. Zu diesem Zeitpunkt waren die deutschen Jäger mit ihrer Schwarmformation den enggeschlossenen englischen Staffel-Formationen taktisch überlegen, hatten aber auch technische Vorteile. Die Bf 109 übertraf die »Hurricane« fast in jeder Hinsicht, und die »Spitfire« verfügte nur über eine zweifache Propellerverstellung, womit die Leistung des Motors nicht voll ausgenutzt werden konnte. Außerdem neigte der Rolls-Royce-Motor der »Spitfire«, der nicht von einer Einspritzanlage, sondern von Vergasern gespeist wurde, bei plötzlichen Kurvenänderungen und im Rückflug zum Aussetzen. Im Kampf Jäger gegen Jäger mußten die zahlenmäßig überlegenen deutschen Jagdflugzeuge – so dachte man – den Engländern einfach schwere Verluste zufügen. Wenn man dann noch mit den Kampfmaschinen die bekannten Jägerplätze angriff und Zerstörungen von Erdzielen erzielte, glaubte man in vier bis fünf Tagen die englische Jagdabwehr niederringen zu können. Dann sollte England für die im Spätsommer folgende Invasion (Unternehmen »Seelöwe«) sturmreif bombardiert werden.
Ende Juli waren mit Ausnahme des JG 77 alle Jagdverbände am Kanal, an der Seine-Mündung und in der Normandie zusammengezogen. Der erste Großangriff »Adlertag« war auf den 8. August festgesetzt worden. In die Vorbereitungsmaßnahmen fiel ein Vorstoß britischer »Beaufighter«-Torpedobomber, gegen den die I. Gruppe angesetzt wurde. Beim Alarmstart stießen die Flugzeuge Hptm. Pitcairns und seines Rottenfliegers zusammen. Eine Fläche von dessen Maschine durchschnitt das Kabinendach von Hptm. Pitcairn, der schwer verletzt wurde. Bei diesem Unglück blieb es nicht. Vom Bordschützen einer »Beaufighter« wurde der bis dahin erfolgreichste Pilot der I. Gruppe, Ofw. Karl Schmid, abgeschossen. Seine Maschine

stürzte ins Meer; er selbst wurde nie gefunden. Nur ein Abschuß konnte durch Hptm. Brustellin erzielt werden.

Pitcairns 1. Staffel übernahm Oblt. Hermann Friedrich Joppien. Hptm. Pitcairn kam am 4. 10. 1940 zum Geschwader zurück, versuchte sich bei der Jabo-Ausbildung in Valenciennes wieder einzufliegen, mußte dann aber das Geschwader wegen Flugtauglichkeit verlassen.

Am 8. August wurde der Großangriff wegen schlechten Wetters erneut abgesetzt. Als aber dann ein englischer Konvoi von 20 Schiffen gemeldet wurde, kam es zu der bis dahin heftigsten Luftschlacht. Wenigstens sieben Jäger-Squadrons bot die RAF zum Schutz gegen die angreifenden Stukas auf, die ihrerseits von Jägern gedeckt wurden. Die Engländer verloren 20 »Spitfire« und »Hurricane«, die II. und III. Gruppe des JG 51 beanspruchten einen, bzw. fünf Luftsiege. Deutsche Flieger meldeten insgesamt 47 Abschüsse. Die deutschen Jäger verloren 10 Maschinen. Der »Adlertag« wurde auf den 10., dann auf den 11. und schließlich auf den 13. August verschoben. Trotz ungünstiger Witterung wurden am Nachmittag dieses Tages 485 Bomben- und 1100 Jagdeinsätze geflogen, denen das Fighter Command mit 700 Jägereinsätzen antwortete. Das gesamte JG 51 war in der Luft. Es wurde viel gekurbelt und geschossen, doch wenig getroffen, was typisch bei einem Begleitschutzauftrag war. Einem Abschuß von Hauptmann Brustellin standen drei Brüche gegenüber. Vom 13. August bis zum Monatsende flogen die Piloten des JG 51 an 13 Tagen über den Kanal, mitunter mehrfach am Tage.

In der zeitgenössischen Propaganda war von gewaltigen Schlägen die Rede, die man England versetzt haben wollte. Die Wirklichkeit sah anders aus. Eine Staffel He 111 oder Ju 88, die ein paar 250- oder gar nur 100-Kilo-Bomben auf die Flugplätze »kleckerte« (oft genug waren es nicht einmal Jägerplätze, sondern solche des Coastal Command), konnte diese nur für einige Stunden außer Betrieb setzen. Noch weniger Erfolge hatten die Ju 87-Sturzbomber, die jeder nur eine 250-Kilo- und vier 50-Kilo-Bomben tragen konnten. Ebensowenig wie die Jägerplätze konnten die Frühwarnradarstationen für längere Zeit außer Gefecht gesetzt werden. Unbestritten ist, daß das Fighter Command mehr Jäger verlor als die Luftwaffe, wenngleich die Wehrmachtberichte die Abschußzahlen so sehr übertrieben, daß sich sogar die deutschen Jagdflieger darüber lustig machten. Bis Ende August hielten sich die deutschen Jägerverluste noch in Grenzen, aber die der Zerstörer und Kampfflugzeuge waren viel zu hoch, als daß die Luftwaffe dies lange durchstehen konnte; Die Verlustrate lag etwa bei 7–9% bei jedem Einsatz. Göring gab dafür den Jägern die Schuld, die den Jagdschutz angeblich vernachlässigen würden.

Der Begleitschutz für die Bomber oder die noch langsameren Sturzbomber war ein kaum lösbares Problem. Paßten sich die Jäger an die langsamen Bomber an und flogen in enger Verbindung mit ihnen, verloren sie die Initiative und liefen Gefahr, nach Belieben von den RAF-Jägern angegriffen und abgeschossen zu werden. Ließen sie sich aber in Luftkämpfe ein, schrien die Bomber um Hilfe, die von der nächsten Welle »Spitfire« und »Hurricane« angegriffen wurden. Eine Vorausjagd, die den Luftraum freikämpfen sollte, brachte nichts ein (dies konnten sich erst 1944 die Amerikaner leisten, die bei Großeinsätzen mit mehreren Hundert Jagdmaschinen und Jagdbombern die deutschen Jägerplätze angriffen), denn die englischen Jäger starteten erst, wenn ihre Radarstationen den Einflug von Bombern meldeten. Flog der deutsche Begleitschutz aber abgesetzt hoch über den Bombern, konnte er zwar mit voller Beschleunigung den angreifenden RAF-Jägern nachstoßen und viele abschießen, doch gingen dabei unweigerlich mehrere der ungedeckten Bomber verloren. Ideal wäre ein Jagdschutz gewesen, der seitlich und neben dem Kampfverband mit hoher Fahrt Pendelkurse geflogen hätte, aber das hätte zuviel Treibstoff verbraucht und die Eindringtiefe der Bf 109 noch mehr begrenzt. Von Nachteil war beim Begleitschutz auch, daß es zwischen Jägern und Kampfflugzeugen keine Sprechfunkverbindung gab; erst im Laufe der Kämpfe konnten wenigstens Verbandsführer miteinander Verbindung aufnehmen.

Im Laufe des August sank die Stärke des fliegenden Personals der Staffeln des JG 51 auf 50%, also auf fünf bis sechs Mann, ab. Auch am Flugzeugbestand fehlten laufend wenigstens 20%. Es machte sich sehr nachteilig bemerkbar, daß die Luftwaffe zu bereitwillig der Industrie geglaubt hatte, sie könne Verluste schnellstens ersetzen. Auch wirkte sich eine fehlende Mittelinstanz bei der Instandsetzung negativ aus: Brüche mit mehr als 60% wurden als Totalschaden eingestuft und mit großer Verzögerung an die Industrie zurückgeliefert, wo sie größtenteils einfach nur ausgeschlachtet und verschrottet wurden. Diese Mittelinstanz gab es hingegen in England, wo die vergleichbaren Bruchlandungen der Kategorie 2 (nach deutschem Standard 80% und mehr) sofort abtransportiert und in Luftparks demontiert wurden. Aus den brauchbaren Teilen von drei oder vier derartigen Brüchen wurde mit Hilfe weiterer Neuteile ein neues Flugzeug zusammengesetzt.

Zwar kam für die deutschen Jagdgeschwader zu der Bf 109 E-3 auch der verbesserte Typ E-4 hinzu, der mit den zuverlässiger schießenden MG FF/M ausgerüstet war und vor allem über den Flugzeugmotor DB 601N verfügte, der eine bessere Höhenleistung hatte, aber es fehlte eben die notwendige Stückzahl. So plante man zum Ausgleich, dem im Reichsgebiet liegenden JG 77 die Bf 109 zu nehmen und diese durch erbeutete französische Jäger MB 152 zu ersetzen!

Mitte August zeigten auch die Engländer Abnutzungserscheinungen. Lt. Lessing von der 5. Staffel schrieb am 17. August an seine Eltern: »... die Engländer werden in den letzten Tagen immer weniger, aber die einzelnen kämpfen gut... Die ›Hurricane‹ sind müde Dampfer. Für mich ist das bei weitem die beste Zeit meines Lebens. Ich werde mit keinem König tauschen ...«

Am folgenden Tag griff die Luftwaffe mit starken Kampfverbänden die englischen Jägerplätze im Süden der Insel an; die angerichteten Schäden waren hoch, doch verlor die Luftwaffe 9,4% der eingesetzten Maschinen. An diesem Tag wurde die 5./JG 51 von 30 »Hurricane«, diesen »wenigen und müden Dampfern«, angegriffen, die Staffel nahm den ungleichen Kampf an, platzte auseinander und wurde nach Hause gejagt. Hauptmann Tietzen und sein Rottenflieger, Lt. Lessing, fehlten; einen Monat später wurden die sterblichen Überreste an der französischen Küste angeschwemmt.

Glück hatte an diesem Tag Oblt. Leppla, der für den verwundeten Hauptmann Brustellin die I. Gruppe führte; er konnte seine zusammengeschossene Maschine bei St. Inglevert auf den Strand setzen.

Zwei Tage später, also am 20. August 1940, wurden die ersten Ritterkreuze an Angehörige des JG 51 verliehen: an Hptm. Oesau und – posthum – an Hptm. Tietzen.

Natürlich bedeutete es einen Schock für die fliegenden Besatzungen, wenn ein Spitzenkönner vom Feindflug nicht zurückkehrte, schwer verwundet wurde oder eine Bruchlandung machte. Aber die Truppe steckte solche Rückschläge weg. Die Männer waren noch jung, unverbraucht, in der Mehrheit erfolgsbewußt und siegessicher. Es bestand eine Vertrauenskette nach oben wie nach unten; die Männer vertrauten ihren Vorgesetzten bis hinaus zur obersten Führung, umgekehrt wußten Kommodore, Kommandeure, Kapitäne und Schwarmführer, daß sie sich auf ihre Untergebenen und Kameraden verlassen konnten. Auch wenn der verwundete Kommodore in den ersten drei Augustwochen noch nicht in der Luft führen konnte, so war seine Gegenwart stets zu sehen und zu spüren. Beim Einsatz der Gruppen und Staffeln war er am Sprechfunkgerät im Gefechtsstand, nach den Einsätzen besuchte er die Staffeln, sprach die Einsätze durch, lobte, ermunterte und kritisierte, kümmerte sich auch um das fliegerische Gerät und die Werkstätten.

Aber es war ja nicht nur der Kommodore, der durch sein Beispiel Vertrauen einflößte, es waren auch die Kommandeure noch mehr die Staffelkapitäne, schließlich auch die »Kacmareks«, also die Rottenflieger, die eisern an ihrem Führer klebten und im Luftkampf nicht abplatzten, die ihrem Chef den Rücken deckten und ihm die Abschüsse ermöglichten, selber aber

auch nicht den Ehrgeiz hatten, zu Abschußerfolgen zu kommen. Da waren die unverwüstlich erscheinenden Flugzeugführer wie Heinz Bär, der im Kanal notwassern mußte, erst nach Stunden gerettet wurde und nur seine Witze darüber machte, die im ganzen Geschwader ihre Runde machten.
Auch haarsträubende Erlebnisse mit dem Gefühl, »noch mal soeben davon gekommen zu sein«, beeinträchtigten nicht den Einsatzwillen. Vergleiche hinken bekanntlich, doch soll hier der Vergleich zu den Rennfahrern herangezogen werden, die meistens auch nach spektakulären Unfällen mit ihrem Sport nicht aufhören.
Ein solches Erlebnis sei hier geschildert: Am 24. August begleitete Uffz. Delfs vom Stab der II. Gruppe eine Seenot-He 59 – die bekanntlich regelmäßig von englischen Jägern angegriffen wurden – in Richtung Themsemündung. Einer anderen, unbekannten Bf 109 kam der Jäger an dem weißen Seenot-Flugzeug verdächtig vor, stieß herab und schoß. Der Staffelkapitän der 6. Staffel, Oblt. Priller, hatte den Vorfall beobachtet und geleitete die angeschossene Maschine nach Frankreich zurück, Delfs war schwer verwundet und traute sich eine Notlandung nicht mehr zu, drehte über dem Festland die Maschine auf den Rücken, sprang mit dem Fallschirm ab und landete auf den Schienen einer Eisenbahnlinie. Priller kreiste über der Absprungstelle und sah, daß Delfs sich nicht erhob und beobachtete zugleich, daß sich ein Zug näherte. »Pips« Priller flog dem Zug entgegen, feuerte Erkennungssignale ab, doch zeigte der Zugführer keine Reaktion und fuhr weiter. Daraufhin drehte Priller eine neue Runde und feuerte von vorne scharfe Munition in die Lokomotive und brachte sie kurz vor der Absprungstelle von Delfs zum Stehen.
Am 28. August konnte Mölders endlich wieder fliegen. Bei einem der beiden Einsätze an diesem Tag verlor er seinen Adjutanten, Oblt. Kircheis, der abgeschossen wurde und in Gefangenschaft geriet. Nachfolger wurde Oblt. Claus, dessen Versetzung Mölders von seiner alten Gruppe, der III./JG 53, gerade erreicht hatte. Noch einen anderen Mann aus Wiesbadener Tagen hatte Mölders in seinen Stab versetzen lassen: Major Friedrich Beckh, der 1940 Jägerverbindungsoffizier im Luftgaukommando Wiesbaden gewesen war. Beckh war zwar ein begeisterter Jagdflieger, doch alles andere als der Typus eines Jagdfliegers: Der Hüne paßte nur mit Schwierigkeiten in die enge Kabine einer Bf 109. Vor allem hatte er auch den Mangel, »nichts in der Luft zu sehen«. Er war ein Kämpfer und Draufgänger, der Tiefangriffe bevorzugte, so daß Mölders über ihn scherzte, er flöge so tief, daß er die Hausnummern in den Straßen von Dover lesen könne.
In der III. Gruppe waren im August 1940 wichtige Personalveränderungen eingetreten. Der Kommandeur, Hptm. Trautloft, wurde Kommodore des JG 54. Dorthin nahm er Oblt. Kath als Adjutanten und Lt. Pichon-Kalau

vom Hofe als TO mit. An Trautlofts Stelle rückte Hptm. Oesau, bisher Kapitän der 7. Staffel. Gruppenadjutant wurde Oblt. Wehnelt. Neuer NO war Ofw. (später Lt.) Dässler, TO Lt. Bruno Maniak, beides nichtfliegende Offiziere. Nachfolger Oesaus als Kapitän der 7. Staffel wurde Oblt. Hermann Staiger. Die Stabsrotte Oesau/Wehnelt wurde durch Flugzeugführer der 7. Staffel zum Stabsschwarm erweitert.

Am 25. August 1940 kam auch die I./JG 77 wieder an den Kanal zurück, und zwar nach Mardyck, nachdem die Gruppe drei Monate mehr oder minder »Gammeldienst« in Döberitz, Wyk auf Föhr und Aalborg getrieben hatte. Wobei sich »Gammelei« nur auf die kaum stattfindenden Einsatzflüge bezieht, denn ein so straffer Führer wie Hauptmann Janke ließ keine lockeren Sitten einreißen. Die Gruppe unterstand von Ende August bis Oktober direkt dem Jafü 2 und wurde bei den jeweiligen Einsätzen den verschiedensten Geschwadern zugeteilt.

Der September 1940 brachte den Höhepunkt der Luftschlacht um England, an der die II. Gruppe des Geschwaders nicht teilnahm, da sie zur Auffrischung nach Vlissingen und Jever zurückgezogen werden mußte.

Am 6. September, dem Vortag des ersten Großangriffs auf London, traf Göring auf dem Gefechtsstand bei Cap Blanc Nez ein, um den Luftkrieg gegen England persönlich zu leiten. Am Spätnachmittag des 7. September griffen 350 Kampfflugzeuge unter dem Schutz von 648 Jägern London an, unter denen sich auch die Besatzungen der I. und III. Gruppe sowie die der I./JG 77 befanden. 19 Abschüsse meldet das JG 51, aber auch sechs vermißte Flugzeugführer. Am nächsten Tag erschien Göring auf dem Gefechtsstand des Geschwaders und ließ sich die Flugzeugführer vorstellen. Obwohl der Großangriff vom 7. September ein durchschlagender Erfolg gewesen war, zeigte sich der Reichsmarschall äußerst ungehalten, weil nach seiner Auffassung »die Jäger« beim Geleitschutz für Kampfverbände »wieder einmal« versagt hätten. Dann ließ er sich die Männer vorstellen, fragte nach Abschüssen und gab sich wieder jovial. Als der Kommodore den kürzlich zum Leutnant beförderten Heinz Bär vorstellte und erwähnte, daß Bär vor einigen Tagen in den Kanal gestürzt sei, fragte Göring, was er dabei empfunden habe. Bärs Reaktion war unnachahmlich: Da stand der kleine Leutnant vor dem Reichsmarschall in seiner typischen, noch gerade soldatischen Haltung, sah Göring starr ins Gesicht und sagte im besten Sächsisch: »Bei jeder Schwimmbewegung, Herr Reichsmarschall, habe ich an Ihre Worte denken missen, England ist geene Insel mehr!« Kommodore und Kommandeur dürften wohl die Luft angehalten haben, Göring knurrte etwas Unverständliches und ging zum Nächsten.

Mit Genugtuung dürften die Geschwaderangehörigen zur Kenntnis genommen haben, daß am 7. September Mölders, Oesau und der gefallene Horst

Tietzen als besonders erfolgreiche Jagdflieger im Wehrmachtbericht genannt wurden. Bislang standen in Presse und Wochenschau die Jäger im Schatten der Bomber und Sturzkampfflieger, weil es diese waren, die die »vernichtenden Schläge« austeilten. Erst Ende September 1940 tauchen vereinzelt Erlebnisberichte von Jagdfliegern in den Zeitungen auf. Das lag aber auch daran, daß Männer wie Mölders und Wick bei Interviews recht wortkarg waren, was natürlich die Phantasie der Journalisten wenig anregte. Wieviel eindrucksvoller ließ sich der Einsatz einer He 111-Besatzung schildern! Da ist dann von einer verschworenen Kampfgemeinschaft die Rede, die mit Sprengbomben Modell »Satan« Vergeltungsangriffe auf London fliege, eine ganze Staffel »Spitfire« abschüttele und beim Einsatz dramatische, aber völlig realitätsferne Dialoge führe.

Aus den rollenden Großangriffen auf London wurde nichts – das Wetter spielte nicht mit. Bei einem mittleren Einsatz am 11. September fiel Hptm. Wiggers, der Kapitän der 2. Staffel, die nun Oblt. Victor Mölders, der Bruder des Kommodore, übernahm.

Der 15. September war wieder ein Großkampftag; ihn feiert man in England noch heute als den »Battle of Britain«-Tag. Gegen die deutschen Jäger und Bomber warf die RAF alles in die Schlacht, was sie an Jägern besaß. Die Verluste auf beiden Seiten waren erheblich: Die Luftwaffe büßte 36 Bomber und 27 Jäger ein, davon drei des JG 51. Die Luftwaffe meldete 74 Abschüsse, davon 15 durch das JG 51 (zusammen mit der I./JG 77). 36 verlorene Bomber – das war zuviel. Für Göring stand wieder einmal (und es sollte nicht das letztemal sein) fest: Die Jäger haben versagt.

Aber wie sollten denn die Jäger die Bomber auf dem Anflug, über dem Ziel und dem Rückflug schützen, wenn sie nach wenigen Minuten Luftkampf über London das Gefecht wegen Treibstoffmangel abbrechen und heimfliegen mußten und froh sein konnten, wenn sie auf dem Abflug nicht erneut in Kämpfe verwickelt wurden? Zusatztanks erhielten die Bf 109 erst im November 1940!

Herausragende Ereignisse waren im September die Verleihung des Ritterkreuzes an Oblt. Joppien (am 16. 9.) und des Eichenlaubs an den Kommodore (am 21. 9.), nachdem das Geschwader den 500. Luftsieg errungen hatte und somit nach dem ZG 76 das erfolgreichste Jagdgeschwader der Luftwaffe war.

Das war etwas, auf das wohl jeder Mann des Geschwaders stolz war. Und dennoch: Im Herbst setzten gewisse Verschleißerscheinungen ein; die fortgesetzten Einsätze gegen einen Gegner, der sich von allen Schlägen schnell erholte, forderten ihren Tribut. Selbst Schlechtwettertage bedeuteten für die Flugzeugführer keine Erholung. Es war keine Rede davon, daß sich dann die Jäger in den vielzitierten »Seidenbetten« ausruhen konnten.

Vielmehr hockten sie den ganzen Tag in der Bereitschaftsbaracke, ständig in der Anspannung, ob nicht doch ein Startbefehl kommen würde. Dösen, Lesen, Schach- und Skatspielen waren kein Ersatz für Schlaf. Viele der jungen Männer bekämpften ihre Nervosität durch Kettenrauchen, einige möbelten sich durch Kaffee auf. Selbst ein so robuster Mann wie Heinz Bär litt unter so schmerzhaften Magenkrämpfen, daß er wiederholt vorzeitig vom Einsatz zurückkam und schließlich für längere Zeit ins Lazarett mußte.
Gerade das Fliegen über See machte die Englandeinsätze so unangenehm. Schon beim Anflug kam es manchem so vor, als liefe sein Motor heute besonders rauh, als habe die Luftschraube offenbar eine Unwucht und daß die Anzeigen für Kühlwassertemperatur oder Öldruck heute nicht korrekt seien. Natürlich war alles in Ordnung – aber was sollte man gegen das dumme Gefühl tun, einige tausend Meter über dem Meer? Dann wieder »dumme« Gedanken vor dem Luftkampf: Bloß keinen Treffer in den Kühler bekommen, nur nicht verwundet werden und aus einer brennenden Maschine nicht herausspringen können! Die verständliche Nervosität endete in der Regel schlagartig, wenn der Gegner in Sicht war und der Kampf begann. Die »Gedankenmühle« setzte dann wieder auf dem Rückflug ein, erst recht, wenn die Maschine beschädigt und der Flugzeugführer womöglich verwundet war, wenn der Treibstoff zu Ende ging, der Flugzeugführer im Gefecht den Verband oder gar die Orientierung verloren hatte.
Es muß aber deutlich gesagt werden: Auch wenn einige Flugzeugführer sich im Herbst 1940 sehnlichst einen längeren Urlaub oder eine Versetzung an einen ruhigeren Frontabschnitt wünschten, auch wenn über die höhere Führung gelästert wurde: Von einem Defaitismus, einem Unterlegenheitsgefühl oder gar einer »Laurigkeit« – um einen alten Fliegerausdruck zu verwenden – konnte absolut nicht die Rede sein.
Im Oktober änderte die Luftwaffe erneut ihre Taktik. »Bomben auf London zu jeder Tageszeit« hieß die Devise. Die schweren Kampfgeschwader sollten vorwiegend Nachtangriffe fliegen, um die Verluste zu vermindern. Die Tagesangriffe hingegen sollten von schnellen Jagdbombern durchgeführt werden. In jeder Jagdgruppe sollte eine Staffel zu einer Jabo-Staffel umgerüstet werden. Beim JG 51 waren es mit Sicherheit die 2. und 5., vermutlich auch die 7. Welche Staffel der I./JG 77, die vom 2. Oktober an dem JG 54 unterstellt wurde, zur Jabo-Staffel wurde, ließ sich nicht ermitteln.
Grundsätzlich gesehen hatte die Jabo-Idee etwas Bestechendes. Ein Jagdbomber ist erheblich schneller als ein 2- oder 4-motoriger Bomber, kann in großer Höhe wie in Bodennähe operieren, verfügt über eine starke Bewaffnung und kann sich, wenn er angegriffen wird, blitzschnell der Bomben

entledigen und als Jäger den Luftkampf aufnehmen. Richtig eingesetzt sind Jabos eine gefährliche Waffe, so bewiesen es die Westalliierten gegen Kriegsende. Voraussetzungen für den Erfolg sind die durch Jäger errungene Luftüberlegenheit, der gezielte Einsatz der Jabos gegen den Nachschub (gleichgültig, ob er auf Straße oder Schiene rollt, ob es Schiffe oder Depots sind), Flugplätze oder Flakstellungen. Weitere Voraussetzung für den Erfolg ist die gezielte Auswahl der Flugzeugführer und deren gründliche Spezialausbildung.

Der Einsatz »Jäger als Bomber« war schon im Ansatz verfehlt. Die Führung, die wußte, daß bei reinen Jägereinflügen das Fighter Command seine Squadrons am Boden behielt, wollte durch den Einsatz bombentragender Jäger die Engländer zum Kampf zwingen und sie in offener Schlacht schlagen. Aber der Plan wäre nur aufgegangen, wenn die deutschen Jäger wirklich bereits die Luftherrschaft errungen hätten. So aber hatten die Jabos ziemliche Verluste. Der militärische Nutzen der wenigen 250-kg-Bomben, die auf Groß-London gekleckert wurden, war minimal, auch die englische Kriegswirtschaft erlitt keine spürbaren Einbußen. Die Bf 109 hatte keine Visiereinrichtung für den Bombenwurf. Lediglich an den Seitenscheiben der Kabine waren Striche mit Gradeinteilung für den Sturzwinkel angebracht. Brachte der Pilot einen solchen Strich mit dem Horizont in Deckung, so wußte er, ob er im Winkel von 40, 50, 60 oder 70° stürzte. Es gab dann Vorschriften, wie weit man vorzuhalten und in welcher Höhe man die Bombe auszulösen hatte. Aber um mit der Methode ein Ziel geringer Fläche wirkungsvoll zu treffen, hätte es einer langen Schulung bedurft, und die hatten die Jäger nicht. Kein Wunder also, daß sich viele »vergewaltigt« fühlten. Daß einige von ihnen in der harten Praxis den genauen Bombenwurf lernten, steht auf einem anderen Blatt. Aus den Jabostaffeln nahm man erfolgreiche Jäger heraus und versetzte dahin Flugzeugführer, die keine oder nur wenige Abschüsse hatten, mit dem Ergebnis, daß die Jabostaffeln oft die am wenigsten qualifizierten Jagdflieger hatten. Ob das auch für das JG 51 zutrifft, ist nicht bekannt.

Am 5. Oktober flog die 5./JG 51 die ersten Jaboeinsätze, dreimal starteten an diesem Tag Besatzungen nach England. Am folgenden flogen alle Jabostaffeln des JG 51 wie eine Gruppe geschlossen in 6000 m Höhe an, die Jäger etwa 1000 m höher. Dieser Einsatz gegen die Bahnhöfe Oxfordness und Folkestone war noch erfolgreich und ging ohne Eigenverluste ab. Am nächsten Tag wurde London angegriffen. Auch die II. Gruppe, die von Stade nach Mardyck zurückverlegt hatte, nahm daran teil. Zwar wurden vier Luftsiege erzielt, aber der Staffelkapitän der 2./JG 51, Oblt. Victor Mölders, wurde abgeschossen und geriet in Gefangenschaft, desgleichen Lt. Meyer. Nachfolger von Mölders wurde Oblt. Willi Hachfeld, damals der einzige wirklich qualifizierte Jabo-Fachmann im JG 51, genannt »Bomben-Willi«, der 1942 als Kommandeur einer Schlachtfliegergruppe, der III./ZG 2, in Nordafrika fiel.

Unter Hachfelds Führung wurden die Jabos des JG 51 zunächst geschlossen eingesetzt. Da aber nun die Engländer, die vor kurzem noch bei deutschen Jagdvorstößen selten in Erscheinung getreten waren, jetzt permanent über London auf der Lauer lagen, wechselte man die Taktik. Die Jabos kletterten auf 8000 m und stießen in steilem Sturzflug auf London herab. Der Jagdschutz ging noch höher, und es kam die Zeit der Luftkämpfe in 10 000 m Höhe.

Aber auch das ging nicht ohne Verluste ab. In diesen Höhen war die »Spitfire« mit ihrer größeren Flügelfläche der Bf 109 an Wendigkeit stark überlegen. Besonders wenn die deutschen Jäger über London wieder nach Osten abdrehten, schlugen die englischen Jäger zu. Die Gefallenen des JG 51 in diesen Tagen waren vorwiegend junge Rottenflieger. Also probierte man es mit der sogenannten »360-Grad-Zwangskurve« über London: Die Spitze der deutschen Jäger mußten noch einmal kehrt machen und gegen die verfolgenden »Spitfire« vorstoßen. Aber auch das war kein Patentrezept, weil nun die RAF-Jäger sich auf keine Kurbelei mit den Messerschmitts einließen, sondern sich auf die Bombenträger konzentrierten. Nun wurden die Jabos aufgeteilt und unter die Jagdrotten gemischt, die Anflughöhe wurde wieder vermindert, später Tag für Tag geändert.

Am 17. Oktober gab Hptm. Brustellin die I. Gruppe an Oblt. Joppien ab, dessen 1. Staffel übernahm der Adjutant des Kommodore, Oblt. Claus. Neuer Adjutant wurde Oblt. Köpcke. Am 19. Oktober erhielt Oblt. Priller als vierter Geschwaderangehöriger das Ritterkreuz verliehen.

Die letzte große Aktion der Luftwaffe im Oktober war am 27. dieses Monats: 76 Bomber, 234 Jabos und 566 Jäger wurden eingesetzt. Die Jabos des Jagdgeschwaders 51 stießen auf einen Schiffskonvoi vor der Themsemündung. Fw. Lindner versenkte einen 4000-t-Frachter. Lt. Gallowitsch wollte sich einen noch größeren »Pott« vornehmen, mußte aber den Angriff schnellstens abbrechen: Er war auf einen Flakkreuzer gestoßen. Aber die Jabos konnten auch schießen: Bei einem Seenoteinsatz stieß die 2. Staffel auf einen durch »Whirlwind«-Jäger geschützten englischen »Blenheim«-Verband, schoß drei Bomber und eine der schnellen »Whirlwind« ab.

Ende Oktober 1940 schlief die Schlacht ein. Die Tage wurden kürzer, das Wetter schlechter; von einer Landung in England in diesem Herbst war nicht mehr die Rede.

Eine Bilanz der beiden letzten Monate der »Battle of Britain« ist recht interessant:

Im September meldete das Geschwader (mit I./JG 77) an 20 Einsatztagen

Als erster Soldat der deutschen Luftwaffe wird Major Mölders am 21. 9. 1940 mit dem Eichenlaub ausgezeichnet (40 Luftsiege). Nach dem 50. Luftsieg wird Werner Mölders »wegen besonderer Tapferkeit und seiner großen Verdienste um die Schlagkraft der deutschen Jagdfliegerei« bevorzugt zum Oberstleutnant befördert.

Eine Staffel der I. Gruppe vor dem Start zu einem England-Einsatz.

Ofw. Dau muß am 28. 8. 1940 nach schweren Treffern in der Maschine über England mit dem Fallschirm abspringen und gerät in Gefangenschaft.

Der Kommodore (rechts) im Gespräch mit seinem »Katschmarek«, Fw. Erwin Fleig.

Nach der Landung rekonstruiert Obstlt. Mölders den letzten Luftkampf. Rechts neben dem Kommodore stehen Lt. Meyer und Oblt. Victor Mölders, der nun die 2. Staffel des am 11. 9. 1940 gefallenen Hptm. Wiggers führt.

Bilanz am Seitenleitwerk. Stolz wird jeder Erfolg von den »schwarzen Männern« mit einem Balken und dem Erfolgsdatum versehen.

Die Maschine von Lt. Terry trägt als persönliches Zeichen einen Foxterrier. Lt. Terry wird über England abgeschossen und gerät in Gefangenschaft.

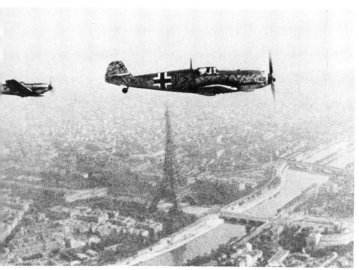

Messerschmitt-Jäger der III./JG 51 überfliegen nach Beendigung des Westfeldzugs die französische Hauptstadt Paris.

Unten: Jetzt verlegen die deutschen Jagdgeschwader auf Feldflugplätze an der Kanalküste. Von hier aus starten auch die Jäger des JG 51 – zunächst zur Abwehr einfliegender britischer Jagd- und Kampfverbände.

Oben: Patrouillenflug eines Schwarms der II./JG 51 –

Motorwechsel auf einem Feldflugplatz am Kanal.

Am 20. Juli 1940 wird Major Werner Mölders mit der Führung des JG 51 betraut. Fünf Tage später übernimmt er das Geschwader. Im Bild v. l.: Oblt. Priller, Major Mölders, Hptm. Matthes, Hptm. Tietzen und Hptm. Elser.

Generalmajor Osterkamp – Jagdfliegerführer am Kanal – läßt sich von ObstLt. Mölders berichten. Ganz links Hptm. Muhs. Der Kdr. III. Gruppe, Hptm. Lesau, in der Mitte.

Gruppenbild im Mai 1941. V. l.: Oblt. Balfaz, Major Beckh, Obstlt. Mölders, Hptm. Jopien, Hptm. Fözö und Hptm. Leppla.

Flugplatz Le Touquet. Im Vordergrund die Maschine des Kommodore.

Und so die Wirkung auf dem Platz Le Touquet nach einem englischen Überraschungsangriff.

Das Leitwerk der Kommodore-Maschine vor der Verlegung nach Rußland – 68 Westabschüsse.

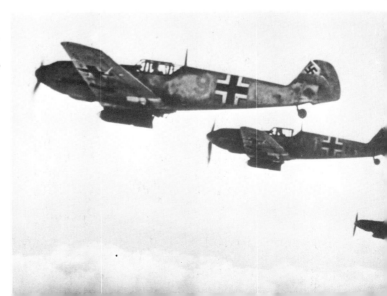

Maschinen der Jabo-Staffel im Anflug auf England. Letzte Nadelstiche vor der Verlegung nach dem Osten.

ptm. Walter Oesau – Kapitän der 7. Staffel – übernimmt im August die Führung der III. Gruppe. ptm. Trautloft wird als Kommodore zum JG 54 versetzt. Hptm. Oesau erhält am 20. 8. 1940 nach Luftsiegen das Ritterkreuz. Rechts Oblt. Victor Mölders, der Bruder des Kommodore.

blt. »Joschko« Fözö (links) und Lt. Erich Hohagen – zwei erfolgreiche Jagdpiloten am Kanal – uschen nach der Landung ihre Erfahrungen us.

Heinz Bär, im Westen 1940 noch am Anfang einer steilen Jagdfliegerlaufbahn, gehört später zu den erfolgreichsten Jagdpiloten des II. Weltkrieges.

Das Wappentier des Jagdgeschwaders 51 – der Island-Falke.

Oktober 1940 am Kanal – Wettschießen auf die Scheibe. V. l.: Oblt. Stengel, Hptm. Fözö, Obstlt. Mölders, Dr. Spieler, Lt. Rübell und Fw. Baumgarten.

Oblt. Heinrich Krafft erringt am Kanal 4 Luftsiege. »Gaudi« Krafft fällt am 14. 12. 1942 in Rußland nach 78 Luftsiegen.

134 Luftsiege; an der Spitze lagen Oesau mit 14, Mölders mit 10, Lignitz mit 9, Joppien mit 8, Bär mit 4 Luftsiegen. Im Jabo-Monat Oktober 1940 wurde an 16 Tagen geflogen und dabei 78 Abschüsse gemeldet, die sich auf 25–29 Flugzeugführer (bei einigen Abschüssen stehen die Namen nicht fest) verteilen. Der Kommodore mit 12 Siegen stand an der Spitze, gefolgt von Priller mit 5, und Lt. Tornow (der im Oktober fiel) mit 5 Abschüssen. Uffz. Fleischhacker erzielte im Oktober seinen dritten Abschuß im Westen; In Rußland gelang ihm später noch einer, bevor er 1942 fiel. Selbst so guten Jägern wie Joppien, Leppla, Kolbow und Hohagen konnte nur ein Luftsieg zuerkannt werden.

Die Verluste:

Vom 10. Juli bis 31. Oktober verloren JG 51 und I./JG 77 39 Mann fliegendes Personal an Gefallenen, 29 gerieten in Gefangenschaft. 12 wurden verwundet. Damit hat das Geschwader die höchsten Verluste aller Jagd- und Zerstörergeschwader erlitten.

Von den 25 Ausfällen im September und 19 im Oktober 1940 hatten 21 Flugzeugführer noch keinen Luftsieg errungen, sieben hatten einen Abschuß gehabt. Aber auch bewährte Männer waren nicht vom Feindflug zurückgekehrt: Hptm. Wiggers, Oblt. Terry, Lt. Tornow, Ofw. Hans John.

Den 31. Oktober als Ende der »Schlacht um England« zu bezeichnen ist ein fiktives Datum, nach dem Krieg von der englischen Verwaltung erdacht, um eine Grenze für die Verleihung einer Medaille an Jagdflieger zu setzen. Die Kämpfe gingen natürlich weiter, wenn auch mit verminderter Heftigkeit. Gründe für die deutsche Zurückhaltung waren die Einstellung der Vorbereitung einer Landung in England, die starken Verluste der Kampfgeschwader und natürlich das Wetter. Im November wurde vom JG 51 vorwiegend Begleitschutz für Stukas geflogen, die die Schiffahrt angriffen, aber auch freie Jagd über Südengland und Alarmstarts auf feindliche Einflüge. Bei einem solchen Einsatz, am 11. November, erlitt das Geschwader bittere Verluste. Zwar wurden vier englische Jäger abgeschossen, aber auch vier deutsche Maschinen kamen nicht zurück, darunter die von Oblt. Claus. Mölders schickte alle Seenotflugzeuge hinaus und startete, obwohl durch eine Grippe geschwächt, selber zu einem ausgedehnten Suchflug, um seinen Freund Claus und die anderen zu finden. Aber es kam noch schlimmer: Die Kurier-»Weihe« der III. Gruppe wurde von »Hurricane« über See abgeschossen; alle drei Besatzungsmitglieder ertranken. Eine Seenot-He 59 fand wenigstens einen der drei vermißten Jäger, den Gefr. Ziehm. Ein Staffeloffizier der 1./51, Oblt. Eberle, wurde Nachfolger von Claus.

Im November stellte das Geschwader eine Schul- und Ergänzungsstaffel

unter Oblt. Jung in Cazaux in Südfrankreich auf. Ihre Aufgabe war es, den Flugzeugführernachwuchs fliegerisch auf die Fronteinsätze vorzubereiten. Vier Jagdlehrer wurden dazu abgestellt, unter ihnen für drei Monate auch Heinz Bär.
Eine weitere wichtige Organisationsänderung: Am 2. November wurde die I./JG 77 endgültig dem JG 51 unterstellt und am 21. 11. 1940 offiziell in IV./ JG 51 umbenannt. Das JG 51 war somit das erste Jagdgeschwader, das über vier Gruppen verfügte. Im Oktober und November wurden wieder hervorragende Flugzeugführer zu anderen Verbänden versetzt. Oblt. Lignitz, Staffelkapitän 9./JG 51, übernahm mit 19 Luftsiegen die III./JG 54 als Kommandeur. Ihm folgte Oblt. Karl-Heinz (»Bubi«) Schnell nach. Der Gruppenkommandeur, Hptm. Oesau, ging zum JG 3. Neuer Gruppenkommandeur wurde Oblt. Leppla, bisher Kapitän der 3./JG 51, dessen 3. Staffel Oblt. »Gaudi« Krafft übernahm. Am 19. 11. verließ Oblt. Priller die 6./51, die nun Oblt. Stengel führte.
Der letzte Kampfeinsatz des Jahres 1940 war am 5. Dezember, ein Alarmstart auf einfliegende »Spitfire«, bei dem Joppien seinen 30. Abschuß erzielte.
Dann kam endlich die verdiente Ruhepause für das Geschwader. Fliegendes Personal und Bodenteile verlegten nach Mannheim-Sandhofen, ausgenommen die III. Gruppe, die nach Gütersloh verlegte. Ende Dezember wurde das Personal in Urlaub entlassen. Die Flugzeugführer (auch die der anderen »Kanalgeschwader«) fuhren als Gäste Görings zu einem zweiwöchigen Skiurlaub nach Zürs (Arlberg). So kurz diese Zeit auch war, so wurde sie wohl von allen Flugzeugführern unbeschwert genossen. Dieser Urlaub bewirkte ein stärkeres Gemeinschaftsgefühl unter den Jagdfliegern als die bisherige Kampfzeit.
Im Januar 1941 trafen Flugzeugführer und Bodenpersonal wieder in Mannheim und Gütersloh ein. Hier gab es einigen technischen Ärger: Im Januar sollten für den Stabsschwarm, die I. und IV. Gruppe neue Bf 109 F-1 und F-2 ausgeliefert werden, aber erstens fehlten die F-2 überhaupt (da die Produktion des Triebwerks noch nicht angelaufen war), aber auch die F-1 waren noch nicht einsatzklar. Also ging das Geschwader mit Bf 109 E-7 und E-8 ausgerüstet an den Kanal zurück. Gegenüber den Mustern E-3 und E-4, mit denen man im vergangenen Sommer die Kämpfe bestritten hatte, unterschieden sich die letzten Baumuster der E-Reihe durch einen nochmals leistungsgesteigerten Motor, der allerdings besonders hochwertiges Flugbenzin benötigte. Weiterhin fehlte die zentral eingebaute Kanone, die oft wegen ihrer Ladehemmung auch nur Ärger machte. Rein äußerlich waren die neuen Flugzeuge an einer spitz zulaufenden Propellernabenverkleidung zu erkennen. Außerdem hatten sie Vorrichtungen, um an einem

Rumpfträger entweder einen 300-l-Zusatztank oder Bomben bis zu 500 kg Gewicht mitzuführen. Von der E-7 an sollten alle Bf 109 vom Werk aus für das Mitführen von Bomben ausgerüstet sein.
An der Front wurden Anfang 1941 wieder die alten Plätze Abbeville, Etaples, Mardyck und St. Omer belegt.
Wieder begann die »Kanalarbeit«, aber diesmal mit umgekehrten Vorzeichen. Nur noch selten wurde freie Jagd über Südostengland geflogen, noch seltener Begleitschutz für Kampfmaschinen. Die Einsätze bestanden nun vorwiegend aus Sperrflügen vor der französischen Küste und aus Alarmstarts gegen einfliegende Bomber und Jäger. Das gab gewisse Umstellungsschwierigkeiten, vor allem Ärger mit der Flak, weil die Jäger bei der Verfolgung der Eindringlinge einfach mit in die Flaksperrzonen flogen. Mölders reiste daher von Gruppe zu Gruppe und belehrte die Männer über die Zusammenarbeit mit Flugmeldedienst und Flak.
Weil die Flugzeugführer merkten, daß die Jagdflugzeuge des Gegners mittlerweile schneller geworden waren, griff das Bodenpersonal wieder zu den Tricks, die man ein halbes Jahr zuvor schon angewandt hatte: Mit einigen Kilo Spachtelmasse wurden alle Blechstöße und Nietstellen ausgefugt und das ganze Flugzeug mit einem besonderen Isolierlack gespritzt, mehrfach geschliffen und poliert, bis er fast spiegelblank war. Einige Flugzeugführer ließen sich nach englischem Vorbild einen kleinen Rückspiegel auf das Kabinendach montieren, was auch schon in Friedenszeiten erprobt worden war, aber wegen der starken Vibrationen wenig nützte.
Eine Besonderheit des JG 51 bei seinem zweiten Kanaleinsatz war der Stabsschwarm des Geschwaders, der beinahe eine kleine Staffel war. Möglicherweise war es der alte Generalstäbler Beckh gewesen, der dem Kommodore von der Möglichkeit berichtete, daß ein Stab über die Kriegsstärke hinaus weitere Offiziere »zur Einweisung und Führungsreserve« anfordern könne. So bestand also der Stabsschwarm aus Obstlt. Mölders, seinem Adjutanten, Oblt. Köpcke, weiterhin aus Oblt. Geyer, Oblt. Balfanz (der eigentlich zum Stab III./JG 51 gehörte, den sich Mölders aber, weil Balfanz Jurist war, als Rechtsberater herangezogen hatte), Mj. Beckh und einem »Neuen«: Oblt. Hartmann Grasser. Grasser war erst Zerstörerpilot gewesen und hatte 1940 9 Luftsiege errungen. Im Herbst 1940 sollte er Nachtjäger werden, wozu er wenig Lust hatte. Er hatte dann verschiedene Kommandos bekommen, u. a. stellte er die Z-Staffel des JG 5 auf und wurde schließlich Testflieger bei Fieseler für die Bf 109 T, das Flugzeugträgerjagdflugzeug. Zufälligerweise begegnete er einmal Oblt. Kolbow, erzählte ihm von seinen Sorgen, Kolbow vermittelte eine Begegnung mit Mölders, der dann Grasser »zur Einweisung und Führungsreserve« anforderte.
Am 16. Februar 1941 wurde der Kommandeur der IV. Gruppe, Hptm.

Janke, in den Stab der Nachtjagddivision versetzt. Mit der Führung der Gruppe wurde Oblt. Keitel beauftragt, bislang Kapitän der 10. Staffel. Ein Oberleutnant als kommissarischer Gruppenkommandeur auf der Planstelle eines Majors! Man sieht daraus, wie dünn zu dieser Zeit die »Personaldecke« war – es gab einfach viel zu wenig Offiziere im Range eines Majors oder wenigstens Hauptmanns, die die erforderlichen Kriterien »Führerpersönlichkeit am Boden wie in der Luft und ein erfolgreicher Jäger« erfüllten. Nachfolger Keitels wurde Oblt. Knauth. Auch bei der II. Gruppe gab es Umbesetzungen: Hptm. Matthes verließ das Geschwader und wurde durch Hptm. Fözö, den bis dahin erfolgreichsten Jäger der Gruppe ersetzt, der seine 4. Staffel an Oblt. Hohagen übergab.

Oblt. Keitel blieb nur 16 Tage Kommandeur der IV./JG 51, dann kehrte er von einem Einsatz nicht zurück, und Major Beckh wurde mit der Führung der Gruppe beauftragt. Mölders muß bei der Stellenbesetzung gewisse Bedenken gehabt haben. Natürlich besaß Beckh als Generalstäbler alle Voraussetzungen für die Führung einer Gruppe, aber er war ungeachtet seines Draufgängertums alles andere als ein erfolgreicher Jagdflieger – bislang waren ihm zwei Luftsiege gelungen! Wie schon oben erwähnt, »sah Beckh in der Luft nichts«.

Auf Empfehlung von Prof. Dr. Skawran, einem Psychologen, der im Frühjahr 1941 beim JG 51 Untersuchungen über die Zusammenhänge zwischen der psychologischen Eignungsprüfung und Frontbewährung anstellte, gab Mölders dem neuen Kommandeur den Lt. Gallowitsch als Rottenflieger bei. Gallowitsch hatte seine Laufbahn als Kampfflieger begonnen und war seit Juni 1940 bei der IV. Gruppe. Die Luftkämpfe über England in großen Höhen machten ihm körperlich sehr zu schaffen und ermüdeten ihn stark. »Nach jedem Einsatz schlief er wie ein Sack«, sagte einer seiner damaligen Vorgesetzten. Aber er war ein Flieger mit gutem Auge, und in den folgenden Monaten wurde das Gespann Beckh/Gallowitsch recht erfolgreich, meist kamen beide mit einem Abschuß zurück.

Im Laufe des Frühjahrs 1941 wurde zuerst der Stab, dann die I. und IV. Gruppe mit dem nun frontreifen Baumuster Bf 109 F-2 ausgerüstet, mit Ausnahme der 2. (Jabo)Staffel, die ihre gepanzerten E-4/N und E-7 behielt. Es war vom Aussehen her das eleganteste Flugzeug der Baureihe, aerodynamisch vollendet, aber schwach bewaffnet: ein 15-mm-MG 151, das durch die Propellerwelle schoß, und zwei 7,9-mm-MG im Rumpf. Es war aber schwerer als die Vorgängertypen, auch kritischer bei Start und Landung. Der wiederum leistungsgesteigerte Motor verbrauchte mehr Treibstoff bei gleicher Tankgröße, was verringerte Flugdauer bedeutete. Mangelhaft war bei den ersten Ausführungen die Belastungsfähigkeit der Tragflächen: Bei starken Belastungen, wie beim Abfangen aus dem Sturzflug, bogen sich die

Tragflächen; auch das nun unverstrebte Höhenleitwerk vibrierte, was zu einigen Abstürzen führte.

Ende Mai 1941 begann für das Geschwader der endgültige Abschied von der Westfront. Bereits im März waren die meisten Jagd- und Zerstörerverbände aus Frankreich abgezogen worden. Mittlerweile stand die Luftwaffe im Mittelmeerraum im Einsatz, im April kam der Feldzug gegen Jugoslawien und Griechenland hinzu. Schließlich blieben nur noch JG 26 und JG 2 in Frankreich. Die Herauslösung des JG 51 begann im Mai mit einer teilweisen Verlegung der I. Gruppe nach Den Helder und Leeuwarden, von wo aus sie den Jagdschutz für Minenräumboote vor der holländischen Küste übernahm.

Die Staffeln des JG 51 wurden nach Krefeld, Düsseldorf und Dortmund verlegt und auch die letzten Einheiten auf die F-2 umgerüstet. Auf den geräumten Flugplätzen ließ man Attrappen zurück, um eine Belegung vorzutäuschen.

Anfang Juni 1941 war das JG 51 das erfolgreichste Jagdgeschwader der Luftwaffe, das 691 Luftsiege gemeldet hatte. Davon entfielen auf:

Stab: 75 (davon 43 durch Mölders)
 I. Gruppe: 181 (42 durch Joppien, 17 durch Bär)
 II. Gruppe: 166 (Priller und Tietzen je 20, Fözö 15)
III. Gruppe: 172 (Oesau 39, Lignitz 19, Staiger 12)
IV. Gruppe: 97 (Nordmann 9, Mütherich und Keitel je 8)

Es sei daran erinnert, daß die II. und IV. Gruppe mehrere Wochen nicht an der Kanalfront waren, vor allem die letztgenannte. Unter Würdigung dieser Umstände darf man sagen, daß das jagdfliegerische Leistungsniveau aller Gruppen ziemlich gleich war. Seit Kriegsausbruch hatte das Geschwader 147 Mann fliegendes Personal durch Tod, Gefangenschaft und Verwundung verloren, viele andere waren versetzt worden. Es gab nicht mehr viele »Männer der ersten Stunde«.

Wohin nach der Umrüstung und Generalüberholung das Geschwader verlegen und was sein künftiger Einsatz sein sollte, wußten wohl nur wenige Eingeweihte im Geschwaderstab. In der Truppe glaubte und hoffte man auf einen Einsatz in Griechenland oder Afrika. Der Traum von Palmen, Sandstränden und blauem Meer schwand auch noch nicht, als es ins »Generalgouvernement«, also nach Polen, ging und das Geschwader unweit der deutsch-russischen Demarkationslinie bis zum 15. Juni die Feldflugplätze Siedlce, Stara Wies, Halaszi und Krzewica bezog. An einen möglichen Krieg gegen die Sowjetunion dachten nur wenige, schließlich bestand zwischen dem Reich und der UdSSR ein Nichtangriffspakt. Und daß seit Monaten im OKW völlig planmäßig die Tage bis zum »Fall Barbarossa« gezählt wurden, ahnte bei der Truppe niemand.

Das JG 51 während der Sommeroffensive in Rußland 1941

Am 13. Juni war ein außergewöhnlich ernst und verschlossen wirkender Mölders von Berlin kommend in Siedlce gelandet. In der nächsten Woche entwickelte der Stab eine hektische Tätigkeit. Es gab Besprechungen bei der Luftflotte 2, beim II. Fliegerkorps und mit Heeresstellen. Übrigens erhielten alle im Osten liegenden Flugzeuge einen einheitlichen Markierungsanstrich: Gelbes Rumpfband und das äußere Drittel der Flügelunterseiten Gelb; bei den Bf 109 malte man nur den Randbogen gelb. Am 20. Juni wurden alle Flugzeugführer nach Siedlce befohlen, wo ihnen Mölders eröffnete, daß der Angriff auf die Sowjetunion beschlossene Sache sei. Er unterrichtete die Männer über den bevorstehenden Kampfauftrag, berichtete über den neuen Gegner aus seiner Erfahrung in Spanien und warnte zugleich vor übertriebenem Optimismus: »Der Krieg wird noch lange genug dauern, daß mancher, der jetzt noch nicht fliegen kann, das Ritterkreuz bekommt!«
Die Flugzeugführer erhielten anschließend die neuesten Flugzeugerkennungsblätter. Es war herzlich wenig, was man deutscherseits über die russische Luftwaffe wußte. Die Flugzeugerkennungsblätter enthielten zwar Angaben über die veralteten und wohlbekannten Jäger I-15, I-153, I-16 (die »Rata«) oder den Bomber SB-2. Der Rest war vage oder enthielt auch völlig falsche Angaben mit unscharfen Fotos.
Die deutschen Militärattachés in der UdSSR hatten zwar modern wirkende Bomber und Schlachtflugzeuge beobachtet, aber man hielt diese entweder für Importe oder Nachbauten westlicher Baumuster. Da ist von »Potez« und »Vultees« die Rede, die dann natürlich bald auch in Abschußberichten auftauchen. Daß man seit 1940 in Rußland moderne Jäger der Typen MiG-1, LaGG-3 und Jak-1 baute (Stückzahl bis zum 22. 6. 1941: 2030), daß der schnelle Bomber und Aufklärer Pe-2 und das gepanzerte Schlachtflugzeug Il-2 mit beachtlichen Stückzahlen (460 bzw. 249) bereits in Produktion waren, wußte der deutsche Ic-Dienst nicht. Aber zu seiner Ehrenrettung sei gesagt: Auch viele russische Luftwaffenoffiziere kannten diese Typen nicht. In Grenznähe lagen tatsächlich nur die veralteten Jäger und die sogenannten Martin-Bomber, die SB-2. Das moderne Gerät stand in der Nähe von Moskau, und es ist aus sowjetischen Berichten bekannt, daß eigene, neu auftauchende Baumuster zunächst als unbekannte feindliche Flugzeuge angegriffen wurden!
Am 21. Juni mußten die deutschen Jäger Grenzüberwachung fliegen. Am 22. Juni 1941 begann um 3.45 Uhr der Krieg gegen die Sowjetunion.

440 Jagdflugzeuge bot die Luftwaffe entlang des 1600 km langen Frontverlaufs auf. Sie gehörten zu den JG 3, 27, (ohne I. Gruppe), 51, 52, 53, 54 und 77. Im Westen und Reich verblieben die JG 1, 2 und 26; im Mittelmeerraum operierte die I./JG 27. Dem JG 51 waren bis August nur die I., II. und III. Gruppe unterstellt, die IV. blieb vorerst dem JG 53 im Bereich der südlich liegenden Luftflotte 4 taktisch unterstellt.
Längs des Grenzflusses Bug flogen I.–III./JG 51 am ersten Tag 34 Einsatzaufträge gegen Jäger und Bomber sowie mit Bordwaffen und Splitterbomben gegen Flugplätze. Der erste Schlag gegen die russische Luftwaffe war verheerend. Die genannten drei Gruppen des JG 51 meldeten 12 abgeschossene Jäger und 57 Bomber, dazu 129 Flugzeugzerstörungen am Boden. Diese Zahlen sind nicht übertrieben! Die 9. russische Luftdivision z. B. meldete an diesem Tag den Verlust von 85% ihrer 409 Flugzeuge!
Die Luftsiege wirkten leicht errungen, vor allem die über die Bomber, die zur Entlastung ihrer Heereskameraden mit einem Todesmut sondergleichen den befohlenen Kurs hielten. So kamen 21 Geschwaderangehörige zu ihren ersten Luftsiegen, nicht wenige erzielten Dubletten, und »der Dicke«, Ofw. Höfemeier, konnte sogar vier Abschüsse melden. Er erlitt dabei zwar einen Streifschuß, war aber am nächsten Tag wieder im Einsatz. Bei den Luftkämpfen mit dem Doppeldecker 153 oder der »Rata« I-16 taten sich die deutschen Jäger schwer. Die russischen Jäger gingen bei Feindberührung sofort in einen sehr engen Abwehrkreis – da konnten die Bf 109 nicht mitkurven. Das Gegenmittel war, von oben hineinzustoßen. Darauf gingen die russischen Piloten, die ohnehin selten höher als 3000 m hoch flogen, dazu über, beim Kurbeln Höhe aufzugeben, um womöglich in den Schutzbereich der eigenen Flugabwehr zu kommen. Das war eine durchaus wirksame Taktik – nicht wenige deutsche Jagdflieger haben dabei unvermutet Treffer von Flakgeschossen und noch häufiger von Infanteriegeschossen erhalten, denn die russische Armee betrieb konsequent die »Fliegerabwehr aller Truppen«. Die deutsche Antwort auf diese Abwehr war der Anflug auf die langsameren russischen Jäger von unten und das Schießen im Hochziehen. Aber Luftkämpfe mit Jägern waren im Juli selten. Teilweise waren die russischen Jagdkräfte aufgerieben, andere Teile, besonders die mit modernen Typen ausgerüsteten, wurden bewußt zurückgehalten. Die russischen Bomber und Tiefangriffsflugzeuge wurden durchweg ohne Jagdschutz den Deutschen entgegengeworfen und hatten dementsprechend fürchterliche Verluste.
Die deutsche Heeresgruppe Mitte schloß Bialystok und Minsk ein, ihre Panzergruppen 2 (Guderian) und 3 (Hoth) stießen auf den Dnjepr vor. Die kämpferische und organisatorische Leistung des Geschwaders stand in keiner Weise der der Heerestruppen nach.

Die ersten Rotten starteten schon morgens um 3 Uhr, und die letzten Einsätze wurden bei einfallender Dunkelheit geflogen, zum Teil von Plätzen, deren Rollfelder viele Bombenkrater aufwiesen. Glühende Hitze und Mückenschwärme machten den Männern zu schaffen. Aber, angespornt von den Erfolgen der ersten Wochen, schien die körperliche und nervliche Belastbarkeit keine Grenzen zu haben.

Nicht nur die Flugzeugführer, auch das Bodenpersonal zeigte in diesen Wochen einmalige Leistungen, vor allem bei den Verlegungen. War einer Staffel oder einer Gruppe ein neuer Platz zugewiesen worden, rollte sofort ein Vorauskommando los, um den Platz für die Aufnahme der fliegenden Teile herzurichten. Mitunter wurde das Vorkommando im Lufttransport verlegt.

Der zugewiesene neue Platz, immer in Frontnähe und erst vor kurzem vom Gegner verlassen, mußte zuerst von Minen und Blindgängern geräumt werden. Es konnte aber auch noch schlimmer kommen: Auf dem Platz Baranowicze hatten sich beispielsweise überrollte russische Truppen verschanzt, und die Soldaten des Nachrichtenzugs der II. Gruppe unter Oblt. Appel mußten den Platz erst freikämpfen, wobei Appel verwundet wurde und Uffz. Pohlein fiel.

So schnell wie möglich mußten die größten Bombentrichter auf der Startbahn verfüllt oder wenigstens markiert werden. Abstellplätze für die Flugzeuge waren vorzubereiten, Treibstoff heranzuschaffen, wenigstens provisorisch waren Abstellplätze, Unterkunftsbereich und Gefechtsstand fernmeldemäßig zu verbinden, bis das schwere Gerät mit dem Nachkommando eintraf, das dann die endgültigen Kabelverbindungen auf dem Platz herstellte, dazu dann die Funk- und Drahtverbindungen zum Geschwader. Wenn die ersten Jagdmaschinen einfielen, mußte sichergestellt sein, daß jetzt schon das notwendige Wartungsgerät, Ersatzteile, Treibstoff und Munition vorhanden waren, um die Maschinen wieder einsatzklar zu machen. War das geschafft, begann das Warten auf den großen Troß, den Werftzug, die Intendanz, die Schreibstube.

Die Nachkommandos kämpften sich über die ständig verstopften wenigen Rollbahnen, meist über Sandwege und Knüppeldämme voran. Sie hatten zwar Marschbefehle von den Panzergruppen, die ihnen höchste Dringlichkeit zusagten, aber die hatten auch viele Heereseinheiten. Und dann war es wichtig, einen nichtfliegenden, älteren Stabsoffizier mit Durchsetzungsvermögen und diplomatischem Geschick zu haben, mit möglichst respektablen Auszeichnungen aus dem Ersten Weltkrieg, der sich bei der Feldgendarmerie an einer verstopften Kreuzung durchsetzen konnte.

Schon in den ersten Tagen des Rußlandfeldzugs zeigte der Luftkrieg auf diesem Kriegsschauplatz ein völlig anderes Gesicht als die Kämpfe im

Westfeldzug oder über England: Einsätze in Staffelstärke waren und blieben selten, noch seltener waren Einsätze im Gruppenverband, vielmehr wurden von jetzt an Feindflüge in Schwarm- oder nur Rottenstärke die Regel. Das war bedingt durch die Weite des zu überwachenden Raumes, für den im Lauf des Krieges immer weniger Jagdverbände zur Verfügung standen (nach und nach wurden bis 1943 die JG 27, 53, 3, 77 sowie die II./JG 51 und die III./JG 54 herausgezogen), die durch Verschleiß an Maschinen oder mangelnden Nachschub immer schwächer wurden.

Typisch war auch, daß die Luftkämpfe selten in Höhen über 3000 m stattfanden, also immer im Wirkungsbereich der leichten und mittleren russischen Flak. Eine bisher unbekannte Schwierigkeit stellte für die Flugzeugführer die Kleinorientierung dar: Dieses weite, dünnbesiedelte Land mit wenigen Eisenbahnstrecken oder Straßen wies nur wenig markante Punkte auf, die den Flugzeugführern, die im Tiefflug den Gegner verfolgt hatten, nach dem Luftkampf sichere Anhaltswerte für den Rückflug zum eigenen Platz geben konnten. So mancher Pilot, der vom Einsatz nicht zurückkehrte und verschollen blieb, wird sich schlicht und einfach »verfranzt« haben. Eine Notlandung hinter den eigenen Linien war auch keine Überlebensgarantie. Es gab im Bereich der Heeresgruppe Mitte keine zusammenhängende Frontlinie: Hinter den Panzerspitzen, selbst hinter den Infanterieverbänden, gab es noch große, von regulären russischen Truppen gehaltene Räume sowie Partisanengebiete. Und an die Regeln des Völkerrechts hielt man sich selten...

Nicht zuletzt ist als typisch für den Einsatz der Jäger im Osten ihre ständige Verwendung als Tiefangriffswaffe zu nennen. Wenn in einem zugewiesenen Überwachungssektor keine »Indianer«, also Feindflugzeuge, angetroffen wurden, waren »Tiefangriffe zu fahren«. Ziele waren Feindflugplätze, Nachschubwege und -lager, Marschkolonnen, Artilleriestellungen und anderes mehr. Die mit der »F« ausgerüsteten Jäger konnten natürlich nicht viel ausrichten. Weitaus effektiver war die 2. Staffel Hptm. Hachfelds, die mit ihren stärker bewaffneten, bombentragenden und zudem leicht gepanzerten »Emils« an manchen Tagen am Boden mehr Flugzeuge zerstörten als die anderen Staffeln in der Luft! Allerdings mußte die 2./JG 51 nach einigen Wochen die E-7 gegen F-2 eintauschen.

Jeder Tiefangriff erforderte von den Flugzeugführern erheblichen Mut und Kaltblütigkeit, da sich der Gegner mit Waffen jeden Kalibers erbittert verteidigte. Und nicht selten hatten die Jäger einfach nur Glück, wenn sie unbeschadet zurückkamen, wie z. B. der Kommodore, dessen Maschine am 2. Juli bei einem Angriff auf den Flugplatz Mogilew getroffen wurde: Das Brandgeschoß war, ohne zu zünden, im Treibstofftank steckengeblieben!

Ende Juni hatten die deutschen Truppen die Beresina erreicht; das JG 51 wurde in den Raum Bobruisk vorgezogen. Die Russen versuchten mit erheblicher Luftunterstützung, die Brückenköpfe einzudrücken. Am 30. Juni warfen die Russen Hunderte von Bombern der Typen SB-2 und DB-3, SU-2-Schlachtflieger, sogar alte Ant-6-Bomber in die Schlacht. Die I.–III./JG 51 flogen, geführt von den Flugmeldetrupps des LG-Nachrichtenregiments 7, 157 Einsätze; 60 Flugzeugführer kamen mit Abschüssen zurück, insgesamt wurden 113 Luftsiege gemeldet. Das Geschwader hatte an diesem Tag seinen 1000. Abschuß erzielen können. Der Kommodore übertraf mit dem 82. Abschuß die Zahl der Luftsiege v. Richthofens. Lt. Bär, die Hauptleute Fözö und Leppla sowie die Oberleutnante Kolbow und Staiger überschritten die »magische« Zahl 20, für die bislang das Ritterkreuz verliehen wurde. Allerdings wurden in dieser Zeit die Anforderungen bereits höher gesteckt und lediglich Bär und Fözö am 2. Juli mit dem Ritterkreuz ausgezeichnet. Aber es darf auch nicht vergessen werden, daß in diesen Tagen etliche junge Flugzeugführer, die schon einige Monate beim Geschwader waren, ihre ersten Abschüsse melden konnten, wie die Leutnante Strelow und Rübell, oder andere, die bis vor kurzem noch namenlos waren, ihre Liste verlängern konnten; hier seien die Feldwebel Toni Lindner, Otto Tange, Otto Schultz und Heinrich Höfemeier genannt. Wenn auch die Abschußzahlen in diesen Wochen hoch und die Eigenverluste relativ gering waren, darf man nicht annehmen, daß die Luftkämpfe in diesen Tagen ein »lustiges Scheibenschießen« waren, bei dem jeder Anfänger zum Erfolg kam. Auch der spätere Eichenlaubträger Hans Strelow tat sich anfangs sehr schwer, wohl infolge eines Ausbildungsfehlers: Er pflegte nach Leuchtspurbeobachtung zu schießen und mißtraute seinem Visier. Die Erfolge kamen erst, nachdem ihn Oblt. Grasser ermahnt hatte, sich auf die Technik und nicht auf die trügerische Leuchtspur zu verlassen. Andere, die als »Katschmareks« ehrgeiziger Rottenführer flogen, kamen praktisch nie zum Schuß. Es konnte solchen Männern passieren, daß sie eines Tages wegen der ausbleibenden Abschüsse versetzt wurden und dann unter anderen, aber nicht unter leichteren Umständen, zu vielen Luftsiegen kamen.
Am 1. Juli 1941 wurde Oberstleutnant Mölders ins Führerhauptquartier befohlen, wo ihm feierlich als zweitem Soldaten der Wehrmacht das schon am 22. Juni verliehene Eichenlaub mit Schwertern zum Ritterkreuz überreicht wurde.

Anfang Juli brachen die Panzergruppen Guderian und Hoth aus den Beresina-Brückenköpfen aus und stießen zum Dnjepr vor, wobei sie von den drei Gruppen des JG 51 durch Tiefangriffe auf Batteriestellungen und Marschkolonnen des Gegners unterstützt wurden. Aber auch Jaboangriffe auf rückwärts gelegene Feindplätze, wie Mogilew, gehörten zum Kampfauftrag, denn von dort starteten die russischen Bomber, die wiederholt die Plätze des JG 51 um Bobruisk angriffen.

Am 2. Juli vermerkte der Kriegstagebuchschreiber des Geschwaders lapidar: »Feind hat noch erhebliche Mengen Bomber und Jäger.« Es war in der Tat unfaßbar: In den ersten 22 Kriegsmonaten hatte das Geschwader 679 Luftsiege erzielt, und jetzt in 10 Tagen noch einmal mehr als 400. Von einem Nachlassen der gegnerischen Kräfte konnte keine Rede sein, geschweige denn von einem Zusammenbruch. Wenn einmal im KTB notiert wurde, daß der Gegner selten im geschlossenen Verband auftrete, mußte diese Hoffnung am nächsten Tag wieder korrigiert werden.

Am 9. Juli wurde der Dnjepr erreicht. Durch rollende Tiefangriffe hielten die Jäger den Gegner im Raum Mogilew – Stara Bychow so nieder, daß fast kein Schuß auf das dort übersetzende XXIV. Panzerkorps fiel.

Beim Start in Stara Bychow stürzte Hptm. Fözö aus fünf Metern Höhe ab, als er einer anderen Maschine ausweichen wollte. Fözö wurde dabei so schwer verletzt, daß er für Monate ins Lazarett mußte. Die Führung der II. Gruppe übernahm für die nächsten Wochen vertretungsweise Oblt. Hohagen.

Am Tag darauf, dem 12. Juli, feierte das Geschwader den 1200. Abschuß und den 500. in Rußland, als Sieger wurde Hptm. Leppla genannt.

An dieser Stelle muß ausdrücklich der Flugmeldetrupps der 6. Kompanie des Luftgaunachrichtenregiments 7 gedacht werden. Diese 12 Trupps waren auf der ganzen Frontbreite der Heeresgruppe bei den Angriffsspitzen verteilt. Mit ihren Kurzwellenfunkgeräten nahmen sie Verbindung mit den Nachrichtenzügen der Jagdgruppen auf, meist aber führten sie die in der Luft befindlichen Jäger über Funk direkt an erkannte Feindflugzeuge heran.

Die Flugmelder konnten allerdings nicht verhindern, daß die frontnahen Plätze immer wieder von russischen Bombern angegriffen wurden. Dazu fehlten den Trupps die Funkmeßgeräte; außerdem war die Vorwarnzeit zu kurz. Dagegen halfen nur Auflockerung, gute Tarnung und eine wachsame Fliegerabwehr. Da der Flakzug des Geschwaders nicht ausreichte, baute das Bodenpersonal behelfsmäßig Lafetten für Maschinengewehre, unter anderem für die Restbestände an 20-mm-MG FF.

In der ersten Julihälfte traten russische Jäger nur vereinzelt auf, so daß nur recht selten Rotten des JG 51 zu Begleitschutzaufgaben abgestellt wurden. Vorwiegend wurde freie Jagd geflogen oder Tiefangriffe. Hptm. Hachfelds 2. Staffel war nach wie vor Jabo-Staffel, die zum Einsatz gegen Flugplätze, Truppenansammlungen, Nachschubkolonnen und Batteriestellungen kam. Meist hatten die Jabos eine 250-kg-Bombe unter dem Rumpf. Die Einhängeroste für die 2-kg-Splitterbomben wurden nicht mehr verwendet, da sie nicht frontreif waren: Die »Teufelseier« verklemmten sich oft, blieben im Rost hängen und fielen erst bei der Landung durch den Landestoß heraus und lagen dann als Blindgänger im Gras. Neu eingeführt wurde der »Einhängerost 4« (ER 4), an dem vier 50-kg-Bomben befestigt werden konnten. Auch dieser war unbeliebt, da er wegen seiner ungünstigen Form die Geschwindigkeit stark verminderte und die Flugeigenschaften verschlechterte.

Äußerst bedenklich waren nach drei Wochen Rußlandkrieg Nachschublage und materieller Einsatzbereitschaftsstand. Hptm. Becht, der Geschwader-TO, verfaßte am 15. Juli 1941 eine Aktennotiz, die nüchtern und alarmierend zugleich war: Gegenüber der Sollstärke war die Einsatzstärke auf 47% abgesunken; 26 unklare Maschinen standen auf den Plätzen, größtenteils mit Beschußschäden durch Bodenabwehr; 10 davon standen ohne Triebwerk. Von den 58 klaren Maschinen hatten 22 Motoren, die über 50 Betriebsstunden hatten und mit deren Ausfall in nächster Zeit zu rechnen war; sie mußten dringend zurück zu einer Generalüberholung. Seit dem 22. Juni hatten die I., II. und III. Gruppe 89 Flugzeuge verloren und nur 49 als Ersatz erhalten. Hptm. Becht schlug vor, auf dem Luftweg die dringend benötigten DB 601N-Motoren zu den Liegeplätzen bringen zu lassen. Die eigenen Werften seien imstande, den Motorwechsel schnellstens durchzuführen, zumal man einen Werkszug der Erla-Werke (des größten Messerschmitt-Lizenznehmers) zur Verfügung hatte. Der Vorschlag konnte nicht umgesetzt werden, denn bei Daimler-Benz lief die Fertigung des DB 601N aus, bevor die Produktion des Nachfolgers »E« angelaufen war! Ergebnis: Die Einsatzstärke nahm weiter ab; im August teilten sich zwei Flugzeugführer in eine Maschine.

Der 15. Juli war ein besonderer Tag: Obstlt. Mölders erzielte als erster Jagdflieger der Welt den 100. (und 101.) Luftsieg!

Die Tiefangriffe im Juli forderten auch unter den herausragenden Männern ihre Opfer: Am 14. Juli wurde der Kapitän der 7. Staffel, Oblt. Staiger, durch Flaktreffer schwer verwundet (erst 1943 wurde er wieder frontverwendungsfähig und Staffelkapitän beim JG 26). Die Staffel übernahm Oblt. Wehnelt. Zwei Tage später traf es bei einem Tiefangriff Oblt. Kolbow, den Kapitän der 5. Staffel, nach 27 Luftsiegen. Sein Nachfolger, Lt. Steffens, konnte nur bis zum 30. Juli die Staffel führen, dann wurde auch er abgeschossen.

Mochte der Tod Kolbows den Geschwaderangehörigen nahegegangen sein, so wurde dieses Ereignis doch von der Meldung überdeckt, daß dem Kommodore als erstem Soldaten der Wehrmacht das Eichenlaub mit Schwertern und Brillanten zum Ritterkreuz verliehen worden war. Neben-

bei bemerkt: Die Einführung dieser Ordensstufe wurde erst im September 1941 bekanntgegeben!
Mölders erhielt sofortiges Startverbot für Frontflüge und wurde zur Verleihung ins Führerhauptquartier beordert. Dort erhielt er die Beförderung zum Oberst und die Ernennung zum Inspekteur der Jagdflieger.
Am 19. Juli ging die »Ära Mölders« zu Ende. An einem Schlechtwettertag, an dem keine Einsätze geflogen werden konnten, traten in Star' Bychow die I. und II. Gruppe zur Übergabe des Geschwaders an Major Beckh an. Am Nachmittag flog Mölders in einer Bf 108 zur III. und IV. Gruppe, um sich dort zu verabschieden, und flog dann nach Rastenburg ins Führerhauptquartier. Auf diesem Flug in einer Bf 108 »Taifun« ließ sich Mölders von Lt. Eder begleiten, der die Reisemaschine wieder zum Stab zurückbringen sollte. Auf dem Rückflug hatte Eder auf einmal eine »Rata« im Nacken und konnte sich nur dadurch retten, indem er die »Taifun« in eine Waldschneise hinunterdrückte. Dabei rissen beide Tragflächen ab, der Rumpf kam schlingernd zum Stehen und Eder stieg unverletzt aus.
Es gab jetzt weitere Stellenumsetzungen: Oblt. Nordmann übernahm die IV. Gruppe, deren 12. Staffel für einige Tage vertretungsweise Lt. Gallowitsch führte, bis ihr neuer Kapitän, Lt. Bär, aus dem Urlaub zurückkehrte. Dann folgte Gallowitsch dem neuen Kommodore in den Geschwaderstab nach. Oblt. Grasser schied aus dem Stabsschwarm aus und übernahm die 5. Staffel.

Der August 1941 stand für den Bereich Heeresgruppe Mitte/Luftflotte 2 im Zeichen der Kesselschlachten von Smolensk und Roslawl. An den Erfolgen des Heeres war das JG 51, dem vom 6. August an auch die IV. Gruppe wieder unterstand, maßgeblich beteiligt, vornehmlich durch Tiefangriffe, die schließlich zur Abschnürung der sich ostwärts zurückkämpfenden russischen Heeresverbände führten. Am 3. August erschien Feldmarschall Kesselring in Schatalowka und verlieh an die Oberleutnante Nordmann und Schnell das Ritterkreuz.
Schatalowka, in der Mitte zwischen den Kesseln Smolensk und Roslawl gelegen, war ein höchst ungemütlicher Platz, den die Truppe bald »Grabenhupfing« nannte, weil er mehrfach von russischen Bombern angegriffen wurde, die zahlreiche Tote und Verwundete kosteten. Gegen diese plötzlichen Überfälle gab es einfach kein Gegenmittel. Der »Sicht-Start« beim Ausmachen des Gegners war bestenfalls ein »Rachenehmen« und überdies nicht ungefährlich, wenn er erst erfolgte, wenn der Platz »überfahren« wurde. Zwar wurden bei einem solchen Überfall am 9. August neun Bomber abgeschossen, aber die Russen lernten aus ihren Verlusten: Sie zogen kurz vor dem Platz hoch, kippten über eine Fläche ab und gewannen

soviel Fahrt, daß sie von den Alarmrotten nicht mehr eingeholt werden konnten.

Mitte August wurde die Erdlage unübersichtlich. Hitler hatte der Heeresgruppe Mitte die Weisung gegeben, zunächst zu verhalten, je nach Lage entweder nur mit der Infanterie die Offensive in Richtung Moskau voranzutreiben oder vorübergehend in die Defensive zu gehen. Die Panzergruppen hingegen sollten nach Südosten einschwenken, zunächst im Raum Gomel und später mit der Panzergruppe 1 (bei Heeresgruppe Süd) den Gegner bei Kiew einkesseln. Die 2. Armee, die einen kleinen Frontbogen bei Jelnja vorgetrieben hatte, wurde von überlegenen russischen Kräften, die von frisch herangeführten Fliegerverbänden unterstützt wurden, z. T. mit werksneuen Flugzeugen ausgerüstet, in erhebliche Bedrängnis gebracht. Die Gruppen des JG 51 bekamen in den nächsten Wochen laufend neue Verlegungs- und Einsatzbefehle. Denn bald rief das Heer um dringende Unterstützung im Jelnja-Bogen, dann wieder mußte Raumüberwachung über dem Vorstoß der Panzer im Raum Gomel geflogen werden. Es begann die Zeit der Kräftezersplitterung: Hier eine verstärkte Staffel, dort ein »Sprungkommando«, anderswo eine Überwachungsrotte. Vorübergehend wurden die IV. Gruppe und die Jabostaffel (zusammen mit den Stukas) in Mglin dem »Nahkampfführer II« unterstellt.

An Gegnern in der Luft war nirgends Mangel. Die Zahl der Luftsiege der Flugzeugführer wurde immer höher: Bär erzielte am 14. August den 62. und wurde dafür unter gleichzeitiger Beförderung zum Oberleutnant am 16. mit dem Eichenlaub ausgezeichnet. Oblt. Gallowitsch, Uffz. Beerenbrock, Oblt. Hohagen hatten längst die 20 überschritten, Ofw. Hoffmann die 40, Hptm. Joppien näherte sich den 70. Neue Namen tauchten immer wieder auf: Die Feldwebel Otto Schultz, Friebel und Tange, Lt. Weber, um nur einige zu nennen.

Bei den Kämpfen um Jelnja wurde am 25. August der Kommandeur der I./51, Hptm. Joppien, im Luftkampf abgeschossen. Mit 70 Luftsiegen stand er nach Mölders, Galland und Oesau an vierter Stelle der erfolgreichsten deutschen Jäger. Zum Nachfolger wurde Hptm. Hachfeld bestimmt, der seine Staffel an Oblt. Höschen, einen sehr erfolgreichen und mutigen Jabo-Mann, übergab.

Am selben Tag meldete das KTB des Geschwaders: »Rote Luftwaffe ist nicht zerschlagen!« Denn es erschienen immer wieder altbekannte, seit Jahren nicht mehr gebaute Typen, wie die I-16 und das Schlachtflugzeug SU-2, aber auch nagelneue, schnelle Bomber vom Typ Pe-2. Am 26. August kam es erstmals zu Luftkämpfen mit amerikanischen »Boston«, die die USA an die UdSSR geliefert hatten.

Eine große Überraschung gab es am 28. August 1941, als beim Geschwaderstab zwei Bf 110 landeten, aus denen Oberst Mölders, Hauptmann Janke und Major Laumann stiegen! Den neuen Inspekteur der Jagdflieger hatte es nicht lange an seinem Schreibtisch in Berlin gehalten: Wenn er dort Entscheidungen zu fällen hatte, wollte er zuvor wissen, aufgrund welcher Tatsachen er zu empfehlen oder zu entscheiden hatte. Daher war Mölders zu einer Inspektionsreise zu den Jagdverbänden an der Ostfront aufgebrochen.

Am selben Tag meldete sich der Kommandeur der Ergänzungsgruppe, Oblt. Beise, beim Stab, um an der Front die Einsatzerfahrung zu gewinnen, die er später an den Nachwuchs weitergeben sollte.

Während Guderians Panzer weiter nach Südosten vorstießen – Ziel war eine Vereinigung mit der Heeresgruppe Süd ostwärts von Kiew – flog das Geschwader Abfangeinsätze gegen russische Verbände, die die Panzerspitzen angriffen, aber auch Tiefangriffe gegen russische Absprungplätze. Bei einem solchen Einsatz mußte am 31. August Oblt. Bär jenseits der Front notlanden, unmittelbar nach seinem 80. Abschuß. Bär hatte sich beide Füße verstaucht, jeder Schritt verursachte höllische Schmerzen. Trotzdem lief er so schnell wie möglich weg von der bruchgelandeten Maschine, da damit zu rechnen war, daß bald russische Suchkommandos auftauchen würden. Bis zum nächsten Morgen versteckte er sich in einem Gebüsch, und dann machte er sich auf den Weg nach Nordwesten, den deutschen Truppen entgegen. Seine Auszeichnungen hatte er in die Hosentasche gesteckt, zusammen mit seiner Uhr und der Pistole, die Haare hatte er sich ins Gesicht gestrichen, seine umgedrehte Lederjacke voll Heu gestopft und seine Fliegerstiefel weggeworfen. So als russischer Bauer getarnt, erreichte er tatsächlich die deutschen Linien, völlig entkräftet, so daß er für zwei Monate ins Lazarett kam. Seine Staffel führte in der Zwischenzeit Lt. Gallowitsch.

Im September wurde das Geschwader schwerpunktmäßig zur Unterstützung von Guderians Panzerarmee eingesetzt, die den Ring um Kiew schließen half und am 26. September die Heeresgruppe Budjonny vernichtete. Bei diesen Kämpfen erzielte Major Beckh am 8. September den 2000. Abschuß des Geschwaders. Doch wurde der Kommodore am 16. bei einem seiner Tiefangriffe schwer verwundet; ein Brandgeschoß durchschlug den linken Fuß. Beckh bestand darauf, vom Boden aus das Geschwader weiterzuführen, doch am 3. Oktober mußte er ins Lazarett, da sich eine gefährliche Gasbrandinfektion herausgestellt hatte. Während seiner Abwesenheit führte Major Lützow, der Kommodore des JG 3, beide Geschwader. Bereits am 8. September war der stellvertretende Kommandeur der II. Gruppe, Oblt. Hohagen, bei einem Luftkampf abgeschossen und verwundet worden. Hohagens Verwundungen stellten sich allerdings doch als ziemlich schwerwiegend heraus; erst 1943 war er wieder frontverwendungsfähig, kam aber nicht mehr zum Geschwader zurück. Das brachte bei der Gruppe einige Personalveränderungen mit sich: Oblt. Grasser übernahm die Gruppe, die 4. Staffel übernahm Oblt. Emmerich, Grassers alte 5. Staffel bekam Oblt. Geyer als Kapitän. Im September wurden wieder einige hohe Auszeichnungen verliehen: das Ritterkreuz am 4. 9. an Oblt. Grasser; am 16. erhielt Oblt. Nordmann als 35. Soldat das Eichenlaub, zwei Tage später bekam auch Kommodore Beckh das Ritterkreuz. Nach seiner Verwundung wurde auch Hohagen für die Verleihung eingereicht und am 5. Oktober im Lazarett damit ausgezeichnet.

Sehr hart waren die Kämpfe um den Jelnjabogen um den 6. September. Unterstützt von ihrer Luftwaffe, die erstmals in größerer Zahl moderne MiG-1 und MiG-3-Jäger sowie gepanzerte Schlachtflugzeuge Il-2 an die Front geworfen hatte, zwang die Rote Armee die deutschen Truppen zum Rückzug. Die IV. Gruppe konnte dem Gegner nur wenige Rotten entgegensetzen, von denen eine besonders erfolgreich war: die von Ofw. Hoffmann und Uffz. Hördt, denen das II. Fliegerkorps eine besondere Anerkennung aussprach. Oblt. Nordmann, der Kommandeur der IV. Gruppe, wurde am 26. September nach seinem 60. Luftsieg vorzeitig zum Hauptmann befördert.
Ende September gruppierte die Heeresgruppe Mitte ihre Großverbände um, um erneut zur Offensive in Richtung Moskau vorzugehen. Die Nächte wurden bereits empfindlich kühl, so daß die Soldaten des Geschwaders die Zelte mit Erdbunkern vertauschten. Einen Vorgeschmack auf die Schlammperiode des späten Herbstes schufen einige Schlechtwettertage, durch die Rollfelder und Straßen aufgeweicht wurden.

Operation ›Taifun‹ und der Vorstoß auf Moskau (Herbst 1941)

Anfang Oktober hatte die Front der Heeresgruppe Mitte eine Ausdehnung von 800 km, zu deren Schutz 8⅓ Jagdgruppen vorhanden waren: Die vier des JG 51, zwei des JG 27, verstärkt um eine Staffel spanischer Freiwilliger, je eine der JG 3 und 53. Zahlenmäßig war die Einsatzbereitschaft des JG 51 erheblich gesunken: Ende September verfügte es nur über rund 50 einsatzbereite Maschinen, in die sich 84 Flugzeugführer teilen mußten.
Am 1. Oktober begann die Offensive bei der Panzergruppe 2, am folgenden Tag wurde die Front bei allen Heeresverbänden durchbrochen und zügig Raum nach Osten gewonnen. In den ersten drei Tagen kam es in der Luft zu verhältnismäßig wenig Feindberührungen. Das Geschwader nahm an, daß der Gegner nach Osten ausgewichen sei, aber das traf nicht zu. In Wirklichkeit wurden die Angriffsspitzen des Heeres heftig angegriffen, nur konnten die deutschen Jäger, die viel zu weit von der Front entfernt waren, für nur wenige Minuten in die Kämpfe eingreifen. Folglich kam es in den nächsten Tagen zu Vorwärtsverlegungen, zum Teil aber wurden einige Flugfelder nur tagsüber zu Starts und Landungen genutzt – die Treibstoffversorgung kam mit Lastenseglern und Transportern aus der Luft –, doch wurde bei Einbruch der Dunkelheit wieder nach Westen verlegt, weil das Gebiet um diese Plätze noch nicht fest in deutscher Hand war.
Von einer der ersten größeren Luftschlachten der Herbstoffensive kehrte Ofw. Heinrich Hoffmann nicht zurück; posthum wurde ihm später das Eichenlaub verliehen. Mit 63 Abschüssen war Hoffmann nach Bär und Joppien der erfolgreichste Mann des Geschwaders gewesen, nachdem Mölders versetzt worden war.
Die Einsatzschwerpunkte wechselten fast täglich: Bald lagen sie entlang der Rollbahn nach Moskau, dann über der Panzerspitze Guderians, der auf Orel vorstieß, dann war das Vorgehen der 4. Armee auf Juchnow zu decken, es wurden Tiefangriffe auf die Kessel bei Wjasma und Brjansk befohlen, um den Ausbruch der eingeschlossenen Armeen zu verhindern.
Am 7. Oktober war die Einkesselung der russischen Armeen vollendet, und die Verfolgung in Richtung Moskau begann, wobei das JG 51 den Vorstoß auf Juchnow und Kaluga unterstützte. Aber aus der Verfolgung des geschlagenen Gegners »bis zum letzten Hauch von Mann und Roß« wurde nichts: Das Wetter schlug um, die Schlammperiode setzte ein. Die grundlos aufgeweichten Straßen ließen keine zügigen Bewegungen zu.
Die Zahl der Einsätze des Geschwaders blieb zunächst unverändert hoch:

144 am 7. Oktober, 145 am 13. Oktober, dann sanken die Zahlen ab auf 50, 40 Einsätze am Tag, an manchen Tagen wurde gar nicht geflogen, weil die Wolken bis zum Boden hingen, und auch, weil die Flugzeuge einsackten. Wohl noch mehr als das Heer wurde die Luftwaffe vom Schlamm behindert, da ihre Troßfahrzeuge vorwiegend aus handelsüblichen PKW und LKW bestanden, die auf diesen Wegen rettungslos festsaßen. Dringend benötigte Ersatzteile kamen nicht mehr nach vorn. Lattenroste und Knüppeldämme auf den Flugfeldern verhinderten das Einsinken der Maschinen. Die Jäger wurde in diesen Tagen ungeduldig, ihre Stimmung schwankte zwischen Hoffnung und Skepsis, was sich an einer Stelle im Kriegstagebuch deutlich niederschlägt: »Gegner erscheint mit allen Typen«, heißt es da, »Ein Zeichen, daß er wohl schon zu den letzten Reserven greifen muß« – dann folgen zwei Ausrufe- und zwei Fragezeichen. Der Eintrag stammt vom 7. Oktober. 10 Tage später und danach ist wiederholt von stärksten russischen Angriffen auf die Front die Rede, aber auch auf die eigenen Plätze um Juchnow, wo das Geschwader bei Schlechtwetter festsaß, während der Gegner ostwärts gute Startmöglichkeiten hatte. Wenn die Piloten des Geschwaders in der Luft waren, konnten sie die endlosen deutschen Marschkolonnen sehen, die sich mühsam vorwärtskämpften, aber auch solche des Gegners, der vor Moskau eine neue Front aufbaute. Auf solche Kolonnen wurden am 17. Oktober 6 Tiefangriffe geflogen.

Ende Oktober 1941 verlegte das Geschwader weiter nach Osten, nach Moshaisk, Malojaroslavez, Jermolino; die II. Gruppe wurde südwärts nach Orel verlegt, wo sie dem Gefechtsverband Schönborn (Sturzkampfgeschwader 77) unterstellt wurde. Der Widerstand des Gegners versteifte sich, auch in der Luft, und das trotz nach wie vor erheblichen Verlusten; an manchen Tagen errang das Geschwader mehr als 20 Luftsiege. Obgleich die Flugzeugführer berichteten, daß die russischen Gegner offenbar unerfahren seien und vermutlich frisch von der Schule kämen, waren die Siege nicht einfach zu erringen.

Zum Schutz der »Schneckenoffensive« im Oktober wurden rund 2900 Einsätze geflogen. 289 Abschüsse besagen, daß etwa jeder 10. Einsatz zum Erfolg führte. Interessant ist aber auch, daß sich die Abschüsse auf 89 Geschwaderangehörige verteilen – somit hatte im Oktober nahezu jeder Flugzeugführer des JG 51 mindestens einen Luftsieg errungen – und das unter sehr widrigen Bedingungen.

Das große As im Oktober 1941 war Ofw. Edmund Wagner, der 22 Luftsiege erzielte und am Ende des Monats mit 50 Abschüssen hinter Hauptmann Nordmann mit 66 Luftsiegen lag (Bär war ja immer noch nicht wieder an der Front). Gleichsam in einem einzigen Ansturm hatte er andere Ritterkreuzträger wie Hptm. Leppla, Lt. Fleig, Uffz. Beerenbrock und Lt.

Seelmann (die beiden letztgenannten hatten den Orden am 6. Oktober empfangen) überholt. Wagner sollte diese Auszeichnung aber nicht mehr persönlich in Empfang nehmen dürfen, denn er fiel am 13. November nach 57 Luftsiegen. Zu den Männern, die mit großer Beständigkeit Luftkämpfe gewannen, gehörten in diesem Monat Lt. Fleig (12 LS), Oblt. Busch (10 LS), Oblt. Stendel, Lt. Strelow und Ofhr. Weismann (je 8 LS), Oblt. Grasser, Hptm. Leppla, Oblt. Krafft, Fw. Grosse, Lt. Gallowitsch mit je 7 Luftsiegen, dann folgt Oblt. Lohoff mit 6 anerkannten Abschüssen. 13 Flugzeugführer errangen ihren ersten Luftsieg.

Die Verluste des fliegenden Personals hielten sich in Grenzen und waren immer noch geringer als bei der Luftschlacht um England. Im Oktober fielen sechs Flugzeugführer (Ofw. Hoffmann, 12./51; Lt. Hacker 7./51; Uffz. John und Falk, I./51; Ofw. Fuchs, 7./51; Ofw. Schawaller, 1./51); zwei wurden schwer verwundet, mindestens zwei erlitten Flugunfälle, wie beispielsweise Hauptmann Hachfeld, Kommandeur der I. Gruppe, der beim Start von einer notlandenden Maschine gerammt wurde.

Noch konnte das Geschwader solche Verluste hinnehmen, ohne wesentlich geschwächt zu sein, wenngleich es nicht die Kampfmoral hob, daß ausgerechnet Ofw. Hoffmann fiel, der zum Zeitpunkt seines Todes der erfolgreichste an der Front befindliche Flugzeugführer war. Schlimmer traf es einzelne Staffeln, wie die 7./JG 51: Am 12. Oktober wurde Lt. Hacker, gerade 21 Jahre alt geworden und mit 32 Luftsiegen der erfolgreichste Jäger seiner Staffel, von einer Il-2 getroffen. Seine Bf 109 verlor eine Tragfläche, und die Maschine stürzte wie ein Feuerball zur Erde. Neun Tage später erwischte es den zweiterfolgreichsten der Staffel, Ofw. Fuchs. Von Heckschützen einer DB 3 getroffen, stürzte Fuchs senkrecht ab – Aufschlagbrand. Einen Tag später erhielt die Maschine von Uffz. Schack Treffer; in 100 Meter Höhe konnte Schack aus dem brennenden Flugzeug aussteigen. Am 27. Oktober verfolgten der Staffelkapitän Oblt. Wehnelt (damals 19 Luftsiege) mit seinem Schwarm, zu dem auch Schack gehörte, bei 100 m Wolkenuntergrenze und Nieselregen einen Pulk Il-2 über der deutschen Panzerspitze. Schacks Maschine wurde von deutscher Flak getroffen, doch konnte er noch eine Notlandung machen. Wehnelt wurde beim Verfolgungsangriff auf eine Il-2 über Niemandsland vom Heckschützen einer anderen Il-2 getroffen. Die Bf 109 reagiert auf keinen Steuerdruck mehr und stürzte in voller Fahrt im flachen Winkel in einen Wald. Der schwerverletzte Oblt. Wehnelt konnte aus den Trümmern seiner Maschine von Panzerjägern, die den Absturz beobachtet hatten, gerettet werden. Er fiel für einige Monate aus.

Zum neuen Staffelführer wurde Oblt. Lohoff von der 9./51 ernannt, der bis dahin 7 Siege hatte. Und wie stand es um den Rest der Staffel? Ein älterer

Oberfeldwebel mit 20 Luftsiegen, der bereits als Jagdlehrer in der Heimat vorgesehen war, dann noch Ofw. Wulf und Uffz. Schack mit je drei Abschüssen (der spätere Eichenlaubträger versuchte damals noch den Ruf des dauernden Bruchpiloten, der erhebliche Schwierigkeiten bei Start und Landung hatte, loszuwerden), schließlich noch zwei Oberfähnriche, einen Gefreiten und Lt. Keilhorst, alle ohne Abschußerfolg. Von diesen fiel Keilhorst, der jüngste, Anfang November.

Es waren nicht die günstigsten Voraussetzungen, unter denen das JG 51 in den ersten Rußlandwinter ging. Das Geschwader war – im Ganzen gesehen – nicht in der besten Verfassung. Zunächst fehlte dem Geschwader der eigene Kommodore – Major Beckh traf erst am 21. Dezember wieder beim Geschwader ein. Und Lützow hatte genug zu tun, um sich um sein verstreut liegendes JG 3 zu kümmern. Der Geschwaderstab war in diesen Wochen mehr eine Dienststelle zur Personal- und Materialverwaltung als eine Führungsstelle. Befehle erhielten die Gruppen direkt von den Fliegerkorps, von der Luftflotte oder aus Berlin, und nur zu oft hatte man den Eindruck, daß es nach dem Motto »Rin in die Kartoffeln – raus aus die Kartoffeln« ging. Offensichtlich hatte man beim OBdL wenig Ahnung von der Situation an der Front. Denn als die Offensive auf Moskau im Oktoberschlamm stecken blieb, richtete man sich bei der Luftwaffe auf einen Stellungskrieg vor Moskau ein, allerdings unter der falschen Annahme, daß von dem geschlagenen Gegner keine Gefahr mehr drohe. So entließ man Anfang November ein Viertel des Personals in Urlaub. Das geschah aber nicht aus purem Leichtsinn, sondern einfach deswegen, weil der Flugzeugbestand so abgesunken war, daß es für viele Flugzeugführer und Warte »keine Arbeit« mehr gab.

Die oberste Führung glaubte, die Luftwaffe im Mittel-Abschnitt sei zu stark. Ende November 1941 wurde die Luftflotte 2 mit einigen unterstellten Verbänden abgezogen und nach Italien verlegt. Vier Jagdgruppen verließen den Kampfraum vor Moskau. Das JG 51 mußte mit nur drei Gruppen den Vormarsch von vier Armeen mit neun Armeekorps aus der Luft sichern – die I./JG 51 war nämlich nach Staraja Russa in den Bereich der Luftflotte 1 und Heeresgruppe Nord verlegt worden. Diese Sicherungsaufgabe war unmöglich zu lösen, also beschränkte man sich auf den Einsatz im Abschnitt von zwei Korps, was zur Folge hatte, daß sich andere Großverbände bitter darüber beklagten, daß der Gegner sie ungehindert aus der Luft angreife. Es wurde aber nicht nur freie Jagd über der HKL sowie Begleitschutz für Stukas, Bomber und Aufklärer geflogen. Völlig neu war, daß die Jäger in den Dämmerungsstunden vor ihrem eigenen Platz Sperre zu fliegen hatten, um russische Tiefangriffe abzuwehren. Von wenigen Ausnahmen abgesehen, blieb das ohne Erfolg. Hier machte sich unangenehm bemerkbar, daß die Flugmeldekompanie 7/32, die die bewährten »Adlertrupps« gestellt hatte, aus dem Osteinsatz herausgezogen worden war. Sehr wichtig war auch die Jagd auf die kleinen Doppeldecker vom Typ U-2, die sogenannten »Nähmaschinen«, die im Tiefflug zu den Partisanen im Hinterland flogen. Diese Gegner waren alles andere als leicht zu bekämpfen, eben weil sie so langsam waren.

Die Härte, mit der der Winter bereits im November zuschlug, hatte man weder bei der Truppe noch bei der höheren Führung erwartet. Die Truppe hatte für sich zwar vorgesorgt, indem sie sich Winterquartiere in den Dörfern um die Flugplätze besorgt hatte. Aber schon die ersten Schneestürme und Kälteeinbrüche hatten verheerende Folgen für die Technik: Motoren sprangen nicht oder nur mit Mühe an; Hydraulik und Waffen versagten, weil Öl und Schmierstoffe ihre Gleitfähigkeit verloren. Eine wesentliche Hilfe war das schon vor dem Krieg von der Luftwaffenerprobungsstelle Rechlin entwickelte Kaltstartverfahren. Hierbei wurde nach dem Abstellen des Motors dem heißen Motoröl Benzin beigemischt, wodurch der innere Reibungswiderstand im Triebwerk geringer wurde. Trotzdem blieb das Anlassen einer Bf 109 mit dem Schwungradanlasser eine mühsame und zeitraubende Arbeit! Katalytöfen und Wärmezelte gab es zwar, aber nur weit hinten in der Etappe. Die Fernmeldeverbindungen brachen zusammen, als die Stürme die Freileitungen zerrissen, Antennen mit Eis überzogen waren und die Stromaggregate für die Funkgeräte ihren Dienst versagten.

Und die Moral der Truppe? Man kann sie der eines Boxers vergleichen, der im Bewußtsein größerer Schnelligkeit und Stärke sowie der besseren Technik in den Kampf gegangen war, in jeder Runde einige Niederschläge erzielt, aber in der 6. Runde immer noch nicht gewonnen hatte, vielmehr einige empfindliche Schläge einstecken mußte. Bis November hatte das Geschwader etwa 2500 Luftsiege erzielt, davon ungefähr 1820 in Rußland. Ende November flogen in dem Verband 7 Ritterkreuz- und zwei Eichenlaubträger. Es gab die Garde der zuverlässigen Oberfeldwebel wie Höfemeier, Tange, Mink, Klöpper, Quante, Hafner und Schultz, dann eine Reihe gestandener Hauptleute und Oberleutnante, die schon über England dabei gewesen waren. Das waren Männer mit reicher kämpferischer und persönlicher Erfahrung. Die meisten von ihnen werden keine »geborenen Helden« gewesen sein, sondern eher Soldaten, die es gelernt hatten, mit dem »inneren Schweinehund«, der Angst, fertigzuwerden. Hinzu kamen die jungen, unverbrauchten und ehrgeizigen Unteroffiziere und Leutnante, wie Beerenbrock, Rübell, Strelow. Sie bildeten mit den vorgenannten Gruppen das Rückgrat der fliegenden Teile des Geschwaders. Aber es gab auch die, deren Elan dahin war, die Angst vor dem nächsten Einsatz hatten und damit nicht fertig wurden, denen das unheimliche Land und der Kampf gegen einen so unbegreiflichen, weil nie aufgebenden Gegner, an die Nerven ging. Diese Männer trauten sich nicht mehr, über die Hauptkampflinie zu fliegen, hatten großen Respekt vor den sich verbissen wehrenden Heckschützen der russischen Bomber und drehten nach wenigen Feuerstößen aus großer Entfernung ab. Oder sie vermieden es, so gut es ging, zu einem Flug eingeteilt zu werden, wenn der Urlaub schon genehmigt war. Wer will über sie den Stab brechen? Die Flugzeuge wurden eben von Menschen geflogen und nicht von lebenden Kampfrobotern, denen menschliche Regungen fremd waren.

Wenn dann, wie bei der 7. Staffel, innerhalb kürzester Zeit die beiden erfolgreichsten Jäger fielen, dann der als Jäger und Führer anerkannte Chef ausfiel und es schließlich den Jüngsten der Einheit traf, und auch noch die Abschußerfolge ausblieben (was ursächlich mit den Verlusten zusammenhängen konnte), dann hatte es auch ein einsatzfreudiger Chef wie Oblt. Lohoff sehr schwer, eine Staffel wieder auf Vordermann zu bringen. Im November und Dezember 1941 konnte die angeschlagene 7. Staffel nur vier Abschüsse melden.

Mit Beginn der Novemberoffensive unternahm der Stabsschwarm des Geschwaders die ersten Jagdvorstöße nach Moskau, ohne dabei aber auf Gegner zu stoßen.

Andere Staffeln meldeten hingegen schwere Gefechte mit zahlenmäßig starkem Gegner. Vor Moskau warf die russische Luftwaffe der deutschen alles entgegen, was sie hatte, bunt gemischt, alte Doppeldecker I-153, aber auch die modernen Jäger Jak-1, LaGG-3, MiG-3. Zum erstenmal seit den Anfangstagen des Ostfeldzugs bekamen die deutschen Jäger eine so große Zahl russischer Jäger zu Gesicht. Auch Bomber und Schlachtflugzeuge erschienen in immer größerer Zahl. Die alten »Schlächter«, R-10 und SU-2, waren mittlerweile weitgehend von dem »Zementbomber«, der schwer gepanzerten Il-2, abgelöst worden, die sehr schwer zu bekämpfen war. Die starke Panzerung des Triebwerks und der Kabinenseiten konnte von der 15-mm-Kanone der Bf 109 nicht durchschlagen werden. Verwundbar war der ausfahrbare Ölkühler unter dem Motor, den man aber nicht beschießen konnte, wenn die Il-2 in Baumwipfelhöhe flog. Also blieb nur der Beschuß der Kabine von oben, einer Tragflächenwurzel oder eines Höhenruders übrig, und das erforderte einen kaltblütigen Schützen. Der »Martin-Bomber« SB-2 war praktisch von der Front verschwunden; Standardbomber war die zweimotorige DB-3, hinzukam jetzt vermehrt die Pe-2, ein sehr schneller, zweimotoriger Bomber, der auch in großen Höhen als Aufklärer eingesetzt und in dieser Rolle nur selten mit Erfolg bekämpft werden konnte.

Bei der Jagd auf tieffliegende Pe-2 wurde am 13. November Ofw. Wagner abgeschossen; seine Maschine stürzte im flachen Winkel mit dunkler Rauchfahne ab, wie die deutsche Flakbatterie beobachtete. Am 22. November machte die Nachricht wie ein Lauffeuer die Runde, daß Oberst Mölders tödlich verunglückt sei. Die Vorgeschichte ist heute allgemein bekannt: Am 17. November hatte Generalluftzeugmeister Udet Selbstmord begangen – »gestorben bei der Erprobung einer neuen Waffe«, hieß es damals. Mölders, der sich dienstlich auf der Krim aufhielt, flog als Passagier in einer He 111 zum Staatsbegräbnis nach Berlin. Auf dem Flug von Lemberg nach Berlin setzte ein Triebwerk aus. Der Flugzeugführer versuchte eine Notlandung in Breslau-Gandau, das im Bodennebel lag. Beim dritten Anflug sackte die He 111 durch. Als der Pilot die schwanzlastige Maschine vor einer Ziegelei hochriß, setzte auch das andere Triebwerk aus und die He 111 stürzte bei Schöngarten ab, wobei der Flugzeugführer, der Bordmechaniker und Mölders den Tod fanden.

In einem Tagesbefehl vom 24. November 1941 wurde dem JG 51 der Ehrenname »Jagdgeschwader Mölders« verliehen. Mölders war damit der einzige Flugzeugführer der Luftwaffe des Zweiten Weltkriegs, nach dem ein fliegender Verband benannt worden ist.

Ende November kam die Offensive vor Moskau zum Stehen und löste sich in eine Vielzahl von erbitterten Einzelgefechten auf. Bei Kashira, nordöstlich von Tula, geriet die 7. Pz.Division in arge Bedrängnis. Die III. und IV. Gruppe startete von Jermolino und Malojaroslawez, um den Heerestruppen Luft zu verschaffen, wobei sie, den Frontbogen bei Tula abkürzend, eine größere Strecke über russisches Gebiet fliegen mußten. Die II. Gruppe wurde zum gleichen Zweck von Briansk nach Kaluga geworfen. Grund war eine heftige Auseinandersetzung zwischen Oblt. Grasser und General Fiebig, dem Nahkampfführer II. Das Korps hatte der II. Gruppe befohlen, den Flugplatz von Tula im Tiefflug anzugreifen. Grasser erklärte diesen Befehl für unsinnig, weil die Reichweite der Bf 109 ohne Zusatztanks – die nicht vorrätig waren – nicht ausreichte.

Da erstmals russische Bomber weit im Hinterland der deutschen Front Nachschubwege bombardierten, mußten Alarmschwärme in Smolensk stationiert werden.

Am 6. Dezember brach die russische Gegenoffensive los. An der Kaliningfront im Norden, vor allem aber im Süden gelangen der Roten Armee tiefe Einbrüche. Am 15. Dezember standen russische Truppen vor Kaluga, wo die II. Gruppe ihren Platz fluchtartig räumen mußte und nach Tschaikowka auswich. Die III. Gruppe deckte aus der Luft den Rückzug der II. und den von Stab und IV. aus Jermolino und wurde dabei fast in Malojaroslawez eingeschlossen, konnte aber noch nach Juchnow ausweichen.

Die russischen Jäger flogen draufgängerisch und hartnäckig wie nie zuvor. Bei einem Luftkampf von 6 Messerschmitt der III. Gruppe unter Führung von Hptm. Leppla gegen die gleiche Zahl MiG-3 konnte nur der Kommandeur einen Gegner abschießen.

Man hätte annehmen müssen, daß jetzt jeder Flugzeugführer an der Front gebraucht wurde, um so erstaunlicher ist daher die Feststellung, daß auch im Lauf des Dezember weiterhin Piloten zu vierwöchigen Urlauben in die Heimat entlassen wurden. Die Erklärung dafür ist, daß – wie im November – der Maschinenbestand so gering geworden war, so daß auf jede Einsatzmaschine gut drei Flugzeugführer kamen.

Immerhin kehrte in diesen Tagen Bär wieder zur Front zurück, soeben zum Hauptmann befördert. Außer seiner Staffel führte er auch den Stabsschwarm des Geschwaders, da der Kommodore, der am 21. Dezember in Juchnow eintraf, noch nicht wieder fliegen konnte.

Schneestürme wehten immer wieder die Plätze zu. Bodenpersonal und russische Hilfskräfte mußten unentwegt schmale Startbahnen walzen. Starts und Landungen erforderten erhöhte Aufmerksamkeit; ein kleiner Schlenker und schon rollte die Maschine in eine Schneewehe, was unweigerlich mit einem Kopfstand endete. Die Verlustrate des Geschwaders an Maschinen stieg im Dezember auf 32%.

Wie nie zuvor wurde das Geschwader in die Ereignisse am Boden miteinbezogen. Die Plätze wurden zur Rundumverteidigung eingerichtet. Nachts schliefen auch die Flugzeugführer mit geladenem Karabiner an der Seite. Tagsüber wurde Sperre gegen Schlachtflieger geflogen, vorwiegend aber Tiefangriffe »gefahren«, um den Gegner zum Stehen zu bringen. Immer noch drückte die Rote Armee nach: Weihnachten wurde die I. Gruppe bei Staraja Russa eingeschlossen, doch wieder herausgehauen. Ende Dezember stand der Gegner vor Tschaikowka.

In Dugino entstand Ende Januar 1942 erneut eine äußerst kritische Situation: Mit vier Armeen stieß Marschall Konjew durch die Front zwischen den Waldaihöhen und Rshew. Bei Cholm und Demjansk wurden deutsche Verbände eingekesselt, und es fehlte nicht viel, daß sich die aus Nordosten vorstoßenden russischen Armeen westlich von Wjasma mit der 50. Armee Marschall Schukows vereinigt hätten. Bei der Aktion geriet auch der Platz Dugino in die Hauptkampflinie. Bei fast 40° Kälte und mangelhafter Bekleidung wurde er in erbitterten Kämpfen von Soldaten des Heeres zusammen mit den Angehörigen von Stab und III. Gruppe verteidigt, wobei vor allem das Bodenpersonal Verluste hatte. Erwähnenswert ist, daß die III. Gruppe im Januar 1942 ausschließlich Schlachtfliegereinsätze flog und keinen einzigen Abschuß melden konnte. Wenigstens die I. Gruppe hatte einige Erfolge. Sie wurde von Staraja Russa nach Szolzy und Tuleblja zurückgezogen und hatte von dort bis Ende März die Transportflugzeuge zu begleiten, die den Kessel von Demjansk versorgten. Das waren höchst unangenehme Aufträge, da die Russen entlang der Anflugstrecke eine regelrechte »Flakstraße« aufgebaut hatten, die sowohl die Transporter als auch die Begleitjäger unter Beschuß nahmen.

Die II. und IV. Gruppe waren eigentlich die einzigen Verbände des JG 51, die in den ersten Monaten des Jahres 1942 Abschüsse melden konnten, besonders aber die II. Gruppe, die 90 Luftsiege erzielte. Bis Ende Februar hatte der Kommandeur, Oblt. Grasser, 45 Abschüsse zuerkannt bekommen; Lt. Strelow, der inzwischen als 19jähriger die 5. Staffel führte, hatte 40 Siege erzielt, die gleiche Anzahl hatten die Ofw. Mink und Tange. Ferner gab es eine größere Anzahl Flugzeugführer, die Ende Februar die Zahl von mehr als 20 erreicht hatten: Oblt. Stengel, Lt. Rübell, Fw. Quante; gefolgt von Uffz. Hafner mit 19 Luftsiegen.

Bei der IV. Gruppe reihten Fw. Beerenbrock und Lt. Gallowitsch einen Erfolg an den anderen. Gallowitsch wurde für seinen 45. Luftsieg am 24. Januar 1942 mit dem Ritterkreuz ausgezeichnet, Hptm. Bär erhielt am 16. Februar nach 90 Abschüssen als siebter Soldat der Wehrmacht – und als zweiter des Geschwaders – das Eichenlaub mit Schwertern.

Dieser Erfolg war getrübt durch den Verlust eines weiteren Staffelkapitäns der 7./JG 51: Am 10. Februar 1942 startete ein Schwarm der 7. Staffel, geführt von Oblt. Helmut Lohoff mit seinem Rottenflieger, Uffz. Günther Schack, in den Raum Rshew. Als freie Rotte und »Holzauge« hing sich Hptm. Bär an, der seinerzeitige Führer des Stabsschwarms. Bald stieß man auf einen Verband Pe-2, der nach Osten abflog. Bei der nun einsetzenden Jagd schossen Hptm. Bär und Uffz. Schack je einen Gegner ab. Oblt. Lohoff verfolgte im Tiefstflug eine sich geschickt und tapfer wehrende Pe-2, die schließlich brennend aufschlug. Es war sein letzter Abschuß. Plötzlich hatte sein Triebwerk Leistungsverlust, die Maschine verlor Höhe, Lohoff gelang im Schnee eine Bauchlandung – nahe einer russischen Vormarschstraße. Nach wenigen Minuten war er gefangengenommen worden. Sein Nachfolger, Lt. Niess, blieb einige Tage später bei einem Tiefangriff auf einen russischen Flugplatz weg.

Ein neuer Staffelführer wurde nicht ernannt, sondern für die nächsten Wochen wurde die 7./JG 51 auf die 8. und 9. Staffel verteilt. Erst Ende April, als der »alte« Kapitän, Oblt. Wehnelt, halbwegs wiederhergestellt aus dem Lazarett zurückkehrte, begann die Staffel wieder eigenständig zu werden.

Ende März hatte sich die deutsche Front gefestigt. Die russischen Angriffskräfte hatten sich erschöpft. Die durchgebrochenen russischen Armeen wurden sogar eingeschlossen und konnten in zähen Kämpfen aufgerieben werden. Die russische Luftwaffe versuchte unter erheblichen Anstrengungen, die eingeschlossenen Truppen aus der Luft zu versorgen, wobei sie durch die Jäger des JG 51 erhebliche Verluste hinnehmen mußten. Im nördlichen Mittelabschnitt wurden die in Cholm und Demjansk eingekesselten deutschen Verbände freigekämpft.

Eine Frontbegradigung im Mittelabschnitt gelang der deutschen Wehrmacht aber nicht. Der Frontverlauf bildete ein »S«: Im Norden ein vorspringender russischer Frontbogen mit Rshew als vorgeschobenem Platz. Die russische Führung mußte damit rechnen, daß hier im Frühjahr 1942 die deutsche Armee zu neuen Offensiven antreten würde und stellte entsprechend starke Abwehrkräfte bereit.

Das JG 51 in den Abwehrschlachten 1942/1943

Hochsommer 1942. Der Mittelabschnitt der Ostfront war, was die Kämpfe am Boden anbelangt, seit einigen Monaten eine »ruhige Ecke«. Die großen Schlachten fanden im Süden statt, wo die Wehrmacht auf die Wolga und den Kaukasus vorstieß. Was hatte sich in der Zwischenzeit beim Jagdgeschwader »Mölders« abgespielt?

Im März hatte es noch einmal zahlreiche und schwere Kämpfe in der Luft gegeben, als die Russen versucht hatten, noch vor Beginn des Tauwetters Bodengewinne zu erzielen. Für die in diesem Monat erzielten Luftsiege erhielten Hptm. Krafft, Lt. Strelow und die Ofw. Mink und Tange das Ritterkreuz; Strelow bekam sechs Tage nach dieser Verleihung sogar das Eichenlaub. Im April bekam wieder einer der »Oberfeldwebelgarde« das Ritterkreuz: Heinrich Höfemeier von der 1. Staffel.

Selbst das Bodenpersonal wurde in Kämpfe verwickelt: Die Stabskompanie des Geschwaders und Personal der II. Gruppe wurden dem Luftwaffengefechtsverband Steuber eingegliedert und zur Säuberung der Ortschaften beim Flugplatz Annisowo eingesetzt. Die im Infanteriekampf ungeübten Männer wurden bei einem Waldgefecht in die Flucht geschlagen und verloren acht Tote und zahlreiche Verwundete.

Am 9. April wurde Mj. Beckh ins RLM versetzt, Anfang Juni übernahm er als Kommodore das JG 52. Nachfolger wurde Mj. Karl-Gottfried Nordmann, der bereits vom Februar an das Geschwader geführt hatte.

Beckh war bei den Geschwaderangehörigen wenig beliebt gewesen. Manche wußten gar nicht, daß er schon seit 1940 im Geschwaderstab gewesen war und glaubten, nach dem Abgang von Mölders sei er aus dem Generalstab zum Geschwader versetzt worden. Am 21. Juni 1942 wurde Beckh bei einem seiner typischen Tiefangriffe abgeschossen. Jahrelang hielt sich das Gerücht, daß er nicht gefallen sei, sondern sich in sowjetischer Gefangenschaft befinde und nach dem Krieg dort geblieben sei.

Im Gegensatz zu Beckh war Nordmann, der von nun an zwei Jahre das Geschwader führen und damit der am längsten amtierende Kommodore des JG 51 werden sollte, jedem Mann des Verbandes bekannt, zumal er nach Bär der erfolgreichste Jäger des Geschwaders war. Allerdings hatte er nicht wie der Generalstäbler Beckh einen guten Draht »nach oben«. Wie Nordmann selber dem Verfasser berichtete, wurde er noch jahrelang mit seinem jüngeren Namensvetter Theodor Nordmann vom Sturzkampfgeschwader 1 verwechselt. Eine besondere Eigenschaft Nordmanns war sein überragendes Personen- und Namensgedächtnis; er vergaß keinen Mann, mit dem er einmal einige Worte gewechselt hatte. Meistens war dann ein kleiner Gefreiter stolz darauf, daß ihn sein Kommodore Monate später mit Namen anreden konnte. Natürlich brachte das manchen Soldaten unangenehme Minuten, falls die erste Begegnung mit Nordmann mit einem »Anpfiff« begonnen hatte.

Nordmanns Nachfolger als Kommandeur der IV. Gruppe wurde Hptm. Knauth. Auch bei anderen Gruppen gab es im ersten Halbjahr 1942 Stellenneubesetzungen: Hptm. Hachfeld ging im Mai als Kommandeur zum ZG 2, sein Nachfolger, Hptm. Fözö, blieb es nur vier Wochen, wurde dann schwer verwundet, und der Kapitän der 3. Staffel, Hptm. Krafft, übernahm die Gruppe. Dessen 3. Staffel bekam Oblt. Sonner.

Es entsprach der allgemeinen Frontlage, aber auch der Einstellung Nordmanns zum Problem des Einsatzes von Jägern als Jabos, daß er die 2. Staffel, die seit Beginn des Rußlandfeldzugs vorwiegend Jabo-Staffel gewesen war, wieder als Jäger einsetzte. Ihr Staffelkapitän, Oblt. Höschen wurde durch Lt. Fleig ersetzt.

Damit stiegen auch die Abschußzahlen etlicher Piloten der Staffel an, die bislang kaum als Jäger hervorgetreten waren. Da wäre als erster Ofw. Joachim Brendel zu nennen, der seinen ersten Abschuß in den Anfangstagen des Ostfeldzugs erzielt hatte, den zweiten aber erst nach neun Monaten und 120 Feindflügen. Bis Kriegsende stand er bei 198 Abschüssen. Oder Ofw. Jennewein, der Skiweltmeister von 1941, der bis März 1942 erst sechs Luftsiege hatte, diese Zahl aber schnell erhöhte.

Ein herausragender Pilot der 7. Staffel sollte nicht vergessen werden: Lt. Gantz, der im Frühjahr vom JG 26 gekommen war und dort 250 Sperrflüge ohne Abschuß hatte, aber die Bf 109 wie kaum ein anderer beherrschte. Wenn er in einen Kurvenkampf mit einem der wendigen russischen Jäger ging, zogen sich von den Tragflächenspitzen seiner Maschine lange Kondensstreifen. Er war einer der Ersten in der Gruppe, der mit Erfolg demonstrierte, wie man in der Steilkurve einen Gegner abschießen konnte. Im April und Mai flauten die Kämpfe im Mittelabschnitt ab. An der Zerschlagung der im Rücken der Heeresgruppe Mitte durchgebrochenen und eingekesselten russischen Feindteile und des Freikämpfens des Kessel von Demjansk war das Geschwader relativ wenig beteiligt. Ausgerechnet in diesen Monaten verlor das Geschwader mehrere führende Persönlichkeiten: Am 21. April stürzte beim Landeanflug Oblt. Reinhold Josten von der 3. Staffel ab; dies war der erste Totalverlust eines Angehörigen im Rußlandkrieg dieser bislang sehr glücklichen Staffel gewesen.

Am 22. Mai mußte Oblt. Strelow, Kapitän der 5. Staffel, nach seinem 68.

Abschuß auf Feindgebiet notlanden. Als er von russischen Soldaten entdeckt wurde, erschoß er sich. Am 29. Mai wurde Oblt. Fleig, Kapitän der 2. Staffel, abgeschossen und geriet in Gefangenschaft. Am 31. Mai überschlug sich der Kommandeur der I. Gruppe, Hptm. Fözö, bei der Landung und wurde schwer verletzt. Er kehrte aus dem Lazarett nicht zum Geschwader zurück. Anfang Mai wurde Oblt. Gallowitsch schwer verwundet, mußte für mehrere Monate ins Lazarett und ging dann zum RLM.

Durch Verluste und Versetzungen wurden auch viele Kapitänsstellen neu besetzt: Bei der 5. folgte Oblt. Schnell (bis dahin Kapitän der 9. Staffel) auf Oblt. Strelow; die 9. übernahm Oblt. Schlitzer, der am 6. August fiel; seitdem führte Oblt. Mayerl die Staffel. Bei der IV. Gruppe wurden im Sommer alle Kapitänsstellen neu besetzt: Bei der 10. durch Lt. Haas, bei der 11. verließ Hptm. »Gockel« Hahn die Staffel, die er fast zwei Jahre geführt hatte; ihm folgte Oblt. Seelmann. Hptm. Bär, Chef der 1., wurde Kommandeur der I./JG 77; sein Nachfolger wurde Oblt. Falkensamer. Am 22. Juni überschlug sich die Maschine des Kommodore; Nordmann wurde – wie es zunächst hieß – nur leicht verletzt, in Wirklichkeit hatte er einen Schädelbasisbruch erlitten. Nach wenigen Wochen flog er wieder, allerdings unter Schmerzen und Sehstörungen. Am 4. August erzielte er noch einen Abschuß, ging dann aber zu einem längeren Lazarettaufenthalt ins Reich. Im Juni erhielt die II. Gruppe Verstärkung durch eine spanische Freiwilligenstaffel, die als 15./JG 51 bezeichnet wurde.

Bekanntlich hatte sich der spanische Staatschef, Generalissimus Franco, trotz intensiven Drängens Hitlers, geweigert, in den Krieg gegen die Sowjetunion einzutreten, und sich lediglich zur Entsendung eines Freiwilligenkontingents bereit erklärt. Als Heerestruppen kam die sogenannte »Blaue Division« zum Einsatz, bei der Luftwaffe die »Escuadrilla Azul«, also die blaue Staffel. Von Oktober 1941 bis Februar 1942 war eine derartige Staffel beim JG 27 im Einsatz gewesen. Der Nachfolgeverband war im Frühjahr 1942 in Südfrankreich ausgebildet worden und hatte dann mitsamt dem spanischen Bodenpersonal, alles in allem 150 Mann, im Juni nach Orel verlegt. Chef war Commandante Diaz-Benjumea. Ausgerüstet war die Einheit mit der Bf 109 F-4, die sich von der F-2, mit der sonst das Geschwader ausgerüstet war, durch die stärkere Zentralkanone MG 151/20 und durch eine gepanzerte Windschutzscheibe unterschied. Die Staffel hatte eine Ju 52 als Kuriermaschine (die unter anderem dem Transport von Kurierpost und Rotwein für die »Blaue Division« diente). Dieses Flugzeug hat den Krieg überlebt und steht heute, in fiktiver Lufthansa-Bemalung, auf dem Flugplatz Berlin-Gatow.

Das JG 51 bekam im Sommer 1942 noch eine weitere Staffel, die nicht recht zu einem Jagdgeschwader paßte. Das Oberkommando der Luftwaffe hatte beschlossen, den im Osteinsatz befindlichen Jagdgeschwadern je eine mit dem Schlachtflugzeug Hs 129 ausgerüstete Staffel als Panzerjägerstaffel zuzuteilen. Zunächst sollte in Deblin-Irena bei der Ergänzungsgruppe des Zerstörergeschwaders 1 eine Panzerjägerstaffel für das Jagdgeschwader 51 aufgestellt werden. Der Termin für die Einsatzbereitschaftsmeldung war der 1. September 1942. Die Ausbildung der Staffel wurde allerdings im August schlagartig beendet. Sie wurde an die Front geworfen, da die Rote Armee in diesem Monat zur Entlastung ihrer Südfront eine Offensive gegen den Wjasmabogen vortrug. Die Panzerjägerstaffel/JG 51 stand unter der Führung von Oblt. Egger. An namhaften Offizieren gehörten zu ihr die Leutnante Jolas und Ruffer. Ruffer erhielt später das Ritterkreuz.

Das Flugzeug Hs 129 B-1 war ein zweimotoriger Tiefdecker mit schwer gepanzertem Rumpf und Triebwerk. Für den Piloten war es ein Alptraum: Die Konstrukteure hatten, um Treffermöglichkeiten so gering wie möglich zu halten, einen ganz schmalen Rumpf mit einer winzigen Kabine entworfen. Das Armaturenbrett war zu klein, als daß die Triebwerksüberwachungsinstrumente hineingepaßt hätten. Sie wurden dafür auf den Motorverkleidungen angebracht. Der Steuerknüppel war nur 20 cm lang, und seine Betätigung erforderte erhebliche Kraft. Das Flugzeug war untermotorisiert und sehr träge und daher ein »gefundenes Fressen« für feindliche Jäger. Andererseits verfügt die Hs 129 über eine starke Angriffsbewaffnung: 2 × MG 17 und 2 × MG 151/20 im Rumpf, dazu unter dem Rumpf eine 3 cm Kanone MK 101. Schon in den ersten Wochen des Einsatzes sollte sich die Hs 129 als »fliegender Büchsenöffner« hervortun.

Bevor die Offensive am 10. August 1942 begann, hatten die russischen Fliegerverbände den Kampf aufgenommen. In den ersten Juliwochen erzielte das Geschwader Abschußzahlen, die an die des Sommers 1941 erinnerten. Vor allem Hptm. Grassers II. Gruppe war außerordentlich erfolgreich. Am 5. Juli schoß die Gruppe 46 Gegner ab, was bislang in der Geschwadergeschichte einmalig war. Hptm. Grasser allein besiegte 8 Gegner, Oblt. Schnell und Fw. Hafner je 7; der kürzlich zum Geschwader versetzte Oblt. Rammelt schoß 5 Gegner ab. Am 5. August erzielte Lt. Puschmann den 1000. Abschuß der Gruppe, die damit die erfolgreichste des Geschwaders war. Übrigens wurde Fw. Anton Hafner am 23. dieses Monats mit dem Ritterkreuz ausgezeichnet.

Die IV. Gruppe war die nächsterfolgreiche, hier war Ofw. Beerenbrock der herausragende Schütze, der am 2. August den 102. Abschuß meldete und damit der bislang erfolgreichste Jäger des Geschwaders war. Bei der III. Gruppe fehlten damals die ganz großen »Asse«. Aber sie war wohl die Gruppe, die in diesen Monaten außerordentlich schwere und ausgesprochen undankbare Einsätze zu fliegen hatte: Tiefangriffe, Sperrefliegen als

Patrouille, Aufklärerbegleitschutz in schwerstem Flakfeuer über dem Sperriegel Rshew-Wjasma. Bei der Jagd nach erzwungenen Erfolgen fielen immer wieder die Bewährtesten aus. So auch am 4. Juli, als Ofw. Lausch, mit 39 Luftsiegen der Erfolgreichste der 8./JG 51, abgeschossen wurde. Am 2. August wurde der Kommandeur der III. Gruppe, Hptm. Leppla, im Luftkampf schwer verwundet; ein Auge verlor die Sehfähigkeit. Er versuchte trotzdem im Einsatz zu bleiben, kollidierte aber infolge seiner Sehbehinderung mit einer landenden Ju 52 am 7. August und mußte nun doch ins Lazarett. Die Führung der III. Gruppe übernahm kommissarisch bis November Oblt. Wehnelt, dann wurde Hptm. Schnell von der 5./JG 51 zum Gruppenkommandeur ernannt.

Auch Lt. Gantz, der hoffnungsvollste Nachwuchspilot der 7. Staffel, war am 6. August 1942 von der Flak abgeschossen worden. Anfang August hatte die I. Gruppe die wenigsten Abschüsse, was aber darauf zurückzuführen ist, daß deren 2. Staffel bis März 1942 vorwiegend Jabo-Einsätze geflogen hat.

Im August brach die russische Offensive los. Die Luftkämpfe nahmen an Härte zu. Nur mit letztem Einsatz konnte die Heeresgruppe ihre Front behaupten. In der Luft erschienen erstmals russische Jagdflugzeuge, die an Leistung der Messerschmitt 109 überlegen waren: Die Jak-7B und die La-5. Besonders die La-5 mit ihrem 1850 PS starken Doppelsternmotor war ein gefährlicher Gegner, der eine Spitzengeschwindigkeit von 648 km/h erreichte. Auch die Bewaffnung der russischen Jagdflugzeuge, die aus $1 \times$ 20 mm und $2 \times 12,7$ mm MG bestand, war der Bf 109 F überlegen. Außerdem tauchten im Mittelabschnitt jetzt zum ersten Mal auch amerikanische Jagdflugzeuge vom Typ Airacobra auf, die schnell steigen konnten und sehr stark bewaffnet waren. Schließlich wurde auch die Taktik der russischen Jagdflieger immer besser, ganz abgesehen davon, daß sie stellenweise die fünffache Überlegenheit hatten. Die Kämpfe im August kosteten das Geschwader 16 Gefallene, Verwundete und Vermißte, davon 9 Offiziere, darunter ein Kommandeur (Leppla) und 3 Staffelkapitäne (Jung, Seelmann, Schlitzer) traf es alle am 3. August. Oblt. Schlitzer, Chef der 8. Staffel erlitt einen Brustdurchschuß und konnte trotzdem noch auf eigenem Platz notlanden, buchstäblich im eigenen Blute sitzend. Er verstarb zwei Tage darauf im Lazarett. Am 13. August fiel wieder ein besonders erfolgreicher Jäger: Oblt. Weismann, mit 69 Luftsiegen der »Schützenkönig« der 12. Staffel, der im Gefühl der technischen Überlegenheit an Zahl überlegene Jäger angriff und sofort abgeschossen wurde. Einen Tag später wurde Ofw. Quante von der 6. Staffel abgeschossen, der mit 49 Luftsiegen unmittelbar vor der Einreichung zum Ritterkreuz gestanden hatte.

Auf dem Höhepunkt der Krise im Mittelabschnitt wurde die I. Gruppe anfang September 1942 aus dem Einsatz gezogen und nach Jesau in Ostpreußen verlegt, um auf die Fw 190 A-3 umzuschulen.

Die »190« war zum damaligen Zeitpunkt für den Einsatz im Osten das am besten geeignete Jagdflugzeug. Ihr Breitspurfahrwerk ermöglichte sicherere Starts und Landungen als mit der Messerschmitt 109 möglich waren, erst recht, wenn bei den Jaboversionen schwere Bomben untergehängt wurden. Der luftgekühlte Doppelsternmotor BMW 801 lief zwar erheblich rauher als der wassergekühlte V-Motor DB 601 der Messerschmitt 109, vertrug auch kein langes Laufen im Stand, weil er sonst überhitzte, und ließ in über 8000 m Höhe in der Leistung drastisch nach, hatte aber eine Menge Vorteile: Er konnte ohne Hilfe des Bodenpersonals vom Piloten mit einem Batterieanlasser gestartet werden, war unempfindlicher gegen Kälte und vor allem unempfindlich gegen Beschuß. Es kehrten Fw 190 vom Einsatz zurück, denen drei Zylinder zerschossen waren, Ein aufgerissener Zylinderblock, ein defekter Öl- oder Wasserkühler hatten bei einer Bf 109 den baldigen Totalausfall des Triebwerkes zur Folge.

Die Fw 190 A-3 stieg zwar unterhalb von 3000 m langsamer als die Bf 109 F-4 (862 Meter/Minute gegenüber 1400 m/min), beschleunigte aber besser und konnte vor allem enger kurven. Zog man sie jedoch zu eng, so riß am äußeren Flügel die Strömung ab, und da sie keinen Vorflügel wie die 109 hatte, ging die Fw 190 schlagartig in die Wechselkurve. Das konnte im Luftkampf, wenn die 190 gejagt wurde, von Vorteil sein. Wenn hingegen die 190 der Jagende war, war es mitunter von Nachteil, konnte sogar tödlich werden, wenn der Umschlag im Rottenflug passierte.

Die größte Überlegenheit hatte die Fw 190 gegenüber der Messerschmitt hinsichtlich der Bewaffnung: Die A-3 hatte 2 × 7,9 mm MG 17 über dem Motor und dazu je 2 × 20 mm MG FF und 20 mm MG 151/20 in den Tragflächen. Die MG FF wurden 1943 durch 2 × MG 151/20 beim Typ A-6 ersetzt.

Um die Lücke zu schließen, die der Ausfall der I. Gruppe mit sich brachte, verlegten Teile des JG 54 in den Mittelabschnitt. Im August 1942 verließ auch Kommodore Nordmann das Geschwader, um einen Urlaub anzutreten und anschließend an verschiedenen Einweisungen und Lehrgängen im Reich teilzunehmen. Ihn vertrat in dieser Zeit Hptm. Joachim Müncheberg vom JG 26, der für eine der demnächst freiwerdenden Kommodorestellen vorgesehen war. Müncheberg hatte im Westen und im Mittelmeerraum schon 86 Abschüsse erzielt und soll der Ansicht gewesen sein, daß der Luftkrieg im Osten ein Kinderspiel sei. Doch er mußte einiges Lehrgeld zahlen; in den ersten vier Wochen wurde er zweimal abgeschossen. Dennoch gelangen ihm bis zum 27. September 33 Luftsiege, was ihn als Ausnah-

Als am 22. Juni 1941 der Angriff gegen die Sowjetunion beginnt, sind die I. und III. Gruppe des JG 51 auf grenznahen Feldflugplätzen versammelt. Die IV. Gruppe bleibt vorerst dem JG 53 unterstellt.

Kommodore Mölders bei einer Einsatzbesprechung in Staraja-Bychow. V. l. n. sind zu erkennen: Theimann, Krafft, Stebner, v. Fassong, Mölders, Hül Bareuther und Lenz.

Die russischen Flugplätz die nun von den deutsch Verbänden eingenomme und benutzt werden, sin vollgestellt mit zerstörte oder beschädigten Flugzeugen des Gegners. Di veralteten Jagdflugzeug des Feindes erweisen si wegen ihrer Wendigkeit äußerst gefährlich.

Ein Bild – am 5. 7. 41 ebenfalls in Staraja-Bychow aufgenommen. V.l.: Uffz. »Toni« Hafner (durch Splitter verwundet), Oblt. Stengel, Fw. Seidel und Fw. Buttke.

Beschädigt fällt diese »Rata« I-16 in deutsche Hand.

3. Juli 1941 – Lagebesprechung mit dem General der Panzertruppen, Guderian.

13. Juli 1941 – Generalfeldmarschall Albert Kesselring besucht das JG 51 im Osten. Hptm. Fözö meldet.
Rechts Oblt. Grasser.

Beisetzung des am 16. Juli 41 bei einem Tiefangriff gefallenen Kapitäns der 5. Staffel, Oblt. Kolbow; Nachfolger wird Oblt. Grasser.

1. August 1941 – Ritterkreuz-Verleihung an den Kommandeur der IV. Gruppe, Oblt. Karl-Gottfried Nordmann (Mitte), und den Kapitän der 9. Staffel, Oblt. Karl-Heinz Schnell, im Gefechtsstand Karps durch General der Flieger Bruno Loerzer.

Drei erfolgreiche Piloten der IV./JG 51: V. l.: Ofw. Heinrich Hoffmann (RK am 12. 8. 41), Oblt. Nordmann und der Kapitän der 12. Staffel, Lt. Heinz Bär (RK am 2. 7. 41).

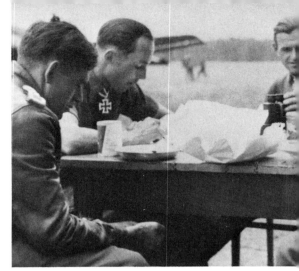

Mitte rechts: Oblt. Wehnelt (rechts) und Oblt. Karl-Heinz Schnell. Oblt. Wehnelt führt die 7. Staffel.

Mitte links: Am 25. August 1941 wird der Kommandeur der I. Gruppe, Eichenlaubträger Hptm. Hermann-Friedrich Joppien, im Luftkampf bei Brjansk abgeschossen. 70 Luftsiege konnte Joppien insgesamt erringen, davon 42 im Westen. Die Führung der Gruppe übernimmt nun Hptm. Willi Hachfeld.

Rechts: »Vati« Mölders und Ofw. Edmund Wagner – ein sehr erfolgreicher Flugzeugführer der 9. Staffel.

Oblt. Nordmann mit Oberwerkmeister Werner am Leitwerk der Kommandeurs-Maschine. (Kdr. IV./JG 51)

Die Fahne der IV. Gruppe im rauhen Ostwind.

Mitte links: Lt. Herbert Huppertz erhält am 30. 8. 1941 nach 34 Luftsiegen das Ritterkreuz und übernimmt nun die Führung der 6. Staffel. Rechts der Chef der Stabskompanie, Kessler.

Links: 14. Oktober 1941 – Einsatzbesprechung in Schatalowka. Links Oberst Mölders, der seit Juli 1941 General der Jagdflieger ist. In der Mitte Major Günther Lützow, Kommodore des JG 3. Rechts Hptm. Nordmann, Kommandeur IV./JG 51.

Der neue Kommodore ist Major Friedrich Beckh. Major Beckh erhält am 18. 9. 41 nach 27 Luftsiegen das Ritterkreuz, Hptm. Nordmann am 16. 9. 41 nach 59 Luftsiegen das Eichenlaub.

Schlammperiode vor Einbruch des ersten Winters in Rußland auf dem Flugplatz Smolensk-Nord.

Ofw. Franz-Josef Beerenbrock erringt am 6. Okt. 1941 den 42. Luftsieg und wird mit dem Ritterkreuz ausgezeichnet. Am 3. 8. 42 erhält er nach 102 Luftsiegen das Eichenlaub. Beerenbrock kann im Osten insgesamt 117 Gegner bezwingen, bis er am 9. 11. 1942 nach Kühlertreffer hinter den russischen Linien notlanden muß und in Gefangenschaft gerät.

Oktober 1941 – Feldflugplatz Kana bei Smolensk. Oblt. Lohoff (links) und Ofw. Wagner. Edmund Wagner fällt am 17. November nach Abschuß des 57. Gegners. Nachträglich wird dem tapferen Piloten am 17. 11. 41 das Ritterkreuz verliehen.

Der erste russische Winter hat seinen Einzug gehalten. Soweit vorhanden, werden die Flugzeuge in den großen Flugzeughallen, die vorher von der sowjetischen Luftwaffe genutzt wurden, gewartet.

Die Leistungen der »schwarzen Männer« bei Temperaturen bis zu 40 Grad minus kann nur der ermessen, der die strengen russischen Winter kennengelernt hat. Der Gegner aber, der vor den deutschen Stellungen lauert, kennt keine Winterpause.

Ein kluger Kopf kam auf diese Idee, und für ausreichendes Tageslicht war auch gesorgt.

Ofw. Stadeck in der Maschine von Hptm. Krafft beim Rückflug von einem Einsatz bei Demjansk.

Der Stabsschwarm der I. Gruppe startet zu einem Jabo-Einsatz.

Nachschubkolonne des JG 51 im Schneesturm.

mepilot bestätigt. Dafür wurde er mit den Schwertern zum Eichenlaub ausgezeichnet.
Die Kämpfe am Boden flauten Anfang September ab, nicht hingegen in der Luft. Fast täglich – sofern es das Wetter zuließ – griffen russische Bomber und Schlachtflieger die Truppen in der HKL an, oder erschienen über Flugplätzen und Nachschubwegen. Die Jäger flogen Abfangeinsätze, Begleitschutz und Fernjagd ins russische Hinterland. Die I. Gruppe kam am 6. September 1942 zurück, flog erst Einsätze im Nordabschnitt, vor allem um Angriffe gegen den Flaschenhals von Demjansk abzuwehren. Hier hatten die deutschen Truppen übrigens einen Fesselballon stehen, von dem aus ein Beobachter die russische Front einsehen konnte. Natürlich versuchten die Russen immer wieder, diesen Ballon abzuschießen, und deswegen mußte die I. Gruppe regelmäßig einen Jäger abstellen, der diesen Ballon schützte. Im Oktober verlegte die I. Gruppe nach Wjasma. Nun verlegte am 7. Oktober die II. Gruppe zur Umrüstung nach Jesau. Gleichzeitig wurde der Kapitän der 6. Staffel, Oblt. Walter Stengel, zur Ergänzungsjagdgruppe Ost versetzt. Stengel war mit 33 Jahren einer der ältesten Staffelkapitäne der Luftwaffe. Mit 33 Abschüssen war er zwar nicht im Sinne der oberen Führung ein Vorbild als »Abschießer«, aber seine unstreitigen Führungsqualitäten als Offizier machten ihn zu einer herausragenden Persönlichkeit im Geschwader.
Die Lage, in der das JG 51 in den zweiten Rußlandwinter ging, unterschied sich grundlegend von der Situation im Vorjahr. Da die Luftwaffe in diesem Frontabschnitt nicht mehr in laufender Vorwärtsbewegung war, hatten sich die rückwärtigen Dienste und die gesamte Bodenorganisation festigen können. Die Werften waren besser ausgerüstet. Es gab den gut ausgestatteten und gut funktionierenden Rückhalthorst in Smolensk. Die Unterkünfte des gesamten Personals in kleinen Blockhütten waren verhältnismäßig gut. Trotz aller Verluste, die das Geschwader hinnehmen mußte, war die Kampfmoral ausgezeichnet. Schließlich hatte die Wehrmacht im Südabschnitt die Wolga und den Kaukasus erreicht. Im Mittelabschnitt hatte die Heeresgruppe im wesentlichen ihre Stellungen behaupten können. Daß praktisch alle Reserven hier verbraucht waren, konnten die Flieger nicht wissen. Sie waren überzeugt, daß sie mit der neuen Fw 190 in Zukunft wieder die uneingeschränkte Luftüberlegenheit erringen könnten.
Aber schon bahnte sich eine neue Krise an: Anfang November 1942 waren die Amerikaner in Nordafrika gelandet, und die deutsch-italienischen Truppen sahen sich nun dort einem Zweifrontenkrieg gegenüber. Zur Abwehr der aus Algerien und Marokko zu erwartenden amerikanischen Luftangriffe mußten deutsche Jäger schnellstens nach Tunesien verlegt werden. Zu diesem Zeitpunkt waren die einzigen verfügbaren Jagdverbände die II./

JG 51 und 3./JG 1. Daher wurde die Umrüstung der II. Gruppe – mit Ausnahme der 6. Staffel – abgebrochen. Stab, 4. und 5. Staffel wurden nach Wiener-Neustadt geschickt, wo sie die Tropenversion der Bf 109G-2 übernahmen und nach Italien verlegten. Nur die 6. Staffel wurde unter dem neuen Kapitän, Oblt. von Eichel-Streiber, umgerüstet. Am 12. November schließlich verlegte die III. Gruppe nach Jesau.

Anfang November verfügte das JG 51 an der Ostfront über den Stabsschwarm, die I. Gruppe mit Fw 190 in Wjasma, die III. (die im November zur Umrüstung auf Fw 190 in Jesau herausgelöst wurde) und die IV. mit Bf 109 in Witebsk. Bei der I., vor allem aber bei der IV., gab es Anfang November Umbesetzungen in den Führungsstellen. Bei der 3. Staffel löste Oblt. Heinz Lange, bisher Staffelkapitän 1./JG 54, Oblt. Sonner ab. Die 10. Staffel übernahm der zum Lt. beförderte Ofw. Beerenbrock; Lt. Haase ging zum Stab I. Gruppe. Der Chef der 11., Lt. Seelmann, ging zur II. als Staffelkapitän, Nachfolger wurde Lt. Borchers. Oblt. Falkensamer, ein »Uralt-51er«, übergab die Staffel an Oblt. Moritz, der vorher beim Stab der II. Gruppe gewesen war.

In diesen Tagen griff die russische Luftwaffe verstärkt an, ein untrügliches Zeichen für eine bevorstehende Offensive. In den jetzt einsetzenden Luftkämpfen wurde der 4000. Abschuß des Geschwaders erzielt. Ähnlich wie einige Wochen zuvor Oblt. Weismann, geriet am 9. November Lt. Beerenbrock bei Welish an eine Überzahl feindlicher Jäger. Mit einem Kühlertreffer mußte der mit 118 Abschüssen erfolgreichste Jäger und Eichenlaubträger des JG 51 zu Boden und geriet in Gefangenschaft. Und schon begannen die Gerüchte zu kursieren: Beerenbrock war ja in Rußland geboren, seine Mutter war Russin und er sprach selber fließend diese Sprache. Und als in den Luftschlachten der nächsten Tage und Wochen die russischen Jäger vermehrt in einer aufgelockerten Formation erschienen, wie sie auch die deutsche Luftwaffe anwandte, wurde prompt behauptet: Da steckt der Beerenbrock dahinter, der wird bei den »Roten« als Jagdfliegerführer eingesetzt.

Es ist kaum vorstellbar, daß ein so erfolgreicher und tapferer Jagdflieger einen solchen Verrat begehen konnte. Außerdem spricht dagegen, daß er sehr lange in russischer Gefangenschaft blieb.

Am 18. November 1942 eröffnete die Rote Armee ihre Winteroffensive am Donbogen, am folgenden Tag bei Stalingrad. Am 24. November schlugen sieben Armeen gegen die Heeresgruppe Mitte los, unterstützt von mehreren Fliegerregimentern. Bei Rshew, Bjeloi, vor allem aber bei Welikije Luki wurde die Front aufgebrochen. Zur Abwehr der Luftangriffe verfügte das JG 51 nur noch über zwei Gruppen und die 15. (spanische) Staffel, die nun überall Feuerwehreinsätze fliegen mußten, vor allem bei Welikije

Luki, das eingeschlossen wurde. Die auf dem Iwansee liegenden Teile des JG 51 wurden mit dem KG 4 und einigen Ju 87-Staffeln zum Gefechtsverband Schmidt zusammengefaßt. Kampfauftrag war, die eingeschlossene Festung zu versorgen. Da es aber keinen Landeplatz gab, mußten die Versorgungsbomben im Sturzflug geworfen werden. Alle Bemühungen waren jedoch vergeblich; am 13. Januar brach der Widerstand in Welikije Luki zusammen. Bei Welikije Luki kam die erwähnte Panzerjägerstaffel erstmals zum Einsatz und verlor gleich eine ihrer Maschinen, nämlich die von Oblt. Jolas, der von der Flak getroffen wurde und schwerverwundet auf eigenem Gebiet notlandete. Die Existenz einer Panzerjägerstaffel war den wenigsten Geschwaderangehörigen bekannt. Sie unterstand eigentlich nur versorgungsmäßig und truppendienstlich dem Geschwaderstab, während sie einsatzmäßig vom Luftwaffenkommando Ost geführt wurde.

Im Dezember 1942 wurde die Situation des Geschwaders etwas günstiger durch die Rückkehr der III. Gruppe und der 6. Staffel, die jetzt als »Geschwaderstabsstaffel z. b. V.« geführt wurde. Schwerpunkt der Abwehr war der Einbruchsraum bei Welikije Luki, wo Stabsstaffel, I. und III. Gruppe sowie die Panzerjäger von einem zugefrorenen See, dem »Großen Iwansee«, aus starteten. Nebenbei bemerkt: In dem durchbrochenen Frontabschnitt hatten etliche Luftwaffenfelddivisionen gestanden, die bei dem ersten Ansturm der Russen aufgerieben wurden. Mit Sicherheit sind dort auch ehemalige Angehörige des JG 51 gefallen oder in Gefangenschaft geraten, da etliche abgelöste Flugzeugführer, die als Flieger versagt hatten oder wegen Disziplinarfällen strafversetzt wurden, in die Reihen dieser Luftwaffenfelddivisionen gekommen waren. Es gab aber auch Angehörige des Bodenpersonals, sich freiwillig zu den Lw-Felddivisionen gemeldet hatten!

Die I. Gruppe rochierte zwischen Wjasma und Orel hin und her, wo auch die spanische Staffel lag. Die bisher hier im Einsatz gewesene spanische Staffel war Ende November abgelöst worden und zum 1. Dezember durch den dritten Freiwilligenverband ersetzt worden. Es muß für diese Staffel, die gerade aus Südfrankreich über Werneuchen in den Osten verlegt hatte, besonders hart gewesen sein, unter diesen extremen Bedingungen eingesetzt zu werden. Gleich beim ersten Einsatz verlor sie einen ihrer Offiziere, Capitan Asensi. Er hatte sich verorientiert, weil, wie im russischen Winter häufig, kein Horizont auszumachen war, da über dem Schnee eine dichte Dunstwolke lag. Die spanische Staffel sollte bis zum Juli 1943 an der Ostfront bleiben; sie erzielte in diesem Zeitraum 64 Luftsiege und erlitt 6 eigene Verluste an Gefallenen und Verwundeten. Besonders wurde von der Luftflotte 6 hervorgehoben, daß die von den Spaniern geschützten Sturzkampfflieger keinen einzigen Verlust erlitten hatten.

Ähnlich wie im Winter zuvor änderte sich nur wenig an der inneren Verfassung des Geschwaders, obwohl jedermann sah, daß die Wehrmacht im Osten eine gewaltige Niederlage erlitten hatte und daß der Gegner in der Luft nach wie vor zahlenmäßig überlegen war und trotz Einführung der Fw 190 auch technisch nicht zurücklag.

Zwischen November 1942 und März 1943 verlor das Geschwader im Osteinsatz 35 Mann an fliegendem Personal durch Tod, Gefangenschaft oder Verwundung, davon 11 Offiziere, unter ihnen die Kapitäne der 10. Staffel (Beerenbrock und sein Nachfolger Böwing-Treuding), dann der Nachrichtenoffizier des Geschwaders, Hptm. Riemann, und die Kommandeure der I. Gruppe, die Hauptleute Krafft und Busch, der die Gruppe kommissarisch geführt hatte.

Tragisch verlief ein Flugunfall am 17. Januar 1943. Obstlt. Nordmann und Oblt. Busch waren vom Iwansee aus zu einem Frontflug gestartet. In einer enggezogenen Kurve geschah es, daß Nordmanns Fw 190 schlagartig über die äußere Tragfläche in die Gegenkurve umschlug und Buschs Maschine rammte, die brennend und trudelnd zur Erde stürzte und jenseits der Front aufschlug. Der Kommodore konnte verwundet mit dem Fallschirm abspringen, Buschs Schicksal blieb ungeklärt. Dieser Unfall nahm Nordmann nervlich so mit, daß er von da an keine Einsätze mehr geflogen ist.

Während Nordmanns Lazarettaufenthalt und anschließendem Urlaub führte der Kommandeur der III. Gruppe, Hptm. »Bubi« Schnell, das Geschwader. Schnell war alles andere als ein bequemer Untergebener. Im Verlauf des Frühjahrs 1943 kam es wiederholt zu Kontroversen zwischen ihm und vorgesetzten Dienststellen bis hinauf zum Luftwaffenkommando Ost, die aus Befehlen über Einsätze entstanden, die nur Personalverluste und Maschinenverschleiß zur Folge hatten. In Berlin kursierte das Gerücht, das berühmte JG 51 könne oder wolle nicht mehr wie gewohnt. Diese Auseinandersetzungen sollten für Schnell noch persönliche Folgen haben.

Wenn hier wiederholt auf hohe Verluste hingewiesen wird, so gab es doch Staffeln, die bislang gut davongekommen waren. Die 3./JG 51 hatte beispielsweise im ganzen Ostfeldzug bis April 1943 als Gefallenen nur den bei der Landung am 21. April abgestürzten Oblt. Reinhard Josten zu beklagen. Zahlenmäßig stärker als die Personalverluste waren die der Flugzeuge. Durch technische Fehler, Luftkampfschäden, Unfälle und durch die Bombardierung der Liegeplätze sank der Einsatzbereitschaftsstand des Geschwaders wieder einmal erheblich ab; manche Staffeln hatten durchschnittlich nur vier Maschinen einsatzklar. An der ersten Kriegszeit gemessen, hätte das Geschwader jetzt aus dem Einsatz gezogen werden müssen. Die Schwäche wurde aber dadurch ausgeglichen, daß die wenigen Flugzeugführer, die jetzt in die Luft gehen konnten, zusehends an Einsatzerfahrungen und an jagdfliegerischem Können gewonnen hatten. Hier seien stellvertretend Joachim Brendel, Günther Schack, »Pepi« Jennewein und Günter Schwarz genannt. Schack hatte es endlich gelernt, mit dem richtigen Vorhalt aus der Steilkurve heraus zu treffen – ein Verfahren, das Mölders zwei Jahre zuvor für unmöglich erklärt hatte. Fw. Schack schoß am 23. Februar bei einem Kampf fünf Gegner ab, davon drei LaGG-3 innerhalb einer Minute in einem einzigen Ansatz.

Der März 1943 brachte den Höhepunkt der Krise. Im Norden wurde Demjansk geräumt. Zum Schutz dieses Unternehmens verlegte die III. Gruppe vorübergehend nach Krasnogvardeisk unter das Kommando des JG 54. In den Wochen vor der Verlegung hatte es mit dem Sturzkampfgeschwader 1 eine Auseinandersetzung gegeben. 12 Maschinen der III. Gruppe waren zu einem Begleitschutzauftrag für das StG 1 gestartet. Auf dem Rückflug erreichte eine angeschossene Ju 87 nicht mehr die eigenen Linien, was dem Begleitschutz angelastet wurde und zu einer Kriegsgerichtsverhandlung führte. In der sogenannten »Büffelbewegung« wurde der Wjasmabogen geräumt. Hierbei schützten die I. und IV. Gruppe den Rückzug des Heeres. Dann ging die I. nach Briansk, weil es im Süden kriselte: Der Roten Armee war ein tiefer Einbruch bis über Kursk hinaus gelungen, der nur mit Mühe abgeriegelt werden konnte. Anfang April, als das Tauwetter einsetzte, waren die Kräfte beider Seiten erschöpft. Es trat eine Pause ein, die erst im Sommer mit der Schlacht um Kursk beendet werden sollte.

Zum Abschluß dieses Abschnitts noch eine Statistik besonderer Art: Bis zum 31. März 1943 waren aus dem Geschwader 35 Ritterkreuzträger hervorgegangen. Von ihnen bekamen 5 das Eichenlaub, 2 dieser Männer die Schwerter, von denen Mölders auch die Brillanten erhielt. Von diesen 35 Männern hatten 6 den Orden erst nach ihren Tod (posthum) verliehen bekommen. Ende März waren noch 11 Inhaber des Ritterkreuzes beim Geschwader: einer beim Stab (Nordmann), einer bei der Stabsstaffel (Tange), einer bei der I. Gruppe (Höfemeier), fünf bei der II. Gruppe (Grasser, Mink, Hafner, Rübell, Schultz), einer bei der III. (Schnell), einer bei der IV. (Friebel).

Die II. Gruppe in Afrika und Italien 1942/1943

Die Gruppe befand sich noch nicht einen ganzen Monat zur Umschulung und Umrüstung auf Fw 190 in Jesau (was ja zugleich eine Erholungspause bedeutete), als am 5. November 1942 der Befehl eintraf, daß Stab und zwei Staffeln mit zugehörigem Personal in den Bereich des Oberbefehlshabers Süd zu verlegen hätten. Die Umrüstung war abzubrechen und statt der Fw 190 die Messerschmitt Bf 109 G-2 in der Tropenausstattung zu übernehmen.

Die Reaktion auf den Verlegebefehl dürfte recht verschieden ausgefallen sein. Die Angehörigen des Bodenpersonals und einige junge Flugzeugführer werden sich vermutlich auf die Aussicht gefreut haben, den nächsten Winter nicht mehr in Rußland verbringen zu müssen. Die »Alten« werden eher skeptisch gewesen sein. Sie ahnten, was sie erwartete: Lange Flüge über dem Meer, harte Kämpfe mit englischen Piloten, zu denen bald starke Verbände der Amerikaner stoßen würden, und eine Notlandung in der Wüste oder in schroffer Gebirgslandschaft bot auch nicht mehr Überlebenschancen als eine im russischen Schnee.

Es wurde entschieden, daß die 4. und 5. Staffel in den Süden verlegen sollten; die 6. hatte die Umrüstung fortzusetzen und an die Ostfront zurückzukehren. Vor der Verlegung gab es noch einige personelle Umbesetzungen: Lt. Rübell wurde von der 6. Staffel als Adjutant in den Stab versetzt; ebenfalls von der 6. zur 4. Staffel wurde Fw. Hafner versetzt. Der Ritterkreuzträger Fw. Knappe mußte an das JG 2 abgegeben werden.

Am 8. November starteten 20 Flugzeugführer von Wiener-Neustadt mit ihren neuen, sandbraun lackierten Bf 109 G-2 und flogen in mehreren Etappen nach Sizilien, wo der Verband dem Fliegerführer Tunis unterstellt wurde.

Das Bodenpersonal und einige Flugzeugführer verlegten teils mit der Eisenbahn, teils mit Transportmaschinen nach Sizilien. Eine der Transport-Ju 52 prallte gegen einen Berg in Sizilien – 5 Männer des Bodenpersonals fanden den Tod, 11 wurden schwer verwundet.

Am 14. November verlegten Teile der Gruppe erstmals nach Bizerta in Tunesien; am 16. kam es zur ersten Feindberührung mit englischen Jägern, wobei Hptm. Grasser und Fw. Hafner je eine »Spitfire« abschossen.

Am 26. November erhielt die Gruppe eine neue 6. Staffel; es war die 3./ JG 1, die unter ihrem Kapitän, Oblt. Heidrich, aus dem Reichsgebiet kommend nach Afrika verlegt hatte. Ihre Flugzeugführer hatten zwar umfangreiche Flugbücher mitgebracht, doch außer vielen Sperrflügen hatten sie nur wenige Einsätze auf Aufklärer oder Minenleger aufzuweisen. Ihr Staffelkapität war mit etwa 5 Luftsiegen noch der erfolgreichste Flieger der Staffel.

Am 30. November erhielt die Gruppe erneut Verstärkung: Die im August 1942 neuaufgestellte Höhenstaffel 11./JG 26 unter Oblt. Westphal verlegte nach Tunis und wurde der II./JG 51 unterstellt. Bei dem Transport von Sizilien nach Nordafrika wurden drei der vier Ju 52 mit dem Bodenpersonal abgeschossen; am 3. Dezember wurden bei einem Bombenangriff auf Tunis sechs Flugzeugführer getötet; die Überlebenden wurden auf die drei Staffeln der Gruppe aufgeteilt.

Am selben Tag erhielt die 6. Staffel Personal von der 11./JG 2, die zum größten Teil im JG 53 aufging.

Oblt. Heidrich wurde, nachdem er in Tunesien drei Luftsiege errungen hatte, am 12. Januar 1943 abgeschossen und fiel.

Oblt. Puschmann übernahm dann die Staffel. Zur besseren Einweisung wurden Flugzeugführer zur 4. und 5. Staffel versetzt oder gegen Männer dieser Staffeln ausgetauscht, unter ihnen Fw. Otto Schultz.

Der OB. d. L. hatte um die Jahreswende 1942/43 die Jagdabwehr im Mittelmeerraum erheblich verstärkt. Hier lagen schließlich zwei vollständige Jagdgeschwader (JG 53 und 77), zwei Gruppen des JG 27 und eine des JG 51 (als verstärkte Gruppe mit 45 Flugzeugführern im Dezember 1942), je eine Gruppe der ZG 1 und 26, zwei mit Fw 190 ausgerüstete Gruppen des SchG 2 und die III./SKG 10, ebenfalls mit Fw 190. Hier war auf einem scheinbar kleinem Raum eine erhebliche Anzahl von Jagdverbänden versammelt, die an Zahl der Flugzeugführer kaum den Jägern an der Ostfront nachstand. Um so empörter war man in Berlin, daß die Jäger im Süden »versagten«. Dieses angebliche Versagen – ein Vorwurf, der auch der II./JG 51 gemacht wurde –, hatte viele Gründe:

– Von einer Kräftekonzentration konnte keine Rede sein. Die Gruppen und Staffeln lagen auf Plätzen in Nordafrika, Sizilien, Sardinien, Nord- wie Süditalien, Griechenland, Kreta und Rhodos verstreut.

– Um Lücken zu schließen, wurde unentwegt verlegt oder wurden Kommandos zu irgendwelchen Außenposten abgestellt. Für die II./JG 51 lassen sich von November 1942 bis Ende April 1943 mindestens 26 Verlegungen und 11 Liegeplätze nachweisen, meist verbunden mit Unterstellungen unter andere Verbände.

– Die Jagdflieger standen teilweise im vierten Jahr im Einsatz, ohne je die Chance eines langen Ausruhens gehabt zu haben. Einige waren einfach verbraucht oder »abgeflogen«.

– Die Auffüllung des Verbandes mit jungem Nachwuchs oder unerfahrenen Männern machte sich zwar gut auf den Übersichten der Ist-Stärke, bedeutete aber keine echte Verstärkung der Kampfkraft. Gerade der Nachwuchs hatte die höchsten Gefechtsverluste. Solche Ausfälle wurden wiederum durch Neulinge ersetzt. Selbst erfahrene Männer fielen aus, mitunter durch dumme Zufälle, so beispielsweise das bewährte Gespann der Oberfeldwebel Mink und Tange: Anfang Dezember war Mink einem Kraftfahrer behilflich, einen LKW mit der Handkurbel anzulassen. Die zurückschlagende Kurbel verletzte Mink am Handgelenk, so daß er ins Lazarett mußte. Zur gleichen Zeit erkrankte Tange und wurde nach seiner Genesung zur Stabsstaffel versetzt. Mink kehrte im Sommer 1943 noch einmal zur II. Gruppe zurück, wurde dann zu einer Jagdschule im Reichsgebiet versetzt.

– Die Jäger im Mittelmeerraum standen einer erdrückenden Übermacht gegenüber, die nur von der Kampferfahrung Einzelner wettgemacht werden konnte. Die alliierten Jäger waren nicht nur an Zahl überlegen, selbst ihr Gerät war mindestens gleichwertig (Jäger Curtiss P-40, P-38 »Lightning«), zum Teil sogar überlegen, wie die »Spitfire« IX. Wenn auch den amerikanischen Jagdfliegern anfangs die Kampferfahrung fehlte, machten sie das durch ihre Zahl und ihren bedingungslosen Angriffsgeist wett. Daß ein Luftkampf abgebrochen wurde, kam selten vor. In der Regel sah es so aus, daß die in der Überzahl auftretenden alliierten Jäger die deutschen Jagdflieger erbarmungslos so lange hetzten, bis sie am Boden lagen.

– Mit zwei- und viermotorigen Bombern sowie Jagdbombern wurden Nachschubwege, rückwärtige Nachschubbasen und Frontflugplätze systematisch zerbombt. Es gab erhebliche Versorgungsprobleme, vor allem, seitdem amerikanische Langstreckenjäger den Nachschub aus der Luft und auf dem Wasser weitgehend abschnürten. Diese Probleme wurden durch eine außerordentliche Beanspruchung der Flugzeuge gesteigert. Hitze und Sand ließen Motoren und Reifen vorzeitig verschleißen; wegen fehlender Ersatzteile konnten beschädigte Maschinen nur unvollkommen oder gar nicht repariert werden. Immer häufiger mußten bei Rückwärtsverlegungen flugunfähige Maschinen gesprengt werden. Alliierte Photos von eroberten Flugplätzen zeigen die große Zahl zerstörter oder ausgeschlachteter Flugzeuge am Rande der Plätze.

– Alle Erfahrungen, die die Männer im Kampf gegen mittlere russische Bomber gewonnen hatten, nutzten nichts im Einsatz gegen geschlossene Pulks viermotoriger Bomber. Die Jäger hatten die zur Bomberbekämpfung ungeeigneten Maschinen: die Bf 109 G-2, mit der die II. Gruppe anfangs ausgestattet war, verfügte nur über eine 20 mm-Kanone und zwei leichte MG, mit der man gegen die Panzerung der »Fliegenden Festungen« wenig ausrichten konnte. Später bekam die Gruppe die G-4 und G-6, die »Beule«, die statt der leichten MG über 2 × MG 131 von 13 mm Kaliber verfügte und die auch unter den Flächen je eine 20 mm Waffe in Gondeln mitführen konnte. Diese »Kanonenboote« waren nun zwar gegen die Bomber gut zu verwenden, aber völlig ungeeignet, um den Kampf mit den Begleitjägern aufzunehmen.

– Körperlich wie seelisch wurden Flugzeugführer und Bodenpersonal im Mittelmeerraum, vor allem in Afrika, stark beansprucht: Hitze, Staub, Tropenkrankheiten wie Malaria, Hautausschläge, Magen/Darminfektionen, machten den Männern zu schaffen. Dazu kam im März/April 1943 das Gefühl, im Kessel zu sitzen und einer ungewissen Zukunft entgegenzusehen. Flüge über See waren mindestens genauso belastend wie Einsätze über dem verschneiten russischen Gebiet jenseits der Front drohten. Besonders dann, wenn die Jäger mit geringer Fahrt in niedriger Höhe einen Verband von Transportflugzeugen oder einen Schiffskonvoi zu schützen hatten und immer damit rechnen mußten, daß plötzlich aus der Sonne ein ganzes Geschwader von »Lightning« herabstieß.

Diese widrigen Einsatzbedingungen und Belastungen begriff man in Berlin einfach nicht und war der festen Überzeugung, daß die Jäger im Süden, unter denen sich so viele hochdekorierte Männer befanden, »versagten«. Görings böses Wort von der »Laurigkeit« der Jagdflieger machte die Runde.

Die II./JG 51 war vor ihrem Afrika-Einsatz noch nie über einen so langen Zeitraum so hart, nahezu täglich, eingesetzt worden. Die Piloten flogen Begleitschutz für Kampf-, Schlacht- und Aufklärungsflugzeuge, freie Jagd, Einsätze gegen Jäger und Bomber, Begleitschutz für Transportflugzeuge und Schiffe, Gewaltaufklärung, Straßenschutz über eigenem und Straßenjagd über Feindgebiet, Jagdvorstöße gegen Feindplätze und immer wieder Tiefangriffe.

Der nachstehende, auszugsweise Kalender zeigt das Auf und Ab bei den Einsätzen der Gruppe:

1942

16. November: Erster Abschuß in Afrika durch Fw. Hafner, eine »Spitfire«; 1197. Abschuß der Gruppe.

17. November: Abschuß von 4 Torpedobombern Blenheim »Bisley« bei Cap Serrat.

26. November: Jagdvorstoß der ganzen Gruppe Richtung Mateur, Luftkampf mit 16 »Spitfire«, 2 Abschüsse, 1 Verlust (Fw. Noecker).

27. November: Die Gruppe schießt – 150 km hinter der HKL – aus einer Staffel von 9 P-40 (nach anderen Angaben sollen es »Spitfire« gewesen sein) 7 Gegner ohne Verlust ab. Bei

	einem zweiten Einsatz an diesem Tag entdeckt Fw. Hafner weit unter sich ein einzelnes Feindflugzeug, schwingt ab, kommt zum Abschuß und schließt sofort wieder zum Verband auf.
28. November:	4. und 5. Staffel haben Luftkampf mit 14 »Spitfire« bei Bizerta, Fw. Zeddies und Lt. Adam verwundet.
8. Dezember:	Wolkenbrüche über Tunis lassen alle Flugzeuge im Schlamm versinken; Einsätze werden mit Maschinen des JG 53 geflogen.
28. Dezember:	Luftangriff auf Tunis, Luftkämpfe mit Begleitschutz bis in Bodennähe. Hptm. Grasser wird vom Verband abgedrängt und flieht, knapp über dem Wasser des Hafens von Tunis fliegend. Fw. Kühlein schießt eine der verfolgenden »Lightning« ab, der Rest bricht den Kampf ab.
1943	
2. Januar:	Fw. Hafner wird im Kampf mit 20 »Spitfire« über Tunis abgeschossen; beim Aussteigen zerschmettert er sich am Leitwerk den Arm. 2 P-38 abgeschossen.
7. Januar:	Bombenangriff auf Flugplatz Gabes, 4 Tote und Verwundete.
8.–11. Januar:	Erfolgreiche Tiefangriffe auf die feindlichen Plätze Gafsa und Telepte.
12. Januar:	Oblt. Heidrich, Chef 6. Staffel, bei Begleitschutz für Ju 88 abgeschossen.
15. Januar:	Luftkämpfe mit »Marauder«, P-40 und »Spitfire«. 5 Abschüsse, Fw. Baumann verwundet.
22. Januar:	4. und 5. Staffel westlich Gabes zum Schutz der eigenen Straßen eingesetzt, Luftkämpfe mit P-38; Ofw. Schultz und Lt. Furch je ein Abschuß, Lt. Furch, Staffelkapitän der 5./JG 51, von eigener Flak abgeschossen. Oblt. Rübell übernimmt die Staffel am 3. Februar.
23. Januar:	7 »Lightning« abgeschossen.
11. Februar:	Gruppe hat keine einsatzklaren Maschinen mehr. Flug nach Sizilien, um neue G-4 und G-6 zu holen.
26. Februar:	1299. Abschuß der Gruppe durch Fw. Schultz.
28. Februar:	22 Maschinen am Platz, Luftkampf mit 60 US-Jägern, Uffz. Schenk (Kommando der 5. Staffel in Sardinien) erzielt 1300. Abschuß, wird selbst abgeschossen und ertrinkt, da er keine Schwimmweste angelegt hatte.
3. März:	Nur noch 17 Flugzeuge vorhanden, von denen 6 einsatzklar sind. Ein Drittel der Gruppe fliegt nach Sizilien, um

	neue Flugzeuge zu holen, diesmal nur schwachbewaffnete G-2.
21. März:	4 Jäger, 1 Bomber B-17 abgeschossen.
Ende März:	Laufend Tiefangriffe vor der Marethstellung.
24. März:	Tiefangriffe von Bombern und Jägern auf eigenen Platz Souassi; Tote und Verwundete unter dem Bodenpersonal.
Anfang April:	Wieder sind alle Maschinen verschlissen; Gruppe erhält G-4.
6. April:	Alarmstarts auf zwei B-17-Staffeln, die ein Schiffsgeleit angreifen wollen. Der erste Verband kann abgedrängt werden, drei Bomber sind krankgeschossen, vier eigene Jäger beschädigt. Der zweite Verband kommt durch und vernichtet die Nachschubdampfer.
11. April:	Teile des Bodenpersonals werden nach Trapani auf Sizilien ausgeflogen. Zwei Transport-Ju 52 werden abgeschossen, 11 Mann der II. Gruppe getötet.
18. April:	Letzte Einsätze in Afrika
19. April:	II./JG 51 gibt die G-4 an JG 77 ab, übernimmt deren G-2. Um 19.00 Uhr Abflug nach San Pietro (Sizilien), Landung bei Dunkelheit. Hptm. Hillmers Stabskompanie hat die Landebahn mit brennenden Ölfässern markiert.
20. April:	Die letzten vier Bf 109 – ziemlich ramponierte, kaum flugklare Maschinen – sollen nach Sizilien überführt werden. Als Flugzeugführer hatten sich Oblt. Rammelt, Oblt. Walther, Uffz. Perzina und ein weiterer Unteroffizier zur Verfügung gestellt. Kurz nach dem Start stieß der Schwarm nördlich von Tunis auf 40–50 »Spitfire«. Die beiden Unteroffiziere wurden abgeschossen, Perzina schwer verwundet. Rammelt und Walther kehren um, tanken auf und starten erneut. Über dem Meer werden die beiden Messerschmitts von »Lightning« verfolgt, ohne Munition in den eigenen Waffen. Im dichten Dunst über dem Meer gelingt es Rammelt und Walther, sich vom Feind zu lösen und San Pietro zu erreichen.

In Afrika hatte die Gruppe bis zum 20. April 1943 insgesamt 121 Luftsiege erzielt, in die sich 26 Piloten teilten. Der nachweisbar erfolgreichste in diesen Monaten war Ofw. Otto Schultz mit 18 Luftsiegen. Die Angaben über die Luftsiege von Fw. Toni Hafner gehen auseinander: Nach Angaben eines ehemaligen Kameraden, der in der Afrika-Zeit stets mit Hafner das Zelt geteilt hat, habe er nur 12 Luftsiege. Andere Angaben nennen 20. Die

weiteren erfolgreichen Flugzeugführer waren Hptm. Grasser (11 LS), Oblt. Rammelt (9 LS), Oblt. Puschmann (8 LS), Oblt. Rübell (6 LS). Die Feldwebel Rauch und Kühlein hatten je 5 Luftsiege aufzuweisen.
Hatten die »Alten« in dieser Zeit die meisten Abschüsse erzielt, so gab es unter ihnen auch die geringsten Verluste: Vom Stamm der Gruppe fielen die Leutnante Wunderlich und Furch; dann Fw. Telschow und Oblt. Heidrich von der ehemaligen 3./JG 1. Verwundet wurde Fw. Hafner. Den Nachwuchs hingegen traf es hart: 9 Flugzeugführer fielen, davon hatten 6 noch keinen Abschuß; 7 Nachwuchspiloten wurden verwundet, einer geriet in Gefangenschaft. Die zahlenmäßig höchsten Verluste hatte das Bodenpersonal: 18 Gefallene, 22 Verwundete.
Lt. Rübell und Ofw. Schultz bekamen am 14. März 1943 das Ritterkreuz verliehen. Nach seinem 103. Luftsieg am 25. März wäre Hptm. Grasser für die Verleihung des Eichenlaubs »fällig« gewesen. Aus verschiedenen Gründen (zu dem Verleihungsvorschlag mußten ja Dienststellen in Afrika, Italien, Rußland und Berlin Stellung nehmen) verzögerte sich die Verleihung bis zum 31. August, als Grasser längst beim Jafü Paris war.
Da Hauptmann Grasser bereits im April 1943 abberufen wurde, wurde von da an Oblt. Rammelt mit der Wahrnehmung der Geschäfte beauftragt, als Kommandeur sollte er sie am 7. Juni 1943 übernehmen.
Im Mai und Juni lag die Gruppe auf ständig wechselnden Plätzen Siziliens und Sardiniens: Cagliari Monserrato, Casa Zeppera, Senorbia, Trapani. Je näher die Invasion rückte, desto heftiger wurden die deutschen Fliegerhorste bombardiert. Am 10. Juli begann die Invasion der Insel Sizilien. Die gesamte Gruppe verlegte nach Trapani. An diesem Tag flog sie drei Einsätze, am nächsten und übernächsten Tag jeweils neun Einsätze, vorwiegend Tiefangriffe. Dann mußte sich die Gruppe auf verschiedene kleine Feldflugplätze verstreuen, weil die großen Flugfelder zerbombt waren.
In den Luftkämpfen mit den P-40 der 325th Fighter Group, den »Lightning« der 1st. Ftr. Grp. sowie mit leichten Bombern (»Boston«, B-25 »Mitchell«) errang die Gruppe 26 Abschüsse; daran waren Oblt. Rammelt mit 4 und der zum Leutnant beförderte Otto Schultz mit 2 Luftsiegen beteiligt. Von Fw. Nielinger ist am 21. Mai sein 23. Luftsieg belegt. Aber die Verluste waren hoch: 7 gefallene (alles Nachwuchspersonal) und 3 verwundete Flugzeugführer.
Am 13. Juli kam der Räumungsbefehl; alle unklaren Maschinen wurden gesprengt. Die Reste sammelten sich in Vito dei Normanni, wo einige Flugzeugführer beim JG 27 zum Einsatz kamen. Dann ging es nach Treviso. Hier war die Wiederaufrüstung vorgesehen, doch wurde der Verband aus dem Einsatz gezogen und zur Auffrischung nach München-Neubiberg verlegt.

Das JG 51 bei der Schlacht um Kursk und in den folgenden Abwehrschlachten

Als die Ostfront sich im April 1943 wieder gefestigt hatte, gab es einen russischen Frontbogen zwischen Orel und Bjelgorod, der sich geradezu anbot, durch eine Zangenoperation beseitigt zu werden. Hitler hatte die Gegenoffensive anfangs schon für Mai angesetzt (der Deckname dafür war Unternehmen »Zitadelle«), dann wurde sie auf den Juni verschoben, schließlich wurde der 5. Juli endgültig für den Angriffsbeginn festgesetzt. Die Wehrmacht hatte vier Armeen zusammengezogen, ihr gegenüber standen in einem tiefgestaffelten, hervorragend ausgebauten und getarnten Verteidigungssystem 10 russische Armeen (die allerdings zahlenmäßig kleiner als die deutschen waren) und zwei Panzerarmeen. Die Luftwaffe hatte unter rücksichtsloser Entblößung aller anderen Frontabschnitte alles an Jägern, Stukas, Bombern und Schlachtfliegern zusammengezogen, was sie an der Ostfront hatte. Trotzdem konnten die Sowjets 50% mehr an Flugzeugen aufbieten. Die zahlenmäßige Überlegenheit stieg ab Mitte Juli sogar auf das Dreifache.

Die Operationen im Süden sollten unter dem Jagdschutz der JG 3 und 52 rollen. Den Jagdschutz im Norden über Models 9. Armee übernahmen die mit Fw 190 voll ausgerüsteten JG 51 und 54.

In den Führungsstellen des Geschwaders hatte es im ersten Halbjahr 1943 einige Neubesetzungen gegeben: Die I. Gruppe führte seit dem Tode Buschs am 17. Januar Hptm. Erich Leie, der vorher Kommandeur der I./JG 2 gewesen war und sich bei diesem Geschwader schon 1941 das Ritterkreuz erkämpft hatte. Wie erinnerlich, hatte Leie als Leutnant im August 1939 die Reservestaffel JG 71 geführt, die Vorgängerin der 5./JG 51.

Es war bereits erwähnt worden, daß der Kommandeur der III. Gruppe, Hptm. »Bubi« Schnell, wegen seiner häufigen Kontroversen mit vorgesetzten Stellen in Ungnade gefallen war, was Ende Juni 1943 zu seiner plötzlichen Ablösung führte. Nachfolger wurde keiner der Staffelkapitäne, sondern – für ihn völlig überraschend – Hptm. Fritz Losigkeit. Er hatte bereits in Spanien unter Galland und Mölders Erfahrungen gesammelt, war abgeschossen worden und verbrachte 9 Monate in rotspanischen Gefängnissen. Bis 1941 war er Kapitän der 2./JG 26, dann Luftwaffenattaché in Tokio und kehrte mit einem Blockadebrecher nach Deutschland zurück. Als (erster) Kommandeur der IV./JG 1 hatte er im Frühjahr 1943 Auseinandersetzungen mit dem Kommandeur der 3. JDiv, der anläßlich eines Einsatzes gegen B-17-Bomber den Flugzeugführern Feigheit vorwarf. Losigkeit wurde daraufhin als Kommandeur zur I./JG 26 versetzt, die im Mai 1943 an die Ostfront verlegte. Als diese Gruppe bald darauf wieder zurückverlegte, bekam Hptm. Losigkeit den Befehl, am 23. Juni die III./JG 51 zu übernehmen. Losigkeit hatte bis dahin 13 Luftsiege.

Bei der IV. Gruppe war Hptm. Hannes Knauth zum Kommandeur der I./JG 103, eines Schulverbandes, ernannt worden. Sein Nachfolger, Hptm. Rudolf Resch, war zuvor Kapitän der 6./JG 52 gewesen. Die einzige Neubesetzung bei den Staffelkapitänen hatte es bei der 10. Staffel gegeben: Oblt. Böwing-Treuding war am 11. 2. 1943 gefallen, sein Nachfolger kam aus derselben Staffel: Oblt. von Fassong. Wie schon sooft geschehen, wurde auch Böwing-Treuding erst nach seinem Tod mit dem Ritterkreuz ausgezeichnet. Den anderen, im Frühjahr 1943 vergebenen »Halsorden« erhielt der Kapitän der 2./JG 51, Oblt. Thiel.

Hinsichtlich Gliederung und Organisation ist zu erwähnen, daß es mittlerweile die Stabsstaffel (die ehemalige 6./JG 51) unter Oblt. v. Eichel-Streiber gab, die nach der Verlegung der Panzerjägerstaffel auf den Kuban-Brückenkopf jetzt zunehmend die Aufgabe einer Jabo-Staffel übernehmen sollte. Die Spanier hatten ihre dritte Staffel im Juni aus dem Einsatz genommen, und eine neue Staffel mit Fw 190 war am 5. Juli in Seschtschinskaja eingetroffen. An der Ausbildung der Spanier in Toulouse, im Frühjahr 1943, waren übrigens Hptm. Stengel und der zeitweise dorthin abkommandierte Lt. Schack beteiligt gewesen.

Bereits Wochen vor der deutschen Offensive setzt von beiden Seiten lebhafte Fliegertätigkeit ein. Die Luftwaffe unternahm erstmals Feindeinsätze nach Gorki zur Störung der russischen Rüstungsindustrie; Kampfflugzeuge, Zerstörer, Stukas, Schlachtflugzeuge und auch Jäger griffen im russischen Hinterland Eisenbahnen, Bahnhöfe, Flugplätze und Brücken an. Mit Zusatztanks ausgerüstet, flogen die Fw 190 des JG 51 im Sparflug in 4000 m Höhe nach Kursk und zu den Tim-Brücken und machten das Hinterland unsicher. Die Russen schlugen aber zurück; besonders die sieben neuen Flugplätze um Orel zogen ihre Aufmerksamkeit an, aber auch weiter westlich gelegene Plätze wurden bombardiert, sogar Gomel war nicht mehr sicher. So stiegen auch in den vermeintlich ruhigen Wochen vor der Offensive die Abschußzahlen ganz erheblich an. Bei der I. Gruppe ist vor allem Ofw. Leber zu nennen, der am 1. Juni nach 54 Luftsiegen fiel. Erfolgreich waren auch Fw. Jennewein, Mj. Leie, Lt. Brendel, Hptm. Lange, Lt. Höfemeier; von den Nachwuchspiloten waren es die Unteroffiziere Romm und »Emmes« Schwarz; dieser mußte aber am 21. Juni nach

einem Flaktreffer auf Feindgebiet notlanden und geriet in Gefangenschaft. Die wohl erfolgreichsten Piloten der III. Gruppe waren Lt. Weber und Fw. Straßl; von der IV. Gruppe ist wenig dokumentarisches Material aus dieser Zeit vorhanden. Bekannt ist, daß Oblt. Borchers und Fw. Tanzer etliche Abschüsse hatten. Erwähnenswert ist ein Einsatz am 6. Mai, bei dem Tanzer nach einem Luftsieg schwer verwundet wurde und mit unglaublicher Härte gegen sich selbst seine angeschossene Maschine »nach Hause« flog. Kurz vor dem Frontüberflug wurde Tanzer, der vom Kommodore und seinem Schwarm gedeckt wurde, erneut angegriffen. Eine Jak-3 flog unter Tanzers Maschine durch und zog vor ihm hoch. Tanzer schoß und traf, die Jak überschlug sich und ging brennend nach unten. Für diese Leistung wurde er ins Ehrenbuch der Luftwaffe eingetragen und zur Verleihung des Ritterkreuzes eingereicht.
Am 30. Juni hatten die Gruppen und Staffeln des Geschwaders ein Maß an Einsatzbereitschaft melden können, wie es seit den Anfangstagen des Ostfeldzugs nicht mehr erreicht worden war. Alle Staffeln hatten eine der Sollstärke entsprechende Ist-Stärke, obwohl etliche Flugzeugführer, wie Schack und Jennewein, erst am 4. Juli mit dringendem Fernschreiben aus dem Urlaub zurückgerufen wurden. Jede der Staffeln hatte mindestens 7 einsatzbereite Flugzeuge, die Stabsstaffel sowie die 15. Staffel sogar 12 (die Spanier wurden hinsichtlich des Flugzeugmaterials stets bevorzugt behandelt), insgesamt hatte das Geschwader 88 Maschinen einsatzbereit. Die Panzerjägerstaffel/JG 51 nahm – soweit bekannt – nicht an der Schlacht um Kursk teil, da sie im Frühjahr 1943 in den Kubanbrückenkopf verlegt worden war. Die Fw 190 A-3 war mittlerweile durch die Typen A-4 und A-5 ersetzt worden, die über eine verbesserte Triebwerkkühlung verfügten.
Problematisch war die Treibstoffversorgung für die JG 51 und 54. Die Fw 190 benötigte den hochwertigen Kraftstoff C-3. Der Quartiermeister der Luftflotte 6 hatte für eine 10tägige Offensive einen Bedarf von 1097 Tonnen errechnet, geliefert wurde nicht einmal die Hälfte.
Am Morgen des 5. Juli, um 3.30 Uhr, begann die Schlacht. Die Flugzeugführer des JG 51 flogen Stuka-Begleitung, einige kreisten am Ziel über dem Verband, andere stürzten mit den Stukas hinab und feuerten auf Bodenziele. Erst am Nachmittag – es wurden in diesen Tagen bis zu sechs Einsätze am Tag geflogen – kam es zu den ersten Luftschlachten Jäger gegen Jäger, wobei für kurze Zeit tatsächlich die Luftüberlegenheit erzielt werden konnte. JG 51 und JG 54 sowie die Flak meldeten 120 Abschüsse. Allerdings gehen deutsche und russische Angaben über Abschüsse und Eigenverluste völlig auseinander. Während deutsche Angaben von hohen Erfolgszahlen bei minimalen Eigenverlusten sprechen, geben die russischen Berichte das umgekehrte Bild; sie geben für die Zeit vom 5.–8. Juli im

Raum Kursk 566 Verluste zu und beanspruchen den Abschuß von 854 deutschen Flugzeugen, was nach den amtlichen deutschen Verlustmeldungen um ein Mehrfaches zu hoch ist.

An den nächsten beiden Tagen prallten erneut die Jäger aufeinander. Von der I. Gruppe waren es vor allem Lt. Brendel, Uffz. Josten, Fw. Jennewein und Uffz. Romm, die die Zahl ihrer Luftsiege erhöhten. Es war aber ein Mann der III. Gruppe, der alle in den Schatten stellte: Fw. Straßl. Ende 1942 hatte er 14 Abschüsse, ging dann für einige Wochen als Jagdlehrer zur Erg. Gruppe Ost nach Toulouse, erkämpfte sich nach seiner Rückkehr im Mai und Juni 23 weitere Siege. Am 5. Juli schoß er am Nachmittag und Abend 15 Jäger ab, am 6. Juli 10 weitere. Hierfür wurde er zur Verleihung des Ritterkreuzes eingereicht. Am folgenden Tag konnte der erschöpfte Mann noch zwei Gegner bezwingen, am 8. Juli noch einmal drei. Dann geriet er an vier Lagg-3. Straßl schaffte es nicht mehr, Höhe zu gewinnen, die Gegner drückten ihn immer tiefer. Der Feuerstoß eines russischen Jägers zerfetzte eine Tragfläche der Fw 190. Er versuchte noch, aus 300 m Höhe abzuspringen, doch der Fallschirm öffnete sich nicht mehr.

Vom 10. Juli an wurden die Luftkämpfe noch härter. Die Russen flogen verstärkt Gegenangriffe. Mit Verblüffung mußten deutsche Flugzeugführer feststellen, daß »der Iwan« nun auch freie Jagd über deutschbesetztem Gebiet flog, daß er mittlerweile den Begleitschutz in Vierer-Schwärmen für Schlachtflieger und Bomber beherrschte, die zusätzlich von einem Höhenschutzschwarm gesichert wurden, und daß die Begleitjäger für Stukas und Bomber von russischen Jagdfliegern sehr gekonnt »gewickelt« wurden.

Die Verluste des JG 51 hielten sich in den ersten Tagen der Schlacht um Kursk in Grenzen: Am 5. 7. ein Vermißter, am 7. 7. zwei vermißte Offiziere, am 8. 7. Fw. Straßl gefallen, am 9. 7. ein Vermißter, am folgenden Tag zwei. Am 11. Juli fiel der Kommandeur der IV. Gruppe, Hptm. Resch, in den nächsten zwei Tagen vier weitere Flugzeugführer der IV. Gruppe. Dann aber traf es die bislang so glückhafte 3. Staffel, die bei 350 Abschüssen in Rußland nur einen Flugzeugführer verloren hatte: Innerhalb von vier Wochen fielen fünf Piloten, darunter Lt. Höfemeier. Der »Dicke«, der immer Respekt vor der russischen Flak bekundet hatte, wurde schließlich ein Opfer russischer Kanoniere. Noch bedenklicher waren die Flugzeugverluste: Innerhalb von fünf Kampftagen sank die Einsatzbereitschaft um 37 Maschinen! Und am 20. Juli hatte die 9. Staffel kein einsatzklares Flugzeug mehr!

Am 10. Juli – dem Tag, an dem die Amerikaner in Sizilien landeten – traten die Russen aus der Defensive zur Offensive an, zunächst nördlich von Orel. Innerhalb weniger Tage wurde dort die Front aufgerissen. Die Offensive bei Kursk wurde abgebrochen. Der russische Vorstoß konnte zwar knapp vor Orel aufgefangen werden, aber im August brach die Offensive der Russen auf breitester Front los: Im Süden überschritten sie den Mius, aus dem Raum Belgorod stießen die Armeen der Woroneschfront auf Poltawa vor, im Mittelabschnitt griff die Rote Armee erneut mit Stoßrichtung auf Orel, Jelnja und Smolensk an. Die Sommeroffensive ging später nahtlos in eine Winteroffensive über. In diesen Schlachten sollte das Geschwader in ungeahntem Ausmaß hin- und hergehetzt werden.

Nach dem Tode Hptm. Reschs führte zunächst Hptm. Moritz als dienstältester Staffelkapitän die Gruppe. Gegen alle Vermutungen wurde er doch nicht zum Gruppenkommandeur ernannt, sondern Mj. Hans-Ekkehard Bob, der bislang Staffelkapitän der 9./JG 54 war, dort schon 58 Abschüsse erzielt hatte und seit 7. 3. 1941 das Ritterkreuz trug.

Hptm. Moritz ließ sich in die Reichsverteidigung versetzen und wurde am 18. 10. 1943 zum Kapitän der 6./JG 3 ernannt. Sein Nachfolger als Chef der 12./JG 51 wurde Oblt. Wagner.

Als die III. Gruppe wegen der kritischen Lage um Orel nach Briansk ausweichen mußte, trat zu allem Übel noch eine massenhafte Erkrankung an infektiöser Hepatitis auf, die bei dieser Gruppe über 100 Personalausfälle verursachte. Als einer der ersten mußte Oblt. Wehnelt, der Kapitän der 7./JG 51 ins Lazarett (für mehr als drei Monate!), der mit 36 Luftsiegen bei Kursk endlich seinen seit 1942 dauernden Abschußknick überwunden hatte. Ihm folgte Oblt. »Benjamin« Weber als Staffelkapitän, der mit 100 Luftsiegen derzeit erfolgreichster Mann der III. Gruppe war.

Bereits im Juli war Chef der 2. Staffel, Oblt. Thiel, zum Kapitän der 1./Erg. Gr. Ost ernannt worden; die 2. führte dann Oblt. Haase.

Die Zahl der Jagdgeschwader an der Ostfront wurde im August weiter vermindert: Das JG 3 wurde zur Verstärkung der Reichsverteidigung nach Deutschland verlegt.

Erinnern wir uns: Bei Ausbruch des Rußlandfeldzugs kämpften an dieser Front 20 Jagdgruppen; doch nach und nach waren die JG 27, 53, 77 und nun auch das JG 3 herausgezogen worden. Nun mußten die Jagdgeschwader 51, 52 und 54, dazu im hohen Norden das JG 5, die Last des Kampfes allein tragen. Dieser Kampf richtete sich gegen einen Gegner, dessen Flugzeugfabriken außerhalb der Reichweite der deutschen Bomber lagen, während die deutsche Rüstungsindustrie seit Jahren von der englischen und mittlerweile auch amerikanischen Luftwaffe bombardiert wurde. Der Leistungsstand der russischen Flugzeuge übertraf inzwischen den der deutschen; die La-5FN war um gut 50 km/h schneller als die Fw 190 und erheblich wendiger. Das gepanzerte Schlachtflugzeug Il-2 war zwar kein Gegner für die deutschen Jäger vom fliegerischen Vermögen her, aber in so großen Stückzahlen vorhanden und praktisch allgegenwärtig, daß es zum Hauptgegner der deutschen Jäger wurde. Überdies war Il-2 schneller geworden, hatte eine schwere Abwehrwaffe und verstärkte Angriffswaffen bekommen. Die zahlenmäßige Überlegenheit der russischen Luftwaffe wurde immer erdrückender; sie betrug im August 1943 das Dreifache. Und zu den russischen Maschinen kamen noch solche aus englischer und amerikanischer Produktion, sowohl Jäger wie mittlere Bomber.

Auch das fliegerische Können der Russen wurde stets besser; die hohen Zahlen von Luftsiegen der deutschen Piloten bei der Schlacht um Kursk ließen zwar das Selbstbewußtsein wieder steigen, aber auch die Russen hatten ihre Asse, wie Iwan Koschedub und Alexander Pokrischkin, und sie hatten ihre Gardefliegerregimenter. Jeder dieser gut geschulten, angriffsfreudigen und selbstbewußten Piloten in einer La-5 oder Jak-3 war ein ernstzunehmender Gegner für jedes deutsche As. Um noch einmal die Il-2 zu erwähnen: Wenn es einer Staffel dieser »Stormowiks« gelungen war, die deutsche Jagdsperre zu durchbrechen und einen Flugplatz anzugreifen, dann blieben nach dem Angriff brennende Treibstofflager, Flugzeuge und Baracken zurück. Und wenn, wie am 13. Juli geschehen, die I. Gruppe 40 dieser »Zementbomber« abschießen konnten, am nächsten Tag war der Himmel sicher wieder voll von ihnen.

Es bedeutete keine wirkliche Erhöhung der Kampfkraft, daß Mitte Juli 1943 die IV. Gruppe buchstäblich Hals über Kopf von der Fw 190 auf die Bf 109 G-6 umrüstete, nur weil dieses Baumuster in größerer Stückzahl verfügbar war. Die Produktion an schwerbewaffneten Fw 190 A-6 reichte einfach nicht aus, um neben den in der Reichsverteidigung stehenden Geschwadern zusätzlich die Ostverbände auszurüsten.

Wie schon erwähnt, wurde im August 1943 die Front an allen Abschnitten aufgerissen. Zwar gelang der Wehrmacht im Raum Orel noch einmal ein Abwehrerfolg, aber am 2. August wurde die Lage so kritisch, daß die Luftwaffe ihre Plätze um Orel Hals über Kopf räumte und nach Briansk verlegte, wo sich alle Gruppen des JG 51 samt ihren Bodenteilen einfanden. Ein heilloses Durcheinander herrschte auf dem überfüllten Platz. Der Kommodore veranlaßte, daß die Gruppen und Staffeln Ausweichplätze bezogen, von wo sie bald schon in die Nähe neuer Brennpunkte verlegt werden mußten.

Die I. und IV. verlegten in den Raum Poltawa (Ukraine) unter den Befehl der Luftflotte 4, wo sie mit Teilen des JG 54 zusammentrafen, die vom Nordabschnitt herangezogen worden waren, um das JG 52 bei seinen Abfang- und Begleitschutzeinsätzen zu unterstützen. Bei Bjelgorod hatte die Rote Armee einen erheblichen Einbruch erzielt und stieß mit mehreren Keilen auf Charkow und Poltawa vor. Die III. Gruppe kämpfte zunächst im Raum ostwärts von Smolensk, als aber die Russen Ende August aus dem

Kursker Frontbogen in Richtung Kiew angriffen, verlegte auch die III. in die Ukraine.

Und wieder ging es rückwärts, immer wieder. Im Oktober 1943 erreichte die Rote Armee die Dnjepr-Linie.

Über der Heeresgruppe Süd im Bereich Luftflotte 4 kämpfte die IV. Gruppe, vorwiegend im Raum Kriwoi Rog und Kirowograd, wo auch die Panzerjägerstaffel flog. Diese wurde im Oktober 1943 aus dem Verband des JG 51 herausgenommen und im Zug der Neuordnung der Schlachtfliegertruppe dem Schlachtgeschwader 9 zugeteilt. Vorübergehend lag die IV./JG 51 in Orscha, als die Russen an der Nahtstelle der HGr Mitte und Nord bei Newel durchbrachen, dann ging es wieder nach Süden, als Kiew bedroht wurde. Hier kam die I. zum Einsatz, die zwischen Orscha und Kirowograd hin- und herpendelte.

Der IV. Gruppe schloß sich im Herbst 1943 eine ungarische Jagdstaffel an, die meist zusammen mit der 12./JG 51 ihre Einsätze flog.

Im Dezember lag die IV. in Shitomir, als die Russen aus dem Brückenkopf bei Kiew ausbrachen. Die 11. Staffel verließ überhastet den Platz, als russische Panzer die Startbahn unter Beschuß nahmen. Im gleichen Monat wurde wieder einmal befohlen, daß jede Gruppe eine Staffel für Jaboeinsätze abzustellen habe. Mittlerweile warf man nicht mehr schwere Bomben, sondern Abwurfbehälter von 250 kg Gewicht, die mit 4- oder 10-kg schweren Splitterbomben gefüllt waren. Eine echte Jabostaffel mit Piloten, die dieses Metier beherrschten, war die Stabsstaffel geworden, die natürlich auch noch Jagdeinsätze flog. Selbst weniger erfahrene »Bomberpiloten« erzielten mit den Abwurfbehältern gute Ergebnisse, da bei der gewollten Streuung der Einzelbomben stets eine größere Fläche mit Splittern deckend getroffen wurde.

Im Februar 1944 wurde die IV. Gruppe wieder im Süden eingesetzt: Begleitschutz für Ju 52 und He 111, die die westlich von Tscherkassy eingeschlossenen Truppen mit Nachschub versorgten.

Die III. blieb Anfang des Jahres 1944 im nördlichen Abschnitt der HGr Mitte.

In den Monaten des Rückzugs erzielte das Geschwader ganz erhebliche Abschußerfolge: Am 2. Juni 1943 hatte das Geschwader den 5000. Abschuß gemeldet, am 15. September den 7000., bis Ende April 1944 kamen noch einmal 1000 dazu.

Ende April 1944 gab es mehrere Flugzeugführer, die über 100 Luftsiege hatten: Bei der Stabsstaffel Lt. Toni Hafner (134),, bei der I. Gruppe Major Leie (103) und Oblt. Brendel (107), der, wie erwähnt, im Sommer 1941 erst einen Abschuß erzielt hatte.

Bei der III. hatte Oblt. Weber über 120 und Lt. Schack, der »Bruchpilot«

des Jahres 1941, nun 135. Aber noch eine ganze Reihe anderer Namen sind zu nennen: Hptm. v. Eichel-Streiber, der Chef der Stabsstaffel, Fhj. Ofw. Josten, Ofw. Romm und Hptm. Lange von der I. Gruppe, Ofw. Würfel, Ofw. Dittlmann (gefallen am 23. 2. 44), Ofw. Küken (gefallen 2. 44) von der III., und bei der IV. Oblt. Borchers, Lt. Friebel, Lt. von Fassong, Lt. Dombacher, Lt. Vechtel und Lt. Wagner (nach 81 LS am 11. 12. 1943 gefallen). Nachdem die Bedingungen für die Verleihung des Ritterkreuzes entschärft worden waren (75 Abschüsse), erwarben acht Flugzeugführer die Auszeichnung: Lt. Schack, Oblt. Weber, Oblt. Borchers, Oblt. Brendel, Ofw. Josten, Ofw. Romm, Hptm. v. Eichel-Streiber, hinzu kamen mehrere, die erst nach dem Tod den Orden verliehen bekamen: Ofw. Straßl, Lt. Jennewein, Lt. Leber, Lt. Wagner, Hptm. Puschmann, Oblt. Lücke; Ofw. Gaisers Ordensverleihung wurde am 9. 6. 1944 bekanntgegeben. Außerdem wurde Lt. Hafner und Lt. Schack im April mit dem Eichenlaub ausgezeichnet.

Und immer wieder muß betont werden, daß es zwar die Flugzeugführer waren, die die Luftsiege errangen und in die Erdkämpfe eingriffen, aber es nur deswegen konnten, weil hinter ihnen eine zuverlässige Bodenorganisation stand, zu denen die Techniker, Nachrichtenleute, Flakmänner, Kraftfahrer und Soldaten und Beamten und auch die nichtfliegenden Offiziere des Geschwaders oder der Gruppenstäbe gehörten. Das nichtfliegende Personal war im dritten Rußlandwinter eine gestandene und zuverlässige Truppe; sie kannte das Land, hatte gelernt zu organisieren, zu improvisieren und auch Rückzüge gekonnt und meist verlustlos durchzuführen.

Starke Verluste hatten wieder die Flugzeugführer. An Gefallenen, Vermißten und Gefangenen verloren von August 1943 bis April 1944:

Der Geschwaderstab	0 Flugzeugführer
Stabsstaffel	7 Flugzeugführer
I. Gruppe	18 Flugzeugführer
III. Gruppe	16 Flugzeugführer
IV. Gruppe	31 Flugzeugführer

Vom Bodenpersonal fielen 7 Mann der I., 2 Mann der III. und 1 der IV. Gruppe.

Besonders schwerwiegende Verluste bei der I. Gruppe waren Lt. Höfemeier, Fw. Förster und Fw. Seidel, bei der III. Ofw. Mai, Lt. Hamer, Oblt. Lücke, Ofw. Würfel, (beide zum Ritterkreuz eingereicht); von der IV. blieb von den »Assen« Ofw. Gaiser aus, der gleichfalls zum Ritterkreuz eingereicht war. Unter den Gefallenen der Stabsstaffel ist Ritterkreuzträger Lt. Tange zu nennen, dessen Maschine am 30. Juli 1943 nach einem Flakvolltreffer explodierte.

Im April hatte die Rote Armee eine Linie erreicht, die vom Schwarzen Meer bei Odessa, an den Nordhängen der Karpaten entlang bis Kolomea verlief, dann scharf nach Norden bis an den Rand der Pripjetsümpfe nördlich Kowel abbog. Von hier ragte ein Frontbalkon der HGr. Mitte 400 Kilometer nach Osten, der bei Orscha und Mogilew noch einmal 50 Kilometer über den Dnjepr hinausreichte. Von da verlief die Front nordwärts bis zum Peipus-See und zur Ostsee.

In diesem »Frontbalkon« war im April 1944 das JG 51 – mit Ausnahme der II. Gruppe – vereinigt. Stab, Gruppen, Staffeln und Schwärme lagen auf verschiedenen Plätzen bei Orscha, Mogilew, Terespol und Bobruisk. Außer der Stabsstaffel, die weiterhin die Fw 190 flog, wurden alle anderen Teile des Geschwaders auf die Bf 109 G-6 umgerüstet. Die nun benutzten Plätze waren größtenteils schon vor 1940 von der russischen Luftwaffe mit Betonstartbahnen versehen und später durch die deutsche Luftwaffe ausgebaut worden. Für mehrmotorige Kampf- und Transportflugzeuge waren sie ideal, für die Bf 109 aber »mörderisch«. Start und Landung bei Seitenwind waren stets eine gefährliche Sache: Auf einem graswachsenen Feldflugplatz konnte der Pilot ja gegen den Wind starten und landen, auf den Betonbahnen war er an diese gebunden. Das Ergebnis war, daß das Geschwader einen erschreckend hohen Verschleiß an Maschinen hatte. Die Disziplinarvorgesetzten mußten neuerdings für jeden Bruch einen »Tatbericht« einreichen, der die Einleitung eines kriegsgerichtlichen Verfahrens gegen den Flugzeugführer nach sich zog. Das endete meist mit Freispruch, da den Flugzeugführern kein Verschulden nachzuweisen war. Es lag eben nur an der altbekannten Schwäche der Bf 109 bei Start und Landung.

Immerhin hatten die Betonplätze den Vorteil, daß sie in der Tauwetterperiode benutzbar blieben, und so wurde unentwegt weiter geflogen, meist sogenannte Ferneinsätze mit 300-l-Zusatzbehälter unter dem Rumpf.

Mit dem Ende der Winterschlacht wurde die 15./JG 51, die fünfte und letzte der spanischen Escuadrillas aufgelöst. Am 26. März 1944 verließen die Flugzeugführer unter Commandante Murcia den Platz Bobruisk, im April folgten die Bodenteile nach; am 24. April wurde die Einheit in Madrid aufgelöst.

Die II. Gruppe 1943–1945: Einsatz in der Reichsverteidigung, in Italien und auf dem Balkan

Am 18. August 1943 war die II. Gruppe ohne Flugzeuge in München-Neubiberg eingetroffen. Hier sollte die Gruppe unter Oblt. Walther (4.), Oblt. Rübell (5.) und Hptm. Puschmann (6.) wieder aufgefrischt werden. Sie erhielt also neue Flugzeuge vom Typ Bf 109 G-6 und neue Flugzeugführer, um die entstandenen Lücken aufzufüllen.

Die neuen Flugzeuge waren allerdings Jagdbomber mit dem Rüstsatz R 1, dem Träger für 500-kg-Bomben (ETC 500/IX b) – nicht gerade das geeignete Gerät für die Jagd auf schwere Bomber. In den Neubiberger Wochen legte sich die Gruppe ein neues Wappen zu: Ein Florett, das die Kokarden Frankreichs, Englands sowie den russischen und amerikanischen Stern durchbohrt. (Die Bezeichnung »Schaschlikspieß« hat ein übereifriger Nachkriegsautor erfunden, was unter den Angehörigen der Gruppe immer noch Empörung auslöst). Da eine zukünftige Verwendung in der Reichsverteidigung oder an der Mittelmeerfront geplant war, wo viermotorige Bomber zu bekämpfen waren, wurde in den folgenden Herbstwochen verstärkt Ausbildung im Staffel- und Gruppenverband betrieben, vor allem der geschlossene Angriff auf Bomberformationen. Als bei einer Einsatzübung, bei der eine Kette He 111 Feinddarstellung flog, ein Nachwuchspilot frontal eine He 111 rammte, wurde der übungsmäßige Angriff von vorne untersagt.

Die relativ ruhigen Herbstwochen waren aber besonders dazu angetan, den »alten« Flugzeugführern eine Phase der Erholung zu gewähren, denn es gab nur selten Alarmstarts, die ohne Feindberührung blieben. Ein Einsatz im September sei besonders erwähnt, bei dem Uffz. Sellin (5. Staffel) westlich von München einen Aufklärer »Mosquito« abschoß. Soweit bekannt, war das der einzige Abschuß eines dieser schnellen Flugzeuge durch einen Flugzeugführer des JG 51.

Inzwischen war auch München ein häufiges Ziel für Nachtangriffe der RAF, so auch in der Nacht zum 3. Oktober. Hierbei fielen Bomben auf den Platz Neubiberg, durch die zwei Männer des Bodenpersonals verwundet und einer getötet wurde.

In der zweiten Oktoberwoche besuchte Göring in Begleitung der Generäle Loerzer, Schwabedissen (7. JDiv) und des Generals der Jagdflieger, Adolf Galland, die in Süddeutschland liegenden Verbände der Reichsverteidigung. In Neubiberg forderte er von den Männern der II./JG 51 rücksichtslose Härte gegen sich selbst und größtes Draufgängertum, um in der Reichsverteidigung eine Wende herbeizuführen. Zum Standardprogramm von Görings Ansprachen gehörten die Drohungen gegen die »laurigen Brüder«, die nicht »rangingen, nur Sprit verfliegen und für nichts und wieder nichts Maschinen kaputt machen«, sowie die Aufforderung, daß der Gefreite Meldung zu machen habe, wenn er sehe, daß sein Staffelkapitän nicht ›rangehe‹. (Eindrucksvolle Darstellung dieser Rede bei Hadeball, H. M., Nachtjagd, München 1960, S. 187 ff.)

Es bedurfte keines solchen Appells, daß die II./JG 51 bei ihrem ersten Großeinsatz in der Reichsverteidigung rücksichtslos angriff. Die 8. US-Luftflotte in England hatte am 8. Oktober mit einer Serie schwerer Angriffe auf Ziele in Bremen, Münster und Danzig begonnen. Am Morgen des 14. Oktober wurde die II./JG 51 alarmiert und in Bereitschaft gehalten. In den Mittagsstunden war auf den Anzeigegeräten der deutschen Funkmeßgeräte an der Nordseeküste zu sehen, daß ein starker Feindverband auf die Scheldemündung zuflog. Um 13.00 Uhr erfolgte der Startbefehl für die Gruppe, die im geschlossenen Verband nordwärts flog und von den Jägerleitstellen an den Gegner herangeführt wurde, dessen Ziel Schweinfurt und die dortigen Kugellagerfabriken war.

Um 14.20 Uhr stieß die Gruppe nördlich von Frankfurt auf den Bomberverband. In den erbittert geführten Luftkämpfen schoß die Gruppe neun B-17-Bomber ab. Lt. Stedtfeld erzielte seinen 1. Luftsieg, Hptm. Rammelt den 30., Oblt. Rübell den 48. Luftsieg. Aber die Erfolge waren teuer erkauft: Hptm. Rammelt, von B-17 abgeschossen, Fallschirmabsprung, unverletzt;
Lt. Hammer (6./JG 51), abgeschossen, Bauchlandung, unverletzt;
Lt. Stedtfeld (4./JG 51), abgeschossen, Fallschirmabsprung, leicht verletzt;
Fw. Paztelt und Lt. Jensen (5./JG 51), abgeschossen, Fallschirmabsprung, unverletzt;
Uffz. Lange (?./JG 51), abgeschossen, Fallschirmabsprung, unverletzt.
Weitere neun Bf 109 G-6 der Gruppe hatten schwere Beschußschäden, konnten aber noch in Frankfurt und Wiesbaden landen.

Am 2. November 1943 gab es wieder einen Großeinsatz auf einen Kampfverband, der von Italien aus Wiener-Neustadt angriff, drei »Liberator« und zwei »Fortress« wurden abgeschossen, fünf Bf 109 gingen verloren. Wie am 14. Oktober wurden Fw. Patzelt und Uffz. Lange abgeschossen, einziger Verwundeter war Uffz. Götz Bergmann.

Im Dezember 1943 verlegte die Gruppe wieder nach Italien, zunächst in den Raum Udine, um das norditalienische Industriegebiet zu sichern. Am Weihnachtstag kam es zu einer großen »Kurbelei« mit amerikanischen Langstrecken-Jabos vom Typ »Lightning«, von denen sechs abgeschossen wurden; wieder hatte der Kommandeur einen Abschuß, auch Lt. Schultz konnte zwei Siege erzielen. Drei Tage später wurden vier B-24 abgeschossen, die Padua angreifen wollten.

Der Kommandeur erzielte einen Abschuß und einen Herausschuß. (»Herausschuß« bedeutet, daß ein Flugzeug so schwer beschädigt wurde, daß es den geschlossen fliegenden, sich gegenseitig deckenden Bomberpulk (»Combat Box«) verlassen mußte. Solche Nachzügler hatten schlechte Chancen, den Heimatstartplatz zu erreichen.) Aber auch seine Maschine wurde getroffen, die steuerlos zur Erde stürzte. Erst im letzten Augenblick gelang es Hptm. Rammelt, das durch den Beschuß verformte Kabinendach zu öffnen und mit dem Fallschirm abzuspringen. Da er bei diesem Luftkampf verwundet wurde, führte in den folgenden Wochen Oblt. Rübell die Gruppe in der Luft.

Im Januar wurde in den Raum Rom verlegt, von wo Einsätze über der Monte Cassino-Front und später über den alliierten Landeköpfen bei Anzio und Nettuno geflogen wurden. Die Luftschlachten mit den zahlenmäßig weit überlegenen englischen und amerikanischen Jägern (»Spitfire«, »Lightning« und »Thunderbolt«) wurden härter und verlustreicher. Lt. Hammer von der 6. Staffel wurde innerhalb von vier Monaten dreimal abgeschossen und verwundet; am 3. Februar wurde der Chef der 6. Staffel, Hptm. Puschmann, abgeschossen und getötet (seine Staffel übernahm Oblt. Otto Schultz). Beim gleichen Einsatz auf einen Verband B-26 »Marauder« wurde ferner Ofw. Mink schwer verwundet. Mink kam nach seiner Genesung zu einer Jagdschule.

Zwischen Januar und März 1944 fielen 9 Flugzeugführer der Gruppe. Einige, wie die Unteroffiziere Neider und Sellin, wurden im Landeanflug von Feindjägern abgeschossen. Die meisten fielen in Luftkämpfen mit dem überlegenem Gegner. Allerdings wurden die Verluste durch ständigen Zugang von Nachwuchspiloten – wenigstens zahlenmäßig – ausgeglichen. Es liegt auf der Hand, daß mit derart drastisch verjüngtem Personal, also mit vorwiegend unerfahrenen Fliegern, gegen einen zahlenmäßig und auch technisch überlegenen Gegner keine durchschlagenden Erfolge zu erzielen waren. Als beispielsweise die Gruppe Ende Januar 1944 gegen die Landeköpfe bei Nettuno eingesetzt wurde, kamen auf jeden deutschen Jäger wenigstens 50 der Alliierten, die über der Landungsflotte einen dichten Luftschirm bildeten. Und trotzdem stürzten sich die Jäger zusammen mit den Fw 190 des SG 4 hinab auf die gelandeten Truppen und Schiffe, wobei sie von einem Geschoßhagel der Flak empfangen wurden. Es grenzt schon fast an ein Wunder, daß zwar viele Maschinen erhebliche Schäden erlitten, aber keine abgeschossen wurde.

Ende März 1944 wurde die Gruppe nach Nisch zurückgezogen und erhielt den Befehl, über Belgrad-Semlin nach Rumänien zu verlegen. Das rumänische Erdölgebiet um Ploesti war nach der russischen Frühjahrsoffensive und dem Ausbau amerikanischer Flugplätze in Süditalien in die Reichweite der russischen und amerikanischen Luftwaffe geraten. Die Sicherung der rumänischen Ölraffinerien gegen feindliche Luftangriffe war für das Reich von äußerster Wichtigkeit. Am 4. April 1944 war die Gruppe in Semlin eingetroffen, und am folgenden Tag griffen die Amerikaner mit einer Armada von B-24 »Liberator« Ploesti an. Wenigstens 50 Bomber gingen verloren (darin sind enthalten Abschüsse durch Jäger und Flak, Bruchlandungen und Notlandungen in der Türkei). Die II./JG 51 erzielte sechs Abschüsse – ohne Eigenverluste! Auch bei weiteren großen Luftschlachten über Rumänien wurden ohne Eigenverluste schwere Bomber abgeschossen, so am 23. Juni sechs B-17, am folgenden Tag fünf B-24, am 15. Juli sieben B-24. Und immer wieder sind Mj. Rammelt und Oblt. Schultz unter den Flugzeugführern, die es schafften, einen Bomber aus dem Pulk herauszuschießen.

In Rumänien lagen Teile des an der Ostfront bislang erfolgreichsten Jagdgeschwaders, des JG 52. Hier zeigte sich, daß die Erfahrungen, die dessen Piloten im Kampf mit dem russischen Gegner gewonnen hatten, wenig bei den Luftkämpfen mit amerikanischen Bombern und Jägern nutzten. Die Jäger des JG 51 waren ungleich erfolgreicher.

Im April und Mai wurde die II. Gruppe laufend verlegt, jedesmal waren dabei für die Bodenteile große Strecken zurückzulegen:

6.–17. 4. 1944 Pitesti bei Ploesti
18. 4.–23. 5. 1944: Nisch
24. 5.–27. 5. 1944: Zirkle, dann wieder zurück nach Nisch
31. 5. 1944 nach Radomir, südlich von Sofia.

In Nisch wurde der Gruppe eine Ju 88 als sogenannter Fühlunghalter zugewiesen. Die Maschine sollte in sicherem Abstand den ein- und ausfliegenden Kampfverbänden (die mittlerweile Begleitschutz hatten!) folgen und über Funk die deutschen Jäger herbeirufen. Doch schon am 24. April 1944 wurde die Ju 88 (Kennung 1E+ID) kurz nach dem Start von Begleitjägern abgeschossen; die drei Besatzungsmitglieder fielen.

Die Gruppe hatte im zweiten Viertel des Jahres 1944 10 Totalverluste an fliegendem Personal, vorwiegend im Juni, als die II./JG 51 zum Unternehmen »Rösselsprung« herangezogen wurde, der letzten konzentrischen Aktion gegen die Tito-Kräfte, die längst nicht mehr »Banden« oder kleine Partisanengruppen genannt werden konnten, sondern zu gut bewaffneten, in Divisionen untergliederten Großverbänden herangewachsen waren. In die gut drei Monate dauernden Kämpfe griffen englische und amerikanische Flugzeuge aller Kategorien in solcher Zahl ein, daß sie über Serbien und Kroatien die absolute Luftherrschaft hatten.

Märsche der Heeresverbände waren nur noch bei Nacht möglich, und die Handvoll deutscher Jäger kam durch die Schwärme von »Spitfire«, »Thunderbolt« und »Mustang« so gut wie nie an die »Dakota-Transporter« heran, die die Tito-Truppen aus der Luft versorgten.

Personal- und Materialverluste konnten durch Neuzugänge immer ausgeglichen werden; die Gruppe hatte im Sommer 1944 durchschnittlich 21 Flugzeuge einsatzbereit, für die rund 40 Flugzeugführer vorhanden waren.

Wie schon so oft in der Geschichte des Geschwaders wurde auch die II. Gruppe im Sommer in diverse Sprungkommandos auseinandergerissen: Teile lagen in Sofia, auf Rhodos und bei Athen. Die letztgenannten Teile sollten Geleitschutz für die See- und Flugzeugtransporte zur Versorgung der Ägäis-Inseln fliegen; im Herbst bildeten sie den Luftschirm für die Evakuierung. Das Kommando auf Rhodos-Gadorra führte Lt. Götz Bergmann, der am 20. Juli 1944 bei einem Überführungsflug abstürzte. Am gleichen Tag geriet der Stabsschwarm über Montenegro, wo er mit einigen, zu Schlachtflugzeugen umgebauten Hs 126-Aufklärern Einsätze gegen Partisanen flog, an amerikanische »Mustang« und verlor eine Maschine.

Am 16. Juni gab es einen Wechsel in der Führung der 4. Staffel: Oblt. Walther wurde zum Kapitän der 11./JG 51 ernannt; sein Nachfolger wurde Lt. Stedtfeld. Man sieht daraus, daß die Verbindungen zum Geschwader nie abgerissen waren. Der Geschwaderstab erhielt auch regelmäßig über Fernschreiben Abschuß-, Verlust- und Einsatzbereitschaftsmeldungen.

Im Juli sollte die Gruppe eine Staffel – wie auch die anderen Gruppen des JG 51 – zur Reichsverteidigung abgeben, das Personal wurde aus allen Staffeln zusammengestellt. Mit der Führung der »Abgabe-Staffel« wurde Lt. Pflitsch beauftragt. Kurz vor dem Abgabetermin wurde der Befehl widerrufen und die Verlegung der Staffel, nun wieder 5./JG 51, nach Athen und den Ägais-Inseln angeordnet. Die Führung übernahm Lt. Pflitsch, da Hptm. Rübell sich zu einer ärztlichen Untersuchung in das Luftwaffenlazarett München begab. Rübell litt bei Einsätzen in großen Höhen in zunehmenden Maß unter Kopfschmerzen – eine Spätfolge des im September 1942 erhaltenen Durchschusses durch den Mund, der zu Verwachsungen in den Nebenhöhlen geführt hatte. Hptm. Rübell wurde später zum JG 104 als Kommandeur der I. Gruppe versetzt.

Am 15. August 1944 gab es eine organisatorische Änderung: Die 4. Staffel wurde in 7./JG 51 umbenannt.

Ende August spitzte sich die Lage im Südostraum drastisch zu: Am 23. August hatte der rumänische König Michael den Staatschef Antonescu verhaften lassen. Es folgte die Neutralitätserklärung und gleich darauf die Kriegserklärung an Deutschland. Anfang September folgte Bulgarien dem rumänischen Beispiel. Die Front brach zusammen; am 31. August marschierten russische Truppen in Bukarest ein; russische und rumänische Truppen stießen auf Ungarn vor. Es zeichnete sich die drohende Gefahr einer Vereinigung der Roten Armee mit den Verbänden Titos ab, wodurch die Heeresgruppe E in Jugoslawien und Griechenland abgeschnitten wurde. Als Rumänien die Fronten wechselte, lag die II.Gruppe in Pernik bei Sofia. Die fliegenden Teile verlegten sofort in das rumänische Erdölgebiet bei Ploesti, der Troß verblieb größtenteils in Pernik. Da Rumänien nicht zu halten war, verlegten die fliegenden Teile weiter nach Ungarn. Für die Bodenteile in Rumänien bestand die Gefahr, daß die Bulgaren, die am 26. August 1944 ihre Neutralität erklärt hatten, die deutschen Soldaten internieren, wenn nicht sogar gefangennehmen könnten. Es ist einem bulgarischen Heeresoffizier, der mit Oblt. Schultz eng befreundet war, zu verdanken, daß er dem Troß freies Geleit bis zur serbischen Grenze verschaffte.

Durch Partisanenangriffe erlitt das Bodenpersonal der 6. und 7. Staffel Verluste: Am 30. August starben vier Männer, als ein aus Athen kommender Bahntransport beschossen wurde. In der nächsten Nacht wurde die Unterkunft in dem Dörfchen Komran bei Nisch überfallen. Es gab einen erbitterten Nahkampf um das Haus, in dem die Schreibstube der 7. Staffel untergebracht war. Am hartnäckigen Widerstand von Hauptfeldwebel Aloys Dorn und seinen Männern scheiterte der Partisanenangriff. Dorn und weitere sieben Soldaten waren gefallen. Bei den Kämpfen wurde die Schreibstube der 7./JG 51 in Brand geschossen, wodurch alle schriftlichen Unterlagen der Staffel sowie etliche Akten des Gruppenstabs verbrannten. Von Nisch aus wurde am 1. September die 6. Staffel noch einmal nach Osten geworfen, wobei es zu Luftkämpfen mit rumänischen Bf 109 kam, auch zu Tiefangriffen auf rumänische Plätze.

Anfang September fand sich die Gruppe in Budak und Piskolt ein; die 6. Staffel wurde vorübergehend nach Athen-Kalamaki verlegt, um Begleitschutz für die Transporter zu fliegen, die die Garnisonen auf den Ägäis-Inseln versorgten.

Vom Oktober an führten die Flugzeugführer der II./JG 51 über Ungarn einen Zweifrontenkrieg: Gegen russische Jäger, Bomber und Schlachtflieger wie gegen anglo-amerikanische Verbände, die die ungarischen Industriezentren bombardierten oder die Donau verminten. So stiegen natürlich die Verluste wieder an: Hatte die Gruppe im August und September nur vier Gefallene zu melden, so waren es in den letzten drei Monaten des Jahres 1944 zehn gefallene Flugzeugführer. Die verlustreichste Aktion fand am 6. Dezember statt, als die Gruppe einen »Liberator«-Verband bei Györ (Raab) angriff; zwar wurden vier Bomber abgeschossen, aber auch vier

Jagdflieger stürzten tödlich getroffen ab, ein weiterer wurde schwer verwundet.

Am 6. November 1944 war bei einem Luftkampf bei Budapest der Führer der 5. Staffel, Lt. Pflitsch, verwundet worden; für einige Wochen führte dann Lt. Kühlein die Staffel.

Am 23. Dezember wurde der Kommandeur, Mj. Rammelt, erneut schwer verwundet und mußte ins Lazarett. Mit der Führung der Gruppe wurde Oblt. Schultz beauftragt, mit der der 6. Staffel Lt. Elias Kühlein, der seit Sommer 1942 bei der Gruppe war und bei Übernahme der Staffel 21 Abschüsse hatte.

Anfang Januar 1945 lag die Gruppe noch auf dem Flugplatz Imely, dann ging es über Györ auf Veszprem zurück, von wo im März 1945 Einsätze zur Unterstützung der deutschen Gegenoffensive am Plattensee geflogen wurden. Während dieser Aktion wurde aus allen Staffeln Personal zu einer Einsatzstaffel II./JG 51 zusammengefaßt, die zeitweise dem JG 52 unterstellt wurde. Führer war erst Oblt. Stedtfeld, später Oblt. Ziehm. Vor allem Oblt. Stedtfeld und Lt. Kühlein waren im März bei Kämpfen mit russischen Jägern und Schlachtflugzeugen erfolgreich.

Ende März/Anfang April verlegte die Gruppe über Wien-Götzendorf, Wien-Aspern nach Fels am Wagram zurück. Am 9. April 1945 flog die Einsatzstaffel den letzten Einsatz der II./JG 51. Sie deckte den Angriff von Hs 129-Panzerjägern, die bei Wien Öltanks in Brand schießen sollten, die russischen Truppen unversehrt in die Hände gefallen waren. Im Zielgebiet stieß der Schwarm von Oblt. Ziehm auf Il-2 mit Jak-9 als Jagdschutz. Ziehm wollte sich auf eine Il-2 stürzen und griff durch die dichte Rauchwolke eines brennenden Öltanks an. Seither ist er vermißt. Auch sein Rottenflieger, Fhr. Hainisch, fiel im Luftkampf mit russischen Jägern.

Am 12. April traf der Auflösungsbefehl für die Gruppe ein. Mindestens sieben Flugzeugführer, unter ihnen Oblt. Schultz und Oblt. Stedtfeld, wurden nach Lechfeld zur Umschulung auf die Me 262 versetzt, einige kamen zum JG 52. Das Bodenpersonal kam zum Erdeinsatz, möglicherweise auch einige Flugzeugführer.

Als erste der Gruppen des Geschwaders hatte die II./JG 51 in den Wochen des Zusammenbruchs ein unverdientes plötzliches Ende gefunden.

Der Endkampf im Mittelabschnitt der Ostfront April 1944 – Mai 1945

Der April 1944 brachte für das Geschwader, mit Ausnahme der II. Gruppe, einschneidende Änderungen, beginnend bei der Stellenbesetzung. Karl-Gottfried Nordmann, der über zwei Jahre das Geschwader geführt hatte (länger als die anderen Kommodores), wurde zum Jafü 6 ernannt. Mit ihm verließen Major Becht, der seit der Aufstellung des Geschwaders sein TO gewesen war, und der Ritterkreuzträger Lt. Tanzer den Verband. Wenngleich dem Jafü bei der Luftflotte 6 auch nur die drei Gruppen des JG 51 als einzige Jagdverbände unterstanden (zeitweise lag die IV./JG 51 im Bereich der Lfl. 4, dafür kamen Staffeln des JG 54 zur Lfl. 6), war er kein »Ober-Kommodore«, der in die Führung des JG 51 hineinbefahl. Die Hauptaufgabe des Jafü war die Unterrichtung des Geschwaders über Stärke, Dislozierung und Flugtätigkeit des Gegners. Hinzu kamen die Betreuung des Nachschubs an fliegendem Gerät und die Koordination mit den Schlachtfliegern, die ab Juni 1944 – wie noch berichtet werden wird – zusammen mit den »echten« Jägern auch Jagdeinsätze fliegen sollten. Immerhin waren die Schlachtgeschwader 1 und 3 auch mit Fw 190 ausgerüstet, wenngleich auch mit den schweren, gepanzerten Mustern F-3 und F-8.
Neuer Kommodore wurde am 1. 4. 1944 der Kommandeur der III. Gruppe, Major Fritz Losigkeit. Dessen Stelle übernahm der bisherige Kapitän der Stabsstaffel, Hptm. Diethelm von Eichel-Streiber. Die Stabsstaffel führte nun Hptm. Edwin Thiel, der von der Erg. Gr. Ost kam; wie erinnerlich, war Thiel bis Juli 1943 Kapitän der 2. Staffel gewesen.
Einige Wochen später gab es weitere Personalwechsel: Hptm. Heinz Lange, der Kapitän der 3./JG 51, löste Major Bob am 9. 5. 1944 als Kommandeur der IV. Gruppe – die im Südabschnitt lag – ab; Bob ging als Kommandeur der II./JG 3 in die Reichsverteidigung. Nachfolger Langes wurde Oblt. Walther Wever.
Am 1. Mai hatte Ritterkreuzträger Lt. Friebel vertretungsweise die 10. Staffel von Oblt. Venth übernommen; am 15. Mai fiel er westlich von Tarnopol, und Oblt. Venth übernahm erneut die Staffel.
Der Mai 1944 war für die drei Gruppen ein vergleichsweise ruhiger Monat, was die Kampfeinsätze betrifft. Man wußte, daß der Gegner in absehbarer Zeit wieder zu einer Offensive antreten würde. Nach Ansicht des Führerhauptquartiers wurde mit einem nordostwärts aus dem Raum Kowel

geführten Stoß gerechnet, der bis zur Ostsee gehen und den »Frontbalkon« der Heeresgruppe Mitte und Nord abschneiden sollte. Noch wahrscheinlicher schien eine Offensive gegen Ungarn und Rumänien zu sein, um den Balkan zu gewinnen. Dementsprechend wurden alle Panzer- und Panzergrenadierdivisionen den beiden südlichen Heeresgruppen zugesellt. Und auch das JG 51 wurde so disloziert, daß es einer Offensive gegen Galizien entgegentreten konnte: Rückhalthorst war Deblin; Stab, Teile der I. und III. lagen in Terespol bei Brest-Litowsk, die IV. lag vorwiegend im Raum Lemberg unter dem Kommando des VIII. Fl.Korps. Jedoch gab es, je nachdem wie die Einflugschwerpunkte des Gegners waren, Verlegungen in andere Abschnitte, so sehr weit ostwärts nach Mogilew und Orscha, dann zurück nach Lida, wieder vorwärts nach Minsk, dann – wie die 10. Staffel – südwärts nach Stanislau in Galizien. Feindberührungen und Luftkämpfe waren seltener geworden, dafür wurden wieder häufiger Jabo-Einsätze mit den »Kohlenkästen« geflogen, also mit den Abwurfbehältern AB 250. Besonders aktiv war die Stabsstaffel, die von Terespol Einsätze gegen Brücken und Bahnhöfe flog.

Im Mai wiesen viele Anzeichen daraufhin, daß sich der Gegner zwischen Smolensk und Gomel verstärkte (was allerdings im Führerhauptquartier bestritten wurde). Das Geschwader verlegte daher mehrere Staffeln nach Baranowitsche, Mogilew und Bobruisk; nur die IV. Gruppe blieb mit der Masse in Galizien.

In der Tat hatte die russische Luftwaffe im Mai im Frontabschnitt der HGr. Mitte gut 6000 Flugzeuge zusammengezogen, davon waren rund 2000 Schlachtflugzeuge Il-2, hinzu kamen 1000 Bomber, darunter viele viermotorige TB-7. Dieser Macht standen an Jägern nur die drei Gruppen und die Stabsstaffel des JG 51 gegenüber. Aber es sollte noch schlimmer kommen: Am 25. Juni mußte jede Gruppe eine Staffel an die Reichsverteidigung abgeben. Die 2. Staffel wurde 16./JG 3, die 7. wurde 8./JG 1 und die 12./JG 51 in den Raum Wien verlegt und in 4./JG 302 (im Herbst 1944 Umbenennung der 4./JG 302 in 12./JG 301) umbenannt.

Am 6. Juni landeten die Westalliierten in der Normandie, und nahezu alle Jagdverbände der Reichsverteidigung wurden nach Frankreich geworfen, wo sie oft fürchterliche Verluste erlitten. Besonders schlimm traf es die ehemalige 7./JG 51, deren Kapitän, Hptm. Weber, Kommandeur der II./JG 1 geworden war. Beim ersten Einsaz im Raum Alencon, am 7. Juni, wurden Hptm. Weber und Lt. Brünnler abgeschossen und getötet, zwei weitere Flugzeugführer blieben vermißt. Am 17. Juni fiel Fw. Heidemann. Am Tag nach dem Invasionsbeginn wurden die im Osten verbliebenen Staffeln weiter geschwächt, da jede mindestens zwei bewährte Flugzeugführer, meist Schwarmführer, an die Reichsverteidigung abgeben mußte.

Unter den Piloten der Stabsstaffel war Feldwebel Konrad Bauer, der zur 5./ JG 300 kam und bei diesem Verband im Oktober 1944 das Ritterkreuz erhielt.

Mitte Juni 1944 standen also der Luftflotte 6 zur Verteidigung des überdehnten Frontabschnitts der Heeresgruppe Mitte nur die sieben, in ihrer Stärke reduzierten Staffeln des JG 51 zur Verfügung. Da Teile der IV. Gruppe im Bereich der HGr. Nordukraine lagen, verringerte sich das Aufgebot noch weiter; der Jafü 6 konnte wohl kaum über mehr als 50 einsatzklare Maschinen verfügen. Und auf der Gegenseite hatte sich, wie erwähnt, ein Aufmarsch in einer bis dahin unbekannten Größenordnung vollzogen; Mitte Juni verfügte die Gegenseite über 6800 Flugzeuge, davon waren 3000 Jäger. Aber das war noch nicht alles: Seit April liefen die Vorbereitungen für die »Shuttle«- oder Pendeleinsätze der Amerikaner. Verbände viermotoriger Bomber samt Begleitschutz sollten nach Erfüllung ihrer Kampfeinsätze über Deutschland nicht mehr zu ihren Basen in England oder Italien zurückkehren, sondern zu Flugplätzen um Poltawa weiterfliegen, und von hier nach Auftanken und Aufmunitionieren am nächsten oder übernächsten Tag den umgekehrten Weg nehmen.

Am 2. Juni flog zum ersten Mal, von Italien kommend, ein B-24-Verband nach Poltawa, am 6. Juni durchquerten B-17 mit »Mustang«-Jagdschutz Polen in südöstlicher Richtung. Bislang waren Feindflugzeuge höchst selten in die rückwärtigen Räume der Ostfront eingeflogen. Jetzt mußte damit gerechnet werden, daß amerikanische Bomberverbände auch die Plätze in Weißrußland und in Polen bombardierten. Das JG 51 reagierte sofort: Zunächst »bewirkte der Viermot-Schrecken Wunder in Auflockerung und Tarnung«, wie Hptm. Lange damals notierte. Dann wurden fast täglich Übungseinsätze im geschlossenen Gruppenverband geflogen, wobei die Stabsstaffel zur I. Gruppe stieß. Geübt wurde vor allem das schnelle Sammeln und Höhegewinnen, dann der geschlossene Angriff von vorne auf den Feindverband, der von He 177-Bombern dargestellt wurde. Hierbei zeigte sich, daß die Fw 190 A-8 nicht mehr mit den verbesserten Bf 109 mithalten konnten. Längeres Fliegen mit Kampfleistung, also vor allem mit erhöhtem Ladedruck, quittierten die BMW 801-Motoren nicht selten mit Kolbenfressern. Um die Jäger wenigstens zahlenmäßig zu verstärken, wurden auch die Flugzeugführer der Schlachtgeschwader 1 und 3 in geschlossenem Jagdeinsatz gedrillt, wozu das JG 51 mehrere Offiziere abstellte. Es gab zwar unter den Schlachtfliegern viele, die Abschußzahlen aufweisen konnten, auf die mancher Jagdflieger stolz gewesen wäre, zweitens flogen sie die sehr stark bewaffneten Fw 190 F-3 und F-8, die sehr wohl als »Viermot-Knacker« geeignet waren. Andererseits waren diese Schlachtflugzeuge den US-Begleitjägern absolut unterlegen und hätten starke Verluste hinnehmen müssen. Die Folge wäre gewesen, daß dem Heer noch weniger Unterstützung durch die wenigen Schlachtflieger zugute gekommen wäre. Soweit bekannt, sind die SG 1 und 3 auch nie zum Einsatz gegen die US-Bomber herangezogen worden.

Am 21. Juni flog wieder ein amerikanischer Verband, der Berlin bombardiert hatte, über Warschau nach Südosten.

Die I. und III. Gruppe waren in der Luft und übten Scheinangriffe, als die Bodenstelle den Anflug des Feindverbandes meldete. Obwohl die Tanks der Jäger fast leergeflogen waren, sammelte der Kommodore beide Gruppen und befahl auch der Stabsstaffel zu starten. Die deutschen Jäger überholten den B-17-Verband und setzten zum schulmäßigen Angriff von vorne an. Schon im Anflug wurden die hoch über dem Bombenverband pendelnden »Mustang« ausgemacht und vor den »Indianern« gewarnt; aber die deutschen Jäger »fuhren« schon durch die Bomberpulks durch, bevor der amerikanische Begleitschutz heran war. Oblt. Wever (3. Staffel) konnte als einziger eine B-17 abschießen. Als die deutschen Jäger nach dem Angriff sammeln wollten, »regnete« es nur so an »Mustang«-Jägern. Die I. Gruppe wurde auseinandergejagt, Mj. Losigkeit gelang es, die III. Gruppe zusammenzuhalten und die Angriffe der Feindjäger zu parieren. Zwei der P-51 wurden abgeschossen, eine direkt am Platzrand von Bobruisk. In dieser Maschine wurde eine Karte mit einer Kurseintragung gefunden, die genau nach Poltawa wies.

Hptm. v. Eichel-Streiber überbrachte die Karte sofort der Luftflotte, die umgehend einen Gegenschlag vorbereitete. Als dann ein Aufklärer die Landung des amerikanischen Verbandes bei Poltawa bestätigte, griffen in der folgenden Nacht 80 He 111 und Ju 88 des IV. Fliegerkorps den Platz Poltawa an und zerstörten 47 B-17 am Boden.

In der Morgendämmerung flog die Stabsstaffel über die Pripjetsümpfe den deutschen Bombern entgegen, um sie heimzugeleiten. Als sie die HKL überflogen, war dort alles ruhig.

An anderen Frontabschnitten war der Teufel los. Für den 22. Juni 1944, den dritten Jahrestag des Angriffs der Wehrmacht auf Rußland, hatte das russische Oberkommando den Beginn der »Operation Bagration« befohlen: Den Angriff auf die Heeresgruppe Mitte. In der Nacht hatten zentral gelenkte Partisanenverbände alle rückwärtigen Bahnstrecken gesprengt. In den Morgenstunden begann der russische Angriff nordwestlich von Witebsk, wo die deutsche Front innerhalb von vier Stunden zusammenbrach. Drei Tage später geschah das gleiche bei Orscha, Mogilew und Bobruisk. Wie üblich befahl Hitler: »Halten um jeden Preis.« Es gab aber nichts mehr zu halten, es gab keine zusammenhängende Front mehr. In diesen Dammbruch wurde das JG 51 geschickt. Der Stab nach Bobruisk,

16. Dezember 1941 – Unterkunft in Jermolino, etwa 90 km südlich von Moskau. Der Feldflugplatz von Jermolino wurde von der IV. Gruppe genutzt und war der östlichste Einsatzplatz des Geschwaders.

Fachkundiges Gespräch der Warte vor einem Motorwechsel.

Hptm. Heinz Bär wird am 16. 2. 1942 nach 90 Luftsiegen mit den »Schwertern« ausgezeichnet. Hptm. Nordmann übernimmt die Führung des Geschwaders. Major Beckh wurde am 3. 6. 1942 als Kommodore zum JG 52 versetzt.

Links: Vier erfolgreiche Piloten des JG 51 »Mölders«. V. l.: Ofw. Höfemeier, Lt. Fleig, Hptm. Bär und Hptm. Krafft.

Rechts: Lt. Hans Strelow erhält am 18. 3. 1942 nach 42 Luftsiegen das Ritterkreuz und 6 Tage später, nach 66 Luftsiegen, das Eichenlaub. Strelow muß am 22. 5. 1942 auf russischer Seite notlanden und hat sich erschossen, um der Gefangennahme zu entgehen.

Oben: Abgeschossene Il-2, von deutschen Landsern «Schlächter« und »Zementbomber« genannt. Maschinen dieses Typs tauchten im Jahre 1942 auch als Zweisitzer beim Gegner auf. Mit Heckschütze wurde das Flugzeug für die deutschen Jagdflieger ebenfalls zu einem gefährlichen Gegner.

Nachrichten- und Fernsprech-Vermittlungsstelle der IV. Gruppe.

Seit Juni 1942 fliegt im Verband der II. Gruppe eine spanische Freiwilligenstaffel, die als 15./JG 51 geführt wird. Am 1. Dez. 1942 werden die spanischen Flieger durch den 3. Freiwilligenverband ersetzt. Diese neue »blaue Staffel« bleibt bis Juni 1943 im Osteinsatz. Bei 6 eigenen Verlusten können die tapferen Südländer 64 Luftsiege erringen.

Nach der Landung herzlichen Glückwunsch dem Kameraden von der »blauen Staffel«.

Bei Verständigungsschwierigkeiten zwischen deutschen und spanischen Jagdfliegern muß ein Dolmetscher helfen. Im Bild von links: Kdr. II. Gruppe, Hptm. Grasser, Kdr. III. Gruppe, Hptm. Leppla, der spanische Hptm. Arango und der Dolmetscher.

Kommodore Nordmann (rechts) im Gespräch mit Major Salvador (Mitte) und Hptm. Arango.

Die Motorverkleidung als Visitenkarte. Fhr. Texidor im Juni 1943 beim Start auf dem Flugfeld Orel-Süd.

Ständige Verbindung mit der fernen Heimat durch die Lektüre des »Pueblo«.

Begleitschutz für Stukas, Kampf- und Transportflugzeuge gehört zum »täglichen Brot« der Jagdflieger. Im Bild wird eine Ju 87 nach erfüllter Mission von einer Maschine der I. Gruppe nach Hause gebracht.

Auch die vollgepfropften ›Jus‹, die alle notwendigen Güter und Munition in den Kessel von Demjansk befördern, haben den Schutz des JG 51 dringend nötig.

Der Kapitän der 7. Staffel, Hptm. Wehnelt (Mitte) vor dem Gefechtsstand der III. Gruppe bei Rshew.

Mai 1942 – Der Kommandeur der II. Gruppe, Oblt. Grasser, im Gespräch mit Oblt. Busch (links). Rechts Lt. Fleig und Oblt. Eberle.

Oben: Anfang September 1942 wird die I. Gruppe vorübergehend aus dem Einsatz gezogen, um in Jesau/Ostpr. auf das neue Focke-Wulf-Jagdflugzeug Fw 190 A-3 umzuschulen. Gruppenbild in Jesau. Oben rechts: der Kdr. der Gruppe – seit Mai 1942 – Hptm. »Gaudi« Krafft.

Der spätere Ritterkreuzträger »Ossi« Romm – hier noch als Fahnenjunker-Unteroffizier – bei der Umschulung in Jesau. Als Romm 1944 zum JG 3 in die Reichsverteidigung versetzt wird, hat er im JG 51 schon 82 bestätigte Ost-Luftsiege errungen und trägt seit 29. 2. 1944 das Ritterkreuz.

Erschöpft – Zwischen den Einsätzen nehmen Piloten der I. Gruppe eine »Mütze voll Schlaf«. Von oben: Anton Lindner, »Pepi« Jennewein und Karl Stadeck.

Unten links: Am 2. Dezember 1942 verunglückt der ehemalige Kommandeur der I. Gruppe, Hptm. Wilhelm Hachfeld, als Kdr. der III./ZG 2 in Bizerta tödlich. Von August 1941 bis Mai 1942 führte er die I./51 erfolgreich. Bekannt wurde er durch seine Verdienste um die Entwicklung der Jagdbomberwaffe.

Unten rechts: Hptm. Leppla, Kommandeur III./51, nach seiner schweren Verwundung. Links neben Leppla der Kommodore, Major Nordmann.

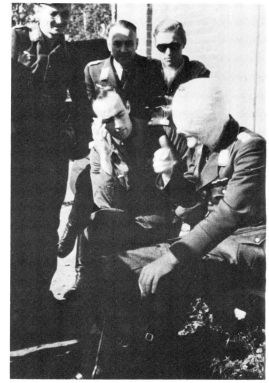

Das Ritterkreuz für zwei Oberfeldwebel des Geschwaders: v. l.: Otto Tange und Wilhelm Mink (19. 3. 1942)

Fw. Anton Hafner erzielt am 23. Sept. 1942 den 60. Luftsieg und wird mit dem Ritterkreuz ausgezeichnet. Der bescheidene Hafner wird später der erfolgreichste Jagdflieger des Geschwader »Mölders«.

Dezember 1942 – Wjasma – Hptm. Heinz Lange vor seiner Fw 190 »gelbe 9«. Der gebürtige Kölner, bisher beim JG 54 eingesetzt, führt seit 26. 10. 42 die 3. Staffel.

die I. nach Orscha, die III. nach Bobruisk und die IV. nach Mogilew. Nur wenige Tage konnten die Jäger dort bleiben, gegen eine überwältigende Überlegenheit kämpfend, dann ging es zurück. In Bobruisk wurden Teile des Bodenpersonals des Geschwaderstabs eingeschlossen. Beim Ausbruchsversuch der Nachrichtenkompanie schossen russische Panzer die Lkw-Kolonne zusammen.

Welch eine Katastrophe sich in dem Frontabschnitt abspielte, bekamen die Flugzeugführer kaum mit; daß hier von den 34 Divisionen 25 zerschlagen wurden, werden die meisten erst nach dem Krieg erfahren haben. Das Chaos bekam jeder zu spüren: Landen auf völlig überfüllten Plätzen, wo es keine Unterkunft, kaum Verpflegung und selten Treibstoff gab, aber dafür nächtliche Bombenangriffe. Private Tagebücher und Staffelchroniken lassen diesen Zeitabschnitt fast ganz aus oder ironisieren ihn sogar, wie in der Chronik der 10./JG 51 zu lesen ist: »Wenn man in den Lüften aus dem ›Stiftengehen‹ kaum mehr herauskommt, so ist das normal, fängt es aber auch schon auf dem Boden an, so ist das ›Stiften im Quadrat‹ ein dicker Hund... In Bojari waren wir der Ansicht, daß der Gefechtsstand statt einer Lage ein Witzblatt herausgegeben hätte. Als jedoch unseren unklaren ›Gusteln‹ plötzlich eine Kg-Ladung Sprengstoff im Bauch platzten, wurde uns bös' anheim, zumal jedem klar wurde, daß die Lage tatsächlich stimmte, und wir nur noch mit Bangen auf die Ju's warten konnten... Der kümmerliche Rest unseres Me-Bestandes wurde für Aufklärungszwecke benützt, damit wir immer genau wußten, wann wir wieder Fersengeld zu geben hatten.«

Der Bericht ist beinahe ein Musterbeispiel für eine Untertreibung. Man sollte nicht daraus entnehmen, daß die Flugzeugführer des JG 51 in diesen Wochen nicht mehr gekämpft hätten. Am 23. Juni flog das Geschwader etwa 180 Einsätze, erzielte 43 Abschüsse, davon alleine die Stabsstaffel 23 Abschüsse. Aber was besagten diese Luftsiege gegen täglich 4500 Einflüge russischer Maschinen im Mittelabschnitt! Die Zahl der vom Geschwader geflogenen Jagdeinsätze nahm im Lauf des Juli und August noch weiter ab, da sich, wie oben erwähnt, der Flugzeugbestand verringerte. Als Kuriosum ist zu erwähnen, daß nach Abgabe der drei Staffeln für die Reichsverteidigung im Juli auf dringende Anforderung des Kommodore eine Gruppe der Reichsverteidigung, die III./JG 11 unter Hptm. v. Fassong, an die Ostfront geworfen und dem JG 51 unterstellt wurde! Die IV. Gruppe bekam vom 15.–28. Juli auch die 2. Kgl. ungarische Jagdstaffel (Hptm. Pottjondy) unterstellt, die beachtliche Einsatzfreudigkeit zeigte, vor allem als die Ungarn auf Hptm. Langes Einschreiten hin vollwertiges Fluggerät erhielten.

Die Krisenlage der der Vernichtung entgegengehenden Heeresgruppe spiegelte sich in den fortgesetzten Verlegungen der Gruppe wider, die nicht nur der vordringenden Roten Armee ausweichen mußte, sondern wegen der wechselnden Lage bald in den Raum Wilna, dann wieder nach Galizien, schließlich in den Raum Warschau und Modlin verlegt wurde; die III. Gruppe kam ins Memelgebiet, um den Durchbruch bei Tukkum abwehren zu helfen, wie auch die IV. im August bei Tilsit lag.

Natürlich konnten nur ein Bruchteil der Einsätze echte Jagdeinsätze sein. Beim Begleitschutz stieß man ja nicht immer auf Gegner. Kritisch waren übrigens die Begleitschutzaufträge für die Ju 87-Panzerjäger von Major Rudel, da diese Maschinen außerordentlich langsam waren und sehr niedrig flogen. Wurden die wenigen Begleitjäger – Rotte oder Schwarm – in einen Luftkampf verwickelt, verloren sie die Ju 87 zwangsläufig meistens aus den Augen. Diese hingegen hatten die Lage häufig überhaupt nicht mitbekommen und fühlten sich im Stich gelassen, worüber sich Rudel – verständlicherweise – aufregte.

Und dann wurden die Jäger auch als Aufklärer verwendet, nicht nur, um – wie es in der zitierten Chronik heißt – rechtzeitig zu wissen, wann man »stiften gehen müsse«, sondern auch, um die höhere Führung über die Lage unterrichten zu können, denn bei der Luftüberlegenheit des Gegners konnte man kaum noch eine Fw 189 oder Ju 88 losschicken. Dank der Zusammenarbeit des Stabes mit einer Gruppe der Luftnachrichtentruppe mit baltischen Soldaten, die den russischen Funksprechverkehr abhörten, verfügte der Stab über eine recht gute Lagekarte, die durch eigene Luftaufklärung ergänzt wurde. Sie wurde von Oblt. Burath geführt, der zu diesem Zweck von der III. Gruppe zum Stab abkommandiert wurde. Fast täglich erschienen Offiziere des Heeres, um sich die neueste Lage zu holen.

Aber der Gegner war nicht nur zahlenmäßig überlegen, mittlerweile waren es auch seine Flugzeuge. Die Jak-9, La-5 und La-7 konnten enger kurven und schneller steigen, auch die Piloten hatten erheblich dazugelernt, und ein Flugzeugführer eines russischen Gardefliegerregiments in einer »Rotschnauze« war ein sehr ernstzunehmender Gegner, vor allem, wenn er in einer der im Herbst 1944 zur Front gekommenen Jak-3 saß.

Ganz drastisch war Ende Juli der Flugzeugbestand abgesunken: Die I. Gruppe hatte 7 einsatzklare Flugzeuge, die III. 3, die IV., soeben wieder aufgerüstet, immerhin 9 Bf 109 G-6; einen Monat später sah es nicht viel besser aus: Jede Staffel der I. und III. Gruppe hatte 3 Flugzeuge einsatzbereit, wiederum hatte die IV. die meisten, nämlich 6.

Die Personalverluste vom 22. Juni bis Ende August 1944 waren hoch: 29 Flugzeugführer gefallen, 14 vermißt oder in Gefangenschaft geraten, 14 verwundet. Besonders schwer waren die Verluste der Stabsstaffel: Am 14. Juli wurde Hptm. Thiel in niedriger Höhe von der Flak abgeschossen,

am 10. August traf Ofw. Lüddecke (50 Abschüsse) das gleiche Schicksal, am 20. August fiel Ofw. Lingnau und am 22. August wurden Oblt. Kraft und Oblt. Busse, der neue Staffelkapitän, im Luftkampf abgeschossen. Die Staffel wurde Lt. Gustav Sturm übergeben.
Die Verluste bei der I. und IV. Gruppe waren nicht minder hoch (10 bzw. 9 Gefallene), die III. war mit 5 Gefallenen noch glimpflich davongekommen. Noch einmal Glück hatte in jenen Wochen Oblt. Hafner, der am 28. Juni zwar seinen 150. Gegner abschoß, aber selber getroffen wurde, mit Motorschaden auf feindbesetztem Gebiet notlandete und sich zur eigenen Truppe durchschlug. Am 7. Juli erhielt die Maschine des Kapitäns der 3./JG 51, Oblt. Wever, einen Flaktreffer; den Verwundeten löste daraufhin Oblt. Günther Josten von der 1. Staffel ab.
Am 17. Juli fiel der Kapitän der 10. Staffel, Oblt. Venth. Neuer Kapitän wurde Lt. Kalden von der 11. Staffel. Die 10. Staffel hatte dringend eine Verstärkung nötig: Außer Ofw. Dombacher, der Ende Juli knapp 40 Abschüsse gehabt hatte, war kein erfolgreicher Pilot mehr bei der Staffel; der Zuwachs durch Lt. Kalden, der 31 Luftsiege hatte, und durch Ofw. »Negus« Marquardt (51 LS) wirkte sich günstig aus. Am 21. Juli wurde wieder ein Flugzeugführer der IV. Gruppe mit dem Ritterkreuz ausgezeichnet: Fhj. Ofw. Bernd Vechtel, der 1942 bei der 11. Staffel seinen ersten Abschuß erzielt hatte.
In der zweiten Augustwoche war die Stoßkraft der Roten Armee zunächst erschöpft. In einer Gegenoperation gelang es der HGr. Mitte, die unter anderem von Teilen des JG 51 unterstützt wurde, die Verbindung zur Heeresgruppe Nord wiederherzustellen. Die Luftkämpfe im Raum Ezere (Kurland) waren sehr hart. Mehr als einmal mußten sich die deutschen Jäger fluchtartig vor ihren Verfolgern zurückziehen, denn inzwischen hatten die Russen hinter der Front Funkmeßgeräte stehen, die deutsche Einflüge so rechtzeitig meldeten, daß sie regelmäßig auf zahlenmäßig überlegene Gegner stießen.
Die immer wirksamer werdende russische Luftaufklärung führte dazu, daß Lage und Belegung der deutschen Absprungplätze dem Gegner bekannt waren, der sie dann angriff. So wurden beispielsweise die Maschinen des Schwarms Marquardt am Boden vernichtet. Und wieder gab es Einsätze gegen US-Bomberverbände, die ohne Abschußerfolge, dafür mit Verlusten endeten, wie der am 6. August über Ostpreußen. Hptm. Schack erhielt jenseits der Front einen Kühlertreffer und ging auf Heimatkurs, »eskortiert« von einem amerikanischen Jäger, der eigenartigerweise keine Anstalten machte, die krankgeschossene Messerschmitt abzuschießen. Unmittelbar hinter der HKL gelang Schack eine Bauchlandung. Auch sein Rottenflieger, Oblt. Besekau, hatte schweren Beschuß bekommen, und sprang ab,

als er glaubte, über deutschem Gebiet zu sein. Er hatte in der Tat das Glück, diesseits der Front zu landen.
Mitte August wurde die Lage endlich etwas ruhiger. Der Stab und die III. Gruppe lagen in Tilsit-Ost; die III./JG 51 verlegte am 20. August nach Ezere. Übrigens gab es beim Geschwaderstab zu dieser Zeit zwei dänische Freiwillige als Flugzeugführer!
Die Stabsstaffel flog von Lobellen aus ihre Einsätze, während der I. und IV. Gruppe Modlin (nördlich Warschau) als Einsatzplatz zugewiesen worden war.
Am 15. August wurde das Geschwader neu gegliedert. Die Staffeln erhielten eine andere Bezeichnung. Bei der I. Gruppe änderte sich nichts, bei der III. wurde aus der 8. die 10. Staffel, bei der IV. Gruppe aus der 10. die 11., aus der 13. die 14. Staffel. Die Stabsstaffel behielt ihren Namen. Es bestand also:

I./JG 51   aus der 1. und 3./JG 51,
III./   aus der 9. und 10./JG 51,
IV./   aus der 13. und 14./JG 51.

Grund für die Umbenennung war der Plan, die Gruppen des JG 51 – wie auch die anderen Jagdgeschwader – auf eine Stärke von vier Staffeln anzuheben, doch konnte dieses Vorhaben – mit Ausnahme der III. Gruppe Ende April 1945 – nicht mehr verwirklicht werden.
Der »20. Juli 1944« war von den Männern des Geschwaders kaum zur Kenntnis genommen worden, jedenfalls wird das Ereignis in den zugänglichen Tagebüchern und privaten Aufzeichnungen überhaupt nicht erwähnt. Man kann aber vermuten, daß viele Soldaten, beeinflußt von den offiziellen Meldungen über das Attentat, zum damaligen Zeitpunkt eine verständliche negative Einstellung gegenüber dem Kreis um Oberst Graf Stauffenberg hatten. Eine sichtbare Auswirkung war die Einführung des »Deutschen Grußes« bei der Wehrmacht und die Ernennung von NS-Führungsoffizieren, die die Truppe »weltanschaulich« schulen, aber auch überwachen sollten. Außerdem war, wie bei allen Verbänden, ein NS-Führungsoffizier (NSFO) zu ernennen. Beim JG 51 war es Oblt. Burath. Der Posten wurde jedoch nicht ernstgenommen. Die Verlesung der obligaten Rundschreiben wurde als »Goebbels' Märchenstunde« bezeichnet. Von einer Überwachung und Denunziantentum ist nichts bekannt.
Ende August wurde Hptm. v. Eichel-Streiber zum JG 27 versetzt; neuer Kommandeur der III. Gruppe wurde Hptm. Brendel, bis dahin Chef der 1. Staffel, die Lt. Dombacher übernahm.
Die zweite August- und die erste Septemberhälfte waren wieder relativ ruhig. Von Modlin aus flog die IV. Gruppe Begleitschutz für Stukas gegen

die Aufständischen in Warschau und gegen die Brückenköpfe, die die Rote Armee südlich Warschau diesseits der Weichsel und nördlich auf dem westlichen Ufer des Bug gebildet hatten. Am 18. September gab es wieder einen Einsatz gegen einen US-Verband. Aus dem Raum Danzig flogen 100 B-17 mit etwa 50 »Mustang«-Jägern in Richtung Südosten. Beim Anflug auf die Weichsel wurden die I. und IV. Gruppe mit 28 Bf 109 dem Feindverband entgegengeworfen. Vorschriftsmäßig überholten die Gruppen die Bomber, drehten ein und griffen von vorne an. Und schon hatte jeder deutsche Jäger zwei »Mustang« im Nacken sitzen. Die Gruppen wurden restlos zersprengt. Die Flugzeugführer mußten auf verstreut liegenden Plätzen landen, oft mit Beschußschäden. Sie hatten »nur« zwei Gefallene zu verzeichnen, denn die meisten US-Jäger brachen nach kurzer Zeit die Verfolgung ab, um sich wieder bei ihren Bombern zu sammeln. Lediglich eine B-17 konnte abgeschossen werden, und zwar durch Oblt. Josten.

Mitte September begann die Offensive der Roten Armee gegen die Heeresgruppe Nord, zunächst gegen Estland, das bald verloren ging. Bevor die Russen zum Vorstoß auf Memel ansetzten – am 5. Oktober –, wurde ihre Luftwaffe sehr aktiv und bombardierte fast täglich die Häfen von Memel und Libau. Wie üblich, wurden die russischen Stoßarmeen aus der Luft durch taktische Bomber, Schlachtflugzeuge und Jäger unterstützt. Bei Zusammenstößen mit russischen Verbänden überstieg die Zahl der von deutschen Jägern erzielten Abschüsse zwar immer noch die Zahl der Eigenverluste (und das sollte bis Kriegsende so bleiben), aber das darf nicht darüber hinwegtäuschen, daß die russische Luftüberlegenheit nur örtlich und zeitlich eng begrenzt gebrochen werden konnte, und die Russen ihre Eigenverluste verkraften konnten, ohne an Schlagkraft zu verlieren. Dagegen nutzten sich die deutschen Jagdverbände immer mehr ab.

Dies dokumentieren auch die Verluste der über der memelländischen und ostpreußischen Front kämpfenden I. und III. Gruppe vom 15. September bis Ende Oktober, die mit 9 bzw. 13 ausgefallenen Flugzeugführern höher waren als in einem gleich langen Abschnitt während der Luftschlacht um England. Und wieder einmal traf es auch überragende Piloten: Am 6. Oktober wurde Hptm. Schack (161 Luftsiege) verwundet, am 17. Oktober fiel Oblt. Hafner nach seinem 204. Luftsieg. Hafners Tod ging wohl allen Geschwaderangehörigen sehr nahe. Schließlich war er seit 1940 beim Geschwader und hatte sich »von ganz unten« langsam, ohne je spektakulär aufzufallen, nach oben gearbeitet. Er war immer bescheiden und kameradschaftlich geblieben. Männer wie er waren es, die in den turbulenten Einsatzmonaten des Jahres 1944 das Rückgrat der Staffeln, ja der Gruppen bildeten, und an denen sich die jungen Nachwuchsflugzeugführer aufrichten konnten.

Einigermaßen glimpflich kam in diesen Wochen die Stabsstaffel davon, die vorwiegend – zusammen mit Teilen des JG 54 – Schiffsbegleitschutz flog. Ein besonderer Erfolg der III. Gruppe, der im Wehrmachtsbericht genannt wurde, muß erwähnt werden. Allerdings ohne namentliche Nennung des JG 51: »Deutsche Jäger vernichteten im Seegebiet vor Memel einen aus 7 Torpedoflugzeugen bestehenden feindlichen Verband und verhinderten damit einen Angriff auf ein deutsches Geleit.« Am 22. September stieß die Gruppe bei einem Flug von Vainode nach Ezere auf sechs Boston-Torpedobomber, die im Anflug auf Libau waren. Bevor der russische Jagdschutz eingreifen konnte, waren alle Bomber abgeschossen.

Von der Führung der Fliegerkorps und -divisionen wurde in diesen Wochen zunehmend unberechtigte Kritik an den Jägern geübt. Die Generäle stellten nur eine zunehmende Diskrepanz zwischen Einsatzzahl, verbrauchtem Treibstoff (der seit dem Ausfall Rumäniens und der Zerschlagung der deutschen Hydrierwerke immer knapper wurde), Personal- und wachsenden Flugzeugverlusten und den gemeldeten Erfolgen fest. Sie übersahen dabei, daß es den wenigen Jägern gar nicht mehr möglich war, die zahlenmäßig überlegenen Bomber, die immer besser von Jägern abgesichert waren, am Bombenwurf zu hindern, zumal sich in letzter Zeit die Pannen bei der Flugmeldeorganisation häuften, so daß zuweilen Startbefehl erst erteilt wurde, als die Bomber schon im Abflug waren. Auch Führer von Heeresverbänden beklagten sich über angeblich »blutsparende« Einsätze der Jäger gegen russische Schlachtflieger, die ja schließlich auch mit eigenem Jagdschutz erschienen.

Aufgrund der Klagen fuhren Mj. Losigkeit und sein Ic, Oblt. Burath, zu einem Heeresverband in die HKL. Sie erlebten dort hautnah, wie lähmend sich die russische Luftüberlegenheit auf die Truppe auswirkte. Die Infanterie, aber auch Panzertruppen gingen bereits in Deckung, sobald nur einige Il-2 ausgemacht wurden.

Die Folge der Kritik an den Jägern war, daß die Stabsstaffel im Oktober Startverbot bekam, zeitweise auch die III. Gruppe, und an ihrer Stelle Schlachtflieger zur freien Jagd eingesetzt wurden, die zudem in der Tat Abschußerfolge errangen.

Die IV. Gruppe flog im September und Oktober von Modlin aus Einsätze über dem russischen Narewbrückenkopf um Serok, der ständig größer wurde. In 330 Einsätzen im Oktober erzielte die Gruppe 102 Abschüsse; Hptm. Lange und Ofw. Marquardt hatten Ende des Monats mehr als 70 Abschüsse und wurden zum Ritterkreuz eingereicht. Es darf aber nicht übersehen werden, daß auch junge Nachwuchspiloten, wie beispielsweise die Unteroffiziere Keller, Radlauer und Arensmeyer, mit bemerkenswertem Angriffsgeist flogen und in kurzer Zeit Abschüsse »sammelten«, vor

allem Uffz. Keller, der im Oktober 20 Luftsiege zur Anerkennung einreichte.
Das ausgesprochen schlechte Novemberwetter brachte die Flugtätigkeit zum völligen Erliegen. Auch bei der anderen Seite »gingen die Vögel zu Fuß«. Es wurde ein Monat der Schulung und Ausbildung, sogar der unbeliebte Fußdienst wurde wieder geübt. Die Flugzeugbestände wurden ergänzt; mit Ausnahme der Stabsstaffel, die die Fw 109 A-8 behielt, bekamen die anderen Teile die Bf 109 G-14, die sich von der G-6 am auffälligsten durch die »Erla-Haube« unterschied, eine Vollsichtkanzel, die unter dem Namen »Galland-Haube« bekannt wurde. Es kamen auch einige G-14/U 2 mit dem hohen hölzernen Seitenleitwerk sowie einige der schnellen G-10, die nicht mehr die auffällige Verkleidungsbeule für die MG 131-Gurtführung hatte, sondern strömungsgünstigere Verkleidungen.
Im November und Dezember 1944 lag der Geschwaderstab in Zichenau, I. und III. Gruppe auf verschiedenen Plätzen in West- und Ostpreußen, die IV. in Modlin.
Es gab in dieser Zeit einige organisatorische und personelle Veränderungen beim Geschwader: Mit Wirkung vom 1. November wurde in Lodz (damals Litzmannstadt) die 15./JG 51 neu aufgestellt; die IV. Gruppe verfügte somit wieder über drei Staffeln. Staffelführer war zuerst der nichtfliegende z.b.V.-Offizier der Gruppe, Lt. Ernst Schmidt, dann der frühere Adjutant der I. Gruppe, Hptm. Hellmuth Scheuber.
Am 10. Dezember wurde der Chef der 14. Staffel, Oblt. Walther, zum JG 105 nach Liegnitz versetzt. Neuer Staffelführer wurde Lt. Bernd Vechtel.
Am folgenden Tag erhält Mj. Leie seine Ernennung zum Kommodore des JG 77, sein Nachfolger soll der Kapitän der 9./JG 51, Oblt. Schack, werden. Am 16. Dezember wird die Führung der Gruppe übergeben; zum Nachfolger Schacks als Chef der 9. Staffel wird Lt. Strobel bestimmt.
Vier Ritterkreuze wurden in den letzten Wochen des Jahres 1944 an Geschwaderangehörige verliehen, drei davon an Männer der IV. Gruppe: Am 18. November an Hptm. Lange und Ofw. Marquardt, am 6. Dezember dem Kapitän der 13. Staffel, Lt. Kalden. Posthum war am 18. November der Orden dem gefallenen Ofw. Lüddecke (Stabsstaffel) verliehen worden.

Anfang Januar 1945 verlief die Front der Heeresgruppe Mitte vom Kurischen Haff, um Ostpreußen herum, entlang der Westufer von Narew und Weichsel bis zu den Karpaten. Der Frontbereich deckte sich mit dem der Luftflotte 6, die – wenigstens auf dem Papier – eine bisher nie gekannte Stärke hatte: An Jagdverbänden standen ihr die JG 3 und 4 mit je vier

Gruppen, dann die JG 1, 6, 11, 51, 52 und 77 mit jeweils 3 Gruppen, weiterhin die III./JG 54 zur Verfügung. Dann konnten die mit Fw 190 ausgerüsteten Schlachtgeschwader 1, 2, 3, 4, 77 und 151 zu Jagdeinsätzen herangezogen werden. Außerdem waren vorhanden: 12 Panzerjägerstaffeln (mit Ju 87 und Fw 190), 2 Nachtjagdgruppen, 9 Fernaufklärerstaffeln, 21 Nahaufklärerstaffeln, 3 Seeaufklärerstaffeln, 1 Minensuchstaffel. Sie verfügte somit auf dem Papier über 1000 Jäger und Jagdbomber, die als einsatzbereit gemeldet waren. Die Treibstoffversorgung aber nahm ganz bedrohliche Ausmaße an. Und auf der anderen Frontseite waren 4 Luftarmeen mit – wie die Luftbildauswertung ergab – 7600 Einsatzflugzeugen aufmarschiert, die keine Treibstoffsorgen hatten.

Am 13. Januar 1945 trat die Rote Armee zur Winteroffensive gegen die Heeresgruppe Mitte an. In 16 Tagen eroberte sie das restliche Polen und Westpreußen, brach in Oberschlesien ein und nahm den größten Teil Ostpreußens; Ende März hatten ihre Armeen die Oder erreicht und beiderseits von Frankfurt Brückenköpfe gebildet.

Am 14. Januar standen russische Truppen vor Modlin, dem Platz der IV. Gruppe. Sie bekam zwar Verlegebefehl, doch schwerer Schneefall verhinderte den Abflug nach Markthausen, auch die Lkw-Kolonne des Bodenpersonals kam nicht weg. In der Morgendämmerung gelang der Start, als die Russen schon kurz vor dem Platz standen. Im letzten Moment kam noch der Befehl, daß das Bodenpersonal in die Erdverteidigung gesteckt werden sollte. Hauptmann Lange machte der Fliegerdivision klar, daß bereits alle Männer abgerückt seien, und sorgte dafür, daß die Fahrzeugkolonne schleunigst abfuhr. Die I. und IV. Gruppe gerieten wieder einmal in den Strudel eines chaotischen Rückzugs. Die Plätze, die ihnen in den nächsten Tagen zugewiesen wurden, waren für die Aufnahme von Jagdverbänden nicht vorbereitet; es gab keinen Treibstoff und keine Werkstätten. Bestenfalls blieb man drei Tage, dann mußte man sich wieder absetzen, praktisch ohne zum Einsatz gekommen zu sein. Daß einige Fronturlauber ihre Staffeln wiederfanden, grenzte schon an ein Wunder.

Am 23. Januar landeten die I. und IV. schließlich in Danzig-Langfuhr, wo auch schon der Geschwaderstab lag. 24 Bf 109 der I. Gruppe waren bei nebligem Wetter in Wormditt gestartet, doch nur 16 Maschinen landeten in Danzig-Langfuhr. Vier Piloten, die beim Tiefflug über das zugefrorene Haff Grundberührung bekommen hatten, konnten sich zum Verband durchschlagen, vier weitere blieben vermißt.

In Danzig waren im Januar 1945 zwei neue Staffeln des JG 51 aufgestellt und am 15. Januar etatisiert worden: Die 2. unter Oblt. Toni Lindner, einem alten Geschwaderangehörigen, der schon im April 1944 mit dem Ritterkreuz ausgezeichnet worden war, und die 11. unter Oblt. von Moller.

Die Verstärkung der I. und III. Gruppe durch diese beiden neuen Staffeln war insoweit fragwürdig, als beide Einheiten vorwiegend aus jungem Nachwuchs, ehemaligen Fluglehrern, Transport- und Kampffliegern bestanden. Im Zuge der Auflösung der Kampfverbände hatten übrigens auch die anderen Staffeln des Geschwaders umgeschulte Bomberpiloten erhalten. Diese Männer hatten zwar erhebliche fliegerische Erfahrung, aber es war ein Irrtum der Führung anzunehmen, daß, wer schon Bomber geflogen habe, keine Probleme mit der Bedienung eines kleinen Jagdflugzeuges habe. Und selbst wenn diese Männer schließlich die tückische Bf 109 beherrschten – Jagdflieger, die abschießen konnten, waren sie deswegen noch lange nicht!

Die neue 11. Staffel verlegte am 15. Januar nach Ostpreußen und hatte am folgenden Tag schon die ersten beiden Verluste im Raum Insterburg (Ofw. Bussert, Uffz. Zitzmann). Am 18. wurde wieder ein Flugzeugführer vermißt (Ogefr. Kleinpoppen). Geschwaderstab, I. und IV. Gruppe in Danzig-Langfuhr unterstanden dem II. Fliegerkorps, während in dem Kessel um Königsberg das LwKdo Ostpreußen die vorgesetzte Dienststelle der Stabsstaffel unter Lt. Hübner und der III. Gruppe unter Hptm. Brendel, der kurz zuvor das Eichenlaub zum Ritterkreuz erhalten hatte, war. Dieser Verband und die Stabsstaffel hatten zuvor in Jürgenfelde und Jesau gelegen und waren schließlich nach Pillau-Neutief und Brüsterort ausgewichen, die beiden einzigen Plätze in Ostpreußen, die noch in deutscher Hand und daher völlig überbelegt waren. Außerdem lag Pillau schon im Schußbereich der russischen Artillerie.

In Pillau, einem Städtchen, das 1939 rund 12 000 Einwohner gehabt hatte, waren Zehntausende von Flüchtlingen zusammengeströmt, die auf einen Abtransport über See hofften. Die Hauptaufgabe der III. Gruppe wurde der Schutz des Hafens sowie der ein- und auslaufenden Schiffe. Start- und Einsatzbefehle bekam die III./JG 51 vom Jafü Ostpreußen (Obstlt. K.-G. Nordmann), dem das mit Funkmeßgeräten ausgerüstete Nachtjagdleitschiff »Togo« zur Verfügung stand.

Die russischen Luftarmeen hatten nach der Offensive der Heerestruppen mit verblüffendem Tempo ihre Verbände nachgezogen. Einen Tag, nachdem die Deutschen einen Platz gesprengt und geräumt hatten, wurde er bereits von russischen Jägern genutzt. Unmittelbar hinter der Front standen russische Radargeräte, die startende deutsche Maschinen erfaßten, so daß diese beim Frontüberflug schon auf russische Alarmrotten stießen. Die Luftflotte 6 hatte zwar einen Plan ausgearbeitet, mit zusammengefaßten Kräften die russisch belegten Plätze anzugreifen, also eine Art Unternehmen »Bodenplatte-Ost«, jedoch wurde dieses Vorhaben nicht in die Tat umgesetzt; es wäre auch zum totalen Scheitern verurteilt gewesen. Die russischen Luftstreitkräfte machten sich ihrerseits aber die Konzentration deutscher Flugzeuge auf den wenigen Plätzen zunutze. Sie wurden an manchen Tagen von rollenden Hoch- und Tiefangriffen pausenlos eingedeckt. An einen Alarmstart, um den eigenen »Gartenzaun« zu decken, war nicht zu denken, da über den feindlichen Bombern Jäger darauf lauerten, die startenden deutschen Maschinen abzuschießen. Auch bei Nacht war keine Ruhe: Entweder griffen leichte zweimotorige Bomber an oder die berüchtigten »Nähmaschinen«, die kleinen einmotorigen Doppeldecker vom Typ »R 5« und »U-2«, die kleine Splitterbomben auf die Startbahnen warfen und damit den Start so mancher Verwundetentransporter verhinderten. Vor allem das Bodenpersonal der Stabsstaffel und der III. Gruppe in Ostpreußen hatten durch diese Angriffe ganz erhebliche Verluste.

Kampfauftrag für die in Danzig-Langfuhr liegenden Geschwaderteile waren freie Jagd um Graudenz, das von der Roten Armee eingeschlossen wurde, über dem Raum Elbing, wo die Russen durchgebrochen waren, dann Schiffsgeleite, Schutz der wenigen von Danzig startenden Lufthansamaschinen, Einsätze zum Schutz der Flüchtlingstrecks und natürlich immer wieder Tiefangriffe. Naturgemäß konnten bei solchen Einsätzen relativ wenige Abschüsse erzielt werden, wenngleich die IV. Gruppe beispielsweise am 16. Februar mindestens 10 Jäger abschießen konnte. Die Heeresgruppe Weichsel gratulierte der Lfl. 6 zum Abschuß von 25 Feindflugzeugen im Raum Graudenz. Es ist nicht bekannt, ob dort außer der IV./JG 51 weitere Jagdverbände eingesetzt waren. Im Stab der Luftflotte 6 fiel dieses scheinbare Mißverhältnis zwischen Einsätzen und Abschüssen auf, und ihr Kommandierender General, Ritter von Greim, zog daraus die falsche Konsequenz: Die Jäger durften nur noch auf Großeinflüge starten, und er erwartete von drei eingesetzten Maschinen wenigstens einen Abschuß; Tiefangriffe seien nur zu fliegen, wenn die Erdlage es dringend erfordere, da Jäger gegenüber den Schlachtflugzeugen »kampfunwirtschaftlich seien«. Da aber wegen der Frontnähe der russischen Flugplätze und der lückenhaften Frühwarnung des deutschen Meldedienstes Großeinflüge erst erkannt wurden, wenn sie kurz vor dem Platz standen, folglich keine Abschüsse erzielt werden konnten, wurde der Unmut der Luftflotte noch größer, und der Kommodore, Major Losigkeit, mußte wieder als Prellbock dienen.

Die Situation der in Danzig-Langfuhr liegenden Teile des Geschwaders besserte sich erst, nachdem es dem Kommodore gelungen war, Verbindung mit der Marine und deren Nachtjagdleitschiff »Togo« aufzunehmen, um so rechtzeitig Einflugmeldungen zu bekommen. Von Vorteil war auch, daß dem Ic-Offizier des Geschwaders, Oblt. Burath, einige lettische Horchfun-

ker zur Verfügung standen, die den russischen Funkverkehr abhörten und so vielfach bevorstehende Angriffe melden konnten.
Trotz alledem wurde den Jägern immer weniger von dem ohnehin knapp gewordenen Treibstoff zugeteilt. Beide Verbände in Langfuhr konnten mitunter nicht mehr als ein Dutzend Maschinen starten lassen. Dies erweckte bei der Luftflotte und dem Jafü Westpreußen, Oberst Weiß, den Eindruck, daß die Jäger personalmäßig überbesetzt seien. Weiß forderte daher das Geschwader auf, das angeblich überzählige Personal zur Erdverteidigung abzugeben. Da aber von Langfuhr aus wiederholt Bodenpersonal und auch Flugzeugführer nach Ostpreußen zur Stabsstaffel und III. Gruppe abgegeben worden waren, um deren Verluste auszugleichen, bestand in Wirklichkeit eine Unterbesetzung. Weiß glaubte aber den Stärkemeldungen des Geschwaders nicht und drohte mehrfach dem Kommodore und den beiden Kommandeuren, Hptm. Schack und Mj. Lange, mit dem Kriegsgericht.
Otto Weiß war 1939 Kommandeur der Schlachtfliegergruppe des LG 2, hatte als einer der ersten Luftwaffenangehörigen im Mai 1940 das Ritterkreuz und im Dezember 1941 das Eichenlaub erhalten und wurde 1942 Inspizient der Schlachtflieger. Daher rührte sein Spitzname bei der Truppe: »Schlächtermeister Weiß«.
Zu dem gespannten Verhältnis zwischen Geschwaderführung und Jafü Westpreußen trug auch die Flut von Befehlen bei, die von dieser Dienststelle ausging. Zum Glück war der Ia beim Jafü ein alter »51er«: Mj. Douglas Pitcairn, der von 1937 bis 1940 Kapitän der 1. Staffel gewesen war. Ihm gelang es, die unsinnigsten Befehle »herauszufiltern«. Nebenbei bemerkt: Mj. Pitcairn, der eigentlich 1940 für fluguntauglich erklärt worden war, flog von Danzig auch Einsätze der I. Gruppe mit.
Und noch ein Mann verdient Erwähnung, der sich am 17. Februar 1945 beim Kommodore meldete: Oblt. z. See Hans-Karl Kortmann, der Marine-Verbindungsoffizier. Sein Auftrag war die Unterrichtung der Marinestreitkräfte über die laufenden Einsätze des Geschwaders und Orientierung des JG 51 über die Tätigkeit der Marine. Er sollte später bei der Evakuierung des Geschwaders eine wichtige Rolle spielen.
In Ostpreußen waren Stabsstaffel und III. Gruppe auf die Zusammenarbeit mit der Heeresgruppe Nord (die ehemalige HGr. Mitte) angewiesen, die aber nur noch aus den Trümmern zweier Armeen bestand. Die Stabsstaffel flog im Februar und März vorwiegend Begleitschutzeinsätze für das Schlachtgeschwader 3 und hatte mitunter beachtliche Erfolge, so am 5. Februar, als 7 Abschüsse erzielt wurden; am 26. März fiel die gleiche Anzahl von Feindflugzeugen. Zwischen dem 13. Januar und Ende März konnte die Stabsstaffel mindestens 45 Abschüsse erzielen; die meisten durch den Staffelführer, Lt. Hübner, und durch die Ofw. Rauch und

Schönfelder. Sie hatte in dieser Zeit aber auch hohe Verluste: 7 gefallene Flugzeugführer.

Hohe Erfolge konnte auch die III. Gruppe erringen, erlitt aber auch ganz erhebliche Verluste, ihre höchsten im Verlaufe des ganzen Krieges:

16. Februar:	Schiffgeleitschutz, Ogefr. Jordan (10. Staffel) von eigener Schiffsflak abgeschossen.
18. Februar:	6 Abschüsse, 4 davon durch Hptm. Brendel, kein Eigenverlust.
19. Februar:	Luftkämpfe Raum Heiligenbeil, 4 Abschüsse, davon 2 durch Hptm. Brendel, 1 durch Ofw. Gabl. Der Staffelführer der 10., Lt. Steinicke, wird abgeschossen – Aufschlagbrand. Seine Staffel übernimmt Lt. Urselmann. Ofhr. Dittrich ist vermißt.
20. Februar:	12 Maschinen im Einsatz, drei Abschüsse durch Hptm. Brendel.
28. Februar:	Luftkämpfe Raum Zinten, keine Abschüsse, zwei Verluste.
4. März:	8 Abschüsse, 1 Verlust.
7. März:	7 Abschüsse, 1 Verlust.
9. März:	15 Maschinen eingesetzt, 9 Abschüsse, 1 Verlust.
18. März:	3 Abschüsse durch Hptm. Brendel; wieder fällt der Führer der 10. Staffel (Lt. Urselmann). Hptm. Doyé führt die Staffel bis zu ihrer Auflösung.
22. März:	1 Abschuß (Pe 2) durch Oblt. Burath, der seit dem 19. 3. die 9. Staffel führte.

Die Abschüsse wurden gegen Verbände erzielt, die in der Regel mehr als doppelt so stark waren wie die deutschen Jäger. Übrigens hatte die III. Gruppe auch französische Freiwillige des Jägerregiments »Normandie – Niemen« zum Gegner.

Die III. Gruppe verlor im Frühjahr 1945 27 Flugzeugführer, dazu 8 Mann des Bodenpersonals an Gefallenen. Dr. Mahlo, dem Stabsarzt der Gruppe, ist es zu verdanken, daß viele Verwundete rechtzeitig ärztlich versorgt werden konnten und so den Krieg überlebten.

Schwerpunkt der Einsätze der I. Gruppe war im Februar und Anfang März 1945 der Raum Elbing, der der IV. zunächst Raum Graudenz, wo die Russen eine sehr massierte Flakabwehr stehen hatten. Durch diese wurde am 17. Februar der hoffnungsvollste Nachwuchspilot, Uffz. Hans Keller, abgeschossen, der unter den äußerst ungünstigen Bedingungen in wenigen Wochen 24 Luftsiege errungen hatte. Die Einsätze beider Gruppen wurden wegen des Treibstoffmangels nur in kleinen Schwärmen mit den erfolgversprechendsten Schwarmführern geflogen. Von Langfuhr aus erzielte die

I. Gruppe bis zur Räumung des Platzes am 20. März wenigstens 50 Abschüsse, die IV. mindestens 37; die I. verlor 11 Flugzeugführer, die IV. 14 Piloten, darunter den Chef der 13., Oblt. Kalden, der am 11. März von der russischen Flak abgeschossen wurde und in Gefangenschaft geriet. Die Staffel übernahm Lt. Engel.

Obwohl zu der Zeit die deutsche Luftfahrtindustrie pausenlos bombardiert wurde, konnten den Verbänden immer noch neue oder industrieüberholte Flugzeuge zugeführt werden, so daß am 28. Februar die I. Gruppe wieder über 33 und die IV. über 34 einsatzklare Maschinen verfügte. Bei der III. Gruppe in Pillau, die ja oft bombardiert wurde, gab es nur 24 Bf 109. Auch die Meldung über die Einsatzbereitschaft der Flugzeugführer spiegelt die unterschiedliche Lage zwischen Langfuhr und Pillau wider:

I.: Von 44 Mann 38 einsatzbereit,
III.: Von 40 Mann 28 einsatzbereit,
IV.: Von 46 Mann 42 einsatzbereit.

Die IV. Gruppe erhielt auch einige der neuen Bf 109 K-4 mit dem langen Hecksporn. Deren durch die Propellernabe feuernde 3-cm-Kanone MK 108 brachte manchen Piloten zur Verzweiflung, da bei engem Kurven die Gurtzuführung der Munition versagte und nach den ersten Schüssen eine vom Flugzeugführer nicht zu beseitigende Ladehemmung auftrat.

Ende Februar eroberten die Russen Pommern und drängten die Reste der 2. Armee ostwärts auf Hela, Gotenhafen, Danzig und die Weichselmündung zurück. Hitlers Wahnidee entsprechend, daß feste Plätze bedeutende Kräfte des Gegners binden würden, mußten also die Räume um Danzig und Königsberg gehalten werden und zur Hebung der Moral des Heeres auch fliegende Verbände dort bleiben. Aus russischer Sicht sah es aber so aus, daß man die kampfkräftigsten Verbände weiter westwärts vorstoßen lassen konnte und man sich über jeden deutschen Soldaten, jeden Panzer und jedes Flugzeug freute, die man mit schwachen Kräften weiter ostwärts festgenagelt hatte.

Mit Wirkung vom 3. März wurde in Danzig der »Gefechtsverband Weiß« aufgestellt. Dem schon erwähnten Oberst Weiß waren in jeder Hinsicht unterstellt: Stab, I. und IV./JG 51, die III./SG 1 (nur 2 Tage), der Stab der Nahaufklärungsgruppe 4 mit zwei Staffeln und eine Luftnachrichtenkompanie. Am 4. März sollte die IV. Gruppe nordwestwärts nach Rahmel verlegen, aber dort standen schon russische Panzerspitzen, also blieb alles in Langfuhr.

Am 8. März begann die Lage im Raum Danzig kritisch, bald darauf dramatisch zu werden. An diesem Tag standen die Russen vor Gotenhafen, am Tag darauf erfolgte ein heftiger Luftangriff auf den Platz Langfuhr. Vier Soldaten des Geschwaderstabs und Fw. Hähnel vom Stab der IV. Gruppe wurden getötet, außerdem viele Soldaten verwundet. Nicht wenige von ihnen verdanken dem Stabsarzt der IV./JG 51, Dr. Lösche, ihr Leben. An diesem 9. März gab es heftige Luftkämpfe im Raum Danzig, bei denen die Langfuhrer Teile des Geschwaders von 70 einsatzklaren Maschinen 22 in die Luft brachten und 6 Abschüsse erzielten. Diese Einsätze hatten aber die Treibstoffvorräte des Gefechtsverbands Weiß weitgehend erschöpft; über den sog. Sperrbestand hinaus waren nur noch 38 m^3 vorhanden. Die Luftflotte forderte von Oberst Otto Weiß, daß Aufklärungsflüge Vorrang vor allen Kampfeinsätzen hätten, die 2. Armee forderte ebenfalls Aufklärung vor der Front und der Kommandierende Admiral der Ostsee forderte Schutz von Gotenhafen, Danzig sowie Schutz von Flotteneinheiten. Eine absolut unlösbare Summe von Aufträgen!

Am 9. März war auch die Fernsprechverbindung zur Luftflotte abgerissen, die Funkverbindung wurde ständig gestört. Vermutlich aus diesen Gründen ist in den Stärkemeldungen der Luftflotte in den Spalten für das JG 51 lapidar »keine Meldung« vermerkt; auch fehlen Einsatz- und Erfolgsberichte des Gefechtsverbandes Weiß. Der katastrophalen Treibstofflage wegen wurden bis zum 19. März kaum Jagdeinsätze geflogen; die Nahaufklärer hatten Vorrang.

Der Platz von Langfuhr wurde jetzt bei Tag und Nacht angegriffen, schließlich auch mit Artilleriefeuer belegt; die Situation wurde unhaltbar. 10 Maschinen der IV. Gruppe starteten am 10. März, um die III./JG 51 in Pillau zu verstärken; 6 von ihnen gingen bei der Landung zu Bruch.

Die endgültige Räumung von Danzig-Langfuhr begann sich abzuzeichnen. Die Luftflotte 6 wollte eine Gruppe in den Raum Berlin verlegen, um sie bei der dort erwarteten Entscheidungsschlacht einzusetzen, und eine Gruppe sollte auf die Nehrung verlegen. Mj. Losigkeit setzte sich daher mit Mj. Pitcairn, der sich in Pillau aufhielt, in Verbindung, um die unsinnige Verstärkung in Ostpreußen zu verhindern. Pitcairn flog darauf zum ObdL, um Göring klarzumachen, daß in Pillau-Neutief oder einem der anderen überfüllten Feldflugplätze einfach kein Platz für eine zusätzliche Jagdgruppe sei, zumal mit dem baldigen Fall von Pillau-Neutief zu rechnen sei. Göring aber ließ den Major gar nicht erst vor. Der Chef des Stabes, General Koller, aber sagte zu, die Verlegung einer Gruppe nach Ostpreußen anzuhalten. Wie sich zeigen sollte, wurde diese Zusage nicht eingehalten.

Am 20. März traf der Befehl ein, daß Geschwaderstab und die IV. Gruppe nach Westen verlegen sollten. Die I. sollte vorerst in Langfuhr bleiben. Mit einem Transportflugzeug trafen 90 Rüstsätze ETC 501 für die Maschinen der I./JG 51 ein, damit sie zur Heeresunterstützung schwere Bomben werfen konnten.

Am 20. März, bei Einbruch der Dunkelheit, legte die »Togo« von Danzig ab, an Bord waren u. a. Mj. Lange und die Staffel- und Schwarmführer der IV. Gruppe, insgesamt 14 Flugzeugführer.

Der Kommandeur hatte sich zuvor von den zurückbleibenden Flugzeugführern und Technikern verabschiedet und versprochen, alles zu tun, um die Männer aus dem Kessel herauszuholen. 20 Flugzeugführer und 297 Männer des Bodenpersonals der IV. Gruppe sowie 34 Angehörige des Geschwaderstabs blieben zurück; sie wurden der II./SG 3 unterstellt. Am Abend des 20. März flog das Restkommando den ersten Dämmerungseinsatz mit Bomben. Am 21. März sollten die Männer des Bodenpersonals abfahren, doch wurden sie vom Hafen wieder nach Langfuhr zurückgeschickt. Die Stimmung sank. Die Flugzeuge der 13. Staffel wurden der I. Gruppe übergeben.

Am späten Abend des 23. März liefen wieder zwei Schiffe aus: Auf der »Albert Jensen« waren der Geschwaderstab und 278 Männer der IV. Gruppe, auf der »Karl Essberger« 43 Soldaten der Ln.-Kompanie des Geschwaders. 19 Techniker und 20 Flugzeugführer sollten beim Gefechtsverband Weiß ausharren. Dann ein neuer Befehl: Es bleibt nur ein Schwarm in Langfuhr, die überzähligen Maschinen sind im Landmarsch nach Pillau-Neutief zu überführen.

Am 24. März lag Langfuhr unter laufendem Artilleriebeschuß; vier Männer des Bodenpersonals wurden getötet, mehrere schwer verwundet. Nun bekam auch die I. Gruppe Verlegebefehl; allerdings nicht nach Westen, sondern in den Samlandkessel. Da Pillau-Neutief geräumt werden sollte, war Brüsterort als Liegeplatz vorgesehen worden. Der Gefechtsverband Weiß wurde aufgelöst.

Hauptmann Schack, der gebürtige Ostpreuße, führte die Fahrzeugkolonne, die auch 40 Bf 109 der I. Gruppe schleppte, auf Nebenstrecken nach Brüsterort, wo schon 200 Flugzeuge standen; nach Eintreffen konnten die Techniker nur noch 10 Bf 109 als einsatzklar melden.

Am 24. März wurden durch das Flugsicherungsboot »Günther Plüschow« die letzten Flugzeugführer der IV. Gruppe abgeholt. Zurück blieben 16 Mann des Bodenpersonals, die sich nach Pillau durchschlugen, ohne zu wissen, daß die Räumung dieses Platzes angeordnet war.

Am 25. März kam die »Togo« in Kiel an, einige Tage später die anderen Schiffe in Saßnitz/Rügen. Es folgten Irrfahrten der Geschwaderangehörigen durch Mecklenburg und Vorpommern nach Döberitz, schließlich sammelten sich die IV. und der Stab in Anklam an der Peene.

Ende März flog Mj. Losigkeit noch einmal nach Langfuhr, um die endgültige Räumung des Platzes, der am 30. März in russische Hand fiel, sicherzustellen. In einer Bf 108 flog er, zusammen mit dem Geschwader-Ia, Hptm. Riedel, im Tiefflug entlang der pommerschen Küste nach Garz auf der Insel

Usedom. Hier überreichte ihm Oberst Ihlefeld das Fernschreiben, in dem Mj. Losigkeit befohlen wurde, die Führung des JG 77 in Mährisch-Ostrau zu übernehmen, da der Kommodore des JG. 77, Mj. Leie, am 7. März gefallen war.
An eine ordnungsgemäße Übergabe des Geschwaders an einen Nachfolger war nicht zu denken, zumal ein solcher noch nicht benannt war. Mj. Losigkeit flog noch am 31. März ins »Protektorat«; der Stab II./JG 3 sollte vorläufig das JG 51 führen. Am 5. April 1945 befahl die Luftflotte 6, daß Mj. Freitag vom JG 77 neuer Kommodore des Jagdgeschwaders »Mölders« werden sollte, was tags darauf von der Dienststelle »General der Jagdflieger« bestätigt wurde. Nach seinem Eintreffen wollte das neugebildete LwKdo Nordost bestimmen, welche Teile des Geschwaderstabes nach Ostpreußen zu verlegen seien. Die IV. Gruppe hingegen war dazu ausersehen, bei der in Kürze zu erwartenden Schlacht um Berlin in Tempelhof stationiert zu werden, doch da man mit baldiger Ausschaltung von Tempelhof rechnete, sollte die Ost-West-Achse als Start- und Landebahn hergerichtet werden. Weil aber ein Antrag, 20 Meter beiderseits dieser Allee durch den Tiergarten die Bäume abzuholzen, von Hitler persönlich abgelehnt wurde, entfielen die Voraussetzungen für einen Einsatz im inneren Verteidigungsbereich Berlins.
In diesen Tagen fand ein unsinnig erscheinendes Tauziehen um Verwendung, Verlegung und teilweise Auflösung des Geschwaders statt. Da wurde diskutiert, ob der Stab JG 51 oder die II./JG 3 in Zusammenarbeit mit der Kriegsmarine den Raum Swinemünde sichern solle, ob das JG 51 den Stab des JG 1 ersetzen solle oder nicht, oder ob der Stab JG 51 ganz oder teilweise nach Ostpreußen gehen soll.
Unterdessen war die IV. Gruppe in Garz auf Usedom und bekam dort endlich wieder Flugzeuge – nagelneue Fw 190 A-9 und sogar einige Fw 190 »Langnasen«-D-9. Bedenkt man, wie vor Jahren sorgfältig von Bf 109 auf Fw 190 umgeschult wurde, so war das jetzige Verfahren haarsträubend. Ein Zivilangestellter von Focke-Wulf erklärte den Piloten die Besonderheiten der ›190‹, wies noch einmal darauf hin, daß man die ›190‹ in Dreipunktlage abheben müsse (also keineswegs den Schwanz hochkommen lassen dürfe wie bei der ›109‹!) und daß sie eine höhere Landegeschwindigkeit habe als die Messerschmitt, und daß man sie mit Gas an den Aufsetzpunkt heranziehen müsse. Bei der Landung könne man die Fw 190 zur Not einfach durchsacken lassen. Falls aber die Maschine einen Zusatztank trage, sei das Verfahren sehr gefährlich, da das Fahrwerk so weit durchfedere, daß der Tank Bodenberührung bekäme. Nach der knappen Einweisung und wenigen Übungsflügen verlegten die Staffeln auf Plätze um Berlin: Straußberg, Prenzlau und Eggersdorf.

Auf diesem Platz übernahm die Gruppe weitere Fw 190 der aufgelösten III./ JG 54 (der früheren II./ZG 76), dazu etwa 70 Wehrmachtshelferinnen, die als Allgemeines Personal, Kraftfahrer und auch als Techniker eingesetzt waren. Die Einheitsführer bekamen mit den jungen Frauen zusätzliche Sorgen um die Disziplin der Truppe.
Warum der zum Kommodore bestimmte Mj. Freitag nie beim Geschwader eintraf, ist unbekannt. Jedenfalls übergab der Inspekteur der Tagjäger Ost, Oberst Nordmann, am 12. April die Führung des Geschwaders an Mj. Heinz Lange, den bisherigen Kommandeur der IV. Gruppe, Oblt. Josten bis dahin Staffelkapitän der 3./JG 51 und seit dem 28. März Eichenlaubträger, sollte die IV. Gruppe übernehmen. Da ungewiß war, wann Josten aus Ostpreußen eintreffen werde, schickte Oberst Nordmann seinen Ia, Mj. Pitcairn, als Interimskommandeur, außerdem Lt. Kurt Tanzer als neuen Chef der 13. Staffel.
Wie sah nun die Situation der in Ostpreußen verbliebenen Teile des JG 51 aus? Wie erwähnt, lagen in Pillau-Neutief – neben anderen Luftwaffeneinheiten – die Stabsstaffel und die III. Gruppe. Von der Lfl. 6 war, als sich der Fall von Danzig abzeichnete, geplant worden, eine weitere Gruppe des JG 51 ins Samland zu verlegen. Zwar hatte General Koller zugesagt, die Verlegung zu verhindern, dann war aber doch die I. Gruppe, verstärkt durch Flugzeugführer und Bodenpersonal der IV., nach Brüsterort gekommen. Ende März wurde vorgeschlagen, daß Stabsstaffel und III. Gruppe nach Westen verlegen sollten, dann wurde die Planung erneut umgestoßen, und die Masse des JG 51 hatte in Ostpreußen zu bleiben!
Die Flugzeugführer der Stabsstaffel hatten sich unter härtesten Bedingungen mit einem schnell schrumpfenden Flugzeugbestand ihrer Haut zu wehren. Seit dem 28. März lag der Platz Neutief unter Artilleriebeschuß, der von einem russischen Fesselballon, der jenseits des Haffs bei Balga stand, gelenkt wurde. Die notwendigsten Wartungsarbeiten an den Maschinen wurden zwischen den Feuerüberfällen von Freiwilligen durchgeführt. Trotz allem, die Flugzeugführer kämpften weiter.
Am 22. März z. B. schoß die III./JG 51 acht Gegner ab, am 25. März die Stabsstaffel sieben Bomber. Lt. Hübner und Ofw. Schönfelder von der Stabsstaffel bekamen am 2. April das Ritterkreuz verliehen. Fünf Tage später kehrte Lt. Hübner nicht mehr vom Feindflug zurück. Die Staffel wurde vom Chef der 2., Oblt. Lindner, mitgeführt.
Am 11. April fiel Königsberg. Deutsche Truppen hielten noch einen kleinen Zipfel des Samlands mit Pillau und Brüsterort, die Frische Nehrung und die Weichselmündung. Mit einigen großen Luftangriffen auf die Plätze wollten die Russen offenbar den Widerstand der deutschen Jäger brechen. Am 12. April hatte die III. Gruppe noch zwei Maschinen klar, die I. noch

eine, mit der Hptm. Schack vor der Landung brennend abstürzte. Er konnte zwar mit dem Fallschirm abspringen, doch hatte er erhebliche Brandverletzungen im Gesicht und mußte ausgeflogen werden.
Da in Brüsterort der Treibstoff zu Ende ging, verlegten die Stabsstaffel und die I. Gruppe auf einen Feldflugplatz im Samland, Littausdorf. Doch auch hier gab es den hochoktanigen C-3-Treibstoff nicht mehr, den die Fw 190 benötigten.
Am 15. April 1945 griffen seit den frühen Morgenstunden Pe-2, Il-2, »Airacobra« und andere Jäger in rollenden Einsätzen Littausdorf an. Eine deutsche Maschine nach der anderen wurde von Splittern und Geschossen durchsiebt; die Start- und Landebahn war von Kratern bedeckt.
Die Männer in den Splittergräben glaubten ihren Augen nicht zu trauen, als sich im Tiefflug eine einzelne Fw 190 von Nordwesten her an den Platz heranzog und trotz der Tiefangriffe landete. Der Flugzeugführer war der neue Kommodore, Mj. Lange, der allein 400 km über See nach Ostpreußen geflogen war, um die Herauslösung von Stabsstaffel, I. und III. Gruppe zu versuchen.
Lange hatte sich, bis dahin unbehelligt, der samländischen Küste genähert und bemerkte frühzeitig, was in Littausdorf los war. Er drehte zunächst ab und kreiste im Tiefflug über der Reede von Pillau. Die Männer an den Flakgeschützen der Schiffe, die sonst sofort das Feuer auf anfliegende Maschinen zu eröffnen pflegten, hatten offensichtlich die Erkennungssignale bemerkt, die Lange abfeuerte, und ließen den Kommodore seine Runden ziehen. Als aber der Treibstoff zu Ende ging, flog Lange Littausdorf an und landete zwischen den rollenden Einsätzen der Russen. Auch beim Anflug hatte Lange Glück gehabt: Wie ein Abhörtrupp ihm später mitteilte, hatten die Russen seinen Anflug bemerkt und ihre Leitstelle den Jägern befohlen, die einzelne »Filzlaus« – das war, ins Deutsche übersetzt, der russische Deckname für die Fw 190 – abzuschießen.
Auf Mj. Lange ruhten jetzt die Hoffnungen der Männer des JG 51, daß es ihm gelinge, die Herauslösung der Einheiten aus der Mausefalle zu erwirken. Dem Bodenpersonal drohte das Schicksal, vom »Heldenklau erwischt« zu werden, d. h., als Infanteristen oder, mit Panzerfäusten ausgerüstet, als Panzervernichter eingesetzt zu werden.
Lange meldete sich beim Kommandeur des Lw. Kdo. Ostpreußen, General Uebe, der sich, trotz der aussichtslosen Lage, sehr optimistisch gab. Lange konnte zunächst nur erreichen, daß die Teile des JG 51 auf den Feldflugplatz Junkertroylhof in der Weichselniederung verlegten. Der Platz war zwar sehr klein und holprig, aber nach Zerstörung der umliegenden Deiche durch ein ausgedehntes Überschwemmungsgebiet geschützt.
Am Abend des 16. April starteten die ersten sechs Flugzeuge der Stabsstaf-

fel, dann brachen die Bodenteile auf, um auf Marineprähmen erst bis zur Kurischen Nehrung zu fahren, dann über die Nehrung selbst zu marschieren und dann erneut auf Schiffen nach Junkertroylhof zu gelangen. Am selben Tag starteten Oblt. Josten mit den Ofw. Schönfelder und Rauch von Littausdorf (Rauch war schon seit langem zur Verleihung des Ritterkreuzes eingereicht. Die Fernschreibmitteilung über die Verleihung mit Wirkung vom 9. April erreichte ihn erst Anfang Mai in Flensburg) nach Garz und kurz vor Einbruch der Dunkelheit die letzten Flugzeuge der I. und III. Gruppe nach Junkertroylhof. Von einer Mausefalle war man in die andere geraten; Untergangsstimmung machte sich breit.

Der Ist-Bestand der Flugzeuge beider Gruppen war auf 12 Maschinen abgesunken, Ingenieur Pauer und seinen Leuten gelang es, etwa 3-4 Bf 109 klarzuhalten, mit denen hin und wieder erfolgreiche Schwarmeinsätze geflogen wurden. Meist aber stießen die deutschen Jäger ins Leere, dafür kamen die Il-2, sobald der Schwarm gelandet war. Nach Aussage eines Staffelführers sollen die russischen Schlachtflieger von einem Agenten eingewiesen worden sein, der in der Uniform eines deutschen Flaksoldaten eine Funkstelle betrieb.

Die Bemühungen Mj. Langes, wenigstens eine Gruppe herauszulösen, scheiterten. Am 23. April wurde die Gruppe mit dem Gamsbockwappen aufgelöst. Teile gingen in der III. Gruppe auf, die meisten Männer wurden dem Heer zugeführt. Ein böses, aber zutreffendes Wort machte die Runde: »Das Heer kämpft weiter bis zum letzten Luftwaffensoldaten.« Auch die Stabsstaffel wurde praktisch aufgelöst. Einige Flugzeugführer flogen auftragsgemäß nach Westen, wobei ein Unteroffizier seine Freundin in der Fw 190 verstaute. Andere Flugzeugführer und Männer des Bodenpersonals fuhren mit einem Schiff nach Bornholm. Zwar hatte man festgestellt, daß auf Bornholm keine zur Führung eines Jagdverbandes geeigneten Fernmeldemöglichkeiten vorhanden waren, doch glaubte man, zur Flankensicherung unbedingt hier Jäger stationieren zu müssen.

Mj. Lange gelang es aber, den Abzug der überzähligen Flugzeugführer, der Kraftfahrer der IV. Gruppe, die seit dem Abzug aus Danzig in Ostpreußen waren, und des Restkommandos der Stabsstaffel durchzusetzen. Wie schon bei der Räumung von Langfuhr erschien wieder Oblt. z. See Kortmann, der »St. Christophorus des Geschwaders«, wie er genannt wurde, mit einigen Flugsicherungsbooten und Siebelfähren, um diese Männer (mit ihnen Mj. Lange) am 24. April nach Hela zu bringen. Dann kam das zermürbende Warten an der Anlagestelle in Hela, die zudem noch bombardiert wurde, wobei drei Kraftfahrer fielen. Dann endlich ging es auf dem Räumboot R 230 und einem Frachter nach Swinemünde.

In Junkertroylhof blieb also nur die III. Gruppe unter Hptm. Brendel, die am 24. April durch Aufstellung der 12. Staffel auf eine Stärke von vier Staffeln gebracht worden war: Führer der 9. war bis zum 26. April noch Oblt. Burath (der an diesem Tag zu einem Kurierflug nach Rügen aufbrach), dann Ritterkreuzträger Ofw. Rüffler; der der 10. war Hptm. Doyé, der 11. Hptm. von Moller, und der Chef der neuen 12. Staffel war Lt. Dombacher, der seit dem 7. April das Ritterkreuz trug.

Wenn die III. Gruppe ihren Auftrag, die letzten Flüchtlingstransporte zu schützen und Kräfte des Gegners zu binden, erfüllen sollte, mußte ihr Flugzeugbestand aufgefüllt werden. Wie erwähnt, gab es am 23. April nur 12, zum Teil flugunfähige »Mühlen«. Daher wurden am 24. April, an dem Tag, als Mj. Lange mit den überzähligen Bodenteilen nach Hela fuhr, 24 neue Bf 109 G-10 von Garz nach Junkertroylhof entsandt. Führer des Verbandes war Hptm. Waldemar Wagler, der zur 15./JG 51 gehörte. Wagler kam nie in Junkertroylhof an; er landete auf dem schwedischen Flugplatz Rinkaby und wurde interniert.

Die Verstärkung des isolierten Vorpostens in der Weichselniederung war jedoch sinnlos. Innerhalb weniger Tage wurde der Platz zusammengebombt. Ohnmächtig mußten die Männer zusehen, wie kurz nach der Landung der Jäger die Il-2 erschienen und die Abstellplätze der Bf 109 unter Beschuß nahmen. Viel zu spät wurde die oben erwähnte Agentenfunkstelle ausgehoben.

Anfang Mai 1945 erreichte die III. Gruppe doch der Verlegebefehl nach Westen. Zunächst wurden in kleinen Trupps Männer des Bodenpersonals (vorwiegend solche der aufgelösten I. Gruppe) mit Fähren nach Hela gebracht. Am 4. Mai hatten die unermüdlichen Techniker durch Ausschlachten beschädigter Maschinen noch einmal 15 Messerschmitts flugfähig gemacht. Da der Treibstoff nicht reichte, um Flensburg oder einen anderen Platz in Schleswig-Holstein zu erreichen, sollte Bornholm angeflogen werden.

Einzeln starteten die 15 Jäger von dem zerbombten, vom Regen aufgeweichten Platz; zwei Flugzeuge stürzten beim Start ab, drei mußten wegen technischer Defekte wieder umkehren. Fw. Petzschler landete auf dem schwedischen Flugplatz Bulltofta bei Malmö, weil die Kraftstoffpumpe seines Zusatztanks versagte; Bornholm hätte er mit dem Treibstoff des Innentanks der Maschine nicht erreichen können.

Am 5. Tag – dem Tag, an dem der Waffenstillstand mit den Westalliierten in Kraft trat, – fuhr weiteres Personal mit Sturmfähren nach Hela und von da aus weiter nach Bornholm. Am Abend des 7. Mai verließen die letzten Männer der III. Gruppe – es waren noch weit über 200 – die Weichselniederung. Von Hela aus brachte sie ein Zerstörer nach Kiel.

Was hatte sich mittlerweile bei der IV. Gruppe an der Oderfront abgespielt?

Die IV./JG 51 lag Mitte April in Eggersdorf, ostwärts von Berlin, ausgerüstet mit Fw 190 A-9. Die Gruppe war durch Flugzeugführer der aufgelösten III./JG 54 verstärkt, deren Bodenpersonal war größtenteils an die Fallschirmjägertruppe abgegeben und durch junge Frauen und Mädchen ersetzt worden. Die ersten Einsätze wurden gegen die russischen Brückenköpfe bei Küstrin geflogen.
Die Russen antworteten mit einem nächtlichen Brandbombenangriff auf Eggersdorf, der beinahe zu einer Katastrophe geworden wäre. Denn die Kiefernwälder um den Platz, in deren Schutz die Flugzeuge und LKW standen, waren nach einer längeren Schönwetterperiode zundertrocken, und nach den ersten Bombenabwürfen entstanden sofort Brände, die sich zu Flächenbränden ausweiteten. Die jungen Kraftfahrerinnen und weiblichen 2. Warte bewiesen Tatkraft, Geschick und außerordentlichen Mut, als sie mit den wenigen, zum Schleppen geeigneten Fahrzeugen die Flugzeuge und die Holzgas-LKW der Gruppe aus der Gefahrenzone schleppten.

Am 16. April trat die Rote Armee an der Neiße und aus den Oderbrückenköpfen zum Sturm auf Berlin an. Beinahe täglich verlegten jetzt die Staffeln, um den Angriffen russischer, aber auch amerikanischer Bomber zu entgehen. Bald war es der Platz Borkheide bei Potsdam, dann Prenzlau, dann Schmoldow in Vorpommern. Vorwiegend wurden Begleiteinsätze für Schlacht- und Kampfflieger geflogen, aber auch Jagdschutzeinsätze für die sogenannten Mistelgespanne. Das waren Kombinationen aus einer unbemannten Ju 88 mit einer Hohlsprengladung in der Rumpfspitze und einer Bf 109 oder Fw 190, die durch Stützstreben mit der Ju 88 verbunden war. Der Flugzeugführer saß in dem Jagdflugzeug, einige Meter über dem Bomber, und bediente die kombinierten Steuervorrichtungen beider Maschinen. Der Zielanflug sollte in 6000 m Höhe erfolgen, das Ziel im Sturzflug angeflogen und in 1000 m Höhe die Ju 88 abgesprengt werden. Mit diesen Mistelgespannen (andere Decknamen waren »Gerät Beethoven« und »Vater und Sohn«) wurden seit Anfang März Oder- und Weichselbrücken angegriffen, allerdings mit geringem Erfolg: Es gab bereits beim Start Verluste, dann technische Probleme beim Anflug, was zu Abbruch des Einsatzes führte. Vor allem aber erwies sich die Hohlladung als ungeeignetes Zerstörungsmittel gegen Brücken: Mehrfach schlugen die Ju 88 knapp neben der Brücke ein, und dann war die Wirkung auf die Brücke oder die Rampe gering. Selbst wenn die Brücke getroffen wurde, gab es allenfalls ein Loch in der Fahrbahn, das von den russischen Pionieren schnell repariert werden konnte. Da also der Misteleinsatz der Kampfgruppe Helbig ein Fehlschlag war, kam man beim OKL auf die Idee, nach dem Vorbild der japanischen Kamikazeflieger Freiwillige im SO- (= Selbstopfer)-Einsatz gegen die Oderbrücken einzusetzen; sie sollten sich mit sprengstoffgefüllten Ju 88 (von dem Flugzeugmuster standen nach Auflösung der meisten Kampfgeschwader genügend auf den Flugplätzen) auf die Ziele stürzen.

Um solche Freiwilligen zu werben, erschien am 24. April General Fiebig auf dem Gefechtsstand der IV. Gruppe. Er und ganz Deutschland erwarte von den Flugzeugführern Einsatz bis zum letzten und daß sie durch ihr Opfer den Feind vor den Toren Berlins zum Stehen bringen würden. Die Männer der IV. Gruppe aber waren skeptisch und es meldete sich niemand zu diesem Wahnsinnseinsatz. Es fanden sich aber aus anderen Verbänden Freiwillige für die »Kampfgruppe Freiheit«, vor allem Kampfflieger, deren Angehörige durch Bombenangriffe ums Leben gekommen waren. Wieviele sich meldeten, ist unbekannt, da in den Stärkemeldungen der Lfl. 6 für die »KGr Freih.« nie Personalstärken angegeben werden.

Am 27. April kehrte Mj. Lange zur Gruppe zurück. Tags darauf wurde die Auflösung des Geschwaderstabs befohlen, Lange übernahm wieder die IV. Gruppe, Oblt. Josten flog weiter im Stabsschwarm. Der Verband verfügte in den letzten Kriegstagen über eine bisher nicht gekannte Konzentration bester Kräfte: Der Kommandeur und die drei Kapitäne (Tanzer, Vechtel, Lindner) waren Ritterkreuzträger. Mit Josten war im Stabsschwarm ein Eichenlaubträger; zwei Schwarmführer (Marquardt und Schönfelder) trugen ebenfalls das Ritterkreuz; Rauch war zur Verleihung eingereicht.

In drei Wochen schoß der Verband noch einmal 115 Flugzeuge bei 5 Eigenverlusten ab. Als Besonderheit ist zu erwähnen, daß Fj.Ofw. Marquardt bei der Überführung einer Rotte Fw 190 D-9 vier Jak-3 abschießen konnte. Ende April ging es dann zurück über Parchim nach Redlin.

Am 1. Mai flog von Redlin aus ein Schwarm von sechs Fw 190 D-9 unter Führung von Fj. Ofw. Marquardt einen Begleiteinsatz für 12 Schlachtflugzeuge nach Berlin. Nach Ende des Einsatzes kehrten die Jäger mit dem Jagdbombern nach Schwerin zurück. Während des Landevorgangs wurden sie von etwa 20 »Spitfire« XIV angegriffen. Marquardt gab dem Schwarm den Auftrag, die Landung der Jabos zu schützen, und griff mit seinem Rottenflieger, Fw. Radlauer, die englischen Jäger von unten an. Aus dieser ungünstigen Position gelang Marquardt noch ein Abschuß, doch wurde er auch selbst getroffen. Radlauer beobachtete den Aufschlagbrand von Marquardts Maschine, und da von ihm jedes Lebenszeichen ausblieb, galt Marquardt als gefallen.

Marquardt aber hatte noch mit dem Fallschirm abspringen können und war verwundet im Lazarett von Schwerin gelandet, wo er bald darauf in Gefangenschaft geriet.

Am Abend des 1. Mai kam durch den Rundfunk die Proklamation von Großadmiral Dönitz durch, daß »der Führer im Kampf um die Reichshauptstadt gefallen« sei, er – Dönitz – sei mit der Nachfolge beauftragt. Da sich in Mecklenburg amerikanische und russische Stoßkeile aufeinander zubewegten, erhielt die Gruppe Verlegebefehl nach Flensburg. Am 2. Mai, nach Auflösung des Frühnebels, starteten die Flugzeugführer, doch einige der Männer sahen keinen Sinn mehr in der Fortführung des Kampfes. Oblt. Kretschmar (14. Staffel) flog in Richtung Magdeburg »nach Hause«. Der Chef der 14. Staffel, Lt. Vechtel, startete mit einem ganzen Schwarm, den er nicht nach Flensburg, sondern in die Nähe seines Wohnortes Warendorf bei Münster führte. Dort landete er mit zwei anderen Flugzeugführern (der dritte war kurz nach dem Start bei Redlin abgeschossen worden) und wurde von englischen Truppen gefangengenommen. Einer dieser Männer hatte auf Bitten eines Technikers sogar dessen Frau in der Fw 190 mitgenommen. Während die anderen Flugzeugführer der IV. Gruppe wohlbehalten Flensburg erreichten, kam nur ein Drittel des Bodenpersonals an. Die Kolonnen wurden unterwegs ständig aus der Luft angegriffen. Fw. Georg Schmidt vom Nachrichtenzug fiel, mehrere Soldaten wurden verwundet, und die meisten in Schwerin und Lübeck gefangen genommen.
Eine völlig überladene Do 217, die außer der vierköpfigen Besatzung noch 10 Mann des JG 51 an Bord hatte, stürzte beim Start in Redlin ab, wobei fünf Soldaten der IV. Gruppe starben, unter ihnen Oblt. Friede und Prüfmeister Wolfram.
In der Nacht zum 5. Mai traf der Befehl ein, daß am 5. Mai um 8 Uhr die Waffenruhe gegenüber den Truppen Feldmarschall Montgomerys eintrete. Gleichzeitig kam von der 14. Fliegerdivision der Befehl, in der Morgendämmerung alle einsatzklaren Flugzeuge je nach Betankung und Wetterlage nach Prag bzw. Norwegen zu überführen. Prompt machte die Parole die Runde, daß Seite an Seite mit den Westalliierten der »Kampf gegen den Bolschewismus« fortgeführt werde. Eine Schlechtwetterlage verhinderte allerdings den Start nach Prag und Norwegen (lediglich einige blindflugerfahrene Nachtjäger starteten um 6.30 Uhr).
Dann kam schnell das Ende. Am Sonntag, dem 6. Mai, trafen die ersten Kommandos der 2. Tactical Air Force in Flensburg ein. Am 7. Mai wurde die bedingungslose Kapitulation der deutschen Wehrmacht in General Eisenhowers Hauptquartier unterzeichnet. Das Kommando der 2. TAF bestimmte die Sammlung des gesamten fliegertechnischen und kraftfahrtechnische Geräts, Aufstellen der Flugzeuge mit abgenommener Luftschraube und einem abgenommenen Ruder sowie die Entmunitionierung der Flugzeuge.

Am 9. Mai trat die Kapitulation endgültig in Kraft. Oberst Nordmann sammelte in Flensburg noch einmal die Reste des Geschwaders zu einem letzten Appell und gedachte in einer kurzen Ansprache der Kampfjahre des Jagdgeschwaders »Mölders«. Dann hatte das JG 51 aufgehört zu bestehen.

Ein Nachspiel

Viele Tagebuchaufzeichnungen der Geschwaderangehörigen enden sinngemäß mit der Feststellung »Die Zeit in der Internierung – bzw. der Gefangenschaft – ist ein Kapitel für sich.« Diesem »Kapitel für sich« sollen doch noch einige Sätze gewidmet werden.

Völkerrechtlich galten die Angehörigen der Wehrmachtverbände in Schleswig-Holstein, Dänemark und Norwegen nicht als Kriegsgefangene, sondern als Internierte. Für die Luftwaffenteile wurde in Schleswig-Holstein das Abwicklungskommando Oberst Nordmann eingerichtet, dem einsatzmäßig (!), truppendienstlich und disziplinarisch alle Luftwaffeneinheiten unterstanden. Das Kdo. Nordmann seinerseits unterstand der 83. Group der RAF.

Während viele Luftwaffeneinheiten in Sammellager zur endgültigen Demobilisierung überführt wurden, aus denen sie als »entwaffnete Soldaten« aus der Wehrmacht entlassen wurden, blieben die Reste von Geschwaderstab, Stabsstaffel, IV. Gruppe und Nachrichtenkompanie sozusagen weiter im Dienst: Sie bildeten auf dem Flugplatz Flensburg-Weiche das »Abrüstungskommando Flensburg«. Kommandoführer war Mj. Lange, der dem Führer der 2. Squadron des 8302. Air Disarmament Wing, Squadron Leader Evans, für die Aufrechterhaltung der Disziplin verantwortlich war. Disziplinarverstöße waren durch deutsche Disziplinarvorgesetzte, gegebenenfalls durch deutsche Militärgerichtsbarkeit zu ahnden.

Nach dem Waffenstillstand durften die deutschen Soldaten noch ihre Auszeichnungen tragen, die Offiziere auch ihre Pistolen, was aber bald untersagt wurde. Lediglich für die Torposten bekam das Kommando Flensburg einige Karabiner mit Munition.

Aufgabe des Abrüstungskommandos war das Abwracken und Ausschlachten von Flugzeugen sowie die Instandsetzung von Kraftfahrzeugen. Allerdings wurden auch einige Flugzeuge wieder »aufgefrischt«, nämlich solche, an denen die Alliierten wegen ihrer Leistungsfähigkeit interessiert waren. So kam Mj. Lange am 25. Juni noch einmal zu der Gelegenheit, die Fähigkeiten der Fw 190 D-9 in einem Vergleichsfliegen mit einer »Tempest«, dem seinerzeit wohl besten britischen Propellerjagdflugzeug, zu demonstrieren.

Wenngleich bei den Abrüstungskommandos nur Techniker und Spezialisten gebraucht wurden, hatten zunächst nur wenige Männer des übrigen Personals das Bedürfnis, sich zu den Entlassungslagern überstellen zu lassen. Sicher spielten dabei materielle Gründe auch eine Rolle: Im Lager hatte man ein Dach über dem Kopf, die Behandlung war gut, für Essen und

Trinken war gesorgt. Aber wichtig war auch, daß der Verband in den Kriegsjahren den Soldaten eine zweite Heimat geworden war, der ihnen das Gefühl einer Geborgenheit gab. Und für viele stellte sich auch die im Mai und Juni kaum lösbare Frage, wohin sie gehen sollten, zumal für die, die aus Gebieten stammten, die von russischen Truppen besetzt waren.
War die IV. Gruppe größtenteils in Flensburg interniert worden, so kam die Mehrzahl der ehemaligen III./JG 51 nach Kiel. Am 9. Mai war dort der Zerstörer eingelaufen, der etwa 300 Soldaten dieser Gruppe an Bord hatte. Beim Einlaufen in die Förde ereignete sich noch ein Zwischenfall: Zwei »Spitfire« umkreisten in niedriger Höhe den deutschen Zerstörer, und eine von ihnen stürzte ins Wasser. Die Engländer nahmen an, daß vom Schiff aus auf das Flugzeug geschossen worden sei, und griffen sich den höchstdekorierten Offizier, um ihn in Einzelhaft zum Sprechen zu bringen – und das war Hptm. Brendel, der aber nichts Ungewöhnliches bemerkt hatte.
Wie oben erwähnt waren Angehörige der aufgelösten I. Gruppe, der Stabsstaffel, aber auch der III./JG 51 mit anderen Luftwaffenangehörigen Anfang Mai in Bornholm gelandet. Am 5. Mai, dem Tag des Waffenstillstands, wurden die etwa 480 deutschen Soldaten von Angehörigen der dänischen Widerstandsbewegung interniert. Man erwartete in Kürze eine Nachricht, daß englische Truppen in Bornholm landen würden, doch statt dessen warf ein russischer Aufklärer Flugblätter ab, daß sich der deutsche Kommandant am 7. Mai in Kolberg einzufinden habe, um die Insel zu übergeben, ansonsten würde sie bombardiert. Tatsächlich fielen am 7. Mai Bomben auf Stadt und Hafen. Am 10. Mai landeten russische Truppen auf Bornholm. Die deutschen Soldaten wurden gefangengenommen und nach Kolberg gebracht, von wo sie einen langen Fußmarsch durch Pommern, Westpreußen bis nach Preußisch-Eylau antraten. Von dort wurden sie auf verschiedene Gefangenenlager aufgeteilt.
Die Arbeit in den britischen Abrüstungskommandos (ab Mitte September hießen die Dienststellen »Deutscher Arbeitszug Luft«, abgekürzt DAZL) ließ den Männern mehr als genug Zeit, über ihre Zukunft nachzugrübeln. Viele von ihnen waren seit Monaten ohne Nachricht über das Schicksal ihrer Angehörigen und drängten auf baldige Entlassung; es kam zu ersten ernsthaften Disziplinarschwierigkeiten. Und welche inneren Probleme die Männer hatten, die sich vor dem Krieg entschieden hatten, Berufssoldat zu werden oder die 1937 von der Schulbank weg Soldat geworden waren, kann man kaum mit wenigen Worten schildern.
Ende 1945 mehrten sich die Entlassungen. Nachfolger Mj. Langes als Führer des DAZL – er begann in Kiel ein Studium – wurde Mj. Pitcairn. Nicht wenige der Entlassenen blieben in Schleswig-Holstein »hängen«. Es hatten sich persönliche Bindungen ergeben, manche hatten schon während

ihrer Zugehörigkeit zum Abrüstungskommando den Grundstock für eine berufliche Tätigkeit in diesem Raum gelegt. Eine andere größere Gruppe, vorwiegend Angehörige der ehemaligen III./JG 51, kam in den Raum Köln, als dort die RAF Arbeitskommandos für den Ausbau der Flugplätze Köln-Butzweilerhof und Porz-Wahn suchte. Hier trafen die Männer des JG 51 auch andere ehemalige Geschwaderangehörige, darunter Oskar Romm (zuletzt JG 3) und Hans Gottfried Schulz, der zuletzt beim Schlachtgeschwader 4 geflogen war. Andere Angehörige des DAZL kamen nach Lüneburg. Die letzten Internierten wurden 1947 entlassen, ausgenommen davon waren Generalstäbler wie Pitcairn, der bis 1948 interniert blieb.
Die Gefangenen in englischem, amerikanischem und französischem Gewahrsam wurden als erste entlassen, doch dauerte es noch Jahre, bis die Überlebenden aus russischer Gefangenschaft nach Deutschland zurückkehrten, viele von ihnen körperlich und seelisch angeschlagen.

War oben einmal von Disziplinarproblemen und Auflösungserscheinungen die Rede gewesen, so hatte sich doch bei sehr vielen ein starkes Zusammengehörigkeitsgefühl gezeigt und durchgesetzt, dessen sichtbarer Beweis die späteren Treffen der ehemaligen Geschwaderangehörigen wurden.
Schon im Frühjahr 1952 hatte Alfred Rauch zu einem Treffen in Weinheim eingeladen, zu dem 200 Ehemalige angereist kamen; Karl Gottfried Nordmann hatte die Schirmherrschaft übernommen. Es ist der Initiative der Herren Rauch, Dr. Heinz Lange, Brendel und Kron zu verdanken, daß der Kontakt nie abriß. 1953 und 1954 traf man sich in Weinheim, 1956 in Geisenheim. Es gab zwar eine Unterbrechung bis 1965, doch dann folgten Treffen 1967 in Fürstenfeldbruck, 1970 in München, 1973 wieder in Fürstenfeldbruck.
Waren die Treffen in späteren Jahren vorwiegend gesellige Veranstaltungen, hatten die ersten Zusammenkünfte viel konkretere Zwecke, denn sie dienten nicht zuletzt der Aufklärung von Vermißtenschicksalen sowie der gegenseitigen Hilfe bei der Gründung von beruflichen Existenzen.
Nachdem am 22. November 1973 das Jagdgeschwader 74 der Bundeswehr den Traditionsnamen »Mölders« erhalten hatte, entstand die »Vereinigung der Angehörigen und Freunde der Geschwader Mölders«, die nunmehr ihre »großen Mölderstreffen« in Neuburg/Donau, dem Standort des JG 74 »Mölders« abhielt. Die sich im Lauf der Jahre immer enger gestaltenden Beziehungen zwischen den Angehörigen des JG 51 und der Bundeswehr und hier besonders dem JG 74 »M« sind nicht zuletzt darauf zurückzuführen, daß 32 ehemalige Geschwaderangehörige als aktive Soldaten beim Aufbau der Bundeswehr mitgewirkt haben, zum Teil in sehr verantwortlichen Stellungen.

Das JG 74 »Mölders« der Bundeswehr

Am 22. November 1973 verlieh der damalige Inspekteur der Luftwaffe, Generalleutnant Günther Rall, dem Jagdgeschwader 74 den Traditionsnamen »Mölders«. Außerdem wurden an diesem Tag der Unterkunftsbereich des Verbandes, in Grünau bei Neuburg a. d. Donau, in »Wilhelm-Frankl-Kaserne« getauft und ein Gedenkstein für diesen hervorragenden Jagdflieger des Ersten Weltkriegs enthüllt. Lt. Frankl war Führer der Jasta 14 gewesen, hatte nach 19 Luftsiegen den Orden »Pour-le-Mérite« erhalten und war am 8. April 1917 im Luftkampf gefallen. Nach 1933 wurden Frankls Name und seine Leistungen verschwiegen, weil er jüdischer Abstammung war.

Das Neuburger Geschwader ist aber noch auf weitere Weise der Tradition der deutschen Militärfliegerei verbunden. Der Platz ist auf einem alten Exerzierplatz der Bayerischen Armee gebaut, auf dem schon 1911 die ersten Flugzeuge starteten. Nach 1935 lagen auf dem ausgebauten Fliegerhorst zunächst Schulverbände (Fliegerwaffenschule E, Blindflugschule 2), dann die IV./KG 1 »Hindenburg«, sowie Nachtjäger (Teile NJG 6 und NJG 102), und schließlich eine mit Me 262 ausgerüstete Staffel des KG 54 (J). Das JG 74 entstand aus der im Juli 1959 in Oldenburg aufgestellten 3. Staffel der Waffenschule 10, die mit dem Allwetterjäger F-86 K ausgerüstet war. Von diesem Baumuster, einer Version der aus dem Koreakrieg bekannten F-86 »Sabre«, hatte die Bundeswehr 88 Exemplare erworben, die bei Fiat in Lizenz gebaut wurden. Von dem Jagdflugzeug »Sabre Mk. 6«, das beim JG 71 ›Richthofen‹ im Einsatz war, unterschied sich die F-86 K äußerlich vor allem durch die Radarnase an der Rumpfspitze.

Am 1. Oktober 1960 verlegte die 3./WaSLw von Oldenburg nach Leipheim und wurde in JG 75 umbenannt. Nach sieben Monaten ging dann das Geschwader – nunmehr mit einer Stärke von zwei fliegenden Staffeln – in seinen endgültigen Standort Neuburg/Donau, wo es am 5. Mai 1961 als JG 74 in Dienst gestellt wurde. Erster Kommodore war Oberstleutnant Fritz Wegner, der das Geschwader bis 1968 führt.

Im Juli 1961 stellte das JG 74 auf die neue, zentralisierte Geschwadergliederung um: Fliegende Gruppe, aus zwei Staffeln bestehend, Technische Gruppe und Fliegerhorstgruppe, deren Kommandeur ein alter 51er war: Major Willi Gasthaus.

Am 5. Oktober 1962 wurde das JG 74 der NATO unterstellt. 1964 begann eine neue wichtige Phase für das Geschwader: Die Umrüstung von der

F-86K auf die F-104G. Die Umrüstung war Ende 1965 abgeschlossen, und im Sommer 1966 erreichte das Geschwader seine Sollstärke von 54 F- und TF-104G.
Nicht uninteressant in diesem Zusammenhang sind die vom Geschwader erzielten Flugstunden: Von der Aufnahme des Flugbetriebs mit F-86 K am 20. 10. 1960 bis zum 8. 4. 1965 wurden auf diesem Muster 25 000 Stunden erflogen. Der Flugbetrieb mit der F-104 wurde am 24. 7. 1964 aufgenommen, die 10 000. Flugstunde wurde am 8. 9. 1966 erreicht, die 25 000. am 2. 7. 1968 und die 50 000. am 17. 12. 1971.
Am 1. Oktober 1968 übernahm Oberstleutnant Gerd Mohrdieck als Kommodore das Geschwader, das er am 1. Oktober 1972 an Oberst Erlemann übergab.
1974 lief die Umrüstung vom »Starfighter« auf die »Phantom« F-4F an. Zehn Jahre war das Geschwader mit der F-104 ausgerüstet gewesen, 81 840 Stunden waren mit diesem Flugzeugmuster beim JG 74 geflogen worden. Es spricht für sich selbst, daß das Geschwader in dieser Zeit nur sieben »Starfighter« durch Flugunfälle verloren hat, wobei nur ein Flugzeugführer am 11. 4. 1972 den Tod fand: OTL Horst Matischak, der Kommandeur der Fliegenden Gruppe.
Nicht umsonst ist dem JG 74 in seiner über zwanzigjährigen Geschichte mehrfach der Flugsicherheitspreis zuerkannt worden.
Im Februar 1976 war die Umrüstung auf die »Phantom« mit einer taktischen Überprüfung abgeschlossen worden. Gleichzeitig war es zu einer Erweiterung des Einsatzauftrags gekommen. Aus dem »reinen« Jäger war der »Tactical Fighter« geworden, der auch Jagdbomberaufgaben wahrzunehmen hatte.
Während der Umrüstung hatte Oberst Walter Schmitz, der vom JaboG 31 »Boelcke« kam, am 1. 4. 1975 das Geschwader übernommen, das er nach mehr als zweijähriger Führung am 18. 7. 1977 an Oberst Michael Estendorfer übergab.
Ein Datum aus dem Jahre 1976 sollte nicht unerwähnt bleiben: am 28. Oktober trat der letzte »Alt-Mölderianer« im Verband in den Ruhestand: Ofw. d. R. Michael Mayr, der im Krieg technischer Wart beim JG 51 und beim JG 74 ziviler Kfz-Mechanikermeister gewesen war.
Ein neuer Kommodorewechsel fand am 1. 4. 1980 statt, als Oberstleutnant Hans-Heinrich Block, bis dahin stellvertretender Kommodore des JaboG 36, das JG 74 »Mölders« übernahm.
Verlegungsflüge zu ausländischen Stützpunkten gehörten zwar seit Jahren zum fast alltäglichen Dienstbetrieb des Geschwaders, aber der Flug von acht F-4 F des JG 74 am 5. Mai 1981 war etwas Besonderes. Erstmals in der Geschichte der Luftwaffe überquerten Jagdflugzeuge den Nordatlantik im

Nonstopflug, um nach siebenstündigem Flug, bei dem sie fünfmal in der Luft nachtankten, auf dem kanadischen Stützpunkt Goose May zu landen. Drei Tage später begann aus Anlaß des 20jährigen Bestehens des Geschwaders das 4. »Große Mölderstreffen«, bei dem eine Besatzung eine »Phantom« in einem weiß-blauen Sonderanstrich im Flug vorführte.

Am 23. 8. 1983 wurde im Rahmen eines Geschwaderappells das Geschwader vom Kommandeur der 2. Luftwaffendivision, GenMaj. von Bornstaedt, an Oberst Gunter Lange übergeben und der bisherige Kommodore, Oberst Block, verabschiedet. Am Tag darauf konnte das Geschwader ein neues Jubiläum feiern: Die 75 000. Flugstunde auf dem Baumuster »Phantom II«, und ein Jahr später wurde die 200 000. Gesamtflugstunde geflogen – eine stolze Bilanz für das Jagdgeschwader 74 »Mölders«.

Verzeichnis der Abkürzungen

AK	Armeekorps
Allg.	Allgemeines Personal
Bf	Bayerische Flugzeugwerke
Div	Division
EK	Eisernes Kreuz
ER	Einhängerost
Erg.	Ergänzungs-
ETC	Elektrische Trägervorrichtung für cylindrische Bomben
Fj.	Fahnenjunker
-fhr	-Führer
Fhr.	Fähnrich
Flg.	Flieger
Flplatz	Flugplatz
Flz	Flugzeug
FSA	Fallschirmabsprung
Fw.	Feldwebel
Fw	Focke-Wulf
gef.	gefangen
Gefr.	Gefreiter
GenLt.	Generalleutnant
GenMj.	Generalmajor
Gr	Gruppe
Hgefr.	Hauptgefreiter
HGr.	Heeresgruppe
HKL	Hauptkampflinie
Hptm.	Hauptmann
Jafü	Jagdfliegerführer
I a	Erster Stabsoffizier (Operation)
I c	Dritter Stabsoffizier (Feindlage)
JDiv	Jagddivision
JFS	Jagdfliegerschule
JG	Jagdgeschwader
Kdo	Kommando
Kdore	Kommodore
Kdr	Kommandeur
Kp	Kompanie
Kpt, kpt	Kapitän, -kapitän
LA	Luftangriff
Lfl	Luftflotte
Lks	Luftkriegsschule
LS	Luftsieg
Lt.	Leutnant
Ln	Luftnachrichten
m.d.W.d.G.b	mit der Wahrnehmung der Geschäfte beauftragt
Mech	Mechaniker

MG	Maschinengewehr
Mj.	Major
MK	Maschinenkanone
n	nördlich
no	nordostwärts
NO	Nachrichtenoffizier
nw	nordwestlich
o	ostwärts
NAGr	Nahaufklärungsgruppe
ObdL	Oberbefehlshaber der Luftwaffe
Oblt.	Oberleutnant
Obstlt.	Oberstleutnant
Ofhr.	Oberfähnrich
Ofw.	Oberfeldwebel
Ogefr.	Obergefreiter
OKL	Oberkommando der Luftwaffe
RK	Ritterkreuz
RLM	Reichsluftfahrtministerium
RM	Reichsmarschall
s	südlich
so	südostwärts
sw	südwestlich
SG	Schlachtgeschwader
St	Staffel
Stasta	Stabsstaffel
Stfhr	Staffelführer
StG	Sturzkampfgeschwader
Stkpt	Staffelkapitän
TO	Technischer Offizier
Uffz	Unteroffizier
verm.	vermißt
vers.	versetzt
verw.	verwundet
z.b.V.	zur besonderen Verwendung
†	gefallen, gestorben, tödl. verunglückt

Im Januar 1943 fliegen Teile des JG 51 Begleitschutz für Ju 52-Transportflugzeuge, die die im Kessel von Demjansk eingeschlossenen Kampfverbände aus der Luft versorgen. Als Einsatzplatz dient der zugefrorene »Große Iwansee«.

Die Überreste einer über dem »Großen Iwansee« abgeschossenen Pe-2. In der Mitte Hptm. Erich Leie, der die I./JG 51 des im Dezember 1942 gefallenen Hptm. Krafft übernommen hat.

Hptm. Leie – ein erfolgreicher Jagdflieger am Kanal (43 Luftsiege) – hat sich auch im Osten sehr bewährt. Weitere 74 Luftsiege kann er hier für sich verbuchen, bis er am 7. März 1945 als Kommodore des JG 77 im Luftkampf fällt.

»Waffenjodler« (Waffenwarte) der 1. Staffel beim fachgerechten Gurten der MG-Munition.

Juli 1943 – Wehrbetreuung in Orel-Sloboda. Angehörige des Geschwaderstabs und der I. Gruppe verfolgen interessiert die Darbietungen einer deutschen Künstlertruppe der Wehrbetreuung. In der Mitte Kommodore Nordmann, rechts daneben Hptm. v. Block, rechts außen Hptm. Philipps und vorne Mitte Ofw. Jennewein.

Auch der inzwischen zum Major beförderte Kommandeur der I. Gruppe, Erich Leie, amüsiert sich. Rechts Hptm. Philipps (Stab).

Die Abwehrkämpfe gegen den immer stärker werdenden Gegner fordern nicht nur von den Piloten das Äußerste. Unermüdlich sind auch die »schwarzen Männer«, denn es gilt, den Flugzeugführern ein zuverlässiges Gerät in die Hand zu geben.

Oblt. Edwin Thiel führt von Juni 1942 bis Juli 1943 die 2. Staffel. Er erhält am 16. 4. 1943 nach 51 Luftsiegen das Ritterkreuz. Edwin Thiel fällt am 14. 7. 44 als Führer der Stabsstaffel durch russische Flak nach 76 Luftsiegen.

Sechs Mann für ein Gruppenbild: v. l.: Wollschläger, Scheuber, Wever, Bareuther, Epphardt und Brendel (I./JG 51).

Die II. Gruppe befindet sich bei der Umrüstung auf Fw 190, als am 5. November 1942 der Befehl zur Verlegung in den Mittelmeer-Raum eintrifft. Mit neuen, sandbraun lackierten Bf 109 G-2 fliegt die Gruppe in Etappen nach Sizilien. Am 16. November kommt es in Bizerta in Tunesien zur ersten Feindberührung mit englischen Jägern.

Der neue Einsatzraum fordert den Männern das Letzte ab. Das unbeschwerte Lachen der Piloten der 5. Staffel trügt. V. l.: Uffz. Schenk, Uffz. Heidenreich, Lt. Föhl, Fw. Zeddis und Fw. Rauch.

Links: Das Gruppenwappen der II./JG 51 zeigt in der Reihenfolge des Einsatzes von oben die Symbole der Gegner: Frankreich, England, Sowjetunion und USA.

Rechts: Am 14. März 1943 werden Oblt. Günther Rübell (links) und Ofw. Otto Schultz in Gabes durch Hptm. Müncheberg mit dem Ritterkreuz ausgezeichnet. Rechts im Bild der Kommandeur der II. Gruppe, Hptm. Grasser.

Abgehetzt, von Platz zu Platz gejagt, liegt die Einheit schließlich auf dem italienischen Festland, bis sie auch hier von den alliierten Bomberverbänden ›herausgebombt‹ wird.

Nach der Versetzung Hptm. Grassers übernimmt der Kapitän der 4. Staffel, Hptm. Karl Rammelt, die Führung der Gruppe. Das Bild zeigt die »Beule« des Kommandeurs in München-Neubiberg, wohin die Gruppe zur Auffrischung verlegt hat.

Lt. Herbert Puschmann nimmt die Glückwünsche seines Kommandeurs, Hptm. Rammelt, entgegen. Puschmann fällt am 3. Februar 1944 südlich von Rom beim Angriff auf einen Verband gegen amerikanische Bomber vom Typ ›Mitchell‹ B-25. Für 54 Luftsiege wird Puschmann – zuletzt Hauptmann und Kapitän der 6. Staffel – nachträglich mit dem Ritterkreuz geehrt.

Juli 1943 – Orel-Sloboda.
Eine abgeschossene La 5 wird sorgfältig untersucht. 2. v. l.: Fw. Bareuther, Oblt. Neumeier und 5. v. l. Fw. Förster.

Am 5. 7. 1943 erringt die 3. Staffel in Rußland unter ihrem Kapitän, Hptm. Heinz Lange, bei nur einem Totalverlust den 400. Abschuß. Der glückliche Schütze, Lt. Höfemeier, in der Mitte des Bildes. Links daneben Lt. Walther Wever. Höfemeier fällt am 7. 8. 43 durch russische Flak.

Von Juni 1943 bis Mai 1944 führt Hptm. Hans-Ekkehard Bob die IV. Gruppe. Rechts Hptm. Adolf Borchers, der Kapitän der 11. Staffel. (RK am 22. 11. 43 nach 78 Luftsiegen).

Lt. Josef Jennewein – er kehrt am 26. Juli 1943 von einem Einsatz östlich Orel nicht zurück. Jennewein erzielte insgesamt 86 Luftsiege und wird nachträglich am 3. 12. 43 mit dem Ritterkreuz ausgezeichnet.

Der Kommodore, Obstlt. Nordmann, bei der III. Gruppe. Links Major Fritz Losigkeit, der die Gruppe von 24. 6. 43 bis 31. 3. 44 während der schweren Abwehrkräfte führt.

Oblt. Karl-Heinz Weber, Staffelkapitän der 7./51, erhält am 12. November 1943 nach 100 Luftsiegen das Ritterkreuz. Rechts Major Losigkeit.

Hptm. Meine (Mitte) im Gespräch mit einem ungarischen Jagdflieger.

Abschied von der III./JG 51 – K.-H. Weber wird Ende Mai 1944 als Hauptmann zum JG 1 in den Westen versetzt. Dort übernimmt er die Führung der II. Gruppe. Er fällt am 7. Juni 1944 im Luftkampf nach insgesamt 136 Luftsiegen. Nachträglich wird Hptm. Weber mit dem Eichenlaub ausgezeichnet. Im Bild v. l.: Hptm. Epphardt, Oblt. Schulze-Forster, Hptm. Weber, Major Losigkeit und Oblt. Gudehus.

Unten links: Hptm. Joachim Brendel – Ritterkreuz am 22. 11. 1943 – bezwingt am Tage der Verleihung den 100. Gegner im Luftkampf. Am 14. Januar 1945 erhält er nach 156 Luftsiegen das Eichenlaub. Bei Kriegsende führt er die III. Gruppe als Kommandeur.

Unten rechts: Lt. Walther Wever – seit 1943 in der I. Gruppe im Fronteinsatz – übernimmt im Mai 1944 die 3. Staffel. Nach 44 Luftsiegen wird ihm am 28. 1. 1945 das Ritterkreuz verliehen. Ab Februar 1945 fliegt Wever als Oberleutnant im JG 7 und stürzt am 10. April 1945 mit einer Me 262 tödlich ab.

ANHANG 1

Personalverluste des JG 51 in chronologischer Reihenfolge: Gefallene, tödlich verunglückte, verstorbene, gefangene und vermißte Angehörige des fliegenden und Bodenpersonals.

Lfd. Nr.	Name	Geburtsjahr	Dienstgrad	Funktion	Einheit	Luftsiege	Verlustdatum	Ursache/Ort
1.	Dietrich, Otto	1912	Uffz.	?	Stabskp.	–	26. 9. 39	Unfall
2.	Gadow, Wolfgang	1912	Lt.	FF	3./77	0	28. 9. 39	Flugunfall Merseburg
3.	Schultz, Willi	1912	Fw.	?	2./77	–	29. 12. 39	Krankheit Odendorf
4.	Kisker, Volkmar	1918	Lt.	FF	3./77	0	29. 12. 39	Flugunfall Eifel
5.	v. Balka, Wilhelm	1914	Ofw.	FF	1./51	1	10. 1. 40	Gefangen, ostw. Saarbrücken
6.	Burggaller, Ernst	1896	Mj.	Kdr.	II./51	0	2. 2. 40	Flugunfall Immenstaad
7.	Hoppe, Walter	1912	Fw.	FF	1./20	0	10. 5. 40	†, Absturz, w. Nymwegen
8.	v. Minnigerode, Albrecht	1912	Oblt.	Stkpt.	2./20	0	11. 5. 40	Gef.
9.	Schild, Franz	1915	Uffz.	FF	3./51	0	11. 5. 40	†, LK, s. Rotterdam
10.	Kazmaier, Max	1918	Uffz.	FF	2./20	0	17. 5. 40	†, LK, bei Middelburg
11.	Otterbeck, Wilhelm	1908	Uffz.	FF	1./20	0	17. 5. 40	Gef., LK, bei Middelburg
12.	Gilgenast, Paul	1913	Uffz.	Fernspr.	I./77	–	21. 5. 40	†, Escamain
13.	Künzel, Hans	1919	Ogefr.	Fernspr.	I./77	–	20. 5. 40	†, Escamain
14.	Wagner, Fritz	1920	Gefr.	Fernspr.	I./77	–	20. 5. 40	†, Landrecies
15.	Peisker, Hans	1918	Gefr.	Fernspr.	I./77	–	21. 5. 40	Gef., Escamain
16.	Beckert, Rolf	1911	Lt.	FF	2./51	0	22. 5. 40	Flugunfall
17.	Strehl, Hans	1918	Lt.	FF	1./51	2	23. 5. 40	Gef., Guise
18.	Borries, Christel	1916	Oblt.	FF	I./20	0	31. 5. 40	†, Dünkirchen
19.	Francke, Werner	1918	Uffz.	FF	3./20	0	31. 5. 40	†, Dünkirchen
20.	Ensch, Heinz	1917	Uffz.	FF	1./20	0	14. 6. 40	Flugunfall

Anmerkung zu Anhang I:
Zusammengestellt nach den Unterlagen der Deutschen Dienststelle (WAST) in Berlin. Bis Januar 1945 dürfte die Liste vollständig sein, von Februar 1945 sind mit Sicherheit Lücken vorhanden, die entweder dadurch entstanden sind, daß Meldungen nicht bis zur Dienststelle gelangt sind oder dort durch Kriegseinwirkungen verlorengegangen sind. Für die Zeit nach dem 9. April 1945 liegen überhaupt keine Meldungen vor.

Lfd. Nr.	Name	Geburtsjahr	Dienstgrad	Funktion	Einheit	Luftsiege	Verlustdatum	Ursache/Ort
21.	Böhm, Johann	1919	Lt.	FF	4./51	0	8.7.40	Gef., Raum Dover
22.	Schneiderberger, Konrad	1913	Uffz.	FF	7./51	0	8.7.40	†, LK, s. Dover
23.	Striebel, Hermann	1914	Lt.	FF	5./51	3	9.7.40	†, LK, Desvres
24.	Stocker, Wolfgang	1910	Uffz.	FF	5./51	1	10.7.40	†, LK, Themsemündung
25.	Lange, Joachim	1917	Lt.	FF	9./51	0	13.7.40	†, LK, s. Dover
26.	Heilmann, Karl	1912	Fw.	FF	9./51	2	19.7.40	Verw. LK, † 20.7.40
27.	Sicking, Oskar	1915	Ofw.	FF	1./51	2	20.7.40	†, LK, n. Audighem
28.	Gebhardt, Martin	1919	Gefr.	FF	2./51	0	28.7.40	†, LK, Kanal
29.	Aichele, Erwin	1901	Hptm.	FF	Stab I./51	0?	29.7.40	†, Bruchlandung Kanalküste
30.	Hemmerling, Eduard	1912	Fw.	FF	6./51	3	29.7.40	†, LK, so. Dover
31.	Schmid, Karl	1913	Ofw.	FF	1./77	10	5.8.40	†, Kanal
32.	Walz, Kurt	1913	Fw.	FF	5./51	0?	11.8.40	†, Themsemündung[1]
33.	Hauck, Friedrich	1916	Lt.	FF, TO	Stab I./77	2	15.8.40	†, Absturz Nordsee
34.	Steigenberger, Otto	1911	Fw.	FF	5./51	1	15.8.40	Gef., LK, s. Harwich
35.	Bruder, Ernst	1917	Uffz.	FF	4./51	2	16.8.40	Gef., LK, Faversham
36.	Tietzen, Horst	1912	Hptm.	Stkpt.	5./51	20	18.8.40	†, LK, Themsemündung
37.	Lessing, Hans	1910	Lt.	FF	5./51	4	18.8.40	†, LK, Themsemündung
38.	Beeck, Fritz	1910	Ofw.	FF	6./51	4	24.8.40	Gef., LK, Themsemündung
39.	Busch, Hans	1916	Fw.	FF	8./51	2	24.8.40	†, LK, Ramsgate
40.	Harheim, Walter	1912	Uffz.	FF	8./51	1	24.8.40	†, LK, Ramsgate
41.	Kröll, Theodor	1915	Uffz.	FF	9./51	1	24.8.40	†, s. Folkestone
42.	Oglodek, Josef	1916	Fw.	FF	1./51	4	24.8.40	†, Zusammenstoß mit Spitfire, Themsemündung
43.	Kircheis, Erich	1912	Lt.	FF, Adjut.	Stab/51	0	28.8.40	Gef., LK, Raum Dover

[1] Nicht zu verwechseln mit Fw. Kurt Karl Walz, Stabsstaffel/51, † 3.4.44

Lfd. Nr.	Name	Geburtsjahr	Dienstgrad	Funktion	Einheit	Luftsiege	Verlustdatum	Ursache/Ort
44.	Dau, Arthur	1911	Ofw.	FF	7./51	7	28. 8. 40	Gef., LK, Raum Canterbury
45.	Priebe, Eckehardt	1916	Oblt.	Stkpt.	2./77	3	31. 8. 40	Gef., LK, Raum Canterbury
46.	Ehrig, Hans Jürgen	1912	Oblt.	Stkpt.	1./77	~ 3	31. 8. 40	Gef., LK, Themsemündung
47.	Petrenko, Hans	1917	Lt.	FF	1./77	0	31. 8. 40	Gef., LK, Themsemündung
48.	Evers, Walter	1912	Fw.	FF	1./77	0	31. 8. 40	†, LK, Themsemündung
49.	Kramer, Günther	1918	Fw.	FF	1./77	0	31. 8. 40	†, LK, Themsemündung
50.	Keck, Xaver	1917	Uffz.	FF	1./77	0	31. 8. 40	Gef., LK, Themsemündung
51.	Ruttkowski, Günter	1917	Lt.	FF	1./51	0	2. 9. 40	†, LK, Canterbury
52.	Thörl, Helmut	1917	Lt.	FF	1./51	0	2. 9. 40	Gef., LK, Maidstone
53.	Ströhlein, Fritz	1912	Ofw.	FF	2./51	5	7. 9. 40	†, o. London
54.	Werner, Heinrich	1915	Gefr.	FF	3./51	0	7. 9. 40	Gef., LK, so. London
55.	zur Lage, Heinz	1917	Uffz.	FF	3./51	0	7. 9. 40	Gef., LK, so. London
56.	Goltzsche, Gotthard	1913	Ofw.	FF	1./77	4	7. 9. 40	Gef., LK, so. London
57.	Koch, Kurt	1918	Uffz.	FF	9./51	0	7. 9. 40	Gef., LK, so. London
58.	Wiggers, Ernst	1909	Hptm.	Stkpt.	2./51	13	11. 9. 40	†, LK, London
59.	Siemer, Hermann	1917	Fw.	FF	8./51	0	11. 9. 40	†, LK, Tonbridge
60.	Kunze, Herbert	1918	Oblt.	Adjut.	Stab I./77	0	14. 9. 40	†, o. London
61.	Ettler, Heinz	1915	Fw.	FF	1./77	0	14. 9. 40	Gef., LK, s. London
62.	Meixner, Rudolf	1916	Uffz.	FF	3./77	0	15. 9. 40	†, o. Dungeness
63.	Bildau, Kurt	1909	Lt.	FF	7./51	2	15. 9. 40	Gef., LK, London
64.	Klotz, Friedrich	1914	Fw.	FF	9./51	1	15. 9. 40	†, LK, London
65.	Still, Heinz	1908	Gefr.	FF	1./77	0	18. 9. 40	†, s. Ramsgate
66.	Meudtner, Walter	1915	Fw.	FF	3./51	0	26. 9. 40	†, LK, Dungeness
67.	Leyerer, Walter	1910	Lt.	FF	2./77	0	29. 9. 40	†, LK, n. Hastings
68.	Carnier, Gerhard	1917	Lt.	FF	9./51	1	30. 9. 40	†, Absturz Kanal w. Benzinmangel

Lfd. Nr.	Name	Geburtsjahr	Dienstgrad	Funktion	Einheit	Luftsiege	Verlustdatum	Ursache/Ort
69.	Hübel, Kurt	1918	Uffz.	FF	7./51	3	30. 9. 40	†, LK, London
70.	Limpert, Paul	1919	Uffz.	FF	7./51	2	30. 9. 40	†, LK, London
71.	Gerneth, Eduard	1916	Uffz.	FF	2./51	0	1. 10. 40	Gef., LK
72.	Mölders, Viktor	1914	Oblt.	FF	2./51	9	7. 10. 40	Gef., LK
73.	Meyer, Erich	1918	Lt.	FF	2./51	1	7. 10. 40	Gef., LK
74.	Escherhaus, Heinz	1914	Lt.	FF	1./77	–	8. 10. 40	Gef., LK
75.	Delfs, Rudolf	1919	Uffz.	FF	6./51	2	9. 10. 40	†, Calais, Notlandung
76.	Höhn, Erich	1918	Uffz.	FF	4./51	2	15. 10. 40	Gef., LK, London
77.	Wilhelm, Heinz	1915	Fw.	FF	3./77	0	20. 10. 40	Gef., LK, Eastbourne
78.	Müller, Kurt	1921	Fhr.	FF	3./51	0	22. 10. 40	Gef., LK, Maidstone
79.	Raisinger, Karl	1920	Gefr.	FF	3./77	1	25. 10. 40	Gef., s. London
80.	Asmus, Hans	1913	Hptm.	FF	9./51	0	25. 10. 40	Gef., LK
81.	Koslowski, Wilhelm	1915	Fw.	FF	7.*	1	25. 10. 40	Gef., LK, London
82.	Birk, Leonhard	1910	Fw.	FF	7.	0	25. 10. 40	Gef., LK, London
83.	Knittel, Werner	1901	Lt.	Adjut.	Stab II.	1	28. 10. 40	†, LK, Folkestone
84.	John, Hans	1913	Ofw.	FF	4.	8	28. 10. 40	†, Ärmelkanal
85.	Terry, Ernst	1916	Lt.	Adjut.	Stab I.	8	29. 10. 40	†, LK, England
86.	Bubenhofer, Karl	1916	Fw.	FF	3.	0	29. 10. 40	Gef., LK
87.	Tornow, Heinz	1918	Lt.	FF	4.	10	29. 10. 40	†, LK, s. London
88.	Lenz, Alfred	1913	Uffz.	FF	4.	1	29. 10. 40	†, LK, s. London
89.	Brunk, Otto	1921	Fhr.	FF	5.	0	29. 10. 40	†, LK, s. London
90.	Illner, Johann	1911	Ofw.	FF	4.	7	5. 11. 40	Gef., LK, n. London
91.	Jäger, Franz	1916	Lt.	FF	5.	1	5. 11. 40	†, Absturz Dungeness
92.	Filke, Hans Joachim	1920	Uffz.	FF	9.	0	11. 11. 40	†, LK, Themsemündung
93.	Nispel, Karl	1914	Uffz.	FF	Stabskp. III.	–	11. 11. 40	†, LK, Themsemündung ⎫ Besatzung der Seenotweihe
94.	Rössler, Siegfried	1913	Gefr.	Bordfunker	Stabskp. III.	–	11. 11. 40	⎬
95.	Fordtram, Martin	1912	Ogefr.	Bordmech.	Stabskp. III.	–	11. 11. 40	⎭

* Ab hier sind nur noch Gruppen- bzw. Staffelnummer genannt

Lfd. Nr.	Name	Geburtsjahr	Dienstgrad	Funktion	Einheit*	Luftsiege	Verlustdatum	Ursache/Ort
96.	Claus, Georg	1915	Oblt.	Stkpt.	1.	18	11. 11. 40	†, LK, über See
97.	Rehberg, Hermann	1919	Uffz.	FF	1.	0	11. 11. 40	†, LK
98.	Vorbach, Erich	1922	Fhr.	FF	1.	0	14. 11. 40	†, LK
99.	Marquaire, Karl	1916	Uffz.	FF	10.	0	20. 11. 40	†, Absturz Marquise b. Schulflug
100.	Loppach, Günter	1918	Ogefr.	FF	11.	0	23. 11. 40	Gef., LK, s. London
101.	Rosen, Adolf	1918	Fw.	FF	10.	1	26. 11. 40	†, LK, so. Hastings
102.	Heidorn, Werner	1919	Gefr.	FF	2.	0	27. 11. 40	†, LK, Jaboeinsatz
103.	Dhein, Heinz	1918	Uffz.	FF	2.	2	27. 11. 40	†, Jaboeinsatz
104.	Teumer, Wolfgang	1919	Lt.	FF	2.	0	27. 11. 40	Gef., Jaboeinsatz
105.	Erdniss, Wilhelm	1912	Fw.	FF	3.	1	27. 11. 40	Gef.
106.	Hergesell, Joachim	1912	Gefr.	FF	3.	0	27. 11. 40	†
107.	Benzinger, Adolf	1912	Uffz.	FF	3.	0	27. 11. 40	†
108.	Miesala, Walter	1918	Uffz.	FF	9.	0	1. 12. 40	†, LK, Ärmelkanal
109.	Wieser, Hans	1920	Gefr.	FF	Erg.	0	31. 12. 40	†, Flugunfall, Cazeaux
110.	Steckmeyer, Adolf	1918	Lt.	FF	11.	0	10. 2. 41	†, Flugunfall
111.	Topp, Wilhelm	1919	Uffz.	FF	6.	0	25. 2. 41	†, LK, w. Oye Plage
112.	Pirker, Giselbert	1913	Oblt.	FF	4.	0	26. 2. 41	†, Kollision mit Bf 109
113.	Keitel, Hans-Karl	1915	Oblt.	FF, komm. Kdr.	IV.	8	26. 2. 41	Verm., Ärmelkanal
114.	Ottmer, Martin	1918	Lt.	FF	3.	0	3. 3. 41	†, LK
115.	Lesch, Arthur	1920	Uffz.	FF	2.	0	5. 3. 41	†, LK
116.	Schreiner, Georg	1917	Lt.	FF	2.	0	21. 3. 41	Tödlich verunglückt, Schulflug
117.	Gollasch, Josef	1914	Lt.	FF	3.	0	25. 3. 41	†, Fallschirm nicht geöffnet
118.	Ulms, Georg	1920	Ofr.	FF	10.	0	29. 3. 41	Tödlicher Absturz, Ausbildungsflug

* Ab hier sind nur noch Gruppen- bzw. Staffelnummer genannt.

Lfd. Nr.	Name	Geburtsjahr	Dienstgrad	Funktion	Einheit*	Luftsiege	Verlustdatum	Ursache/Ort
119.	von Saalfeld, Enzio	1908	Lt.	FF	7.	1	31. 3. 41	†, LK, Mitte Ärmelkanal
120.	Weiß, Horst	1913	Ogefr.	Waffenwart	IV.	–	2. 4. 41	Tödlich verunglückt
121.	Möller, Friedrich	1912	Fw.	FF	11.	1	10. 4. 41	†, LK, Themsemündung
122.	Hübner, Werner	1914	Ofw.	FF	4.	7	12. 4. 41	†, abgestürzt Nieuport
123.	Lotz, Heinz	1921	Gefr.	Funker	I.	–	4. 5. 41	Selbstmord
124.	Götz, Erwin	1917	Ogefr.	Techniker	I.	–	4. 5. 41	Tödlicher Unfall
125.	Ludewig, Alfred	1918	Uffz.	FF	2.	0	11. 5. 41	Gefallen, Südengland
126.	Kraatz, Eberhart	1918	Lt.	FF	2./Erg.	0	5. 6. 41	†, Luftkampfübung
127.	Wiest, Heinz	1915	Lt.	FF	12.	6	5. 6. 41	†, Flugunfall, St. Inglevert
128.	Steyskal, Otto	1919	Ogefr.	Kraftfahrer	Erg.	–	20. 6. 41	Tödlicher Unfall, Posen
129.	Graf, Alois	1920	Lt.	FF	10.	0	24. 6. 41	Verm.
130.	Krieger, Walter	1907	Lt.	FF	6.	6	25. 6. 41	†, LK, Wygonowski-See
131.	Pohlein, Erwin	1919	Uffz.	Funker	II.	–	27. 6. 41	†, Erdkampf
132.	Jürgens, Helmut	1918	Uffz.	FF	11.	~ 12	30. 6. 41	†, LK, Bobruisk
133.	von und zu Gilsa, Albrecht	1921	Lt.	FF	9.	2	4. 7. 41	†, abgest. westl. Bobruisk
134.	Pelz, Hans	1916	Ogefr.	Koch	7.	–	5. 7. 41	†, Luftangriff, Flugpl. Bobruisk
135.	Kollmer, Karl-Heinz	1919	Gefr.	?	4.	–	6. 7. 41	Selbstmord, Bobruisk
136.	Grönke, Günther	1921	Lt.	FF	2.	0	7. 7. 41	Verm. nach Tiefangriff, Slobin
137.	Janssen, Günter	1918	Ofw.	FF	2.	3	13. 7. 41	Verm.
138.	Greiser, Hans	1920	Gefr.	Allg. Personal	II.	–	14. 7. 41	†, Luftangriff
139.	Klappstein, Hans	1921	Gefr.	Kraftfahrer	II.	–	14. 7. 41	†, Luftangriff
140.	Kolbow, Hans	1914	Oblt.	FF, Stkpt.	5.	27	16. 7. 41	†, Flaktreffer, FSA
141.	Zschippke, Harry	1920	Uffz.	Fernmelder	IV.	–	21. 7. 41	Verm.

* Ab hier sind nur noch Gruppen- bzw. Staffelnummer genannt

Lfd. Nr.	Name	Geburtsjahr	Dienstgrad	Funktion	Einheit*	Luftsiege	Verlustdatum	Ursache/Ort
142.	Schmolke, Rudolf	1919	Gefr.	Fernmelder	IV.	–	21. 7. 41	Verm.
143.	Riege, Wilhelm	1913	Fw.	FF	8.	0	23. 7. 41	Verm., Zusammenstoß mit Bf 109
144.	Dittmar, Alfred	1917	Fw.	FF	6.	2	24. 7. 41	†, durch zur Landung gezwungenen Bomber abschossen
145.	Gerken, Heinz	1915	Fw.	FF	10.	0	26. 7. 41	Verm., LK, Jelnja
146.	Jacobs, Christoph	1903	Gefr.	Kraftfahrer	II.	–	29. 7. 41	Ertrunken
147.	Steffens, Hans Joachim	1921	Lt.	FF	5.	22	30. 7. 41	†, LK, n. Bobruisk
148.	Buschmann, Herbert	1914	Uffz.	FF	7.	6	5. 8. 41	Verm., LK, no. Jelnja, FSA
149.	Bauer, Alfons	1917	Uffz.	FF	10.	0	8. 8. 41	Verm., nw. Jelnja
150.	Krekeler, Heinz	1917	Hgefr.	Funker	III.	–	9. 8. 41	†, Luftangriff
151.	Schnecker, Karl	1920	Lt.	FF	11.	4	9. 8. 41	Verm., LK, bei Briansk
152.	Fichtner, Erich	1919	Uffz.	Waffenwart	12.	–	9. 8. 41	†, Luftangriff
153.	Maurer, Ottmar	1921	Lt.	FF	9.	14	11. 8. 41	Verm., o. Jelnja nach LK
154.	Joppien, Hermann	1912	Hptm.	Kdr.	I.	70	25. 8. 41	†, LK, so. Briansk
155.	Mißfeldt, Johannes	1917	Oblt.	FF	III.	8	31. 8. 41	Verm., LK, so. Gorodno
156.	Gräf, Heinrich	1913	Uffz.	Flz.-Wart	II.	–	1. 9. 41	†, LA, Flugplatz Seschtschinskaja
157.	Höll, Karl	1918	Ogefr.	Flz.-Wart	II.	–	1. 9. 41	†, LA, Flugplatz Seschtschinskaja
158.	Göckeritz, Alfred	1920	Gefr.	Waffenwart	II.	–	1. 9. 41	†, LA, Flugplatz Seschtschinskaja
159.	Binder, Eugen	1916	Ogefr.	Flz.-Wart	II.	–	1. 9. 41	†, LA, Flugplatz Seschtschinskaja
160.	Lutz, Albert	1921	Lt.	FF	8.	3	14. 9. 41	Verm., o. Romny
161.	Mudin, Alexander	1915	Ofw.	FF	I.	18	23. 9. 41	Verm., Notlandung nach Flaktreffer NO Jarzewo

* Ab hier sind nur noch Gruppen- bzw. Staffelnummer genannt

Lfd. Nr.	Name	Geburtsjahr	Dienstgrad	Funktion	Einheit *	Luftsiege	Verlustdatum	Ursache/Ort
162.	Hoffmann, Heinrich	1913	Ofw.	FF	12.	63	3. 10. 41	†, LK, s. Jelnja
163.	Hacker, Joachim	1920	Lt.	FF	7.	32	13. 10. 41	†, LK, o. Medyn
164.	Falk, Heinz	1917	Uffz.	FF	I.	2	15. 10. 41	Verm., LK, n. Medyn
165.	John, Heinz	1919	Uffz.	FF	I.	8	17. 10. 41	†, LK, so. Malojaroslawez
166.	Meyer, Friedrich	1918	Ogefr.	?	3.	–	22. 10. 41	†, LA, Flugplatz Medyn
167.	Fuchs, Robert	1912	Ofw.	FF	7.	23	22. 10. 41	†, LK, so. Malojaroslawez
168.	Schawaller, Heinz	1913	Ofw.	FF	1.	12	23. 10. 41	†, LK, s. Schelkowka
169.	Keinhorst, Günther	1922	Lt.	FF	7.	0	4. 11. 41	†, Erdbeschuß, so. Naro-Fominsk
170.	Wagner, Edmund	1914	Ofw.	FF	9.	57	13. 11. 41	†, LK, Pawmutowka
171.	Weber, Alfred	1921	Uffz.	FF	2.	0	13. 11. 41	Flugunfall Medyn
172.	Schick, Walter	1920	Lt.	FF	2.	10	15. 11. 41	Verm., s. Talzy
173.	Hopp, Hans	1920	Lt.	FF	2.	1	15. 11. 41	Verm., s. Talzy
174.	Lessing, Karl Heinz	1919	Gefr.	?	I.	–	13. 12. 41	†, LA, Flugplatz Bordulino
175.	Rebel, Alfred	1919	Fw.	FF	6.	4	13. 12. 41	Verm., sw. Kaschira
176.	Mellentien, Werner	1919	Obfhr.	FF	5.	0	22. 12. 41	Absturz bei Übungsflug, Schaikowka
177.	Obser, Johann	1919	Gefr.	FF	1./ErgGr	0	23. 12. 41	Flugunfall, Höhenkrankheit, La Roche-Bernard
178.	Grosse, Egon	1917	Fw.	FF	3.	+28	13. 1. 42	†, Lazarett, Dno nach Notlandung
179.	Franzen, Josef	1917	Gefr.	Allg.	9.	–	18. 1. 42	†, Erdkampf, Uprjamowo
180.	Esser, Johann	1918	Ogefr.	Allg.	9.	–	19. 1. 42	†, Erdkampf, Uprjamowo
181.	Mayer, Karl	1918	Gefr.	Allg.	I.	–	19. 1. 42	†, Lazarett Orscha

* Ab hier sind nur noch Gruppen- bzw. Staffelnummer genannt

Lfd. Nr.	Name	Geburtsjahr	Dienstgrad	Funktion	Einheit*	Luftsiege	Verlustdatum	Ursache/Ort
182.	Steinle, Martin	1919	Uffz.	Waffenwart	4.	–	16. 1. 42	†, LA, Flugplatz Seschtschinskaja
183.	Kittelmann, Johannes	1920	Uffz.	FF	9.	+ 5	26. 1. 42	Verm., Erdbeschuß, n. Mologino
184.	Herzig, Heinz	1917	Fw.	FF	4.	4	25. 1. 42	Verm., LK, n. Matschino
185.	Ußmann, Julius	1913	Fw.	FF	5.	1	27. 1. 42	†, Flakabschuß, so. Mosalsk
186.	von Kalckreuth, Wolfgang	1912	Lt.	FF	10.	0	3. 2. 42	†, LK, o. Duchowschtschina
187.	Brunner, Willi	1912	Fw.	FF	4.	4	3. 2. 42	Absturz beim Start Briansk
188.	Wille, Gerhard	1920	Fw.	FF	8.	+ 13	10. 2. 42	Verm., LK, Tschertolino
189.	Tscholl, Paul	1921	Gefr.	Allg.	8.	–	11. 2. 42	Unfall
190.	Lohoff, Helmut	1915	Oblt.	Stfhr	7.	17	11. 2. 42	Gef., LK, Raum Rshew
191. 192.	Nies, Anton	1916	Oblt.	FF	8.	+ 3	22. 2. 42	Verm., Erdbeschuß?, so. Lukowoikwa
193.	Fleischhacker, Heinz	1915	Ofw.	FF	12.	+ 4	24. 2. 42	Verm., o. Gshatsk
194.	Fabricius, Gerhard	1921	Ogefr.	Funker	III.	–	6. 3. 42	†, LA, Flugplatz Dugino
195.	Hochwald, Wilhelm	1918	Ogefr.	Waffenwart	9.	–	12. 3. 42	†, LA, Flugplatz Dugino
196.	Kretschmar, Alfred	1921	Gefr.	Flz.-Mech.	4.	–	18. 3. 42	†, Erdkampf Troitzkyi
197.	Plettner, Hans	1920	Gefr.	Flz.-Mech.	4.	–	18. 3. 42	†, Erdkampf Troitzkyi
198.	Meyer, Kurt	1921	Gefr.	Allg.	Stabskp.	–	18. 3. 42	†, Erdkampf Troitzkyi
199.	Böckmann, Heinz	1921	Flg.	Allg.	Stabskp.	–	18. 3. 42	†, Erdkampf Troitzkyi
200.	Skorepa, Josef	1921	Flg.	Allg.	Stabskp.	–	18. 3. 42	†, Erdkampf Troitzkyi
201.	Selzer, Walter	1921	Flg.	Allg.	Stabskp.	–	18. 3. 42	†, Erdkampf Troitzkyi

* Ab hier sind nur noch Gruppen- bzw. Staffelnummer genannt

Lfd. Nr.	Name	Geburtsjahr	Dienstgrad	Funktion	Einheit*	Luftsiege	Verlustdatum	Ursache/Ort
202.	Foerster, Herbert	1922	Gefr.	Allg.	Stabskp.	–	18. 3. 42	†, Erdkampf Troitzkyi
203.	Beyer, Harald	1922	Gefr.	Allg.	Stabskp.	–	18. 3. 42	Verm., Erdkampf Troitzkyi
204.	Nadzeika, Gottfried	1921	Ogefr.	Allg.	2.	–	15. 4. 42	Tödl. Verwundung, Lazarett Heidelberg
205.	Josten, Reinhard	1918	Oblt.	FF	I.	7	21. 4. 42	Flugunfall, Rjelbitzy
206.	Gusek, Erich	1916	Uffz.	Flakgesch.-führer	IV.	–	5. 5. 42	Unfall, Warschau
207.	Strelow, Hans	1922	Lt.	Stkpt.	5.	68	22. 5. 42	† (Selbstmord n. Notlandung jenseits der Front), o. Mzensk
208.	Fleig, Erwin	1912	Lt.	Stkpt.	2.	66	29. 5. 42	Gef., LK, Poddorje
209.	Perske, Erich	1918	Uffz.	FF	1.	0	31. 5. 42	Verm. Ramuschewo
210.	Heidemann, Traugott	1919	Gefr.	Allg.	III.	–	4. 6. 42	Selbstmord, Jarzewo
211.	Janz, Karl	1920	Uffz.	FF	12.	0	8. 6. 42	Verm., Jaboeinsatz Maximovka
212.	Kortebrock, Josef	1916	Ogefr.	Allg.	5.	–	20. 6. 42	†, Erdkampf
213.	Hördt, Helmut	1918	Fw.	FF	12.	~25	25. 6. 42	Verm., Raum Grigorowa
214.	Lausch, Bernhard	1916	Ofw.	FF	8.	39	4. 7. 42	†, LK, Ssokolowo
215.	Thomsen, Andreas	1919	Uffz.	FF	2.	0	7. 7. 42	†, Absturz, Selenka
216.	Bechstein, Herbert	1921	Gefr.	?	2.	–	20. 7. 42	†, LA, Tuleblja
217.	Linke, Werner	1922	Flg.	Wart	12.	–	26. 7. 42	Unfall (Propellerschlag), Ossinowka
218.	Frank, Hans Hermann	1921	Uffz.	FF	6.	0	31. 7. 42	†, Flaktreffer, nw. Nowosil
219.	Engel, Johann	1921	Lt.	FF	9.	0	3. 8. 42	†, Notlandung nach Luftkampf
220.	Schlitzer, Gottfried	1918	Lt.	Stkpt.	9.	~25	6. 8. 42	†, infolge Verwundung im LK am 3. 8. 42

* Ab hier sind nur noch Gruppen- bzw. Staffelnummer genannt

Lfd. Nr.	Name	Geburtsjahr	Dienstgrad	Funktion	Einheit *	Luftsiege	Verlustdatum	Ursache/Ort
221.	Gantz, Benno	1913	Lt.	FF	7.	17	6. 8. 42	†, Flaktreffer Miakotino
222.	Weismann, Ernst	1922	Lt.	FF	12.	69	13. 8. 42	Verm., LK, n. Rshew
223.	Quante, Richard	1912	Fw.	FF	6.	49	14. 8. 42	†, LK, o. Debri
224.	Fabian, Wolfgang	1915	Oblt.	FF	9.	0	21. 8. 42	†, Flaktreffer, no. Rshew
225.	Kamrath, Klaus	1920	Lt.	FF	12.	0	23. 8. 42	Verm., sw. Subtzow
226.	Linne, Otto	1920	Flg.	Allg.	Stabskp.	–	3. 9. 42	†, LA, Flugplatz Dugino
227.	Klingelhöfer, Karl	1921	Ogefr.	Waffenwart	10.	–	4. 9. 42	†, LA, Flugplatz Dugino
228.	Gassen, Gottfried	1918	Uffz.	FF	7.	+ 1	3. 9. 42	†, LA, Flugplatz Dugino
229.	Halter, Hugo	1917	Ogefr.	Flz.-Mech.	III.	–	3. 9. 42	†, LA, Flugplatz Dugino
230.	Posegga, Walter	1921	Uffz.	FF	12.	0	10. 9. 42	†, LK, sw. Legotajewa
231.	Landgraf, Werner	1921	Gefr.	FF	10.	0	10. 9. 42	Verm., Raum Rshew
232.	Grun, Heinz	1919	Ogefr.	Wart	7.	–	21. 9. 42	Unfall (Propellerschlag), Flugplatz Dugino
233.	Firker, Werner	1918	Uffz.	FF	4.	0	27. 9. 42	†, LK, Raum Rshew
234.	Gruber, Ernst	1916	Oblt.	FF	IV.	0	26. 10. 42	Flugunfall
235.	Kilka, Viktor	1921	Ogefr.	?	Pz.J.St.	–	30. 10. 42	†, LA, Flugplatz Witebsk
236.	Keller, Robert	1919	Ogefr.	Kraftfahrer	1.	–	5. 11. 42	†, Luftangriff, Wjasma
237.	Beerenbrock, Franz	1920	Lt.	St.fhr	10.	117	9. 11. 42	Gef., n. Welisch
238.	Doegen, Wolfram	1920	Uffz.	FF	11.	0	11. 11. 42	†, LK, nw. Welisch
239.	Gmeiner, Willibald	1919	Ogefr.	?	4.	–	14. 11. 42	Absturz in Transportmaschine bei Aidone (Sizilien)
240.	Österle, Ernst	1918	Ogefr.	?	4.	–	14. 11. 42	
241.	Wiedhalm, Sylvester	1918	Ogefr.	?	4.	–	14. 11. 42	
242.	Polivka, Rudolf	1918	Uffz.	?	4.	–	14. 11. 42	

* Ab hier sind nur noch Gruppen- bzw. Staffelnummer genannt

Lfd. Nr.	Name	Geburtsjahr	Dienstgrad	Funktion	Einheit *	Luftsiege	Verlustdatum	Ursache/Ort
243.	Nöcker, Heinrich	1917	Fw.	FF	6.	?	26.11.42	†, LK, s. Medjez el Bab
244.	Beck, Rudolf	1918	Fw.	FF	9.	+1	27.11.42	†, Zusammenstoß in der Luft
245.	Wagner, Adolf	1917	Fw.	FF	10.	–	27.11.42	Verm., LK
246.	Müller, Emil	1911	Ofw.	Oberwerkmeister	5.	–	28.11.42	†, Luftangriff, Flugplatz Bizerta
247.	Wunderlich, Horst	1920	Lt.	FF	5.	10	30.11.42	Verm., Raum Bizerta
248.	Jüstel, Martin	1922	Lt.	FF	9.	0	3.12.42	†, Flaktreffer
249.	Riemann, Horst	1913	Hptm.	FF, NO	I.	0	10.12.42	†, LK, Ssytschewka
250.	Schober, Jacob	1921	Uffz.	FF	9.	0	11.12.42	Flugunfall bei Tharau/Ostpr.
251.	Krafft, Heinz	1914	Hptm.	Kdr.	I.	78	14.12.42	†, Flakbeschuß, s. Belyj
252.	Ritterbusch, Karl	1920	Uffz.	FF	1.	0	14.12.42	†, Flakbeschuß, o. Wjasma
253.	Albrecht, Emil	1915	Ofw.	FF	8.	0	16.12.42	Verm., Ssytschewka
254.	Kickert, Rolf	1921	Lt.	FF	10.	+3	17.12.42	Verm., Welikie-Luki
255.	Linke, Egon	1922	Flg.	?	5.	–	7.1.43	†, LA, Flugplatz Gabes
256.	Weichselbaum, Leonhard	1919	Fw.	FF	1.	0	9.1.43	Absturz, w. Kolosowka
257.	Zinsch, Ferdinand	1920	Lt.	FF	10.	0	9.1.43	Absturz bei Überführungsflug von Witebsk
258.	Heidrich, Hans	1909	Oblt.	Stkpt.	6.	~8	12.1.43	†, LK, Tunesien
259.	Allmenröder, Günther	1922	Fw.	FF	6.	0	17.1.43	Gef., El Quettar
260.	Furch, Ralph	1921	Lt.	FF	5.	29	22.1.43	†, Abschuß durch eigene Flak, Medenine
261.	Busch, Rudolf	1915	Oblt.	Stkpt.	1.	~40	17.1.43	†, Zusammenstoß in der Luft
262.	Borck, Paul	1920	Ogefr.	Flz.-Mech.	11.	–	18.1.43	Unfall (Luftschraubenschlag), Isotscha

* Ab hier sind nur noch Gruppen- bzw. Staffelnummer genannt

Lfd. Nr.	Name	Geburtsjahr	Dienstgrad	Funktion	Einheit *	Luftsiege	Verlustdatum	Ursache/Ort
263.	Behrendt, Walter	1920	Ogefr.	FF	Pz.J.St.	–	20.1.43	†, Urasow
264.	Kanzler, Josef	1923	Ogefr.	FF	Pz.J.St.	–	20.1.43	†, Urasow
265.	Jäckel, Ernst	1920	Fw.	FF	11.	0	27.1.43	†, LK, so. Isotscha
266.	Kasten, Erich	1919	Uffz.	FF	12.	0	28.1.43	Verm., so. Sauchanowo
267.	Holbein, Erich	1919	Uffz.	FF	8.	0	29.1.43	Verm., LK, n. Dolgoje
268.	Mayer, Leander	1921	Uffz.	FF	8.	0	29.1.43	Verm., LK, n. Dolgoje
269.	Weiler, Ludwig	1921	Gefr.	FF	4.	0	30.1.43	†, LK, w. El-Hamma
270.	Böwing-Treuding, Wolfgang	1922	Oblt.	Stfhr.	10.	46	11.2.43	†, Flakbeschuß, Welikise-Luki
271.	Bärmoser, Max	1920	Uffz.	FF	7.	+2	18.2.43	†, LK, so. Orel
272.	Stadeck, Karl	1915	Ofw.	FF	2.	+25	23.2.43	Absturz, no. Shisdra
273.	Pflüger, Hans	1919	Uffz.	FF	4.	2	26.2.43	†, LK, Sardinien
274.	Schenk, Willi	1922	Uffz.	FF	5.	1	28.2.43	†, LK, FSA, im Meer ertrunken
275.	Prieß, Walter	1920	Uffz.	FF	12.	0	5.3.43	†, Tiefangriff, n. Bjeloi
276.	Maltzahn, Karl-Heinz	1921	Uffz.	FF	6.	0	6.3.43	Zusammenstoß bei Start, Mezzouna
277.	Seidel, Georg	1916	Ofw.	FF	9.	~45	6.3.43	†, LK, w. Fatesh
278.	Wallys, Alfred	1918	Uffz.	FF	8.	0	8.3.43	Unfall (Luftschraubenschlag), Orel
279.	Brunke, Helmut	1919	Uffz.	FF	8.	+1	13.3.43	†, LK, Bodenberührung, s. Orel
280.	Föhl, Heinz	1923	Lt.	FF	5.	1	7.3.43	Verm., LK, Raum Medenine
281.	Bälz, Kuno	1918	Fw.	FF	Stabst.	12	18.3.43	Verm., LK, Raum Spas-Demensk
282.	Schaefer, Egon	1922	Lt.	FF	5.	0	23.3.43	Absturz, Werkstattflug, Souassi
283.	Müller, Willi	1920	Uffz.	FF	5.	0	23.3.43	†, LK, Insel Djerba
284.	Zeddies, Karl	1920	Fw.	FF	5.	7	26.3.43	†, LK, so. Maknassy

* Ab hier sind nur noch Gruppen- bzw. Staffelnummer genannt

Lfd. Nr.	Name	Geburtsjahr	Dienstgrad	Funktion	Einheit*	Luftsiege	Verlustdatum	Ursache/Ort
285.	Scholz, Johannes	1921	Uffz.	FF	6.	0	29. 3. 43	†, LK, n. Gabes
286.	Sonner, Michael	1915	Oblt.	FF	I.	+ 7	4. 4. 43	Absturz, s. Orel
287.	Angst, Paul	1919	Uffz.	Waffenwart	6.	–	11. 4. 43	
288.	Biesen, Karl	1917	Uffz.	Waffenwart	6.	–	11. 4. 43	
289.	Geprägs, Friedrich	1913	Uffz.	Funkwart	6.	–	11. 4. 43	
290.	Hofmann, Heinrich	1916	Uffz.	Mot.-schlosser	6.	–	11. 4. 43	
291.	Löhring, Wilhelm	1917	Uffz.	Flz.-Mech.	6.	–	11. 4. 43	
292.	Ruck, Rudolf	1918	Uffz.	Flz.-Mech.	6.	–	11. 4. 43	†, Absturz, Transport-Ju, w. Trapani
293.	Strauß, Hans	1918	Uffz.	Geräteverw.	6.	–	11. 4. 43	
294.	Jacoby, Otto	1921	Ogefr.	Waffenwart	6.	–	11. 4. 43	
295.	Kasper, Richard	1921	Ogefr.	Flz.-Mech.	6.	–	11. 4. 43	
296.	Peters, Helmut	1921	Ogefr.	Waffenwart	6.	–	11. 4. 43	
297.	Bohlender, Karl	1923	Flg.	Flz.-Elektr.	6.	–	11. 4. 43	
298.	Schäfer, Erich	1923	Flg.	Waffenwart	6.	–	11. 4. 43	
299.	Wenninger, Eberhard	1922	Lt.	FF	8.	+ 7	16. 4. 43	†, Notlandung n. Erdbeschuß Iwankowo
300.	Boos, Hans	1919	Oblt.	Stkpt.	1.	+ 38	21. 4. 43	†, LK, s. Cromy
301.	Behrendt, Albert	1919	Uffz.	FF	10.	0	5. 5. 43	Verm., Bahnbrücke über Tim
302.	ten Hempel, Hubert	1919	Fw.	FF	IV.	0	6. 5. 43	†, LK, Sybino
303.	Symmank, Arthur	1921	Gefr.	Flz.-Mech.	11.	–	9. 5. 43	Unfall (Luftschraubenschlag), Sjablowo
304.	Fröhlich, Anton	1919	Uffz.	FF	8.	0	12. 5. 43	Verm., Notlandung in Partisanengebiet

* Ab hier sind nur noch Gruppen- bzw. Staffelnummer genannt

Lfd. Nr.	Name	Geburtsjahr	Dienstgrad	Funktion	Einheit*	Luftsiege	Verlustdatum	Ursache/Ort
305.	Schwettmann, Friedrich	1916	Uffz.	Flakgesch.-führer	II.	–	13. 5. 43	Gef., Tunesien
306.	Dumkow, Karl	1923	Lt.	FF	6.	1	18. 5. 43	Absturz über See, sw. Cagliari/Sardinien
307.	Hagemeister, Franz	1919	Uffz.	FF	6.	0	19. 5. 43	†, LK, sw. Oristauo/Sardinien
308.	Koch, Karl	1921	Uffz.	FF	4.	0	20. 5. 43	†, LK, so. Gonnosfanadiga/Sardinien
309.	Flug, Wilhelm	1918	Uffz.	FF	5.	0	21. 5. 43	Absturz, Decimomannu/Sard.
310.	Lücke, Eberhard	1921	Lt.	FF	Stabsst.	–	22. 5. 43	†, LK, so. Fatesh
311.	Seuken, Friedrich	1912	Lt.	FF	Pz.J.St.	–	28. 5. 43	†, Flaktreffer, w. Krimskaja
312.	Rose, Eberhard	1914	Ofw.	FF	7.	0	31. 5. 43	Überschlag Landung, Slowitzki
313.	Siebrecht, Rainer	1917	Fw.	FF	Pz.J.St.	–	1. 6. 43	†, Raum Krimskaja
314.	Leber, Heinz	1920	Ofw.	FF	2.	54	1. 6. 43	†, Flaktreffer, n. Mzensk
315.	Ortscheidt, Bodo	1917	Ogefr.	Waffenwart	8.	–	3. 6. 43	†, LA, Flugplatz Orel
316.	Klug, Franz	1919	Uffz.	FF	Stabsst.	14	5. 6. 43	†, Flaktreffer, no. Schtschigry
317.	Brendel, Rudolf	1923	Lt.	FF	5.	0	11. 6. 43	Absturz Start, Trapani
318.	Poferl, Anton	1920	Uffz.	FF	7.	+ 2	13. 6. 43	Bei Landung in Sloboda abgestürzt infolge Luftkampfschäden
319.	Liebel, Josef	1913	Ogefr.	Allg.	5.	–	14. 6. 43	Unfall, Gioia-Tauro
320.	Marold, Albrecht	1923	Lt.	FF	Stabsst.	1	15. 6. 43	Verm.
321.	Diebold, Georg	1916	Uffz.	FF	8.	0	16. 6. 43	Überschlag bei Landung Slowitzki
322.	Nolte, Helmuth	1920	Fw.	FF	8.	0	17. 6. 43	†, Abschuß durch eigene Flak, Sjablowo

* Ab hier sind nur noch Gruppen- bzw. Staffelnummer genannt

Lfd. Nr.	Name	Geburtsjahr	Dienstgrad	Funktion	Einheit *	Luftsiege	Verlustdatum	Ursache/Ort
323.	Schamberger, Martin	1920	Fw.	FF	11.	0	19. 6. 43	Verm., Notlandung auf Feindgebiet
324.	Duckstein, Fritz	1921	Ogefr.	Fernschr.	LN-Kp.	–	21. 6. 43	†, LA, Flugplatz Orel-Sloboda
325.	Schwarz, Gerhard	1921	Uffz.	FF	2.	17	21. 6. 43	Gef., Raum Shisdra
326.	Walla, Franz	1921	Uffz.	FF	2.	0	21. 6. 43	Verm., Raum Shisdra
327.	Kählke, Heinz	1920	Uffz.	FF	5.	0	26. 6. 43	Flugunfall, Trapani
328.	Schmitz, Hermann	1913	Uffz.	FF	3.	0	5. 7. 43	Verm., LK, no. Malo-Archangelsk
329.	Nüsken, Rudolf	1917	Lt.	FF	10.	0	7. 7. 43	Verm., Raum Malo-Archangelsk
330.	Wintermeyer, Kurt	1921	Lt.	FF	12.	0	7. 7. 43	Verm., s. Tagin
331.	Straßl, Hubert	1918	Ofw.	FF	8.	67	8. 7. 43	†, LK, s. Ponyri
332.	Kummerow, Helmut	1923	Lt.	FF	2.	0	9. 7. 43	Verm., LK, sw. Malo-Archangelsk
333.	Thalmeier, Thomas	1919	Fw.	FF	5.	0	9. 7. 43	Verm., s. Sardinien
334.	Pfahler, Hans	1911	Ofw.	FF	12.	+ 30	10. 7. 43	Verm., so. Ponyri
335.	Schurek, Josef	1921	Uffz.	FF	12.	0	10. 7. 43	Verm., Raum Archangelskoje
336.	Resch, Rudolf	1914	Mj.	Kdr.	IV.	94	11. 7. 43	†, LK, n. Judinka
337.	Großmann, Erwin	1921	Uffz.	FF	11.	0	12. 7. 43	Verm., sw. Nowossil
338.	Knopf, Wolfram	1922	Uffz.	FF	11.	0	13. 7. 43	Verm., nw. Nowossil
339.	Nebe, Heinz	1920	Fw.	FF	11.	0	13. 7. 43	Verm., sw. Nowossil
340.	Gail, Andreas	1920	Gefr.	FF	12.	0	13. 7. 43	Verm., sw. Bhf. Archangelskoje
341.	Messerschmidt, Alfred	1920	Oblt.	FF	I.	~ 8	13. 7. 43	Verm., LK, PlanQ. 63228
342.	Walter, Albert	1918	Oblt.	FF	Stabsst.	35	13. 7. 43	Verm., LK, so. Uljanowo

* Ab hier sind nur noch Gruppen- bzw. Staffelnummer genannt

Lfd. Nr.	Name	Geburts-jahr	Dienst-grad	Funk-tion	Ein-heit *	Luft-siege	Verlust-datum	Ursache/Ort
343.	Sauber, Robert	1920	Uffz.	FF	Stabsst.	7	14. 7. 43	†, LK, so. Uljanowo
344.	Mittermeier, Alfons	1920	Lt.	FF	9.	0	18. 7. 43	†, LK, w. Bolchow
345.	Görmer, Richard	1918	Uffz.	Waffenwart	11.	–	19. 7. 43	†, Luftangriff, Flugplatz Orel
346.	Mison, Leo	1920	Ogefr.	Waffenwart	11.	–	19. 7. 43	†, Luftangriff, Flugplatz Orel
347.	Lehn, Walter	1921	Uffz.	FF	Stabsst.	5	20. 7. 43	Verm., LK, nw. Archangelskoje
348.	Goczoll, Karl	1920	Fw.	FF	9.	0	23. 7. 43	Verm., LK, o. Orel
349.	Reitinger, Friedrich	1913	Uffz.	FF	7.	0	23. 7. 43	Verm., LK, PlanQ. 63136
350.	Haese, Fritz	1920	Uffz.	FF	3.	+ 7	26. 7. 43	†, so. Orel
351.	Jennewein, Josef	1919	Ofw.	FF	2.	86	27. 7. 43	Verm., LK, PlanQ. 54665
352.	Theimann, Wilhelm	1920	Ofw.	FF	1.	~ 55	29. 7. 43	Verm., LK, PlanQ. 64572
353.	Tange, Otto	1915	Lt.	FF	Stabsst.	68	30. 7. 43	†, Flaktreffer, sw. Bolchow
354.	Ludwig, Willi	1922	Lt.	FF	8.	0	31. 7. 43	†, LK, sw. Bolchow
355.	Herrmann, Siegfried	1920	Lt.	FF	1.	0	30. 7. 43	Verm., LK, PlanQ. 64772
356.	Förster, Gerhard	1916	Fw.	FF	3.	~ 25	2. 8. 43	†, LK, PlanQ. 5345
357.	Franke, Moritz	1917	Fw.	FF	1.	+ 1	2. 8. 43	Verm., LK, PlanQ. 53489
358.	Barsch, Rudolf	1921	Uffz.	FF	10.	0	2. 8. 43	Verm., Flakbeschuß, Raum Kromy
359.	Sommer, Franz	1919	Uffz.	FF	3.	0	3. 8. 43	†, LK, PlanQ. 5347
360.	Markl, Johann	1921	Uffz.	FF	11.	0	7. 8. 43	Verm., LK, no. Karatschew
361.	Höfemeier, Heinrich	1913	Lt.	FF	3.	96	7. 8. 43	†, Flaktreffer, PlanQ. 54762
362.	Krispel, Heinrich	1921	Uffz.	FF	3.	0	7. 8. 43	†, LK, PlanQ. 54761
363.	Bernhardt, Max	1921	Uffz.	FF	1.	+ 11	10. 8. 43	†, LK, nw. Charkow

* Ab hier sind nur noch Gruppen- bzw. Staffelnummer genannt

Lfd. Nr.	Name	Geburtsjahr	Dienstgrad	Funktion	Einheit*	Luftsiege	Verlustdatum	Ursache/Ort
364.	Westner, Josef	1922	Lt.	FF	10.	0	10.8.43	†, Flaktreffer, nw. Charkow
365.	Loeber, Gerhard	1919	Uffz.	FF	Stabsst.	8	11.8.43	†, Flaktreffer, w. Kirow
366.	Grabe, Horst	1919	Fw.	FF	9.	0	15.8.43	Verm., LK, w. Spas-Demensk
367.	Brand, Richard	1915	Ofw.	FF	10.	+32	22.8.43	Verm., LK, s. Achtyrka
368.	Meyn, Rudolf	1918	Lt.	FF	1.	~3	27.8.43	Überschlag bei Landung Bol-Rudka am 24.8.43
369.	Mülder, Karl	1922	Uffz.	FF	12.	0	25.8.43	†, LK, s. Achtyrka
370.	Mai, Lothar	1918	Ofw.	FF	7.	45	27.8.43	†, Zusammenstoß in der Luft, so. Ssewsk
371.	Wallner, Otto	1920	Uffz.	FF	Stabsst.	+8	28.8.43	Unfall beim Start, Flugpl. Gluchow
372.	Hessel, Bernhard	1920	Lt.	FF	2.	40	2.9.43	Verm., Raum Chotejewo
373.	Tröger, Heinz	1922	Gefr.	Flz.-Mech.	8.	–	3.9.43	†, LA, Flugplatz Konotop
374.	Hamer, Joachim	1923	Lt.	FF	7.	~35	3.9.43	Verm., Notlandung, w. Krolowez
375.	Hardt, Kurt	1921	Lt.	FF	1.	+1	4.9.43	Verm., LK, PlanQ. 35343
376.	Rothe, Hubert	1916	Ogefr.	Wart	I.	–	7.9.43	Unfall
377.	Krahnke, Wolfgang	1922	Uffz.	FF	Stabsst.	46	10.9.43	†, Flaktreffer, sw. Kirow
378.	Dlubal, Ludwig	1923	Gefr.	Flz.-Elektr.	2.	–	13.9.43	Unfall
379.	Saarmann, Hermann	1919	Uffz.	FF	Pz.J.St.	–	17.9.43	†, nw. Pologi

* Ab hier sind nur noch Gruppen- bzw. Staffelnummer genannt

Lfd. Nr.	Name	Geburtsjahr	Dienstgrad	Funktion	Einheit *	Luftsiege	Verlustdatum	Ursache/Ort
380.	Radix, Wilhelm	1921	Ogefr.	Flz.-Sattler	I.	–	18. 9. 43	
381.	Waldmann, Ferdinand	1915	Uffz.	Kraftfahrer	1.	–	18. 9. 43	†, Luftangriff, Flugplatz Schatalowka-West
382.	Lehmann, Friedrich	1915	Ogefr.	Kraftfahrer	1.	–	18. 9. 43	
383.	Wich, Hans	1917	Ogefr.	Kraftfahrer	1.	–	18. 9. 43	
384.	Recker, Hermann	1916	Ogefr.	Kraftfahrer	1.	–	18. 9. 43	
385.	Schröder, Hans	1917	Uffz.	Funker	1.	–	18. 9. 43	
386.	Weber, Karl Heinz	1923	Uffz.	FF	10.	0	22. 9. 43	Flugunfall, w. Kamenskoje
387.	Kasper, Hans	1914	Ofw.	Schirrmeister	Pz.J.St.	–	30. 9. 43	Flugunfall mit Klemm 35, Kriwoj-Rog
388.	Nicolaus, Günter	1922	Uffz.	FF	11.	0	3. 10. 43	Verm., Raum Alexandria
389.	Hoffmann, Gerd	1924	Lt.	FF	12.	0	3. 10. 43	Verm., LK, n. Ssoloschino
390.	Jörns, Hildebert	1924	Fl.	Allg.	II.	–	3. 10. 43	†, LA, München
391.	Neu, Helmut	1921	Uffz.	FF	10.	0	11. 10. 43	Verm., Zusammenstoß in der Luft, Newel
392.	Lutz, Walter	1922	Lt.	FF	1.	0	12. 10. 43	†, LK, Gorski
393.	Kopietz, Heinrich	1919	Uffz.	FF	3.	0	12. 10. 43	†, LK, Schirokyi
394.	Bepperling, Hans	1922	Uffz.	FF	8.	0	14. 10. 43	†, LK, o. Orscha
395.	Orth, Georg	1919	Uffz.	FF	7.	0	24. 10. 43	Verm., LK, w. Lojew
396.	Schwarz, Günter	1922	Fw.	FF	2.	~ 40	24. 10. 43	†, LK, so. Lojew
397.	Schliemann, Helmut	1920	Uffz.	FF	11.	0	3. 11. 43	Unfall bei Start, Flugplatz Bolchaja Kostromka
398.	Riegel, Herbert	1919	Fw. Fj.	FF	7.	0	11. 11. 43	Verm., LK, o. Witebsk
399.	Gerber, Erich	1920	Lt.	FF	4.	0	19. 11. 43	Flugunfall beim Start, Neubiberg
400.	Kilz, Horst	1922	Uffz.	FF	12.	0	27. 11. 43	Verm., sw. Saporoshje
401.	Loos, Franz	1918	Uffz.	FF	10.	0	29. 11. 43	Verm., LK, so. Nikopol

* Ab hier sind nur noch Gruppen- bzw. Staffelnummer genannt

Lfd. Nr.	Name	Geburtsjahr	Dienstgrad	Funktion	Einheit *	Luftsiege	Verlustdatum	Ursache/Ort
402.	Richter, Arndt	1921	Ogefr.	Flak-kan.	II.	–	2. 12. 43	Verkehrsunfall, Naumburg
403.	Ziesche, Erich	1920	Ogefr.	Flak-kan.	II.	–	2. 12. 43	Verkehrsunfall, Naumburg
404.	Wagner, Rudolf	1921	Lt.	Stff.-Fhr.	12.	81	11. 12. 43	Verm., w. Weprin
405.	Haller, Ernst	1916	Lt.	FF	10.	0	14. 12. 43	†, LK, sw. Kirowograd
406.	Kliem, Helmut	1923	Uffz.	FF	1.	0	15. 12. 43	†, LK, PlanQ. 93542
407.	König, Walter	1920	Lt.	FF	8.	0	28. 12. 43	Verm., Notlandung, sw. Bobruisk
408.	Kästner, Kurt	1917	Fw.	FF	7.	0	5. 1. 44	Verm., FSA, o. Star-Bychow
409.	Schneider, Gerhard	1920	Lt.	FF	1. **	41	5. 1. 44	†, LK, Biskaya (!)
410.	Zöller, Werner	1919	Ogefr.	Flz.-Mot.-schlosser	IV.	–	8. 1. 44	†, Luftangriff, Winniza
411.	Kaubisch, Heinz	1923	Gefr.	FF	11.	0	8. 1. 44	Verm., so. Winniza
412.	Geiselhardt, Otto	1918	Fw.	FF	11.	2	10. 1. 44	Verm., no. Winniza
413.	Beckh, Gerhard	1916	Oblt.	FF, Adjut.	IV.	12	11. 1. 44	†, Zusammenstoß in der Luft, Winniza
414.	Ganzevoort, Peter	1921	Fw.	FF	10.	0	12. 1. 44	Verm., Notlandung, so. Winniza
415.	Tautscher, Gabriel	1919	Uffz.	FF	9.	55	12. 1. 44	†, Flaktreffer, o. Osaritschi
416.	Stickel, Heinz	1923	Lt.	FF	9.	6	12. 1. 44	Verm., LK Raum Osaritschi
417.	Lohmiller, Erich	1922	Uffz.	FF	4.	0	16. 1. 44	†, LK, no. Rom
418.	Gaiser, Otto	1919	Ofw.	FF	10.	74	22. 1. 44	Verm., LK
419.	Langmann, Günter	1921	Fw.	FF	IV.	7	24. 1. 44	Verm., PlanQ. 80066
420.	Graf, Kurt	1922	Uffz.	FF	7.	0	24. 1. 44	†, LK, no. Osaritschi

* Ab hier sind nur noch Gruppen- bzw. Staffelnummer genannt;
** abgeordnet zur Ergänzungs-Gruppe Ost

Lfd. Nr.	Name	Geburtsjahr	Dienstgrad	Funktion	Einheit*	Luftsiege	Verlustdatum	Ursache/Ort
421.	Lastowsky, Jörg	1924	Uffz.	FF	11.	2	27.1.44	Verm., Raum Kasatin
422.	Marsch, Anton	1915	Fw.	FF	5.	0	29.1.44	Verm., LK, n. Rom
423.	Gehrels, Fritz	1918	Uffz.	FF	11.	6	2.2.44	†, LK, o. Borty
424.	Puschmann, Herbert	1920	Hptm.	FF	6.	54	3.2.44	†, LK, nnw. Rom
425.	Kaminski, Heinrich	1921	Uffz.	FF	5.	0	7.2.44	†, LK, sw. Tuscania
426.	Kirstein, Helmut	1922	Uffz.	FF	8.	4	12.2.44	Verm., LK, nw. Witebsk
427.	Neider, Alfred	1922	Uffz.	FF	5.	+ 1	15.2.44	†, LK, sw. Tuscania
428.	Sellin, Kurt	1920	Uffz.	FF	5.	+ 3	15.2.44	†, LK, so. Tuscania
429.	Baumann, Helmut	1917	Fw.	FF	5.	~ 36	17.2.44	†, LK, s. Rom
430.	Bartosch, Hieronymus	1922	Uffz.	FF	10.	13	21.2.44	†, LK, Bessowka
431.	Stoy, Heinz	1921	Uffz.	FF	Stabsst.	1	22.2.44	†, LK, no. Rogatschew
432.	Würfel, Otto	1920	Fj.Ofw.	FF	8.	79	23.2.44	Verm., Zusammenstoß in der Luft, † 22.12.44
433.	Dittlmann, Heinrich	1921	Ofw.	FF	7.	57	23.2.44	Verm., Zusammenstoß in der Luft
434.	Stobbe, Herbert	1922	Uffz.	FF	3.	0	22.2.44	Flugunfall, Deblin-Irena
435.	Riedel, Emil	1919	Uffz.	FF	2.	0	27.2.44	Flugunfall, s. Borawa
436.	Horn, Heinz	1912	Gefr.	Waffenwart	4.	–	7.3.44	†, LA, Platz Tuscania
437.	Jung, Hermann	1917	Uffz.	FF	5.	0	11.3.44	†, LK, Raum Venedig
438.	Wolff, Herbert	1912	O.zahlmeister	?	IV.	–	21.3.44	Selbstmord
439.	Feil, Marten	1909	Fw.	Dolmetscher	15.	–	23.4.44	Verkehrsunfall, Bobruisk
440.	Seidel, Manfred	1918	Fw.	FF	1.	~ 45	26.3.44	Verm., s. Star-Bychow

* Ab hier sind nur noch Gruppen- bzw. Staffelnummer genannt

Lfd. Nr.	Name	Geburtsjahr	Dienstgrad	Funktion	Einheit *	Luftsiege	Verlustdatum	Ursache/Ort
441.	Walz, Kurt	1922	Fw.	FF	Stabsst.	1	3. 4. 44	†, Flaktreffer, no. Kowel
442.	Kindler, Franz	1922	Uffz.	FF	Stabsst.	2	3. 4. 44	Verm., Flaktreffer, o. Kowel, FSA
443.	Gilg, Florian	1914	Ogefr.	Allg.	II.	–	5. 4. 44	†, LA, Flugplatz Nisch/Serbien
444.	Langleist, Hermann	1917	Ogefr.	Allg.	II.	–	5. 4. 44	†, LA, Flugplatz Nisch/Serbien
445.	Soiderer, Fridolin	1921	Uffz.	FF	Stabsst.	1	5. 4. 44	Verm., Notlandung, nw. Kowel
446.	Flügge, Karl Heinz	1923	Lt.	FF, St.fhr.	10.	13	8. 4. 44	Gef., bei Holeszaw
447.	Liebe, Walter	1913	Ofw.	FF	6.	0	15. 4. 44	†, LK, s. Bukarest
448.	Scholz, Johann	1921	Uffz.	FF	5.	0	16. 4. 44	†, LK, Laculette/Rumänien
449.	Heimann, Friedrich	1916	Ofw.	FF	11.	30	16. 4. 44	Verm., sw. Tarnopol
450.	Holtz, Helmut	1919	Fw.	FF	11.	56	18. 4. 44	Verm., n. Tarnopol
451.	Andreaus, Franz	1920	Fj.Fw.	FF	11.	1	18. 4. 44	Verm., n. Tarnopol
452.	Brandt, Fritz	1922	Uffz.	FF	II.	–	24. 4. 44	†, LK, w. Nisch
453.	Gerhard, Werner	1923	Uffz.	Bordfunker	II.	–	24. 4. 44	Ju-88-Besatzung, als Fühlungshalter zur II./JG 51 kommandiert
454.	Schmidt, Leo	1921	Uffz.	Beobachter	II.	–	24. 4. 44	
455.	Schmidt, Erich	1907	Fj.Ofw.	FF	III.	0	26. 4. 44	Flugunfall, s. Kurow
456.	Schachner, Anton	1924	Gefr.	FF	10.	0	3. 5. 44	†, LK, Zadarow
457.	Klupp, Johann	1921	Uffz.	FF	III.	0	5. 5. 44	Gef., Notlandung s. Dombrowiza
458.	Zinser, Franz	1921	Uffz.	FF	4.	0	5. 5. 44	Verm., LK, n. Nisch
459.	Diede, Josef	1917	Ogefr.	?	7.	–	13. 5. 44	Krankheit, Deblin-Irena
460.	Friebel, Herbert	1915	Lt.	FF, St.fhr.	10.	58	15. 5. 44	†, LK, so. Horodyslyze
461.	Watermann, Theodor	1922	Uffz.	FF	10.	1	31. 5. 44	†, LK, s. Ottynia

* Ab hier sind nur noch Gruppen- bzw. Staffelnummer genannt

Lfd. Nr.	Name	Geburtsjahr	Dienstgrad	Funktion	Einheit*	Luftsiege	Verlustdatum	Ursache/Ort
462.	Willms, Robert	1923	Uffz.	FF	III.	0	21.6.44	†, LK, Domaczewo
463.	Busch, Karl	1922	Uffz.	FF	9.	0	24.6.44	Verm., LK, s. Paritschi, Notlandung
464.	Jacoby, Heinrich	1919	Ogefr.	Kraftfahrer	Stab	–	26.6.44	
465.	Assauer, Heinrich	1913	Uffz.	Funker	LN.Kp.	–	27.6.44	
466.	Stahl, Hermann	1914	Ogefr.	?	LN.Kp.	–	27.6.44	Verm., bei Ausbruch aus Bobruisk
467.	Burdessa, Helmuth	1921	Ogefr.	?	LN.Kp.	–	27.6.44	
468.	Lauxtermann, Heinrich	1920	Ogefr.	?	LN.Kp.	–	27.6.44	
469.	Vorwinkel, Heinrich	1913	Ogefr.	?	LN.Kp.	–	27.6.44	
470.	Kettenberger, Georg	1908	Ogefr.	Allg.	3.	–	29.6.44	Verm., Minsk
471.	Rausch, Otto	1922	Gefr.	FF	1.	0	3.7.44	Unfall, Kroczewo
472.	Richter, Franz	1921	Uffz.	FF	IV.	0	3.7.44	Verm., Raum Minsk
473.	Schausten, Reinhard	1922	Uffz.	FF	10.	7	3.7.44	Verm., Raum Minsk
474.	Martin, Kurt-Werner	1921	Oblt.	FF	3.	5	7.7.44	Unfall beim Start, Pruzana
475.	Sauer, Rudolf	1924	Ofhr.	FF	4.	0	9.7.44	†, LK, n. Sofia
476.	Bauhuber, Helmut	1922	Uffz.	FF	9.	13	12.7.44	Verm., Flaktreffer, w. Wilna
477.	Thiel, Edwin	1913	Hptm.	FF, Stkpt.	Stabsst.	76	14.7.44	†, Flaktreffer, o. Wolkowysk
478.	Wiese, Fritz	1919	Fw.	FF	9.	1	16.7.44	Verm., LK, n. Zlowczow
479.	Venth, Heinz	1922	Oblt.	FF, St.fhr.	10.	17	16.7.44	Verm., Raum Zlowczow
480.	Diehl, Herbert	1921	Uffz.	FF	3.	0	16.7.44	Verm., w. Pruzana
481.	Kosel, Georg	1920	Uffz.	FF	3.	0	16.7.44	Verm., w. Pruzana
482.	Wolkerstorfer, Eduard	1923	Gefr.	FF	II.	0	20.7.44	Verm., LK, w. Nisch

* Ab hier sind nur noch Gruppen- bzw. Staffelnummer genannt

Lfd. Nr.	Name	Geburtsjahr	Dienstgrad	Funktion	Einheit*	Luftsiege	Verlustdatum	Ursache/Ort
483.	Stroinigg, Hans	1922	Uffz.	FF	1.	9	21.7.44	Verm., Raum Cholm
484.	Zoufahl, Franz Josef	1918	Ofw.	FF	8.	26	24.7.44	†, Notlandung nach LK, Kauen
485.	Uthke, Werner	1921	Lt.	FF	9.	0	25.7.44	Flugunfall, so. Modlin
486.	Rech, Heinrich	1919	Stgefr.	?	3.	0	26.7.44	Unfall, Kroczewo
487.	Bruckermayr, Franz	1918	Fw.	FF	1.	0	31.7.44	†, Zusammenstoß beim Start, Kroczewo
488.	Gerasch, Rudolf	1920	Uffz.	FF	10.	0	31.7.44	†, LK, durch abgesch. Jäger gerammt, Raum Kowno
489.	Wahl, Ehrenfried	1921	Uffz.	FF	11.	0	31.7.44	Verm., Raum Kowno
490.	Jahn, Alfred	1920	Lt.	FF	11.	0	5.8.44	Verm., Raum Kowno
491.	Meurer, Wendelin	1923	Uffz.	FF	IV.	1	7.8.44	Gef., Flakbesch. nw. Mariampol
492.	Konitzer, Heinz	1922	Uffz.	FF	3.	0	8.8.44	†, LK, so. Warka
493.	Heidemann, Walter	1916	Uffz.	Flz.-Mot.-schlosser	8.	–	12.8.44	Verkehrsunfall, bei Schippenbeil
494.	Lüddecke, Fritz	1920	Fw.	FF	Stabsst.	50	10.8.44	†, Flaktreffer, sw. Wilkowischken
495.	Hoffmann, Kurt	1920	Uffz.	FF	3.	0	11.8.44	Verm., LK, nw. Glowaczow
496.	Baumbach, Hans Joachim	1923	Lt.	FF	1.	4	14.8.44	†, LK, b. Warka
497.	Thiel, Albert	1921	Uffz.	FF	1.	2	14.8.44	Verm., LK, bei Warka
498.	Samweber, Franz	1922	Ogefr.	Flz.-Mech.	7.	–	17.8.44	†, LA, Flugplatz Nisch
499.	Suske, Rudolf	1917	Ogefr.	Flz.-Mech.	7.	–	17.8.44	†, LA, Flugplatz Nisch
500.	Zöller, Josef	1916	Fw.	Mot.-schlosser	7.	–	17.8.44	†, LA, Flugplatz Nisch
501.	Junghans, Ernst	1923	Ogefr.	Flz.-Mech.	7.	–	17.8.44	†, LA, Flugplatz Nisch

* Ab hier sind nur noch Gruppen- bzw. Staffelnummer genannt

Lfd. Nr.	Name	Geburtsjahr	Dienstgrad	Funktion	Einheit*	Luftsiege	Verlustdatum	Ursache/Ort
502.	Lingnau, Erich	1919	Ofw.	FF	Stabsst.	9	20.8.44	†, LK, o. Wirballen
503.	Gielisch, Kurt	1921	Uffz.	FF	14.	0	20.8.44	†, LK, Smitgiai
504.	Matuschek, Erwin	1920	Lt.	FF	8.	0	22.8.44	Verm., bei Überführung Fi-156 nach Ezere
505.	Messner, Felix	1918	Uffz.	1. Schreiber	8.	–	22.8.44	Verm., bei Überführung Fi-156 nach Ezere
506.	Michel, Gerhard	1923	Ofhr.	FF	9.	0	23.8.44	Verm., LK, Raum Schagarren
507.	Bartz, Erich	1921	Uffz.	FF	14.	30	25.8.44	Verm., Raum Schagarren
508.	Busse, Heinz	1920	Oblt.	FF, Stfhr.	Stabsst.	22	25.8.44	†, LK, sw. Auen
509.	Kraft, Erwin	1914	Oblt.	FF	Stabsst.	6	25.8.44	†, LK, o. Ezere
510.	Erren, Heinz	1920	Uffz.	FF	7.	~8	28.8.44	Verm., Raum Mizil/Rumänien
511.	Bartels, Hans	1921	Uffz.	Mot.-schlosser	5.	–	30.8.44	Verm., Partisanenüberfall in Griechenland
512.	Maluche, Friedrich	1923	Ogefr.	Waffenwart	5.	–	30.8.44	Verm., Partisanenüberfall in Griechenland
513.	Hanger, Karl	1910	Stgefr.	Kraftfahrer	5.	–	30.8.44	Verm., Partisanenüberfall in Griechenland
514.	Dorn, Alois	?	Hauptfeldwebel		7.	–	1.9.44	†, Partisanenüberfall auf Unterkunft in Komran b. Nisch
515.	Freibusch, Siegfried	1923	Ogefr.	Flz.-Mech.	7.	–	1.9.44	†, Partisanenüberfall auf Unterkunft in Komran b. Nisch
516.	Poesch, Ernst	1904	Fl.	Fourier	6.	–	1.9.44	†, Partisanenüberfall auf Unterkunft in Komran b. Nisch
517.	Döhler, Günther	?	Uffz.	Waffenwart	7.	–	1.9.44	Gef., Partisanenüberfall auf Unterkunft in Komran b. Nisch
518.	Quauck, Fritz	?	Ogefr.	Flz.-Mech.	7.	–	1.9.44	Gef., Partisanenüberfall auf Unterkunft in Komran b. Nisch
519.	Jecho, Rudolf	1920	Fw.	FF	5.	0	etwa 6.9.44	Verm., Strecke Saloniki-Belgrad
520.	Greinus, Heinz	1922	Uffz.	FF	7.	0	7.9.44	Verm., auf Überführungsflug
521.	Korte, Otto	1922	Ogefr.	FF	3.	1	12.9.44	Verm., o. Warschau
522.	Danner, Fritz	1924	Ofhr.	FF	13.	0	16.9.44	†, Landekurve, Flugplatz Modlin
523.	Junge, Heinz	1923	Uffz.	FF	14.	0	18.9.44	†, Raum Wollnosc

* Ab hier sind nur noch Gruppen- bzw. Staffelnummer genannt

Lfd. Nr.	Name	Geburtsjahr	Dienstgrad	Funktion	Einheit*	Luftsiege	Verlustdatum	Ursache/Ort
524.	Weber, Walter	1923	Uffz.	FF	1.	0	18.9.44	†, Überschalg bei Notlandung
525.	Bauer, Hans	1922	Uffz.	FF	9.	0	19.9.44	†, Alarmstart Ezere
526.	Lehmann, Paul	1918	Uffz.	Ger.-Verw.	III.	–	19.9.44	†, LA, Flugplatz Ezere
527.	Feldmeyer, Hugo	1920	Fw.	FF	14.	0	7.10.44	†, LK, Wiesniany
528.	Kohlert, Rudolf	1921	Uffz.	FF	13.	1	9.10.44	†, Bruchlandung Flugplatz Modlin
529.	Mölders, Alexander	1922	Uffz.	FF	10.	2	16.10.44	†, LK, no. Eydtkau
530.	Weber, Willy	1921	Uffz.	FF	9.	7	16.10.44	Verm., LK, o. Ebenrode
531.	Kruse, Friedrich	1922	Uffz.	FF	3.	1	16.10.44	†, LK, n. Wirballen
532.	Wirth, Karl Heinz	1924	Fhr.	FF	1.	0	17.10.44	†, LK, s. Schaken
533.	Hafner, Anton	1918	Oblt.	FF, Stkpt.	10.	204	17.10.44	†, LK, Schweizerfelde
534.	Zacher, Hans	1919	Fw.	FF	3.	6	17.10.44	†, Raum Ebenrode
535.	Jahn, Adolf	1923	Ogefr.	FF	14.	0	19.10.44	Verm., Flaktreff. sw. Ostenburg
536.	Siegmund, Hans	1919	Fj.Fw.	FF	Stabsst.	0	20.10.44	Verm., LK, so. Gumbinnen
537.	Heinrich, Kurt	1922	Uffz.	FF	10.	0	21.10.44	Verm., LK, PlanQ. 2536
538.	Schulz, Ernst	1924	Fhr.	FF	10.	0	22.10.44	Verm., LK, Raum Schloßberg
539.	Stoik, Eduard	1921	Uffz.	FF	10.	0	22.10.44	Verm., LK, Raum 2537-1549
540.	Waibel, Jakob	1913	Oblt.	FF	3.	1	23.10.44	†, no. Insterburg
541.	Kropfgans, Alfred	1920	Uffz.	FF	13.	0	24.10.44	†, LK, PlanQ. 03623
542.	Hammer, Kurt	1920	Lt.	FF	6.	~10	6.11.44	†, Lk, Raum Plattensee
543.	Sieckenius, Hans	1925	Lt.	FF	6.	~12	6.11.44	†, LK, Plattensee
544.	Jensen, Heinrich	1920	Lt.	FF	II.	~8	6.12.44	†, LK, Galanta/Ungarn
545.	Feifel, Hugo	1924	Ofhr.	FF	7.	0	6.12.44	†, LK, Jablonice/Ungarn
546.	Hirsch, Alfred	1920	Uffz.	FF	5.	0	6.12.44	†, LK, n. Raab

* Ab hier sind nur noch Gruppen- bzw. Staffelnummer genannt

Lfd. Nr.	Name	Geburtsjahr	Dienstgrad	Funktion	Einheit*	Luftsiege	Verlustdatum	Ursache/Ort
547.	Liebelt, Fritz	1920	Lt.	FF	6.	~25	8.12.44	†, Alarmstart Flugplatz Imely
548.	Stevens, Wolfgang	1921	Uffz.	FF	6.	0	9.12.44	Abgestürzt (Baumberührung) so. Gran
549.	Bach, August	1919	Uffz.	FF	Stabsst.	2	14.12.44	Verm., sw. Memel
550.	Ohl, Wolfgang	1922	Fw.	FF	1.	9	21.12.44	FSA nach Motorschaden bei Zoppot, Fallschirm nicht geöffnet
551.	Diel, Heinz	1925	Gefr.	Flz.-schlosser	IV.	–	25.12.44	†, Erdeinsatz bei Koznicnor
552.	Besekau, Helmut	1917	Oblt.	FF	10.	4	30.12.44	†, LK, bei Schrötersburg
553.	Kuhnert, Max	1910	Ogefr.	Kraftfahrer	IV.	–	2.1.45	Krankheit, Bugmünde
554.	Düll, Ludwig	1921	Lt.	FF	5.	0	3.1.45	†, LK, w. Budapest
555.	Bauer, Friedrich	1923	Lt.	FF	13.	0	12.1.45	†, LK, Raum Modlin
556.	Scheer, Hubertus	1924	Uffz.	FF	Stabsst.	0	13.1.45	Flugunfall, Neukuhren
557.	Peiter, Wilhelm	1924	Gefr.	FF	10.	0	14.1.45	†, LK, so. Insterburg
558.	Zitzmann, Rudolf	1923	Uffz.	FF	11.	0	16.1.45	†, Notlandung nach LK, no. Insterburg
559.	Meßmer, Paul	1920	Gefr.	FF	3.	9	16.1.45	†, LK, sw. Zichenau
560.	Kleinpoppen, Hans-Wilhelm	1919	Ogefr.	FF	11.	0	18.1.45	Verm., no. Insterburg
561.	Dietrich, Artur	1922	Uffz.	FF	9.	0	19.1.45	†, LK, no. Insterburg
562.	Gudehus, Hans	1916	Oblt.	Adjut.	Stab	–	19.1.45	Verkehrsunfall
563.	Bischoff, Herbert	1919	Uffz.	FF	15.	0	21.1.45	Verm., Thorn
564.	Radtke, Horst	1922	Uffz.	FF	6.	0	21.1.45	Verm., LK, so. Stuhlweißenburg
565.	Jacobs, Friedrich	1920	Fw.	FF	6.	~5	22.1.45	†, LK, sw. Budapest

* Ab hier sind nur noch Gruppen- bzw. Staffelnummer genannt

Lfd. Nr.	Name	Geburts- jahr	Dienst- grad	Funk- tion	Ein- heit*	Luft- siege	Verlust- datum	Ursache/Ort
567.	Wagner, Otto	1915	Lt.	FF	2.	0	23.1.45	Verm., bei Verlegung Wormditt–Danzig
568.	Eisenlohr, Peter	1924	Lt.	FF	1.	0	23.1.45	
569.	Roschke, Friedrich	1923	Gefr.	FF	2.	0	23.1.45	
570.	Schwarz, Georg	1925	Ogefr.	FF	1.	0	13.1.45	†, o. Marienburg
571.	Anderwald, Georg	1924	Fj.Uffz.	FF	9.	0	29.1.45	Flugunfall, nw. Pillau
572.	von Seld, Sigurd	1923	Uffz.	FF	Stabsst.	0	29.1.45	Flugunfall, Neukuhren–Heiligenbeil
573.	Ebert, Gerhard	1925	Uffz.	FF	11.	0	2.2.45	Verm., Seegebiet Pillau–Neutief
574.	Piller, Michael	1919	Fw.	FF	3.	0	3.2.45	Flugunfall, Danzig–Langfuhr
575.	Höng, Alfred	1921	Uffz.	FF	15.	0	5.2.45	Verm., Raum Braunsberg
576.	Aichner, Peter	1924	Uffz.	FF	10.	0	8.2.45	FSA, Fallschirm öffnete sich nicht, o. Fischhausen
577.	Herold, Helmuth	1924	Uffz.	FF	1.	0	11.2.45	Verm., o. Heiligenbeil
578.	Steinhag, Georg	1922	Uffz.	FF	15.	0	13.2.45	Verm., Raum Konitz
579.	Islinger, Walter	1924	Ofhr.	FF	Stabsst.	0	14.2.45	Flugunf. (Baumberührung), Stolpmünde
580.	Naumann, Rolf	1923	Uffz.	FF	14.	0	15.2.45	Verm., Raum Braunsberg
581.	Jordan, Willi	1922	Ogefr.	FF	10.	0	16.2.45	†, Abschuß durch eigene Flak, nw. Fischhausen
582.	Baumann, Horst	1924	Uffz.	FF	3.	0	16.2.45	†, LK, nw. Graudenz
583.	Menzel, Karl	1924	Uffz.	FF	3.	0	17.2.45	Verm., Raum Braunsberg
584.	Blaschko, Rudolf	1924	Ofhr.	FF	15.	0	18.2.45	Verm., Flaktreff., nw. Graudenz
585.	Keller, Johannes	1923	Fj.Uffz.	FF	13.	24	18.2.45	Verm., LK, Raum Graudenz
586.	John, Franz	1922	Uffz.	FF	13.	+1	18.2.45	Verm., LK, Raum Graudenz

* Ab hier sind nur noch Gruppen- bzw. Staffelnummer genannt

Lfd. Nr.	Name	Geburtsjahr	Dienstgrad	Funktion	Einheit*	Luftsiege	Verlustdatum	Ursache/Ort
587.	Dzioba, Ernst	1919	Ofw.	FF	7.	0	18.2.45	†, LK, Raum Gran
588.	Steinecke, Heinz	1923	Lt.	FF, Stfhr.	10.	+ 11	19.2.45	†, LK, o. Heiligenbeil
589.	Dittrich, Walter	1923	Ofhr.	FF	III.	0	19.2.45	†, LK, Zinten–Heiligenbeil
590.	Krasowski, Stefan	1921	Uffz.	FF	10.	0	23.2.45	†, n. Pillau
591.	Maier, Hans	1925	Fhr.	FF	Stabsst.	+ 1	23.2.45	Flugunfall, Brüsterort
592.	Golob, Willi	1917	Ofw.	FF	14.	0	23.2.45	Zusammenstoß mit Uffz. Beck, o. Pelplin
593.	Beck, Albert	1924	Uffz.	FF	14.	0	23.2.45	Zusammenstoß mit Ofw. Golob, o. Pelplin
594.	Brüwer, Karl-Heinz	1925	Lt.	FF	Stabsst.	0	27.2.45	Flugunfall Pillau–Neutief
595.	Eberle, Gerhard	1922	Oblt.	FF	III.	0	28.2.45	Verm., LK, Raum Zinten
596.	Lückel, Heinz	1920	Uffz.	FF	11.	0	7.3.45	Verm., LK, so. Braunsberg
597.	Kürbis, Werner	1921	Uffz.	FF	11.	6	8.3.45	Gef., LK, sw. Braunsberg
598.	Loest, Heinz	1925	Fj.Uffz.	FF	10.	0	8.3.45	Verm., LK, s. Braunsberg
599.	Hähnel, Heinz	1916	Fw.	?	IV.	–	8.3.45	†, LA, Flugplatz Danzig–Langfuhr **
600.	Simon, Friedrich	1917	Ofw.	FF	9.	+ 22	9.3.45	†, Luftangriff, Flugplatz Pillau–Neutief
601.	Woischke, Günther	1924	Gefr.	FF	9.	0	9.3.45	
602.	Großmann, Werner	1917	Stgefr.	Flz.-Mech.	9.	–	9.3.45	
603.	Richter, Kurt	1898	Gefr.	Flz.-Mech.	9.	–	9.3.45	
604.	Unbekannt (Name in Verlustliste unleserlich)	?	Gefr.	Flz.-Mech.	9.	–	9.3.45	
605.	Ulrich, Erich	1925	Gefr.	Waffenwart	9.	–	9.3.45	

* Ab hier sind nur noch Gruppen- bzw. Staffelnummer genannt
** Über diesen Verlust und den von vier Angehörigen des Geschwaderstabs liegt keine Verlustmeldung vor!

Lfd. Nr.	Name	Geburtsjahr	Dienstgrad	Funktion	Einheit *	Luftsiege	Verlustdatum	Ursache/Ort
606.	Blank, Kurt	1925	Gefr.	Mot.-schlosser	9.	–	9.3.45	†, Luftangriff, Flugplatz Pillau–Neutief
607.	Gruber, Joachim	1925	Gefr.	Mot.-schlosser	9.	–	9.3.45	
608.	Beltz, Wilhelm	1922	Ogefr.	Flz.-Mech.	Stab	–	9.3.45	†, LA, Flugplatz Danzig-Langfuhr
609.	Möll, Adolf	1913	Ogefr.	Flz.-Mech.	Stab	–	9.3.45	†, LA, Flugplatz Danzig-Langfuhr
610.	Kalden, Peter	1923	Oblt.	FF, Stfhr.	13.	69	11.3.45	Gef., Raum Neustadt
611.	Vogt, Paul	1922	Fw.	FF	9.	0	11.3.45	Gef., LK, so. Königsberg
612.	Patzelt, Helmut	1919	Fw.	FF	6.	~10	13.3.45	Verm., LK, Raum Stuhlweißenburg
613.	Walz, Wilhelm	1924	Uffz.	FF	II.	0	17.3.45	Verm., LK, Raum Stuhlweißenburg
614.	Urselmann, Karl	1913	Oblt.	FF, Stfhr.	10.	0	18.3.45	†, Notlandung Pillau
615.	Reinhart, Emil	1918	Ofw.	FF	6.	+3	20.3.45	†, LK, Raum Stuhlweißenburg
616.	Rakow, Heinz	1914	Ofw.	Ger.-Verw.	III.	–	24.3.45	†, LA, Flugplatz Pillau–Neutief
617.	Hübner, Willy	1919	Lt.	FF, Stfhr.	Stabsst.	62	8.4.45	†, LK
618.	Ziehm, Helmut	1920	Oblt.	Ff, Stfhr.	Eins./II	~20	9.4.45	†, Raum Wien

Nachtrag (nicht in den WAST-Listen vorhandene Verluste):

Lfd. Nr.	Name	Geburtsjahr	Dienstgrad	Funktion	Einheit	Luftsiege	Verlustdatum	Ursache/Ort
619.	Arlt, Johannes	?	Fhr.	FF	2./Erg.	0	11.3.41	†, Flugunfall
620.	Winkler, Johann	Uffz.	?	FF	8.	0	15.2.43	†, Flugunfall, Smolenik
621.	Lücke, Hermann	1920	Oblt.	FF	9.	81	8.11.43	†, Flugunfall, Kosinki am 23.10.43
622.	Geffke, Siegfried	?	Uffz.	FF	Pz.J.St.	0	16.7.43	Verm., LK
623.	Buchmann, Fritz	?	Fw.	FF	Pz.J.St.	0	20.7.43	†
624.	Stelzl, Franz	?	Lt.	FF	Pz.J.St.	0	7.8.43	Verm., Tiefangriff
625.	Wehinger, Robert	?	Uffz.	FF	Pz.J.St.	0	8.8.43	†, Flugunfall
626.	Gerhards, Ernst	1917	Fw.	FF	Pz.J.St.	0	17.8.43	†
627.	Grope, Kurt	1923	Lt.	FF	Pz.J.St.	0	17.8.43	Verm.

* Ab hier sind nur noch Gruppen- bzw. Staffelnummer genannt

Lfd. Nr.	Name	Geburtsjahr	Dienstgrad	Funktion	Einheit*	Luftsiege	Verlustdatum	Ursache/Ort
628	Prinz, Werner	?	Fw.	FF	I.	15	1.6.44	Verm., Mzensk
629.	Bergmann, Götz	?	Lt.	FF	5.	+16	20.7.44	†, Flugunfall, Rhodos
630.	Irek, Hans	?	Gefr.	FF	7.	0	10.8.44	†, LK, nnw. Sofia
631.	Stangen, Helmut	?	Uffz.	FF	13.	2	26.8.44	†, Bombenangriff Ezere
632.	Weber, Helmut	?	Ogefr.	FF	1.	0	11.2.45	Verm.
633.	Belz, Heinz	?	Flg.	FF	I.	0	3.2.45	†, Flaktreffer
634.	Faupel, Walter	?	Uffz.	FF	7.	0	6.3.45	†, Flugunfall, Veszprem, gest. im Lazarett
635.	Hüttner, Herbert	1923	Uffz.	FF	I.	0	9.3.45	Verm.
636.	Buss, Otto	1914	Ofw.	FF	14.	0	1.5.45	Verm., LK, Schwerin
637.	Wieland, Helmut	?	Uffz.	FF	I.	+4	2.5.45	†, durch Jaboangriff
638.	Hainisch, Herbert	?	Fhr.	FF	6.	~2	11.4.45	†, LK, w. Wien
639.	Pflaum, Erwin	1920	Fw.	FF	II.	0	30.1.44	†
640.	Müller, Rudolf	?	Uffz.	FF	6.	3	22.3.45	†, LK, Papa, gest. im Lazarett
641.	Stürmer, Ludwig	1923	Uffz.	FF	4.	0	Mai 44	Verm., LK, nw. Sofia
642.	Bächle, Walter	1925	Fhr.	FF	II.	0	Anf. 45	Verm., LK, s. Wien
643.	Helpenstein, Willi	1922	Fw.	FF	II.	0	März 45	Verm., LK, o. Steinamanger
644.	Koch, Hans Günther	1920	Ofhr.	FF	II.	~15	3.4.45	Verm., LK, s. Wien
645.	Witte, ?	?	Ofw.	FF	6.	0	? 44	†, LK, Targsorul
646.	Brummert, ?	?	Fw.	FF	6.	0	? 45	Verm., Tiefangriff Plattensee
647.	Rudolf, ?	?	Uffz.	FF	6.	0	? 45	Verm., Bombenangriff Linz
648.	Stein, ?	?	Fw.	FF	6.	0	? 45	Verm., Tiefangriff Plattensee
649.	Wobornhill, ?	?	Uffz.	FF	7.	0	? 45	Verm., Linz
650.	Kuhn, ?	?	Uffz.	FF	7.	0	? 45	Verm., Ungarn
651.	Fuchs, Willi	?	Uffz.	FF	7.	0	? 45	Verm., Österreich
652.	Hache, Lothar	1909	Fw.	FF	IV.	0	7.4.45	†, LK
653.	Schneider, ?	?	Ofhr.	FF	IV.	0	14.4.45	†, Flaktreffer

* Ab hier sind nur noch Gruppen- bzw. Staffelnummer genannt

Lfd. Nr.	Name	Geburts- jahr	Dienst- grad	Funk- tion	Ein- heit*	Luft- siege	Verlust- datum	Ursache/Ort
654.	Landaeta, Paul	1923	Gefr.	FF	IV.	0	April 45	Verm.
655.	Ehrhardt, ?	?	Ofhr.	FF	IV.	0	April 45	†
656.	Sauder, ?	?	Uffz.	FF	IV.	5	April 45	†
657.	Driesen, Helmut	?	Uffz.	FF	I.	0	April 45	†, Alarmstart Brüsterort
658.	Gärtner, Bruno	?	Uffz.	FF	I.	0	April 45	†, Alarmstart Brüsterort
659.	Will, ?	?	Uffz.	FF	I.	0	April 45	†, Brüsterort
660.	Merbeler, Johann	1924	Fw.	FF	Stabsst.	+8	26. 3. 45	Verm.
661.	Maderthanner, Franz	1924	Gefr.	FF	I.	0	März 45	Verm., über See
662.	Tetzner, Horst	1925	Uffz.	FF	I.	+1	April 45	Verm., Pilau
663.	Jäschke, Hans	1923	Ofhr.	FF	IV.	0	März 45	Verm., Danzig
664.	Krüger, Willi	1924	Uffz.	FF	IV.	0	Januar 45	Verm.
665.	Ullrich, Martin	1921	Ofw.	FF	IV.	0	Febr. 45	Verm., Danzig
666.	Johne, ?	?	Uffz.	FF	Stabsst.	8	9. 2. 45	†
667.	Rappl, Georg	?	Ofw.	FF	II.	+2	12. 3. 45	†
668.	Schmidt, Georg	?	Fw.	Nachr.	IV.		2.5.45	†Luftangriff, Schwerin

* Ab hier sind nur noch Gruppen- bzw. Staffelnummer genannt

Verluste der 7./JG 51 an der Invasionsfront unter der alten Bezeichnung:

Name	Dienstgrad	Verlustdatum	Ursache/Ort
Brünner, Johann	Lt.	7. 6. 44	†, LK, Chateaudun
Heidemann, Helmuth	Fw.	17. 6. 44	†, LK, Alencon
Henschel, Günther	Uffz.	17. 6. 44	Verm., LK, n. Argentan
Zechner, Franz	Uffz.	17. 6. 44	Verm., LK, Alencon
Redlich, Herbert	Uffz.	17. 6. 44	†, LK, Alencon
Henner, Richard	Fw.	20. 6. 44	Gef., LK, Caen
Ruffing, Walter	Uffz.	29. 4. 44	†, LK, Flers
Weissbrodt, ?	Lt.	4. 7. 44	†, LK, St. Lo
Krakowitzer, Friedrich	Lt.	4. 7. 44	†, LK, St. Lo
Kamutzki, Johannes	Gefr.	20. 7. 44	Verm., LK, St. Lo
Boye, Wolfgang	Uffz.	30. 7. 44	Verm., LK, Avranches
Hermann, Hans	Uffz.	7. 8. 44	Verm., LK, Mortain
Mai, Friedrich	Uffz.	7. 8. 44	Verm., LK, Mortain

»Toni« Hafner – Nach 134 Luftsiegen erhält er am 11. 4. 1944 das Eichenlaub und wird gleichzeitig zum Leutnant befördert. Voller Lebensfreude führt »Toni« vor den »schwarzen Männern« einen Freudentanz auf.

Obstlt. Hannes Trautloft (2. v. l.) besucht 1944 das Geschwader »Mölders«. In der Mitte – rechts neben Trautloft – die beiden Ritterkreuzträger Ofw. Günther Josten und Ofw. »Ossi« Romm. (Josten: RK am 5. 2. 1944 nach 84 Luftsiegen. Romm: RK am 29. 2. 1944 nach 76 Luftsiegen.

Auch Lt. Anton Lindner erhält am 8. April 1944 nach 62 Luftsiegen das Ritterkreuz. Das Kriegsende erlebt Lindner als Oblt. und Kapitän der 14. Staffel. 73 bestätigte Luftsiege stehen dann auf seinem Konto – weitere 25 Abschüsse wurden nicht mehr bestätigt.

Anfang Juni 1944 in Lyck. – Schnappschuß einer Kaffeerunde. V. l.: Lt. Parsche, Hptm. Schack (Stff. Kapt. 9./JG 51), Oblt. Schulze-Forster, Hptm. v. Eichel-Streiber (Kdr. III. Gruppe seit April 1944), Lt. Hafner (Stff. Kapt. 8./JG 51).

Letzte Aufnahme von Lt. »Toni« Hafner in Ezere/Lettland. Am 17. 10. 1944 fällt Lt. Hafner im Luftkampf. Mit insgesamt 204 Luftsiegen (davon 20 West) war »Toni« der erfolgreichste Jagdflieger des JG 51 »Mölders«.

Gruppenbild der Stabsstaffel – aufgenommen im August 1944 in Jürgenfelde. Bemerkenswert sind die jungen Gesichter des Jagdfliegernachwuchses, der sich aber tapfer schlug (Dt. Kreuz und EK 1). Vorne, 2. v. r., Lt. Willi Hübner, der am 28. 2. 1945 das Ritterkreuz erhält und am 7. 4. 1945 in Ostpreußen durch Flakvolltreffer fällt.

11. Dezember 1944 – Hptm. Günther Schack übernimmt die I. Gruppe JG 51 – Major Erich Leie wird zum JG 77 als Kommodore versetzt. Im Bild v. l.: Maj. Elser, Hptm. Schack, Major Losigkeit (Kommodore JG 51 seit 2. 4. 44), Maj. Leie und Hptm. Lange (Kdr. IV./JG 51 seit Mai 1944).

Diese Gruppen-Aufnahme dürfte Anfang April 1945 entstanden sein. Oblt. Josten trägt das am 28. 3. 45 verliehene Eichenlaub. Im Bild von links hinten: Dombacher (RK am 8. 4. 45), Ruscher, Eckenberger, Oblt. z. See Kortmann. Vordere Reihe v. l.: Lindner, Schack (11. 12. 44 Kdr. I./JG 51), Josten (12. 4. 45 Kdr. IV./51), Kölbl.

Lt. Kurt Tanzer ist seit 10. 2. 45 Staffelkapitän der 13./51 – Am 5. 12. 1943 erhält er nach 35 Luftsiegen das Ritterkreuz. Insgesamt kann er bis Kriegsende 143 Gegner bezwingen. Das Bild entstand am 26. 4. 45 in Schmoldow in Vorpommern und zeigt Tanzer vor einer Fw 190 D-9.

Diese Fw 190 D-9, »schwarze 7«, ist beim Rollen in einen Graben geraten, und dabei sind die Luftschraubenblätter gesplittert. Linke Gruppe: Klein, Marquardt und Lübke.

April 1945 in Eggersdorf bei Berlin – Lt. Kurt Tanzer (links) und Fhj.-Ofw. Heinz Marquardt. Marquardt trägt das Ritterkreuz seit 18. 11. 1944 – Seinen letzten Luftsieg (den 121.) erringt er am 1. 5. 1945.

General Fiebig besucht in Eggersdorf die IV. Gruppe. Der Kommandeur der IV./JG 51, Major Lange (rechts), übernimmt am 12. April 1945 die Führung des Jagdgeschwaders 51 »Mölders«. Major Losigkeit war am 31. 4. 45 als Kommodore zum JG 77 versetzt worden.

Ofw. Helmut Rüffler landet mit Treffern auf dem letzten Einsatzplatz der I. und III. Gruppe in Junkertroylhof. Rüffler erhielt das Ritterkreuz nach 50 Luftsiegen im JG 3. Von März 1945 bis Kriegsende ist er Staffelführer der 9. Staffel JG 51. Unter seinen 98 Luftsiegen befinden sich 8 ›Viermots‹.

Auf dem kleinen, holprigen Platz Junkertroylhof haben die Warte große Mühe, wenigstens ein paar Maschinen einsatzklar zu halten. Die Piloten der zurückbleibenden III. Gruppe erringen von hier aus letzte Erfolge.

Am 6. Mai 1945 übergibt Kommodore, Major Lange, die Reste des JG 51 »Mölders« in Flensburg an die Engländer. Hier die Focke-Wulf D-9-Maschinen des Geschwaders.

In den letzten Kriegstagen wurden viele einsatzfähige Jagdflugzeuge gesprengt oder auch absichtlich feindlichen Tiefliegern als Zielscheibe dargeboten. Es war das Ende der einst so stolzen deutschen Luft- und Jagdwaffe.

Auch nach dem Ende des Krieges riß die Verbindung unter den ehemaligen Jagdfliegern nicht ab. Im Bild ein Treffen im Hause von Anton Weiler.
Von links: Fritz Losigkeit, »Joschko« Fözö, Theo Osterkamp, Viktor Mölders und Dr. Heinz Lange.

Kiel – 23. Juni 1973 – Besuch auf dem Lenkwaffen-Zerstörer »Mölders« der Bundesmarine.
V. r. n. l.: »Onkel Theo« Osterkamp, Fritz Losigkeit, Fregattenkapitän Mann, Dr. Heinz Lange.

Neuburg/Donau, 22. November 1973 – Es gibt wieder ein Jagdgeschwader »Mölders«. Verleihung des Traditionsnamens an das Jagdgeschwader 74 der Bundesluftwaffe durch Gen.Lt. Günther Rall. Kommodore des neuen JG »Mölders« ist seinerzeit Oberst Rudolf Erlemann.

Neuburg/Donau 1975 – Ein Hoch dem »jungen und alten Fliegergeist«. Der neue Kommodore, Oberst Walter Schmitz (li.), und sein Vorgänger, Oberst Erlemann.

Neuburg/Donau, 28. September 1979 – Große Verdienste um die Neugestaltung des Traditionsraums des JG 74 »Mölders« in Neuburg erwarb sich der langjährige Traditions-Offizier, Hauptmann Maison. Im Bild bei der Begrüßung von Ehrengästen. Links: Hptm. Ernst Maison, Frau Luise Petzolt-Mölders, Dr. Heinz Lange und, ganz rechts, Wolfgang Falck.

Die Enthüllung einer ›Werner Mölders-Gedächtnis-Tafel‹ auf der Basis des Fliegerhorsts Neuburg durch Kommodore Oberst Estendorfer und Major Hochgesang knüpfte eine weitere Verbindung zwischen den alten und jungen ›Mölderianern‹.

Ein besonderer Höhepunkt lebendiger Traditionspflege war ein weiteres Treffen im November 1981 in Neuburg: Der 40. Todestag von Oberst Werner Mölders vereinte viele Angehörige der beiden Geschwader ›Mölders‹. Der letzte Kommodore des alten JG 51 »Mölders« und Vorsitzende der Vereinigung der Angehörigen und Freunde der Geschwader »Mölders«, Dr. Heinz Lange, bei seiner Ansprache am Gedenkstein.

Blick auf die Teilnehmer und einen Teil der angetretenen Ehrenformation während der Ansprachen des Kommodore, Oberst Block, und Dr. Lange. In der Mitte – mit hellem Mantel – Karlfried Nordmann, der zweite Nachfolger von Werner Mölders als Kommodore des JG 51.

Nachdem Frau Petzolt-Mölders sowie Abordnungen des Jagdgeschwaders 74 »Mölders«, des Lenkwaffenzerstörers »Mölders« und der II. Abteilung des Fernmelderegiments 34 aus Visselhövede (»Mölders-Kaserne«), Blumenbuketts und Kränze vor dem neugeschaffenen Gedenkstein niedergelegt hatten, erklang das Lied: »Ich hatt' einen Kameraden«.

ANHANG 2

Die Ritterkreuzträger des JG 51

Im Zweiten Weltkrieg wurden etwa 7500 Ritterkreuze verliehen; davon

- 860 Ritterkreuze mit Eichenlaub,
- 154 Ritterkreuze mit Eichenlaub und Schwertern,
- 27 Ritterkreuze mit Eichenlaub, Schwertern und Brillanten,
- 17 Ritterkreuz mit dem goldenen Eichenlaub mit Schwertern und Brillanten.

Neunmal wurde das Eichenlaub an Ausländer verliehen, einmal die Schwerter.

Es wurden etwa 1730 Angehörige der Luftwaffe mit dem Ritterkreuz ausgezeichnet, hiervon erhielten

- 192 das RK mit Eichenlaub
- 41 das RK mit Schwertern
- 12 das RK mit Eichenlaub, Schwertern und Brillanten
- 1 das goldene Eichenlaub (Rudel)
- 1 das Großkreuz (Göring)

Etwa 570 Ritterkreuzträger der Luftwaffe erhielten diese Auszeichnung für ihre Erfolge als Tag- und Nachtjäger, Zerstörer oder Schnellkampfflieger, davon waren

- 101 Eichenlaubträger
- 25 Schwerterträger
- 9 Brillantenträger

Während ihrer Zugehörigkeit zum JG 51 wurde an 49 Geschwaderangehörige das Ritterkreuz verliehen. Weitere 14 Flugzeugführer bekamen das Ritterkreuz nach ihrem Tod verliehen. Hinzuzählen muß man sechs Verleihungen, die an Soldaten für ihre Leistungen im JG 51, jedoch erst nach ihrer Versetzung vergeben wurden, und zwar die an Generalmajor Osterkamp, Oblt. Lignitz, Hptm. Hachfeld, Oblt. Mayerl, Major Losigkeit, Oblt. Wever. Demnach ist das JG 51 der Verband der Luftwaffe, an dessen Angehörige nächst dem StG 2 die meisten Ritterkreuze verliehen worden sind.

Von den erwähnten 49 Ritterkreuzträgern erhielten neun das Eichenlaub zum Ritterkreuz, außerdem Ofw. Hoffmann posthum und Hptm. Grasser nach seinem Fortgang vom Geschwader. Von den Eichenlaubträgern erhielt Hptm. Bär die Schwerter.

Oberst Mölders, der einzige Träger des Eichenlaubs mit Schwertern und Brillanten zum Ritterkreuz des Eisernen Kreuzes im JG 51, war auch der einzige Träger einer höheren Stufe des Ritterkreuzes, der diese Auszeichnung bereits vor seiner Versetzung zum JG 51 verliehen bekommen hatte, nämlich beim JG 53.

Fünf Geschwaderangehörige hatten das Ritterkreuz erworben, bevor sie zum Verband kamen: Mölders, Bob, Resch, Leie, Rüffler. 23 ehemalige Angehörige des JG 51 bekamen das Ritterkreuz nach ihrer Versetzung zu anderen Verbänden, fünf von diesen erhielten das Eichenlaub (Grasser, Huppertz, Oesau, Priller, Weber), hiervon bekamen Oesau und Priller auch die Schwerter.

ANHANG 3

Verleihung des Ritterkreuz des Eisernen Kreuzes und höherer Stufen an Angehörige des Geschwaders JG 51 während ihrer Verbandszugehörigkeit:

Datum	Dienstgrad, Name	Dienststellung	Stufe
20. 8. 40	Hptm. Walter Oesau	Stkpt. 7./JG 51	RK
20. 8. 40	Hptm. Horst Tietzen	Stkpt. 5./JG 51	RK (posthum)
16. 9. 40	Oblt. Hermann Friedrich Joppien	Stkpt. 1./JG 51	RK
21. 9. 40	Mj. Werner Mölders	Kdore JG 51	Eichenlaub (Nr. 2)
19. 10. 40	Oblt. Josef Priller	Stkpt. 6./JG 51	RK
23. 4. 41	Hptm. Hermann Friedrich Joppien	Kdr. I./JG 51	Eichenlaub (Nr. 11)
22. 6. 41	Obstlt. Werner Mölders	Kdore JG 51	Schwerter (Nr. 2)
2. 7. 41	Lt. Heinz Bär	1./JG 51	RK
2. 7. 41	Hptm. Josef Fözö	Kdr. II./JG 51	RK
16. 7. 41	Obstlt. Werner Mölders	Kdore JG 51	Brillanten (Nr. 1)
16. 7. 41	Oblt. Hermann Staiger	Stkpt. 7./JG 51	RK
27. 7. 41	Hptm. Richard Leppla	Kdr. III./JG 51	RK
27. 7. 41	Oblt. Hans Kolbow	Stkpt. 5./JG 51	RK (posthum)
1. 8. 41	Oblt. Karl-Gottfried Nordmann	Kdr. IV./JG 51	RK
1. 8. 41	Oblt. Karl Heinz Schnell	Stkpt. 9./JG 51	RK
12. 8. 41	Lt. Erwin Fleig	1./JG 51	RK
12. 9. 41	Ofw. Heinrich Hoffmann	12./JG 51	RK
14. 8. 41	Oblt. Heinz Bär	Stkpt. 12./JG 51	Eichenlaub (Nr. 31)
20. 8. 41	Lt. Herbert Huppertz	12./JG 51	RK
4. 9. 41	Oblt. Hartmann Grasser	Stkpt. 5./JG 51	RK
16. 9. 41	Hptm. Karl-Gottfried Nordmann	Kdr. IV./JG 51	Eichenlaub (Nr. 35)
18. 9. 41	Mj. Friedrich Beckh	Kdore JG 51	RK
5. 10. 41	Oblt. Erich Hohagen	Stkpt. 4./JG 51	RK
6. 10. 41	Uffz. Franz Josef Beerenbrock	10./JG 51	RK
6. 10. 41	Lt. Georg Seelmann	11./JG 51	RK
19. 10. 41	Ofw. Heinrich Hoffmann	12./JG 51	Eichenlaub (Nr. 36) (posthum)
17. 11. 41	Ofw. Edmund Wagner	9./JG 51	RK (posthum)
24. 1. 42	Lt. Bernd Gallowitsch	12./JG 51	RK
16. 2. 42	Hptm. Heinz Bär	Stkpt. 12./JG 51	Schwerter (Nr. 7)
18. 3. 42	Oblt. Heinrich Krafft	Stkpt. 3./JG 51	RK
18. 3. 42	Lt. Hans Strelow	Stkpt. 5./JG 51	RK
19. 3. 42	Ofw. Wilhelm Mink	5./JG 51	RK

Dienstgrad, Name	Dienststellung	Datum	Stufe
19. 3. 42 Ofw. Otto Tange	4./JG 51		RK
24. 3. 42 Lt. Hans Strelow	Stkpt. 5./JG 51		Eichenlaub (Nr. 84)
5. 4. 42 Ofw. Heinrich Höfemeier	1./JG 51		RK
3. 8. 42 Ofw. Franz Josef Beerenbrock	10./JG 51		Eichenlaub (Nr. 108)
21. 8. 42 Oblt. Ernst Weismann	12./JG 51		RK (posthum)
23. 8. 42 Fw. Anton Hafner	6./JG 51		RK
4. 9. 42 Ofw. Heinrich Klöpper	11./JG 51		RK
3. 11. 42 Fw. Kurt Knappe	5./JG 51		RK
24. 1. 43 Ofw. Herbert Friebel	12./JG 51		RK
14. 3. 43 Oblt. Günther Rübell	Stkpt. 5./JG 51		RK
14. 3. 43 Ofw. Otto Schultz	4./JG 51		RK
24. 3. 43 Oblt. Wolfgang Böwing-Treuding	Stkpt. 10./JG 51		RK (posthum)
16. 4. 43 Oblt. Edwin Thiel	Stkpt. 2./JG 51		RK
29. 10. 43 Lt. Günther Schack	8./JG 51		RK
12. 11. 43 Ofw. Hubert Straßl	8./JG 51		RK (posthum)
12. 11. 43 Oblt. Karl Heinz Weber	Stkpt. 7./JG 51		RK
22. 11. 43 Oblt. Adolf Borchers	Stkpt. 11./JG 51		RK
22. 11. 43 Oblt. Joachim Brendel	Stkpt. 1./JG 51		RK
5. 12. 43 Ofw. Kurt Tanzer	Stabsstff./JG 51		RK
5. 12. 43 Lt. Josef Jennewein	2./JG 51		RK (posthum)
5. 2. 44 Ofw. Günther Josten	3./JG 51		RK
29. 2. 44 Lt. Heinz Leber	2./JG 51		RK (posthum)
29. 2. 44 Ofw. Oskar Romm	1./JG 51		RK
26. 3. 44 Lt. Rudolf Wagner	12./JG 51		RK (posthum)
5. 4. 44 Hptm. Diethelm von Eichel-Streiber	Stkpt. Stabsstff./JG 51		RK
5. 4. 44 Hptm. Herbert Puschmann	Stkpt. 6./JG 51		RK (posthum)
6. 4. 44 Oblt. Hermann Lücke	9./JG 51		RK (posthum)
8. 4. 44 Lt. Anton Lindner	Stabsstff./JG 51		RK
11. 4. 44 Lt. Anton Hafner	Stabsstff./JG 51		Eichenlaub (Nr. 452)
20. 4. 44 Lt. Günther Schack	Stkpt. 9./JG 51		Eichenlaub (Nr. 460)
4. 5. 44 Ofw. Otto Würfel	9./JG 51		RK (posthum)
9. 6. 44 Ofw. Otto Gaiser	10./JG 51		RK (posthum)
27. 7. 44 Ofw. Bernd Vechtel	11./JG 51		RK
24. 10. 44 Hptm. Karl Rammelt	Kdr. II./JG 51		RK
18. 11. 44 Hptm. Heinz Lange	Kdr. IV./JG 51		RK
18. 11. 44 Ofw. Fritz Lüddecke	Stabsstff./JG 51		RK (posthum)
18. 11. 44 Fj. Ofw. Heinz Marquardt	13./JG 51		RK
6. 12. 44 Lt. Peter Kalden	Stkpt. 13./JG 51		RK
14. 1. 45 Hptm. Joachim Brendel	Kdr. III./JG 51		Eichenlaub (Nr. 697)

Dienstgrad, Name	Dienststellung	Datum	Stufe
28. 2. 45 Lt. Wilhelm Hübner	Stkpt. Stabsstff./ JG 51		RK
28. 3. 45 Oblt. Günther Josten	Stkpt. 3./JG 51		Eichenlaub (Nr. 810)
31. 3. 45 Ofw. Helmut Schönfelder	Stabsstff./JG 51		RK
7. 4. 45 Lt. Kurt Dombacher	Stkpt. 12./JG 51		RK
9. 4. 45 Fj. Ofw. Alfred Rauch	Stabsstff./JG 51		RK

Verleihungen an ehemalige Geschwaderangehörige vor oder nach ihrer Zugehörigkeit zum JG 51

Dienstgrad, Name		Dienststellung	Datum	Stufe
Lt.	Herbert Bareuther	Stkpt. 14./JG 3	2. 4. 45	RK (posthum)
Oblt.	Franz Barten	Stkpt. 9./JG 53	20. 10. 44	RK
Fw.	Konrad Bauer	5./JG 300	31. 10. 44	RK
Oblt.	Hans-Ekkehard Bob	9./JG 54	7. 3. 41	RK
Oblt.	Georg-Peter Eder	Kdr. II./JG 1	24. 6. 44	RK
Hptm.	Georg-Peter Eder	Kdo Nowotny	25. 11. 44	Eichenlaub (Nr. 663)
Hptm.	Horst Günther von Fassong	Kdr. III./JG 11	27. 7. 44	RK
Lt.	Hermann Graf	Stkpt. 9./JG 52	24. 1. 42	RK
Lt.	Hermann Graf	Stkpt. 9./JG 52	17. 5. 42	Eichenlaub (Nr. 93)
Lt.	Hermann Graf	Stkpt. 9./JG 52	19. 5. 42	Schwerter (Nr. 11)
Oblt.	Hermann Graf	Stkpt. 9./JG 52	16. 9. 42	Brillanten (Nr. 5)
Major	Hartmann Grasser	Stab Jafü Paris	31. 8. 43	Eichenlaub (Nr. 288)
Hptm.	Horst Haase	Kdr. I./JG 3	24. 10. 44	RK
Hptm.	Wilhelm Hachfeld	Kdr. III./ZG 2	29. 10. 42	RK
Hptm.	Herbert Huppertz	Kdr. III./JG 2	24. 6. 44	Eichenlaub (Nr. 512 posthum)
Ofw.	Erwin Laskowski	8./JG 11	4. 45	RK
Oblt.	Erich Leie	Stab JG 2	1. 8. 41	RK
Oblt.	Arnold Lignitz	Kdr. III./JG 54	5. 11. 40	RK
Major	Fritz Losigkeit	Kdore JG 77	4. 45	RK
Oblt.	Maximilian Mayerl	Stkpt. 2./Erg.Gr. Ost	14. 12. 43	RK
Hptm.	Werner Mölders	Kdr. III./JG 53	29. 5. 40	RK
Major	Wilhelm Moritz	Kdr. IV./JG 3	18. 7. 44	RK
Oblt.	Hubert Mütherich	Stkpt. 5./JG 54	6. 8. 41	RK

Datum	Dienstgrad, Name	Dienststellung		Stufe
Fw.	Klaus Neumann	16./JG 3	9. 12. 44	RK
Hptm.	Walter Oesau	Kdr. III./JG 3	6. 2. 41	Eichenlaub (Nr. 9)
Hptm.	Walter Oesau	Kdr. III./JG 3	15. 7. 41	Schwerter (Nr. 3)
GenMj.	Theo Osterkamp	Jafü 2	22. 8. 40	RK
Oblt.	Josef Priller	Stkpt. 1./JG 26	20. 7. 41	Eichenlaub (Nr. 28)
Obstlt.	Josef Priller	Kdore JG 26	2. 7. 44	Schwerter (Nr. 73)
Fw.	Alexander Preinfalk	5./JG 77	14. 10. 42	RK
Hptm.	Rudolf Resch	Stkpt. 5./JG 52	6. 9. 42	RK
Ofw.	Helmut Rüffler	9./JG 3	23. 12. 42	RK
Hptm.	Heinz Schumann	Stkpt. 10./JG 2	18. 3. 43	RK
Major	Hannes Trautloft	Kdore JG 54	27. 7. 41	RK
Hptm.	Karl-Heinz Weber	Kdr. II./JG 1	20. 7. 44	Eichenlaub (Nr. 529 posthum)
Oblt.	Walter Wever	JG 7	28. 1. 45	RK
Oblt.	Karl Willius	Stkpt. 2./JG 26	9. 6. 44	RK
Lt.	Oskar Zimmermann	Stkpt. 9./JG 3	29. 10. 44	RK

ANHANG 3a

Stellenbesetzung des JG 51 »Mölders«

Vorbemerkung: Aufgeführt werden hier die Kommodores, Kommandeure (einschließlich der Offiziere, die mit der Wahrnehmung der Geschäfte beauftragt waren) und die Staffelkapitäne bzw. Staffelführer. Nicht erwähnt werden diejenigen, die den Verband bzw. die Einheit vertretungsweise geführt haben.

Bei den Dienstgraden wird der höchste genannt, der in der Dienststellung erreicht wurde.

Die Daten sind weitgehend gesichert, doch können Überschneidungen zwischen dem Datum der Ernennung bzw. Versetzung und dem tatsächlichen Dienstantritt auftreten.

Nicht aufgeführt sind die Offiziere, Fliegeringenieure, Ärzte und Beamte der Stäbe von Geschwader und Gruppen, die Chefs der Stabskompanien und der Nachrichtenkompanie, die Hauptfeldwebel, Oberwerkmeister usw. des Bodenpersonals, da deren Namen und Daten nicht lückenlos zu ermitteln waren. Es sei allerdings auf den Text verwiesen.

Dienstgrad, Name	Zeitraum	Anschlußverwendung, Kriegsschicksal
Kommodores		
Oberst Theo Osterkamp	19. 9. 39 – 23. 7. 40	Jafü 2
Obstlt. Werner Mölders	27. 7. 40 – 19. 7. 41	Insp. d. Jagdflg.
Obstlt. Friedrich Beckh	19. 7. 41 – 10. 4. 42	RLM
Obstlt. Karl-Gottfried Nordmann	10. 4. 42 – 30. 3. 44	Jafü 6
Major Fritz Losigkeit	1. 4. 44 – 31. 3. 45	Kdore JG 77
Major Heinz Lange	12. 4. 45 – Auflösung	
Stabsstaffel/JG 51: Staffelkapitäne/Staffelführer		
Hptm. Diethelm von Eichel-Streiber	30. 11. 42 – 30. 4. 44	Kdr. III./JG 51
Hptm. Edwin Thiel	4. 6. 44 – 14. 7. 44	†
Oblt. Heinz Busse	15. 7. 44 – 25. 8. 44	†
Lt. Gustav Sturm	26. 8. 44 – 7. 1. 45	10./EJG 2
Lt. Wilhelm Hübner	8. 1. 45 – 8. 4. 45	†
Lt. Anton Lindner	8. 4. 45 – Auflösung	
Pz. J.St./JG 51		
Oblt. Eggers	1. 8. 42 – ?	?
Oblt. Günther Jolas	? – ?	?
I./JG 51 (I./JG 135 – I./JG 233): Gruppenkommandeure		
Major Max Ibel	1. 4. 37 – 31. 10. 38	Kdore JG 231
Major Ernst Freiherr von Berg	1. 11. 38 – 22. 9. 39	Kdr. III./JG 26
Hptm. Hans-Heinrich Brustellin	23. 9. 39 – 17. 10. 40	Kdr. I./JG 53
Hptm. Hermann-Friedrich Joppien	18. 10. 40 – 25. 8. 41	†
Hptm. Wilhelm Hachfeld	26. 8. 41 – 2. 5. 42	Kdr. III./ZG 2
Hptm. Josef Fözö	3. 5. 42 – 31. 5. 42	Verw.
Hptm. Heinrich Krafft	1. 6. 42 – 14. 12. 42	†
Hptm. Rudolf Busch	15. 12. 42 – 17. 1. 43	†
Major Erich Leie	18. 1. 43 – 28. 12. 44	Kdore JG 77
Hptm. Günther Schack	29. 12. 44 – 23. 4. 45	Kdr. IV./JG 3
1./JG 135 – 1./JG 233 – 1./JG 51: Staffelkapitäne/Staffelführer		
Oblt. Hannes Trautloft	1. 4. 37 – 30. 6. 38	Stkpt. 11./JG 132
Hptm. Douglas Pitcairn	1. 7. 38 – 5. 8. 40	JFS Magdeburg
Oblt. Hermann-Friedr. Joppien	6. 8. 40 – 17. 10. 40	Kdr. I./JG 51
Oblt. Georg Claus	18. 10. 40 – 11. 11. 40	†
Oblt. Fritz Eberle	12. 11. 40 – ?. 9. 41	?
Oblt. Rudolf Busch	?. 9. 41 – 14. 12. 42	Kdr. I./JG 51

Dienstgrade, Name	Zeitraum	Anschlußverwendung, Kriegsschicksal
Oblt. Hans Boos	15. 12. 42 – 21. 4. 43	†
Oblt. Joachim Brendel	22. 4. 43 – 31. 8. 44	Kdr. III./JG 51
Lt. Kurt Dombacher	18. 9. 44 – 20. 3. 45	Stkpt. 12./JG 51
Lt. Kurt Schulze	20. 3. 44 – 25. 4. 45	?

2./JG 135 – 2./JG 233 – 2./JG 51: Staffelkapitäne/Staffelführer

Oblt. Wolfgang Schellmann	1. 4. 37 – 30. 11. 37	Stkpt. 1./JG 88
Hptm. Georg Meyer	1. 12. 37 – ?. 8. 40	JFS Fürth
Hptm. Ernst Wiggers	?. 8. 40 – 11. 9. 40	†
Oblt. Viktor Mölders	12. 9. 40 – 7. 10. 40	Gef.
Oblt. Willi Hachfeld	8. 10. 40 – 25. 8. 41	Kdr. I./JG 51
Oblt. Friedhelm Höschen	26. 8. 41 – ?. 4. 42	?
Lt. Erwin Fleig	?. 4. 42 – 29. 5. 42	Gef.
Hptm. Edwin Thiel	30. 5. 42 – ?. 7. 43	Stkpt. 1./Erg.Gr.
Oblt. Horst Haase	?. 7. 43 – 1. 6. 44	Stkpt. 16./JG 3
Staffel wird 16./JG 3		

Neuaufstellung 2./JG 51

Oblt. Anton Lindner	15. 1. 45 – 23. 4. 45	Stkpt. 15./JG 51

3./JG 135 – 3./JG 233 – 3./JG 51: Staffelkapitäne/Staffelführer

Oblt. Hans-Heinrich Brustellin	1. 4. 37 – 14. 3. 38	Stkpt. 1./JG 138
Hptm. Erich Gerlitz	15. 3. 38 – 14. 3. 40	Stkpt. 7./JG 2
Oblt. Richard Leppla	15. 3. 40 – 10. 11. 40	Kdr. III./JG 51
Oblt. Heinrich Krafft	11. 11. 40 – 31. 5. 42	Kdr. I./JG 51
Oblt. Michael Sonner	1. 6. 42 – 25. 10. 42	Stab I./JG 51
Hptm. Heinz Lange	26. 10. 42 – 7. 5. 44	Kdr. IV./JG 51
Oblt. Walter Wever	9. 5. 44 – 17. 7. 44	?
Oblt. Günther Josten	18. 7. 44 – 12. 4. 45	Kdr. IV./JG 51
? ?	12. 4. 45 – 23. 4. 45	?

II./JG 51 (1. und 2./JG 71): Gruppenkommandeure

Major Kramer	16. 7. 39 – 25. 10. 39	?
Major Ernst Günther Burgaller	26. 10. 39 – 2. 2. 40	†
Hptm. Günther Matthes	3. 2. 40 – 20. 2. 41	Luftkriegsakademie
Hptm. Josef Fözö	21. 2. 41 – 11. 7. 41	Verw.
Hptm. Hartmann Grasser	?. 9. 41 – 6. 6. 43	Stab Jafü Paris
Major Karl Rammelt	6. 6. 43 – 23. 12. 44	Verw.
Oblt. Otto Schultz	24. 12. 44 – 12. 4. 45	?

Dienstgrad, Name	Zeitraum	Anschlußverwendung, Kriegsschicksal
1./JG 71: Staffelkapitän		
Oblt. Heinz Schumann	16. 7. 39 – 28. 8. 39	Stkpt. 11./(NJ) JG 72
4./JG 51, ab August 1944 7./JG 51: Staffelkapitäne/Staffelführer		
Oblt. Josef Fözö	16. 7. 39 – 20. 2. 41	Kdr. II./JG 51
Oblt. Erich Hohagen	21. 2. 41 – 7. 9. 41	Verw.; Vers.
Oblt. Peter Emmerich	8. 9. 41 – 30. 9. 41	LKS Gatow
Oblt. Georg Seelmann	9. 10. 42 – ?. 3. 43	Stkpt. 1./JG 103
Oblt. Karl Rammelt	?. 3. 43 – 6. 6. 43	Kdr. II./JG 51
Oblt. Horst Walther	6. 6. 43 – 10. 6. 44	Stkpt. 11./JG 51
Lt. Günther Stedtfeld	11. 6. 44 – 12. 4. 45	10./EJG 2
5./JG 51: Staffelkapitäne/Staffelführer		
Lt. Nagler	26. 7. 39 – ?. 8. 39	† verunglückt
Lt. Erich Leie	?. 8. 39 – 29. 8. 39	Versetzt
Hptm. Horst Tietzen	29. 8. 39 – 19. 8. 40	†
Oblt. Hans Kolbow	19. 8. 40 – 16. 7. 41	†
Lt. Hans Joachim Steffens	17. 7. 41 – 30. 7. 41	†
Oblt. Hartmann Grasser	31. 7. 41 – ?. 9. 41	Kdr. III./JG 51
Oblt. Horst Geyer	?. 9. 41 – ?. 1. 42	?
Lt. Hans Strelow	?. 1. 42 – 22. 5. 42	†
Oblt. Karl Heinz Schnell	23. 5. 42 – 7. 8. 42	Kdr. III./JG 51
Lt. Ralph Furch	8. 8. 42 – 22. 1. 43	†
Oblt. Günther Rübell	3. 2. 43 – 1. 8. 44	Kdr. I./JG 104
Lt. Siegfried Pflitsch	2. 8. 44 – 16. 11. 44	Verw.
Lt. Elias Kühlein	16. 11. 44 – 24. 12. 44	Stkpt. 6./JG 51
Lt. Siegfried Pflitsch	24. 12. 44 – 12. 4. 45	EJG 2
6./JG 51 (Erstaufstellung): Staffelkapitäne		
Oblt. Josef Priller	20. 10. 39 – 19. 11. 40	Stkpt. 1./JG 26
Oblt. Walter Stengel	20. 11. 40 – 3. 10. 42	Stkpt. 1./Erg.Gr. Ost
Oblt. Diethelm v. Eichel-Streiber	4. 10. 42 – 29. 11. 42	Stkpt./Stabsst./JG 51
Staffel wird Stabsstaffel/JG 51 (s. dort)		
6./JG 51 (Zweitaufstellung): Staffelkapitäne/Staffelführer		
Oblt. Hans Heidrich	13. 12. 42 – 12. 1. 43	†
Hptm. Herbert Puschmann	13. 1. 43 – 3. 2. 44	†
Oblt. Otto Schultz	4. 2. 44 – 23. 12. 44	Kdr. II./JG 51
Lt. Elias Kühlein	24. 12. 44 – 12. 4. 45	?

Dienstgrade, Name	Zeitraum	Anschlußverwendung, Kriegsschicksal

III./JG 51 (I./JG 20): Gruppenkommandeure

Major Siegfried Lehmann	15. 7. 39 – 18. 9. 39	JFS Stolp
Hptm. Hannes Trautloft	19. 9. 39 – 24. 8. 40	Kdore JG 54
Hptm. Walter Oesau	25. 8. 40 – 10. 11. 40	Kdr. III./JG 3
Hptm. Richard Leppla	11. 11. 40 – 7. 8. 42	Verw.
Hptm. Karl Heinz Schnell	8. 8. 42 – 22. 6. 43	RLM
Hptm. Fritz Losigkeit	26. 6. 43 – 30. 4. 44	Kdore JG 51
Hptm. Diethelm v. Eichel-Streiber	1. 5. 44 – 24. 8. 44	Kdr. I./JG 27
Hptm. Joachim Brendel	1. 9. 44 – 8. 5. 45	

1./JG 20 – 7./JG 51 (Erstaufstellung): Staffelkapitäne/Staffelführer

Hptm. Walter Oesau	15. 7. 39 – 24. 8. 40	Kdr. III./JG 51
Oblt. Hermann Staiger	25. 8. 40 – 14. 7. 41	Verw.
Oblt. Herbert Wehnelt	15. 7. 41 – 27. 10. 41	Verw.
Oblt. Helmut Lohoff	29. 10. 41 – 11. 2. 42	Gef.
Oblt. Anton Nieß	12. 2. 42 – 22. 3. 42	†
Hptm. Herbert Wehnelt	25. 4. 42 – ?. 8. 43	Kdr. Erg.Gr. West
Hptm. Karl-Heinz Weber	?. 8. 43 – 1. 6. 44	Kdr. II./JG 1

(Staffel wird 8./JG 1)

2./JG 20 – 8./JG 51 – ab August 1944 10./JG 51: Staffelkapitäne/Staffelführer

Oblt. Albrecht von Minnigerode	15. 7. 39 – 11. 5. 40	Gef.
Hptm. Fritz Stendel	12. 5. 40 – 14. 5. 44	Kdr. IV./JG 5
Oblt. Anton Hafner	15. 5. 44 – 17. 10. 44	†
Oblt. Helmut Besekau	18. 10. 44 – ?. 10. 44	?
Lt. Heinz Steinicke	?. 10. 44 – 19. 2. 45	†
Lt. Karl Urselmann	20. 2. 45 – 18. 3. 45	†
Hptm. Hans Doyé	19. 3. 45 – 8. 5. 45	?

3./JG 20 – 9./JG 51: Staffelkapitäne/Staffelführer

Oblt. Richard Kraut	1. 11. 39 – 15. 1. 40	Kdr. I./JG 76
Hptm. Arnold Lignitz	16. 1. 40 – 30. 9. 40	Kdr. III./JG 54
Oblt. Karl-Heinz Schnell	1. 10. 40 – 22. 5. 42	Kdr. III./JG 51
Oblt. Gottfried Schlitzer	23. 5. 42 – 6. 8. 42	†
Oblt. Maximilian Mayerl	7. 8. 42 – 8. 12. 43	I./EJG 1
Oblt. Günther Schack	9. 12. 43 – 28. 12. 44	Kdr. I./JG 51
Lt. Ludwig Strobel	29. 12. 44 – 20. 3. 45	?
Oblt. Eberhard Burath	21. 3. 45 – 24. 4. 45	Stab/JG 51
Ofw. Helmut Rüffler	24. 4. 45 – 8. 5. 45	?

11./JG 51 (Neuaufstellung): Staffelkapitän

Hptm. von Moller	15. 1. 45 – 8. 5. 45	?

Dienstgrad, Name	Zeitraum	Anschlußverwendung, Kriegsschicksal

12./JG 51 (Neuaufstellung): Staffelkapitän

Lt. Kurt Dombacher	24. 4. 45 – 8. 5. 45	?

IV./JG 51 (IV./JG 132 – I./JG 331 – I./JG 77): Gruppenkommandeure

Hptm. Johannes Janke	1. 7. 38 – 18. 2. 41	Stab/1. JDiv.
Major Friedrich Beckh	1. 3. 41 – 19. 7. 41	Kdore JG 51
Hptm. Karl-Gottfried Nordmann	20. 7. 41 – 9. 4. 42	Kdore JG 51
Hptm. Hans Knauth	10. 4. 42 – 28. 2. 43	Kdr. I./JG 103
Major Rudolf Resch	1. 3. 43 – 11. 7. 43	†
Major Hans Ekkehard Bob	1. 8. 43 – 8. 5. 44	Kdr. II./JG 3
Major Heinz Lange	9. 5. 44 – 11. 4. 45	Kdore JG 51
Oblt. Günther Josten	12. 4. 45 – 28. 4. 45	Stab IV./JG 51
Major Heinz Lange	29. 4. 45 – 8. 5. 45	

1./JG 77 – 10./JG 51 – 13./JG 51: Staffelkapitäne/Staffelführer

Hptm. Fritz Ultsch	1. 7. 38 – 31. 1. 40	Kdr. I./JG 21
Oblt. Jürgen Ehrig	1. 2. 40 – 31. 8. 40	Gef.
Oblt. Hans-Karl Keitel	1. 9. 40 – 19. 2. 41	Kdr. IV./JG 51
Oblt. Hans Knauth	20. 2. 41 – 19. 2. 42	Kdr. IV./JG 51
Lt. Horst Haase	10. 4. 42 – ?. 10. 42	Stab JG 51
Lt. Franz Josef Beerenbrock	?. 10. 42 – 9. 11. 42	Gef.
Lt. Rolf Kickert	10. 11. 42 – 17. 12. 42	†
Oblt. Wolfgang Böwing-Treuding	18. 12. 42 – 11. 2. 43	†
Oblt. Horst Günther v. Fassong	12. 2. 43 – ?. 4. 44	Kdr. III./JG 11
Oblt. Heinz Venth	?. 4. 44 – 16. 7. 44	†
Oblt. Peter Kalden	17. 7. 44 – 11. 3. 45	Gef.
Lt. Engel	12. 3. 45 – 12. 4. 45	?
Lt. Kurt Tanzer	12. 4. 45 – 8. 5. 45	

2./JG 77 – 11./JG 51 – 14./JG 51: Staffelkapitäne/Staffelführer

Oblt. Hannes Trautloft	1. 7. 38 – 18. 9. 39	Kdr. I./JG 20
Oblt. Ekkehard Priebe	19. 9. 39 – 31. 8. 40	Gef.
Hptm. Franz Hahn	1. 9. 40 – 31. 7. 42	?
Oblt. Georg Seelmann	1. 9. 42 – 7. 10. 42	Stkpt. 4./JG 51
Hptm. Adolf Borchers	9. 10. 42 – 10. 6. 44	Kdr. I./JG 52
Oblt. Horst Walther	11. 6. 44 – 10. 12. 44	Stkpt. 2./JG 105
Lt. Bernhard Vechtel	11. 12. 44 – 2. 5. 45	?
Oblt. Eberhard Burath	2. 5. 45 – 8. 5. 45	

3./JG 77 – 12./JG 51: Staffelkapitäne/Staffelführer

Oblt. Erwin Neuerburg	1. 7. 39 – 29. 2. 40	Stkpt. 7./JG 3
Oblt. Karl-Gottfried Nordmann	1. 3. 40 – 19. 7. 41	Kdr. IV./JG 51

Dienstgrad, Name	Zeitraum	Anschlußverwendung, Kriegsschicksal
Oblt. Heinz Bär	20. 7. 41 – 11. 5. 42	Stab I./JG 77
Oblt. Egon Falkensamer	12. 5. 42 – ?. 10. 42	Stkpt. 6./JG 11
Hptm. Wilhelm Moritz	?. 10. 42 – 18. 10. 43	Stkpt. 6./JG 3
Oblt. Hugo Brönner	19. 10. 43 – 11. 1. 44	Verw.
Oblt. Ferdinand Kray	12. 1. 44 – 25. 4. 44	Stkpt. 4./JG 302
Staffel wird 4./JG 302		

15./JG 51: Staffelkapitäne

Lt. Ernst Schmidt	1. 11. 44 – 9. 12. 44	Stabskp/IV./JG 51
Hptm. Helmut Scheuber	10. 12. 44 – 23. 4. 45	?
Oblt. Toni Lindner	24. 4. 45 – 8. 5. 45	zugleich Kpt. der Stabsstaffel

Staffelkapitäne der 15. (span.)/JG 51

Dienstgrad, Name	Zeitraum
Commandante Julio Salvador Diaz-Benjumea	1. 06. 42 – 1. 12. 42
Commandante Carlos Ferrandiz Arjonilla	1. 12. 42 – 5. 7. 43
Commandante Mariano Cuadra Medina	5. 7. 43 – 23. 11. 43
Commandante Javier Murcia Rubio	23. 11. 43 – 24. 4. 44

ANHANG 4

Aufstellung und Umgliederung des JG 51

Datum	Aufstellung und Umgliederung des JG 51
1. 4. 1937	Aufstellung der I./JG 135 in Bad Aibling
1. 7. 1938	Aufstellung der IV./JG 132 in Werneuchen
1. 11. 1938	Umbenennung der I./JG 135 in I./JG 233
1. 11. 1938	Umbenennung der IV./JG 132 in I./JG 331
1. 5. 1939	Umbenennung der I./JG 233 in I./JG 51
1. 5. 1939	Umbenennung der I./JG 331 in I./JG 77
15. 7. 1939	Aufstellung der I./JG 20 mit 2 Staffeln in Döberitz
16. 7. 1939	Aufstellung der 1. und 2./JG 71 in Schleißheim
26. 7. 1939	Aufstellung der Reservestaffel/JG 71
28. 8. 1939	Die 1./JG 71 wird in 11. (NJ)/JG 72 umbenannt
Oktober 1939	Aufstellung des Geschwaderstabs/JG 51 in Münster-Loddenheide
Oktober 1939	2./JG 71 wird 4./JG 51
Oktober 1939	Reservestaffel/JG 71 wird 5./JG 51
5. 11. 1939	Aufstellung der 6./JG 51
5. 11. 1939	Aufstellung der II./JG 51 in Eutingen
5. 11. 1939	Aufstellung der 3./JG 20 in Brandenburg-Briest
4. 7. 1940	Umbenennung der I./JG 20 in III./JG 51
21. 11. 1940	Umbenennung der I./JG 77 in IV./JG 51
21. 6. 1942	Die zweite spanische Freiwilligenstaffel "Escuadrilla Expedionaria" wird als 15. (span.) Staffel dem JG 51 unterstellt
August 1942	Dem JG 51 wird die Panzerjägerstaffel/JG 51 unterstellt
8. 11. 1942	Verlegung der II./JG 51 ohne 6./JG 51 nach Sizilien
26. 11. 1942	Umbenennung 6./JG 51 in Stabsstaffel/JG 51
26. 11. 1942	Neuaufstellung 6./JG 51 aus 3./JG 1
30. 11. 1942	Unterstellung 11./JG 26 unter II./JG 51
1. 12. 1942	Die zweite spanische Freiwilligenstaffel wird gegen eine dritte ausgetauscht
5. 7.1943	Abzug der dritten spanischen Freiwilligenstaffel, Indienststellung der vierten Staffel
18. 10. 1943	Die Pz.J.Stff./JG 51 wird in 14. (Pz.)/SG 9 umbenannt und scheidet aus dem Geschwaderverband aus
28. 2. 1944	Abzug und Auflösung der spanischen Freiwilligenstaffel 15. (span.)/JG 51
25. 5. 1944	Umbenennung der 2./JG 51 in 16./JG 3, der 7./JG 51 in 8./JG 1, der 12./JG 51 in 4./JG 302 Die drei Staffeln scheiden aus dem Geschwaderverband aus
15. 8. 1944	Neugliederung des Geschwaderverbandes: Umbenennung der 4./JG 51 in 7./JG 51, der 8./JG 51 in 10./JG 51, der 10./JG 51 in 13./JG 51, der 11./JG 51 in 14./JG 51

Datum	Aufstellung und Umgliederung des JG 51
1.11.1944	Aufstellung der 15./JG 51 in Modlin
15. 1.1945	Neuaufstellung der 2. und 11./JG 51 in Danzig-Langfuhr
12. 4.1945	Auflösung der II./JG 51 in Fels am Wagram
23. 4.1945	Auflösung der I./JG 51 in Junkertroylhof
24. 4.1945	Aufstellung der 12./JG 51 in Junkertroylhof
24. 4.1945	Auflösung der Stabsstaffel
28. 4.1945	Auflösung des Geschwaderstabs
8. 5.1945	Auflösung des Jagdgeschwaders 51

ANHANG 5

Luftsiege der Flugzeugführer des JG 51

Die Liste kann keinen Anspruch auf Vollständigkeit erheben. Jedoch sind mit hinlänglicher Sicherheit 95% der erfolgreichen Flugzeugführer aufgeführt und etwa 98% der erzielten Abschüsse. Die Zahlen beruhen u. a. auf Angaben im KTB des Geschwaders, Meldungen der Luftflotten und anderer Kommandobehörden, Eintragungen in Flugbüchern und privaten Tagebüchern, aus Begründungen für die Einreichung zu Auszeichnungen, teilweise auf eigenen Angaben und Zeugenaussagen. Die größte Unsicherheit besteht bei Flugzeugführern, die nach sehr kurzer Verbandsangehörigkeit gefallen sind.
Nicht berücksichtigt wurden Luftsiege aus dem Ersten Weltkrieg und im Spanischen Bürgerkrieg. Zu den 4-mot-Abschüssen wurden auch anerkannte »Herausschüsse« gezählt.
Um Ergänzungen und Verbesserungen aus dem Leserkreis wird gebeten.

Abkürzungen: EP = Ehrenpokal, DK = Deutsches Kreuz in Gold, RK = Ritterkreuz, EL = Eichenlaub, S = Schwerter, Br = Brillanten, Stasta = Stabsstaffel, ~ = geschätzte Abschußzahl, + mehr als ... Abschüsse.

Bei den Dienstgraden ist der höchste im Krieg erreichte Dienstgrad genannt, nicht berücksichtigt wurden Dienstgradverleihungen nach Tod oder Gefangennahme eines Flugzeugführers.

Dienst-grad	Name	Gruppe	Abschüsse bei JG 51	ins-ge-samt	davon 4-mot.	davon im Westen	Aus-zeich-nung	Todes-datum im Krieg bzw. vermißt
Lt.	Adam, Hans	II.	~9	~10	1	-		12.3.45
Uffz.	Alt, Erich	I.	4	+4	-	-		
Fw.	Andreaus, Franz	IV.	1	1	-	-		18.4.44
Fw.	Arensmeyer, Elmar	IV.	16	16	-	-		
Ofw.	Aubrecht, Hermann	II.	31	31	1	-	DK	
Uffz.	Bach, August	Stabst.	2	2	-	-		14.12.44
Fw.	Bär, Fritz	III.	8	+8	-	-		
Obstlt.	Bär, Heinz	I., IV.	91	222	125	21	S	
Uffz.	Bärmoser, Max	III.	2	+2	-	-		18.2.43
Oblt.	Balfanz, Wilfried	I.	6	10	9	-		24.6.41
Ofw.	von Balka, Wilhelm	I.	1	1	-	-		
Fw.	Balz, Kuno	Stabst.	8	12	-	-		18.3.43
Lt.	Bareuther, Herbert	I.	44	55	-	-	DK	30.4.45
Hptm.	Barten, Franz	IV.	44	52	12	1–2	RK	4.8.44
Uffz.	Bartosch, Hieronymus	IV.	13	13	-	-		21.2.44
Uffz.	Bartz, Erich	IV.	30	30	-	-	EP	25.8.44
Uffz.	Bauer, Alfons	IV.	5	5	-	-		8.8.41
Lt..	Bauer, Konrad	Stabst.	18	36	18	14	RK	
Oblt.	Bauer, Victor	IV.	2	106	2	-	EL	
Uffz.	Bauhuber, Helmut	Stabst. III.	13	13	-	-		12.7.44
Fw.	Baumann, Heinrich	IV.	3	3	-	-		
Lt.	Baumann, Helmut	II.	38	38	12	2	DK	17.2.44
Lt.	Baumbach, H.J.	I.	4	4	-	-		14.8.44
Fw.	Baumgarten, ?	II.	3	+3	-	-		
Fw.	Beck, Rudolf	III.	~10	~10	-	-		27.11.42
Oblt.	Beckh, Friedrich	Stab, IV	~40	48	4	-	RK	21.6.42
Oblt.	Beckh, Gerhard	IV.	12	12	-	-		11.1.44
Ofw.	Beeck, Fritz	II.	4	4	4	-		24.8.44
Lt.	Beerenbrock, F.J.	IV.	117	117	-	-	EL	
Uffz.	Behrendt, Albert	IV.	1	+1	-	-		5.5.43
Major	Beise, Günther	IV.	2	2	1	-		
Lt.	Benz, Georg	IV.	1	1	1	-		
Uffz.	Benzinger, Adolf	I.	1	1	1	-		27.11.40
Flg.	Bergermann, Hans	I.	2	2	2	-		
Lt.	Bergmann, Götz	II.	16	+16	13	5		20.7.44
Uffz.	Bernhardt, Max	I.	11	+11	-	-		10.8.43
Oblt.	Besekau, Helmut	III.	4	4	-	-		30.12.44
Lt.	Bielefeldt, Werner	III.	21	21	3	-		
Oblt.	Bildau, Kurt	III.	2	2	2	-		
Fw.	Birk, Leonhard	III.	3	3	3	-		

Dienst-grad	Name	Gruppe	Abschüsse				Aus-zeich-nung	Todes-datum im Krieg bzw. vermißt
			bei JG 51	ins-ge-samt	davon 4-mot.	davon im Westen		
Oblt.	Bittkau, Helmut	I.	9	11	1	-		
Major	Bob, Hans-Ekkehard	IV.	2	60	1	23	RK	
Uffz.	Bodey, Axel	III.	1	+1	1			
Oblt.	Böwing-Treding, Wolfgang	IV.	46	46	-	-	RK	11.2.43
Oblt.	Boos, Hans	IV.	41	41	-	-	DK	21.4.43
Major	Borchers, Adolf	IV.	~90	132	2	-	RK	
Fhr.	Bossler, Rudolf	I.	3	3	-	-		
Fw.	Bracke, Walter	III.	2	+2	-	-		
Ofw.	Brand, Richard	IV.	32	32	-	-	DK	22.8.43
Hptm.	Brendel, Joachim	IV., I., III.	189	189	-	-	EL	
Oblt.	Brönner, Hugo	IV.	15	16	1			
Uffz.	Brücher, Heinz	III.	6	+6	-	-		31.1.44
Fw.	Bruhns, Erwin	III.	5	+5	-	-		
Uffz.	Brunke, Helmut	III.	8	+8	-	-		13.3.43
Fw.	Brunner, Willi	II.	5	5	-	-		3.2.42
Uffz.	Brunotte, Erich	IV.	3	+3	-	-		
Hptm.	Brustellin, Hans-Heinrich	I.	4	4	4	-		
Lt.	Buchholz, Horst	II.	5	5	5	-		
Fw.	Buder, Ernst	II.	2	2	2	-		
Ofw.	Büttner, Erich	III.	16	~24	81			
Oblt.	Burath, Eberhard	I.	1	7	66			
Uffz.	Burmeister, Erich	IV.	1	1	-			
Fw.	Busch, Hans	III.	2	2	2	-		24.8.40
Hptm.	Busch, Rudolf	I.	40	40	5	-	DK	17.1.43
Uffz.	Buschmann, Herbert	III.	6	6	-	-		5.8.41
Oblt.	Busse, Heinz	III., Stabst	22	22	-	-		25.8.44
Lt.	Busse, Lothar	Stab	6	6	-	-		
Ofw.	Bussert, Joachim	IV.	14	+14	-	-		
Ofw.	Buttke, Werner	II.	2	2	-	-		
Lt.	v. Carnier, Gerhard	III.	1	1	1	-		30.9.40
Oblt.	Claus, Georg	Stab, I.	12	18	18	-		11.11.40
Oblt.	Clemens, Hans	IV.	3	3	-	-		
Ofw.	Dau, Arthur	III.	7	7	-	-		
Uffz.	Delfs, Rudolf	II.	2	2	2	-		9.10.40
Ofw.	Dhein, Heinz	I.	2	2	2	-		27.11.40
Oblt.	Diemand, Alexius	IV., II.	2	2	-	-		
Fw.	Dietrich, Klaus	V.	17	18	-	-		
Ofw.	Dittlmann, Heinrich	III.	57	57	-	-	DK	23.2.44

Dienstgrad	Name	Gruppe	Abschüsse bei JG 51	insgesamt	davon 4-mot.	davon im Westen	Auszeichnung	Todesdatum im Krieg bzw. vermißt
Fw.	Dittmar, Alfred	II.	2	2	-	-		24.7.41
Uffz.	Dobnig, Josef	II.	8	8	-	-		
Oblt.	Dombacher, Kurt	IV., I.	68	68	-	-	RK	
Hptm.	Doyé, Hans	III.	-	5	1	-		
Fw.	Dreesmann, Rudolf	IV.	9	~13	4	-	EP	6.7.44
Lt.	Dünkel, Fritz	I.	1	1	-	-		
Lt.	Dumkow, Karl-Heinz	II.	2	2	2	-		18.5.43
Uffz.	Eberhard, Günther	III.	1	1	1	-		
Major	Eberle, Fritz	I.	12	~33	-	-		
Major	Eder, Georg-Peter	II.	11	78	68	36	EL	
Oblt.	Ehrig, Hans-Jürgen	IV.	1	2	2	-		
Lt.	Ehses, Helmut	II.	1	1	1	1		
Major	v. Eichel-Streiber, Dietmar	Stabst. III.	90	96	2	-	RK	
Fw.	Eigenbauer, Josef	III.	4	4	-	-		
Ofw.	Elsner, Rudi	II.	5	+5	-	-		
Oblt.	Emmerich, Peter	II., IV.	2	+6	4	-		
Lt.	Endriss, Max	III.	-	1	1	1		
Lt.	Engel, ?	III.	1	-	-	-		
Oblt.	Epphardt, Herbert	I.	3	+3	-	-		
Ofw.	Erdniss, Wilhelm	I.	1	1	1	-		
Uffz.	Erren, Heinz	II.	8	~8	~8	+3		28.8.44
Uffz.	Falk, Heinz	I.	2	2	-	-		15.10.41
Hptm.	Falkensamer, Egon	I., IV.	6	+9	5	2		22.12.43
Hptm.	v. Fassong, Horst-Günher	IV.	~60	~85	~10	4	RK	1.1.45
Uffz.	Feierabend, ?	I.	1	+1	-	-		
Uffz.	Fick, Albert	I., III.	2	2	-	-		
Lt.	Fleig, Erwin	I.	66	66	9	-	RK	
Ofw.	Fleischhacker, Heinz	IV.	7	+7	3	-		24.2.42
Lt.	Flügge, Karlheinz	IV.	11	11	-	-		
Lt.	Föhl, Heinz	II.	1	1	1	-		7.3.43
Ofw.	Förster, Gerhard	I.	25	25	-	-	EP	2.8.43
Major	Fözö, Josef	II.	24	27	18	-	RK	
Uffz.	Frank, Hans-Hermann	II.	1	1	-	-		31.7.42
Fw.	Franke, Moritz	I.	1	+1	-	-		2.8.43
Lt.	Friebel, Herbert	IV.	58	58	-	-	RK	15.4.44
Ofw.	Fuchs, Heinrich	I.	1	1	1	1		2.11.44
Ofw.	Fuchs, Robert	III.	23	23	3	-	EP	22.10.41
Oblt.	Führing, Karl	IV.	7	7	4	-		
Fw.	Funk, Waldemar	II.	12	12	2	-		
Lt.	Furch, Ralph	II.	32	32	5	-	DK	26.2.43

Dienst-grad	Name	Gruppe	Abschüsse bei JG 51	ins-ge-samt	davon 4-mot.	davon im Westen	Aus-zeich-nung	Todes-datum im Krieg bzw. vermißt
Fhj.Ofw	Gabl, Josef	III.	42	42	-	-	DK	
Uffz.	Gäbler, Johann	I.	1	1	-	-		
Lt.	Gaiser, Otto	IV.	66	66	-	-	RK	21.1.44
Major	Gallowitsch, Bernd	IV.	64	64	5	-	RK	
Lt.	Gantz, Benno	III.	19	19	-	-		6.8.42
Uffz.	Gassen, Gottfried	III.	1	1	-	-		3.9.42
Oblt.	Gasthaus, Willi	II.	9	9	3	-		
Fw.	Gehrels, Fritz	IV.	6	7	1	1		2.2.44
Fw.	Geiselhardt, Otto	IV.	2	2	-	-		10.1.44
Fw.	Gerken, Heinz	IV.	9	+9	-	-		26.7.41
Major	Gerlitz, Erich	I.	1	+18	18	1	EP	16.3.44
Lt.	Gerth, Peter	II.	-	17	17	-		
Major	Geyer, Horst	Stab, II.	18	31	20	7	DK	
Lt.	v. Gilsa, Albrecht	III.	2	2	-	-		4.7.41
Uffz.	Glöckner, Helmut	Stabst.	14	14	-	-		
Ofw.	Goltzsche, Gotthard	IV.	1	1	1	-		
Uffz.	Gossmann, Georg	IV.	2	2	-	-		
Fw.	Grabe, Horst	III.	1	+1	-	-		15.8.43
Fw.	Graf, Albin	I.	3	3	-	-		
Lt.	Graf, Alois	IV.	6	6	-	-		
Fw.	Granzow, Günther	Stabst.	12	12	-	-		
Major	Grasser, Hartmann	Stab, II.	97	105	20	-	EL	
Fw.	Gren, Kurt	I.	13	~25	~12	~10	DK	23.8.44
Fw.	Grosse, Egon	I.	29	29	-	-	DK	
Lt.	Grumme, Ernst-Dietrich	IV.	~20	+30	+9	+4	DK	14.7.44
Uffz.	Gschwind, ?	I.	1	1	1	-		
Fw.	Haase, Arthur	II.	4	4	4	-		
Major	Haase, Horst	I., IV.	47	62	~15	+10	RK	26.11.44
Hptm.	Hachfeld, Wilhelm	IV.	9	12	3	-	RK	2.12.42
Hptm.	Hackbarth, Georg	II.	15	+16	1	1		1.1.45
Lt.	Hacker, Joachim	III.	32	32	-	-	DK	13.10.41
Uffz.	Haese, Fritz	I.	7	+7	-	-		26.7.43
Oblt.	Hafner, Anton	II., Stabst.	204	204	20	1	EL	17.10.44
Hptm.	Hahn, Franz	IV.	16	+17	8	1	DK	22.1.44
Fw.	Hainisch, Herbert	II.	2	2	2	-		11.4.45
Lt.	Hallenberger, Willi	IV.	1	9	88			
Lt.	Hamer, Joachim	III.	~35	~35	-	-	DK	
Lt.	Hammer, Kurt	II.	10	~10	10	+2		6.11.44
Lt.	Hardt, Kurt	I., IV.	1	+1	-	-		4.9.43
Uffz.	Harheim, Walter	III.	1	1	-	-		24.8.40

Dienst-grad	Name	Gruppe	Abschüsse bei JG 51	ins-ge-samt	davon 4-mot.	davon im Westen	Aus-zeich-nung	Todes-datum im Krieg bzw. vermißt
Oblt.	Haugk, Friedrich	IV.	3	3	-	-		15.8.40
Ofw.	Haupt, Benedikt	I.	11	11	-	-		
Lt.	Heckmann, Günther	III.	12	20	8	2		
Opw.	Hegener, Wilhelm	IV.	20	20	-	-		
Fw.	Heidenreich, Hans	II.	11	11	5	4		
Gefr.	Heidorn, Werner	I.	1	1	1	-		27.11.40
Oblt.	Heidrich, Hans	II.	3	~8	8	-		12.1.43
Fw.	Heilmann, Karl	III.	2	2	2	-		20.7.40
Ofw.	Heimann, Friedrich	II., IV.	30	30	1	-		16.4.44
Lt.	Hein, Hans	IV.	1	1	-	-		
Uffz.	Heine, ?	III.	1	1	-	-		
Fw.	Heinrich, Manfred	II.	1	+1	1	-		
Fw.	Heinz, Karl	IV.	2	+2	-	-		
Fw.	Heinze, Helmut	IV.	23	23	-	-		
Ofw.	Helber, Rolf	II.	8	8	2	-		24.10.42
Fw.	Hemmerling, Eduard	II.	3	3	-	-		29.7.40
Uffz.	Henschel, Günther	III.	1	1	1	−1		17.6.44
Uffz.	Herpertz, Willi	IV.	2	2	-	-		
Fw.	Herzig, Heinz	II.	5	5	-	-		25.1.42
Uffz.	Herzog, Helmut	IV.	6	6	-	-		
Lt.	Hessel, Bernd	I.	40	40	-	-	DK	2.9.43
Fw.	Heuer, Robert	III.	5	6	11			
Lt.	Heym, Günther	IV.	20	20	-	-	EP	
Uffz.	Heyne, Hans-Rudolf	I., III.	1	1	-	-		
Uffz.	Hirsch, Alfred	II.	1	1	1	1		6.12.44
Hptm.	Höfemeier, Heinrich	I.	96	96	-	-	RK	7.8.43
Uffz.	Höhn, Erich	II.	2	2	2	-		
Uffz.	Hördt, Helmut	IV.	25	~25	-	-		25.6.42
Hptm.	Höschen, Friedhelm	I.	5	+5	-	-		8.5.44
Ofw.	Hoffmann, Heinrich	IV.	63	63	1	-	EL	3.10.41
Major	Hohagen, Erich	IV.	31	55	35	9	RK	
Uffz.	Holbein, Erich	III.	1	+1	-	-		29.1.43
Lt.	Hollmann, Paul	III.	3	3	-	-		
Fw.	Holtz, Helmut	IV.	56	56	-	-	DK	18.4.44
Ofw.	Hopfer, Hans-Werner	IV.	4	+4	-	-		12.1.44
Lt.	Hopp, Hans	I.	1	1	-	-		25.11.41
Uffz.	Horn, ?	III.	3	3	-	-		
Lt.	Horn, ?	I.	10	+10	-	-		
Uffz.	Hübel, Kurt	III.	3	3	-	-		30.9.40
Ofw.	Hübner, Werner	II.	7	7	7	-		12.4.41
Lt.	Hübner, Wilhelm	Stabst.	62	62	-	-	RK	7.4.45
Major	Huppertz, Herbert	II., IV.	39	72	39	+11	EL	8.6.44

Dienstgrad	Name	Gruppe	Abschüsse bei JG 51	insgesamt	davon 4-mot.	davon im Westen	Auszeichnung	Todesdatum im Krieg bzw. vermißt
Ofw.	Illner, Johann	II.	7	7	7	-		
Fw.	Jacobs, Friedrich	II.	5	5	5	-		25.1.45
Oblt.	Jäger, Franz	II.	1	1	1	-		5.11.40
Fw.	Janke, Erwin	IV.	6	+6	-	-		
Oberst	Janke, Johannes	IV.	4	4	4	-		
Ofw.	Janssen, Günther	I.	3	3	-	-		13.7.41
Fw.	Jecko, Rudolf	II.	1	1	1	1		6.9.44
Lt.	Jennewein, Josef	I.	81	86	5	1	RK	26.7.43
Lt.	Jensen, Heinrich	II.	8	~8	8	-		6.12.44
Uffz.	Jochem, Edmund	IV.	2	2	-	-		
Uffz.	John, Franz	IV.	1	+1	-	-		18.2.45
Ofw.	John, Hans	II.	8	8	8	-		28.10.40
Uffz.	John, Heinz	I.	8	8	-	-		17.10.41
Uffz.	Johne, Helmut	Stabst.	8	8	-	-		9.2.45
Hptm.	Joppien, Hermann	I.	70	70	42	-	EL	25.8.41
Oblt.	Josten, Günther	I., IV.	178	178	1	1	EL	
Oblt.	Josten, Reinhard	I.	7	+7	-	-		21.4.42
Fw.	Jürgens, Helmut	II., IV.	13	13	2	-		30.6.41
Hptm.	Jung, Harald	II.	20	20	5	-	EP	
Fw.	Kabis, Walter	II.	2	2	-	-		
Oblt.	Kalden, Peter	IV.	69	84?	-	-		
Oblt.	Kath, Otto	III.	2	6	2	-		
Oblt.	Kattlun, Heinz	III.	+1	+1	-	-		7.6.44
Oblt.	Keittel, Hans-Karl	IV.	8	8	8	-		26.2.41
Lt.	Keller, ?	I.	3	3	-	-		
Uffz.	Keller, Hannes	IV.	24	24	-	-		18.2.45
Uffz.	Ketzel, Albrecht	II.	1	1	-	-		
Lt.	Kickert, Rolf	III., IV.	+6	+6	-	-		17.12.42
Lt.	Kiesel, Wolfgang	III.	+6	+6	-	-		8.3.44
Uffz.	Kindler, Franz	Stabst.	2	2	-	-		3.4.44
Lt.	Kirchner, Horst	IV.	7	11	4	4		21.7.44
Uffz.	Kirstein, Helmut	III.	4	4	-	-		12.2.44
Uffz.	Kittelmann, Hans	III.	+5	+5	-	-		26.1.42
Ofw.	Klöpper, Heinrich	IV.	82	94	12	8	RK	29.11.43
Lt.	Kloimüller, Herfried	I.	-	1	1	1		
Fw.	Klotz, Friedrich	III.	2	2	2	-		15.9.40
Uffz.	Klug, Franz	Stabst.	14	14	-	-		5.6.43
Ofw.	Knappe, Kurt	II.	51	56	5	3	RK	3.9.43
Hptm.	Knauth, Hans	IV.	26	26	1	-	DK	
Lt.	Knittel, Werner	II.	1	1	1	-		28.10.40
Uffz.	Knoop, ?	II.	+2	+2	2	-		
Ofw.	Koch, Hans-Günther	II.	~15	~15	~15	+3		3.4.45

Dienst-grad	Name	Gruppe	Abschüsse bei JG 51	ins-ge-samt	davon 4-mot.	davon im Westen	Aus-zeich-nung	Todes-datum im Krieg bzw. vermißt
Uffz.	Koch, Kurt	III.	3	3	3	-		
Hptm.	Köpcke, Manfred	I.	~6	+10	+4	+2		31.12.44
Hptm.	Kohl, Hermann	I.	8	9	1	-		
Hptm.	Kohlert, Rudolf	IV.	1	1	-	-		9.10.44
Ofw.	Kolbe, Harald	IV.	+4	+4	1	-		6.7.43
Oblt.	Kolbow, Hans	III., II.	27	27	13	-	RK	16.7.41
Ogefr.	Korte, Otto	I.	1	1	-	-		12.9.44
Fw.	Koslowski, Wilhelm	III.	1	1	1	-		
Lt.	Kossatz, Günter	I.	+33	+33	-	-	DK	
Fw.	Krämer, Gerd	IV.	16	16	-	-		
Hptm.	Krafft, Heinrich	I.	78	78	4	-	RK	14.12.42
Oblt.	Kraft, Erwin	Stabst.	6	6	-	-		25.8.44
Fw.	Krah, ?	II.	+1	+1	+1	-		
Fw	Krahnke, Wolfgang	Stabst.	33	33	-	-	DK	10.9.43
Lt.	Krakowitzer, Friedrich	III.	23	25	2	-	EP	4.7.44
Oblt.	Kray, Ferdinand	III., IV.	16	25	9	5	EP	25.7.44
Uffz.	Kreplin, Peter	IV.	3	3	-	-		
Lt.	Krieger, Walter	II.	6	6	4	-		25.6.41
Uffz.	Kröll, Theodor	III.	1	1	1	-		24.8.40
Uffz.	Kruse, Fritz	I.	1	1	-	-		16.10.44
Lt.	Kühlein, Elias	II.	35	35	8	3	DK	
Ofw.	Küken, Wilhelm	III.	45	45	-	-	DK	4.4.44
Ofw.	Küll, Gustav	III.	6	6	6	-		31.3.42
Uffz.	Kürbiss, Werner	III.	6	6	-	-		
Lt.	Kummerow, Helmut	I.	1	1	-	-		9.7.43
Oblt.	Kunze, Herbert	IV.	2	2	2	-		14.9.40
Lt.	Kupka, Ernst	III., I.	3	3	-	-		
Uffz.	zur Lage, Heinz	I., IV.	2	2	2	-		
Gefr.	Landgraf, Werner	IV.	1	1	-	-		10.9.42
Major	Lange, Heinz	I., IV.	51	72	1	-	RK	
FjOfw	Lange, Helmut	I.	32	32	-	-		
Fw.	Langer, Hans	II.	+10	+10	+10	+3		
Lt.	Langmann, Günter	IV.	7	7	-	-		24.1.44
Fw.	Laskowski, Erwin	I.	25	46	21	14	RK	
Uffz.	Lastowski, Jörg	IV.	2	2	-	-		27.1.44
Oblt.	Laufer, Wilhelm	III.	-	1	1	-		
Ofw.	Lausch, Bernhard	III.	40	40	6	-	DK	4.7.42
Lt.	Leber, Heinz	I.	54	54	-	-	RK	1.6.43
Fw.	Ledl, Georg	III.	1	1	-	-		
Uffz.	Lehn, Walter	Stabst.	3	3	-	-		20.7.43
Obstl.	Leie, Erich	I.	71	118	43	1	RK	7.3.45

Dienst-grad	Name	Gruppe	Abschüsse bei JG 51	ins-ge-samt	davon 4-mot.	davon im Westen	Aus-zeich-nung	Todes-datum im Krieg bzw. vermißt
Uffz.	Lenz, Alfred	II.	1	1	1	-		29.10.40
Lt.	Lenz, Anton	I.	4	4	-	-		
Major	Leppla, Richard	I.	68	68	13	-	RK	
Lt.	Lessing, Hans	II.	4	4	4	-		18.8.40
Oblt.	Leyerer, Walter	IV.	3	3	3	-		29.9.40
Lt.	Liebelt, Fritz	II.	~20	~20	~20	+4		8.12.44
Hptm.	Lignitz, Arnold	III.	20	25	21	-	RK	30.9.41
Uffz.	Limpert, Paul	III.	2	2	2	-		30.9.40
Uffz.	Lindinger, Rudolf	III.	1	1	-	-		
Oblt.	Lindner, Anton	I., Stabst.	73	73	1	-	RK	
Ofw.	Lingnau, Erich	Stabst.	9	9	-	-	EP	20.8.44
Uffz.	Löber, Gebhard	Stabst.	8	8	-	-		11.8.43
Lt.	Löffler, Kurt	I.	16	27	-	-		
Uffz.	Lohmann, Heinrich	I.	2	2	-	-		
Oblt.	Lohoff, Helmut	III.	17	17	1	-		
Major	Losigkeit, Fritz	III., Stab	~55	78	13	+1	RK	
Oblt.	v. Lubich, Ivo	II.	10	+14	+4	+3		30.4.44
Oblt.	Lücke, Hermann	III.	78	78	-	-	RK	8.11.43
Ofw.	Lüddecke, Fritz	II., Stabst.	50	50	-	-	RK	10.8.44
Fw.	Lülwes, Heinz	II.	5	6	1	1		
Lt.	Lutz, Albert	III.	3	3	-	-		14.9.41
Lt.	Luycke	III.	+1	+1	1	-		
Oblt.	Maertens, Hans-Herbert	III.	7	+8	2	1		9.8.44
Lt.	Mai, ?	I.	+4	+4	-	-		
Ofw.	Mai, Lothar	III.	45	45	-	-	DK	27.8.43
Uffz.	Maier, ?	III.	+1	+1	+1	-		
Fw.	Maier, Hans	Stabst.	+1	+1	-	-		23.2.45
Lt.	Marold, Albrecht	Stabst.	1	1	-	-		15.6.43
FjOfw.	Marquardt, Heinz	IV.	121	121	-	-	RK	
OGefr.	Marre, Gerhard	IV.	+1	+1	-	-		
Oblt.	Martin, Kurt-Werner	I.	5	5	-	-		7.7.44
Uffz.	Marx, ?	III.	-	8	-	-		
Hptm.	Matthes, Günther	II.	1	1	1	-		
Fw.	Maul, Helmut	I.	+1	+1	1	-		
Lt.	Maurer, Ottmar	III.	14	14	-	-		11.8.41
Uffz.	Mayer, Leander	III.	+8	+8	-	-		29.1.43
Hptm.	Mayerl, Maximilian	III.	77	77	4	-	RK	
Ofw.	Meindl, Franz	III.	~25	31	+4	+1	DK	1.1.45
Uffz.	Meixner, Rudolf	IV.	3	3	3	-		15.9.40
Fw.	Merbeler, Johann	Stabst.	8	8	-	-		26.4.45
Lt.	Mertschat, Arnold	I., II.	1	1	-	-		

Dienst-grad	Name	Gruppe	Abschüsse				Aus-zeich-nung	Todes-datum im Krieg bzw. vermißt
			bei JG 51	ins-ge-samt	davon 4-mot.	davon im Westen		
Lt.	Messerschmidt, Alfred	I.	~8	~8	-	-		13.7.43
Uffz.	Messmer, Paul	I.	9	9	-	-		16.1.45
Uffz.	Meurer, Wendelin	IV.	1	1	-	-		
Fhr.	Meyer, ?	IV.	+1	+1	-	-		
Lt.	Meyer, Erich	I.	+2	+2	2	-		
Hptm.	Meyer, Georg	I.	3	3	3	-		
Lt.	Meyer, Rudi	III.	~35	~35	-	-		
Lt.	Meyn, Rudolf	I.	~3	~3	-	-		27.8.43
Uffz.	Michel, ?	I.	+1	+1	-	-		
Hptm.	Mihlan, Heinz	II.	7	7	-	-		
Fw.	Mikoleit, Hans	II.	5	5	2	-		
Ofw.	Mildner, Wilhelm	II.	+11	+11	-	-		
Ofw.	Mink, Wilhelm	II.	63	+64	3	1	RK	12.3.45
Oblt.	Missfeld, Johann	III.	8	8	-	-		31.8.41
Fw.	Mitscher, Paul	IV.	1	1	-	-		
Lt.	Mittermaier, Alfons	III.	6	6	-	-		18.7.43
Uffz.	Mölders, Alexander	III.	2	2	-	-		16.10.44
Oblt.	Mölders, Victor	I.	7	9	9	-		
Oberst	Mölders, Werner	Stab	76	115	82	-	BR	22.11.41
Fw.	Möller, Fritz	IV.	2	2	2	-		10.4.41
Major	Moritz, Wilhelm	II., IV.	20	54	25	15	RK	
Ofw.	Motsch, ?	IV.	+1	+1	-	-		
Ofw.	Mudin, Alexander	I.	18	18	-	-	EP	23.9.41
Oblt.	Müller, ?	I.	~6	~6	-	-		
Ofw.	Müller, August	III.	49	49	-	-	DK	6.4.45
Uffz.	Müller, Gustl	IV.	+7	+7	-	-		
Uffz.	Müller, Rudi	II.	3	3	3	-		22.3.45
Lt.	Müller, Siegfried	II.	~10	~10	~10	-		
Major	Müncheberg, Joachim	Stab	33	135	102	-	S	23.3.43
Hptm.	Mütherich, Hubert	IV.	8	43	10	-	RK	9.9.41
Oblt.	Nächster, Fritz	I.	+5	+5	1	-		
Lt.	Nebel, Karl-Heinz	III.	14	14	-	-		
Uffz.	Neider, Alfred	II.	+1	+1	+1	1		15.2.44
Lt.	Neumann, Klaus	I.	12	37	25	19	RK	
Lt.	Neumann, Ludwig	I.	3	3	-	-		
Stfw.	Nielinger, Rudolf	II.	23	23	5	-	EP	
Oblt.	Niess, Anton	III.	+3	+3	-	-		22.2.42
Oberst	Nordmann, Karl-Gottfried	IV., Stab	78	78	9	-	EL	
Lt.	Nüsken, Rudolf	IV.	+1	+1	-	-		7.7.43
Lt.	Obée, Wolfgang	I., III.	1	1	-	-		

Dienst-grad	Name	Gruppe	Abschüsse				Aus-zeich-nung	Todes-datum im Krieg bzw. vermißt
			bei JG 51	ins-ge-samt	davon 4-mot.	davon im Westen		
Uffz.	Obst, Paul	II.	1	1	1	-		
Oberst	Oesau, Walter	III.	39	127	83	12	S	11.5.44
Fw.	Oesterheld, ?	IV.	+1	+1	-	-		
Fw.	Oglodek, Josef	I.	2	2	2	-		24.8.40
Fw.	Ohl, Wolfgang	I.	9	9	-	-		21.12.44
GenLt.	Osterkamp, Theodor	Stab	6	6	6	-	RK	
Lt.	Pardun, Walter	I.	1	~3	2	2		9.8.44
Fw.	Pazelt, Helmut	II.	~10	~10	~10	3		13.3.45
Ofw.	Pavenzinger, Georg	I.	4	5	5	1		
Uffz.	Pelinka, Hans	III.	3	3	-	-		
FjOfw.	Petzschler, Horst	I., VI.	22	26	4	2	EP	
Ofw.	Pfahler, Hans	IV.	30	30	-	-	DK	10.7.43
Lt.	Pflitsch, Siegfried	II.	5	5	5	+1		
Uffz.	Pflüger, Hans	II.	2	2	2	-		26.2.43
Ofw.	Pfüller, Helmut	III.	+28	+28	-	-	EP	
Hptm.	Pichon-Kalau vom Hofe, Werner	III.	6	21	6	-		
Major	Pitcairn, Douglas	I.	4	4	4	-		
Uffz.	Piwowarski, ?	II.	+1	+1	+1	-		
Uffz.	Poferl, Anton	III.	+2	+2	-	-		13.6.43
Oblt.	Priebe, Ekkehard	IV.	4	4	4	-		
Oberst	Priller, Josef	II.	20	101	101	11	S	
Fw.	Prinz, Werner	I.	15	15	-	-		1.6.44
Ofw.	Pritzl, Otto	I.	2	19	17	13		
Hptm.	Puschmann, Herbert	II.	54	54	13	-	R	3.2.44
Ofw.	Quante, Richard	II.	49	49	-	-	DK	14.8.42
Fw.	Radlauer, Heinz	IV.	15	15	-	-		
Fw.	Rahner, Erich	IV.	4	6	2	-		
Major	Rammelt, Karl	II.	46	46	27	11	RK	
Ofw.	Rappl, Georg	V.	+2	+2	-	-		12.3.45
Lt.	Rauch, Alfred	II., Stabst.	60	60	6	1	RK	
Fw.	Rebel, Alfred	II.	4	4	-	-		13.11.41
Uffz.	Reimet, Fritz	II.	3	3	3	-		
Ofw.	Reinhart, Emil	II.	+3	+3	3	1		20.3.45
Gefr.	Reisinger, Karl	IV.	1	1	1	-		
Uffz.	Reittinger, Friedrich	III.	1	1	-	-		23.7.43
Major	Resch, Rudolf	IV.	20	94	1	-	RK	11.7.43
Uffz.	Rezepka, Hans-Friedrich	II.	3	3	3	1		
Ofw.	Röbbers, Rudolf	Stabst.	+1	+3	2	-		
Oblt.	Romm, Oskar	I.	76	92	10	8	RK	
Fw.	Rosen, Adolf	IV.	2	2	2	-		26.11.40

Dienstgrad	Name	Gruppe	Abschüsse bei JG 51	insgesamt	davon 4-mot.	davon im Westen	Auszeichnung	Todesdatum im Krieg bzw. vermißt
Lt.	Roth, Günther	I., III.	1	1	-	-		
Hptm.	Rübell, Günther	II.	48	48	7	1	RK	
Ofw.	Rüffler, Helmut	II.	25	88	12	8	RK	
Oblt.	Ruschen, Helmut	II.	~10	~10	+1	-		
Lt.	v. Saalfeld, Enzio	III.	1	1	1	-		31.3.41
Uffz.	Saalmann, H. J.	III.	3	3	-	-		
Uffz.	Sauber, Robert	Stabst.	7	7	-	-		16.7.43
Uffz.	Sauder, ?	IV.	5	5	-	-		7.4.45
Hptm.	Schack, Günther	I., III.	174	174	-	-	EL	
Uffz.	Schausten, Reinhard	IV.	7	7	-	-		3.7.44
Ofw.	Schawaller, Heinz	I.	12	12	-	-		23.10.41
Ofw.	Scheidt, Hermann	IV.	12	12	-	-		18.5.43
Fw.	Schenk, Willi	II.	1	1	1	-		28.10.43
Hptm.	Scheuber, Helmut	I., IV.	5	5	-	-		
Ofw.	Scheuerer, ?	I.	1	1	-	-		
Lt.	Scheurer, ?	I.	1	1	-	-		
Lt.	Schick, Walter	I.	10	10	-	-		15.11.41
Oblt.	Schlitzer, Gottfried	III.	~25	~25	5	-		6.8.42
Fw.	Schlothauser	I., III.	1	1	-	-		
Ofw.	Schmid, Karl	I.	9	9	9	-		5.8.40
Uffz.	SchmidtIII.		1	1	-	-		
Lt.	SchmidtIII.		1	1	1	-		
Lt.	Schnecker, Karl	IV.	4	4	-	-		9.8.41
Lt.	Schneider, Gerhard	I.	41	41	-	-	DK	5.1.44
Major	Schnell, Karl-Heinz	III.	72	72	9	-	RK	
Ofw.	Schönfelder, Helmut	II., Stabst.	56	56	-	-	RK	
Uffz.	Scholz, ?	III.	+1	+1	-	-		
Fw.	Schreiter, Fritz	I.	+3	+4	2	-		
Hptm.	Schultz, Otto	II.	73	73	32	7	RK	
Hptm.	Schulz, Hans-Gottfried	I.	3	31	-	-		
Major	Schumann, Heinz	I.	21	21	6	-	RK	8.11.43
Uffz.	Schwaneberg, Siegfried	III.	+13	+13	-	-		
Fw.	Schwarz, Gerhard	I.	20	20	-	-		
Ofw.	Schwarz, Günther	I.	~40	~40	-	-	DK	24.10.43
Ofw.	Schweikart, Wilhelm	IV.	1	1	1	-		
Uffz.	Seehars, ?	I., III.	1	1	-	-		
Uffz.	Seelmann, ?	I.	+1	+1	-	-		
Oblt.	Seelmann, Georg	IV.	39	39	3	-	RK	
Hptm.	Segatz, Hermann	II.	13	40	16	7	DK	8.3.44
Ofw.	Seidel, Georg	II., III.	47	47	-	-	DK	6.3.43
Uffz.	Sellin, Kurt	II.	3	3	3	1		15.2.44

Dienst-grad	Name	Gruppe	Abschüsse bei JG 51	ins-ge-samt	davon 4-mot.	davon im Westen	Aus-zeich-nung	Todes-datum im Krieg bzw. vermißt
FjOfw.	Senft	I., III.	1	1	-	-		
Olt	Senoner, Kurt	III.	2	~10	~8	~3	EP	25.2.44
Ofw.	Sicking, Oskar	I.	2	2	2	-		20.7.40
Lt.	Sieckenius, Hans	II.	~12	~12	~12	4		6.11.44
Fw.	Siemer, Hermann	III.	-	1	1	-		11.9.40
Ofw.	Simon, Friedrich	III.	+22	+22	-	-		9.3.45
Ofw.	Slomski, Alexander	III.	9	9	-	-		
Uffz.	Soiderer, Fridolin	Stabst.	1	1	-	-		23.2.44
Oblt.	Sonner, Michael	I.	+9	+9	3	-		4.4.43
Ofw.	Stadeck, Karl	I.	+25	+25	-	-	EP	24.3.43
Lt.	Stahl, Hermann	III.	+2	+2	-	-		
Major	Staiger, Hermann	III.	26	63	49	25	RK	
Uffz.	Standtke, ?	III.	1	1	-	-		
Uffz.	Stangen, Helmut	IV.	2	2	-	-		26.8.44
Uffz.	Stangenberg, Ernst	IV.	+1	+1	-	-		
Ofw.	Stebner, Theodor	I., IV.	+9	+9	-	-		12.3.45
Oblt.	Stedtfeld, Günter	II.	25	25	5	3	DK	
Lt.	Steffens, Hans-Joachim	II.	22	22	2	-		30.7.41
Uffz.	Steigenberger, Otto	II.	1	1	1	-		
Lt.	Steinicke, Heinz	IV.	+11	+11	-	-		19.2.45
Ofw.	Steinke, Rolf	I.	+3	+4	1	1		29.4.44
Hptm.	Stendel, Fritz	III.	49	49	6	-	DK	
Oblt.	Stengel, Walter	II.	36	36	2	-	DK	
Lt.	Stickel, Heinz	III.	6	6	-	-		12.1.44
Uffz.	Stocker, Wolfgang	II.	1	1	1	-		10.7.40
Ofw.	Stoltmann, Herbert	III.	+3	+3	-	-		
Uffz.	Stolz, Otto	IV.	+1	+1	-	-		
Uffz.	Stoy, Heinz	Stabst.	+1	+1	-	-		22.2.44
Ofw.	Strassl, Hubert	III.	67	67	-	-	RK	8.7.43
Lt.	Strehl, Hans	I.	2	2	2	-		
Gefr.	Streit, Hermann	IV.	+2	+2	-	-		
Lt.	Strelow, Hans	II.	68	68	-	-	EL	22.5.42
Lt.	Striebel, Hermann	II.	3	3	3	-		9.7.40
Lt.	Strobel, Ludwig	III.	12	12	-	-		
Ofw.	Ströhlein, Fritz	I.	5	5	5	-		7.9.40
Uffz.	Stroinigg, Hanns	I.	9	9	-	-		21.7.44
Fw.	Stubbe, Karl	IV.	1	1	-	-		
Lt.	Sturm, Gustav	I.	1	22	21	17		
Oblt.	Tange, Otto	II.	68	68	3	-	RK	30.7.43
Lt.	Tanzer, Kurt	IV.	111	128	17 (?)	4 (?)	RK	
Oblt.	Taubenberger, Hans	II.	34	34	+13	+2		
Uffz.	Tautscher, Gabriel	III.	55	55	-	-	DK	12.1.44

Dienstgrad	Name	Gruppe	Abschüsse bei JG 51	insgesamt	davon 4-mot.	davon im Westen	Auszeichnung	Todesdatum im Krieg bzw. vermißt
Uffz.	Telschow, Albrecht	II.	+3	+3	+1	-		
Oblt.	Terry, Ernst	I.	8	10	10	-		29.10.40
Lt.	Tetteroo, Gerd	II.	8	8	8	-		
Uffz.	Tetzner, Horst	I.	+1	+1	-	-		4.45
Lt.	Theimann, Willi	I.	45	45	1	-	DK	29.7.43
Uffz.	Thiel, Albert	I.	2	2	-	-		14.8.44
Hptm.	Thiel, Edwin	I., Stabst.	76	76	-	-	RK	14.7.44
Fw.	Tietze, ?	III.	2	2	-	-		
Hptm.	Tietzen, Horst	II.	27	27	27	-	RK	18.8.40
Lt.	Tornow, Heinz	II.	12	12	12	-		29.10.40
Oberst	Trautloft, Hannes	IV., III.	5	58	13	-	RK	
Uffz.	Treibnau, ?	III.	1	1	-	-		
Fhr.	Türwächter, ?	I., III.	1	1	-	-		
Fw.	Ulbrich, ?	I.	+35	+35	-	-	DK	
Uffz.	v. Uloth, Theodor	IV.	+1	+1	-	-		
Fw.	Ußmann, Julius	II.	1	1	-	-		27.1.42
Oblt.	Vechtel, Bernhard	IV.	108	108	-	-	RK	
Oblt.	Venth, Heinz	IV.	17	17	-	-		16.7.44
Oblt.	Viebahn, Erich	I.	4	5	1	1		
Stabsarzt Dr.	Vogel, Veit	I.	4	4	-	-		
Ofw.	Wagner, Edmund	III.	58	58	1	-	RK	13.11.41
Lt.	Wagner, Rudolf	IV.	81	81	-	-	RK	11.12.43
Oblt.	Waibel, Jakob	I.	1	1	-	-		23.10.44
Uffz.	Waliczek, ?	III.	+1	+1	1	-		
Fw.	Wallner, Otto	Stabst.	+8	+8	-	-		28.8.43
Oblt.	Walter, Albert	II., Stabst.	37	37	-	-	DK	13.7.43
Oblt.	Walther, Horst	II.	35	35	13	+3	DK	
Fw.	Walz, Kurt	Stabst.	1	1	-	-		3.4.44
Uffz.	Watermann, Theodor	IV.	1	1	-	-		31.5.44
Uffz.	Weber, ?	Stabst., IV.	7	7	-	-		
Hptm.	Weber, Karl-Heinz	III.	136	136	-	-	EL	7.6.44
Uffz.	Weber, Willi	III.	1	1	-	-		16.10.44
Hptm.	Wehnelt, Herbert	III.	36	36	2	-	DK	
Oblt.	Weigle, Walter	III.	2	2	-	-		
Olt	Weismann, Ernst	IV.	69	69	-	-	RK	13.8.42
Lt.	Wenninger, Eberhard	III.	7	7	-	-		16.4.43
Uffz.	Werner, Georg	II.	+4	+4	-	-		
Uffz.	Werner, Heinrich	II.	3	3	3	-		
Oblt.	Wever, Walter	I.	44	44	1	-	RK	10.4.45
Uffz.	Wieland, Helmut	I.	4	4	-	-		2.5.45
Fw.	Wiese, Fritz	III.	1	1	-	-		16.7.44

Dienst-grad	Name	Gruppe	Abschüsse bei JG 51	ins-ge-samt	davon 4-mot.	davon im Westen	Aus-zeich-nung	Todes-datum im Krieg bzw. vermißt
Lt.	Wiest, Heinz	IV.	6	6	6	-		5.6.41
Hptm.	Wiggers, Hans	IV.	13	13	13	-		11.9.40
Fw.	Wilhelm, Heinz	IV.	3	3	3	-		
Fw.	Wille, Gebhard	III.	+13	+13	-	-		10.2.42
Uffz.	Willers, Dieter	II.	+4	+4	+1	-		
Oblt.	Willinger, Franz	I.	1	10	10	-		5.2.43
Oblt.	Willius, Karl	III.	12	50	33	11	RK	8.4.44
Fw.	Witt, ?	IV.	1	1	-	-		
Lt.	Würfel, Otto	III.	79	79	-	-	RK	23.2.44
Ofw.	Wulff, Hermann	III.	+5	+5	-	-		10.9.44
Lt.	Wunderlich, Horst	II.	10	10	1	-		30.11.42
Fw.	Zacher, Hans	I.	6	6	-	-		17.10.44
Fw.	Zeddies, Karl-Ludwig	II.	7	7	2	-		26.3.43
Hptm.	Zestermann, Alexander	Stab	+3	+3	-	-		
Fw.	Ziegenfuss, Kurt	I.	6	6	-	-		22.4.44
Oblt.	Ziehm, Helmut	II., III.	~20	~20	+1	-		9.4.45
Uffz.	Zimmerman, Heinrich	III.	+1	+1	-	-		
Uffz.	Zimmermann, Oskar	III.	6	34	28	15	RK	
Ofw.	Zoufahl, Franz-Josef	III.	26	26	-	-	DK	24.7.44

Luftsiege von Flugzeugführern der 15. (span.)/JG 51

Vorbemerkung: Die 2. Staffel (Einsatzzeit 1. 6. – 1. 12. 1942) meldete 16 Luftsiege, die 3. Staffel (Einsatzzeit 1. 12. 1942 – 5. 7. 1943) meldete 64 Luftsiege, die 4. Staffel (Einsatzzeit 5. 7. – 23. 11. 1943) meldete 74 Luftsiege. Ob Angehörige der 5. spanischen Staffel, die fast ausschließlich Begleitschutzaufträge erhielten, Abschüsse erzielten, ist nicht bekannt.

Dienstgrad	Name	Luftsiege	Todesdatum im Krieg
Alferez (Fähnrich)	Aldecoa, Vicente	8	
Capitán (Hptm.)	Alos, Antonio	6	
Capitán	Arango, Damaso	7	
Capitán	Arango, Jose	1	
Teniente (Lt.)	Arraiza, Javier	1	
Teniente	Azqueta, Luis	6	
Teniente	Barañano, Emilio	4	
Alferez	Bengoa, Fernando	1	
Capitán	Bengoechea, Manuel	1	
Alferez	Beriain, Franzisco	2	
Teniente	Calleja, Rafael	3	
Teniente	Cavanilles, Jose	4	10.1.44
Alferez	Chicharro, Luis	1	21.8.43
Comandante (Major)	Cuadra, Mariano	10	
Teniente	Escalante, Gerardo	2	
Teniente	Escudé, Ramon	2	
Comandante	Ferandiz, Carlos	3	
Capitán	Frutos, Juan	2	
Comandante	Galarza, Felippe	3	
Teniente	Garret, Federico	1	
Capitán	Gavilan, Juan Ramon	9	
Alferez	Guibert, Javier	3	
Capitán	Hevia, Gonzalo	12	
Teniente	Lacruz, Carmelo	1	
Alferez	Lafuente, ?	1	
Capitán	Llaca, Jose	4	
Teniente	Luca, Ramon	1	
Capitán	Lucas, Lorenzo	6	
Teniente	Martinez, Miguel	3	
Alferez	Mateos, Jose	4	
Teniente	Medrano, Luis	1	
Teniente	Meneses, Bernardo	6	
Teniente	Navarro, Antonio	1	7.8.42
Teniente	Pareda, Enrique	1	21.10.43
Teniente	Perez, Alejandro	2	8.6.43
Teniente	Perez, Juan Manuel	4	
Alferez	Recasens, Jose	1	

Dienstgrad	Name	Luftsiege	Todesdatum im Krieg
Teniente	Rifolles, Jose Maria	1	
Teniente	Robles, Andres	2	
Teniente	Rosello, Juan	1	5.5.43
Capitán	Salvado, Julio	2	
Teniente	Sanchez-Arjona, Fernando	9	19.11.43
Capitán	Sanchez-Tabenero, Manuel	6	
Capitán	Serra, Carlos	1	
Capitán	Serra, Salvador	1	
Teniente	Urqiola, Antonio	1	
Teniente	Valiente, Franzisco	6	

ANHANG 6

Erwähnungen des JG 51 bzw. von Angehörigen des JG 51 im Deutschen Wehrmachtbericht.

Quelle: »Das Oberkommando der Wehrmacht gibt bekannt...« Der deutsche Wehrmachtsbericht, Bd. 1–3. In: Veröffentlichung deutschen Quellenmaterials zum Zweiten Weltkrieg. Osnabrück 1982.

6. September 1940
Außer vier bereits genannten Offizieren haben in den Luftkämpfen der letzten Wochen drei weitere Jagdflieger 20 oder mehr Luftsiege errungen, und zwar: *Hauptmann Mayer, Hauptmann Oesau und Hauptmann Tietzen*. An der Spitze der Sieger in Luftkämpfen steht *Major Mölders* mit 32 Abschüssen.

23. September 1940
Das Jagdgeschwader des *Majors Mölders* hat bisher über 500 Luftsiege errungen.

25. September 1940
Major Mölders und Major Galland errangen ihren 40. Luftsieg.

23. Oktober 1940
Major Mölders schoß, wie schon bekanntgegeben, in einem Luftkampf gegen zahlenmäßig überlegene feindliche Jäger seinen 49., 50. und 51. Gegner ab.

26. Oktober 1940
Im Laufe der gestrigen Luftkämpfe schossen unsere Jagdflugzeuge 17 feindliche Jäger ab. Dabei errang *Oberstleutnant Mölders* seinen 52. und 53. Luftsieg.

11. Februar 1941
Oberstleutnant Mölders errang seinen 56. Luftsieg.

27. Februar 1941
Oberstleutnant Mölders errang gestern seinen 60. Luftsieg.

18. April 1941
Oberstleutnant Mölders errang am 16. April seinen 64. und 65., *Oberstleutnant Galland* am 15. April seinen 59. und 60. Luftsieg.

22. April 1941
Hauptmann Joppien errang seinen 40. Luftsieg.

23. Juni 1941
Oberstleutnant Mölders errang am gestrigen Tage seinen 72. Luftsieg.

24. Juni 1941
Das Jagdgeschwader unter Führung von *Oberstleutnant Mölders* errang am 22. Juni seinen 750. Luftsieg.

1. Juli 1941
In den siegreichen Luftschlachten im Osten errang das Jagdgeschwader unter Führung von *Oberstleutnant Mölders* 110 Abschüsse, das Jagdgeschwader unter Führung von *Major Trautloff* 65 Abschüsse.
Oberstleutnant Mölders erzielte seinen 82., *Hauptmann Joppien* seinen 52. Luftsieg.

16. Juli 1941 (Sondermeldung)
Bei den Kämpfen an der Ostfront schoß *Oberstleutnant Mölders,* Kommodore eines Jagdgeschwaders, gestern fünf Sowjetflugzeuge ab. Er hat damit in diesem Kriege insgesamt 101 Abschüsse erzielt und einschließlich seiner 14 Abschüsse im Spanienfeldzug insgesamt 115 Luftsiege errungen.
Der Führer und Oberste Befehlshaber der Wehrmacht hat diesem heldenhaften Vorbild der Luftwaffe und erfolgreichsten Jagdflieger der Welt als erstem Offizier der deutschen Wehrmacht die höchste deutsche Tapferkeitsauszeichnung, das Eichenlaub mit Schwertern und Brillanten zum Ritterkreuz des Eisernen Kreuzes verliehen.

29. August 1941
Hauptmann Hermann Joppien, Inhaber des Eichenlaubes zum Ritterkreuz des Eisernen Kreuzes, Gruppenkommandeur in einem Jagdgeschwader, kehrte nach seinem 70. Luftsieg vom Feindflug nicht zurück. Mit ihm verliert die Luftwaffe einen ihrer kühnsten und erfolgreichsten Jagdflieger.

19. März 1942
Leutnant Strelow, Flugzeugführer in einem Jagdgeschwader, schoß am gestrigen Tage an der Ostfront sieben sowjetische Flugzeuge ab.

8. April 1942
Das *Jagdgeschwader Mölders* errang am gestrigen Tage den 3000. Luftsieg.

18. Juni 1942
Der mit dem Eichenlaub zum Ritterkreuz des Eisernen Kreuzes ausgezeichnete *Leutnant Strelow,* Flugzeugführer in einem Jagdgeschwader, ist von einem Flug gegen den Feind nicht zurückgekehrt. Als Sieger in 68 Luftkämpfen zählte dieser erst zwanzigjährige tapfere Offizier zu den hervorragendsten Jagdfliegern.

8. Juli 1943
In heftigen Luftkämpfen und durch Flakabwehr wurden über dem Kampfraum im mittleren Abschnitt der Ostfront 193 Sowjetflugzeuge vernichtet. Oberfeldwebel *Straßl,* Flugzeugführer in einem Jagdgeschwader, errang an drei Tagen 25 Luftsiege, 13 eigene Flugzeuge werden vermißt.

16. September 1943
Das Jagdgeschwader Mölders erzielte am 15. September den 7000. Flugzeugabschuß.

4. Mai 1944
Das unter Führung von Oberstleutnant *Nordmann* stehende Jagdgeschwader »Mölders« meldete seinen 8000. Luftsieg.

ANHANG 7

Angehörige des JG 51 »Mölders«, die als aktive Soldaten in der deutschen Bundeswehr gedient haben:

Name, Vorname	Letzter Dienstgrad:
Brustellin, Hans-Heinrich	Oberstleutnant
Emmerich, Peter	Oberstleutnant
Escherhaus, Heinz	Oberstleutnant
Gasthaus, Wilhelm	Oberstleutnant
Geyer, Horst	Oberstleutnant
Hohagen, Erich	Brigadegeneral
Ibel, Max	Brigadegeneral
Janke, Johannes	Oberst i. G.
Josten, Günther	Oberst i. G.
Jung, Harald	Oberstleutnant
Kath, Otto	Oberstleutnant
Knauth, Hans	Oberst
Kohl, Hermann	Oberstleutnant
Lemke, Bruno	Hauptfeldwebel
Leppla, Richard	Oberst
Lindner, Toni	Oberstleutnant
Marquardt, Heinz	Oberstleutnant
Minnigerode, Albrecht Freiherr von	Oberstleutnant
Neuerburg, Erwin	Oberstleutnant
Neumann, Klaus	Oberstleutnant
Pitcairn, Douglas	Oberst i. G.
Rammelt, Karl	Oberstleutnant
Schöber, Heinz	Oberfeldwebel
Schmoller-Haldy, Hans	Oberst i. G.
Schulz, Fritz	Generalmajor
Schulz, Hans Gottfried	Oberst
Schultz, Otto	Oberstleutnant
Stolle, Bruno	Oberstleutnant
Tanzer, Kurt	Hauptmann
Tetteroo, Gerd	Oberstleutnant
Trautloft, Hannes	Generalleutnant
Wehnelt, Herbert	Generalleutnant
Westphal, Helmut	Brigadegeneral
Wollschläger, Ulrich	Oberstleutnant

Nachwort

Sehr gerne komme ich der Aufforderung des Präsidenten der Gemeinschaft der Jagdflieger e.V., Herrn Anton Weiler, nach, als amtierender Kommodore des Jagdgeschwaders 74 »Mölders« zu dem vorliegenden Buch der Geschichte des Jagdgeschwaders 51 »Mölders« ein Nachwort zu schreiben.
Seit nunmehr 12 Jahren trägt unser Geschwader den Namen von Oberst Werner Mölders und setzt damit die Tradition des Jagdgeschwaders 51 fort. Wir tun dies mit Stolz und Achtung und in Anerkennung der beispielhaften Leistungen unseres Namengebers und aller Angehörigen des ersten Mölders-Geschwaders.
Das vorliegende Buch schildert sachlich und umfassend die Höhen und Tiefen, die die Jagdflieger und das Bodenpersonal des Jagdgeschwaders 51 »Mölders« im Zweiten Weltkrieg durchleben mußten.
Die Chronik zeigt uns Ursprung und Beginn der Mölders-Tradition auf und ist damit besonders geeignet, die Brücke von damals zu heute, von Alt zu Jung zu schlagen und die Bindungen auf der Basis der Achtung und des Verstehens zu vertiefen.
Das Buch ist aber auch Mahnung und Verpflichtung für uns heute und für zukünftige Jagdfliegergenerationen, alle Kraft in den Dienst für unser Volk und die Erhaltung unserer Demokratie in Frieden und Freiheit zu stellen. In der Bibliothek des Jagdgeschwaders 74 »Mölders« wird dieses Buch seinen festen Platz erhalten, denn wir sind stolz darauf, die Tradition Mölders fortzuführen.

Gunter Lange
(1985)

Literatur- und Quellenverzeichnis

Literatur

Beck, W., Nachtangriff auf Poltawa, in: Int. Luftwaffen-Revue, 10/1959.
Bekker, C., Angriffshöhe 4000, München 1964 (= Heyne TB 975).
Boog, H., Die deutsche Luftwaffenführung 1933–1939, Stuttgart 1982.
Boog, H. u. a., Das Deutsche Reich und der Zweite Weltkrieg, hrsg. vom Militärgeschichtlichen Forschungsamt, Bd. 4 (Der Angriff auf die Sowjetunion), Stuttgart 1983.
Dierich, W. (Hrsg.), Die Verbände der Luftwaffe 1935–1945, Stuttgart 1976.
Fözö, J., Freie Jagd von Madrid bis Moskau, Berlin 1943.
Forell, F. V., Werner Mölders, Flug zur Sonne, Leoni 1976.
Galland, A., Die Ersten und die Letzten, Darmstadt 1953.
Groehler, O., Die faschistische Luftwaffe vor dem Überfall auf die UdSSR, in: Militärwesen, 7/1972.
Ders., Stärke, Verteilung und Verluste der deutschen Luftwaffe in Zweiten Weltkrieg, in: Zeitschrift für Militärgeschichte 3/1978.
Hardesty, V., Red Phoenix, The Rise of Soviet Air Power, Washington 1982.
Held, W., Die deutsche Tagjagd, Stuttgart 1977.
Hillgruber, A., Hümmelchen, G., Chronik des Zweiten Weltkriegs, Frankfurt 1966.
Irving, D., Die Tragödie der Deutschen Luftwaffe, Ullstein TB 313.
Jacobsen, H. A., Rohwer, J., Entscheidungsschlachten des Zweiten Weltkriegs, Frankfurt 1960.
Jägerblatt, JG I–XXXIV.
Janke, J., Geschichte der I./Jagdgeschwader 77, Berlin 1939.
Jung, D., Wenzel, B., Abendroth, A., Die Schiffe und Boote der deutschen Seeflieger, Stuttgart 1977.
Koller, K., Der letzte Monat, Mannheim 1949.
Meiller, Hafner: Flieger – Feinde – Kameraden, Rastatt 1962.
Neumann, G. P., Die deutschen Luftstreitkräfte im Weltkrieg, Berlin 1920.
Obermaier, E., Ritterkreuzträger der Luftwaffen-Jagdflieger 1939–1945, Mainz 1966.
Obermaier, E., Held, W., Jagdflieger Oberst Mölders, Stuttgart, 1982.
Osterkamp, Th., Durch Höhen und Tiefen jagt ein Herz, Heidelberg 1952.
Plocher, H., The German Air Force versus Russia 1941–1943, New York 1967–1968.
Ploetz, Geschichte des Zweiten Weltkriegs, Wiesbaden 1960.
Priller, J., JG 26 – Geschichte eines Jagdgeschwaders, Stuttgart 1980.
Ries, K., Dora Kurfürst und rote 13, Band 1–4, Mainz 1964 ff.
Ders., Markierungen und Tarnanstriche der Luftwaffe in Zweiten Weltkrieg, Bd. 1–4, Mainz 1963 ff.
Ries, K., Obermaier, E., Bilanz am Seitenleitwerk, Mainz 1970.
Ries, K., Ring, H., Legion Condor 1936–1939, Mainz 1980.
Ring, H., Luftschlacht um England, in: Luftfahrt International, 8–12/1980.
Rübell, G., Kreuze – im Himmel und auf Erden, Heusenstamm 1980.
Schäfer, J., Entscheidung im Westen, Köln 1940.
Schliephake, H., Flugzeugbewaffnungen, Stuttgart 1977.
Seemen, G. v., Die Ritterkreuzträger 1939–1945, Friedberg 1976.

Skawran, R. P., Ikaros. Persönlichkeit und Wesen des deutschen Jagdfliegers im Zweiten Weltkrieg, Steinebach 1969.
Smith, J. R., Kay, A., Creek, E., German Aircraft of World War II, London 1972.
Stedtfeld, G., Jäger und Gejagte, Düsseldorf o. J.
Völker, K. H., Die deutsche Luftwaffe 1933–1939, Stuttgart 1967.
Ders., Die geheime Luftrüstung der Reichswehr, in: Wehrwissenschaftliche Rundschau 12/1962.
Weber, Th., Die Luftschlacht um England, Frauenfeld 1956.
Witetschek, H., Der gefälschte und der echte »Mölders-Brief«, in Vierteljahreshefte für Zeitgeschichte, 1/1980.

Gedruckte Quellen

Kriegstagebuch des Oberkommandos der Wehrmacht 1940–1945. Hrsg. v. P. E. Schramm, Bd. 1–4, Frankfurt 1961–65.

Akten und Materialsammlungen

Bundesarchiv-Militärarchiv: RL 2 III: Stärke- und Einsatzbereitschaftsmeldungen der fliegenden Verbände,
RL 7/33, 7/534–540 (Anlagen zum KTB Lfl. 6), 7/636.
RL8/45, 8/49, 8/72, 8/82, 8/223.
RL 20/94, 20/239.
Deutsche Dienststelle, Berlin: Verlustmeldungen für das JG 51.
Materialsammlung Winfried Bock, Kaufbeuren
  Jagdgeschwader 74, Neuburg/Donau
  Dr. Heinz Lange, Berg. Gladbach
  Hans Ring, Übersee
  Anton Weiler, Köln

Unveröffentlichte Quellen, Manuskripte und Tagebücher

Bock, Winfried: Die deutsche Jagdwaffe des Zweiten Weltkriegs (Überlegungen zum Personalbestand der Jägerverbände), 1985.
Geschwaderchronik JG 51 (28. 11. 1939–24. 12. 1941), handschriftl.
Kath, Otto, Die russische Luftwaffe von Kriegsbeginn bis Ende 1941.
Kriegstagebuch der 10./JG Mölders, Jan. 44–Mai 45, handschriftl.
Ministerio de Aire, Campania de Rusia 1941–1944, Escuadrillas Espanolas.
Osterkamp, Theo, Einsatz des Jafü 2 am Kanal.
Skawran, Robert Paul, Zwei Begegnungen mit Werner Mölders.

Tagebücher und Aufzeichnungen von

Frau Aichele,	Franz Lurf,
Helmut Herzog,	Horst Petzschler,
Hans v. Hahn,	Günther Schack,
Günther Josten,	Helmut Schönfelder,
Dr. Heinz Lange,	Gerhard Schwarz.

Auskünfte erteilten die ehemaligen Geschwaderangehörigen

Hans Appel,
Elmar Arensmeyer,
Franz Josef Beerenbrock,
Hans Ekkehard Bob,
Hugo Brönner,
Eberhard Burath,
Lothar Busse,
Artur Dau,
Franz Demattio,
Klaus Dietrich,
Christian Dischinger,
Kurt Dombacher,
Albert Gaibler,
Bernd Gallowitsch,
Willi Gasthaus,
Willi Gottfried,
Hartmann Grasser,
Richard Hägele,
Helmut Heinze,
Johannes Janke,
Günther Josten,
Harald Jung,
Viktor Kittel,
Hermann Kohl,
Gerhard Krämer,
Siegfried Krause,
Dr. Heinz Lange,
Anton Lenz,
Richard Leppla,
Helmut Lohoff,
Fritz Losigkeit,
Bruno Maniak,
Heinz Marquardt,
Erich Meyer,
Karl Gottfried Nordmann,
Heinrich Perpéet,
Dr. Siegfried Pflitsch,
Werner Pichon-Kalau vom Hofe,
Douglas Pitcairn,
Heinz Radlauer,
Erich Rahner,
Karl Rammelt,
Oskar Romm,
Dr. Günther Rübell,
Günther Schack,
Heinz Schröter

Die Bilder stellten zur Verfügung:

Aders, Gebhard
Bob, Hans-Ekkehard
Brock, H.-Joachim
Burath, Eberhard
Demattio, Franz
Dietrich, Klaus
Dittmann, Paul
Grasser, Hartmann
Held, Werner
Hermann, Artur
Jägg, Erich
Jordan, Hans
Kinkartz, Anton
Krause, Siegfried
Dr. Lange, Heinz
Lenz, Anton
Losigkeit, Fritz
Lohoff, Helmut
Dr. Mahlo, Karl-Ludwig
v. Minnigerode, Albrecht Frhr.
Nordmann, Karlfried
Nowarra, H. J.
Obermaier, Ernst
Petrick, Peter
Pitcairn, Douglas
Rammelt, Karl
Reichart, Otto
Romm, Oskar
Schack, Günther
Schöpfel, Gerhard
Schulz, Hans Gottfried
Trautloft, Hannes
Weiler, Anton
Willi, Gottfried
und die Bildstelle des JG 74 »Mölders«

Alles über Luft- und Raumfahrt!

Zwei aktuelle Magazine informieren umfassend und kompetent über die neuesten Themen im Flugbereich. Fundierte Beiträge mit faszinierenden Farbfotos, aktuelle Berichte und Fachinformationen aus aller Welt – das alles finden Sie monatlich neu in aerokurier und FLUG REVUE.

Das ganze Spektrum der zivilen Luftfahrt: Motor- und Segelflug, Luftsport und Luftverkehr, Geschäfts- und Privatfliegerei.

Alles Wissenswerte aus der Zivil- und Militärluftfahrt, Raumfahrt, Forschung, Technik, Entwicklung und Historie.

Jeden Monat aktuell im Zeitschriftenhandel